KB057546

영어의 달인이 되는 단어장

수능 완성, 내신 UP

영어의 달인이 되는 단어장

저자	한선이
초판 1쇄 인쇄	2006년 11월 13일
초판 1쇄 발행	2006년 11월 20일
발행인	박효상
편집책임	전병기
영업책임	이종선, 이태호
출판등록	제 10-1835호
발행처	사람in
주소	121-839 서울시 마포구 서교동 379-10
전화	02)338-3555(代)
팩스	02)338-3545
e-mail	saramin@netsgo.com
Homepage	www.saramin.com

만든 사람들

편집	여효숙

※책값은 뒤표지에 있습니다.
※파본은 바꾸어 드립니다.

ISBN 89-6049-003-2 53740

수능 완성 • 내신 UP

영어의 달인이 되는 단어장

한선이

사람in 커뮤니케이션

머리말

영어는 영어답게 공부하자.
열린 마음으로 영어를 대하면 영어와 친해진다.

이 짧은 책으로 어휘를 많이 가르쳐보겠다는 욕심은 없습니다. 그것보다 더 중요한 것은 '어휘를 어떻게 공부하면 좋을까' 라는 질문에 대한 대답을 스스로 찾을 수 있도록 돕고자 하는 마음입니다. 수능을 준비하는 동생들의 마음을 이해하는 언니 혹은 누나로, 똑같은 시기를 먼저 경험한 선배의 마음으로 조금 더 가깝게 다가가고자 했습니다.

어휘는 읽기, 말하기, 듣기, 쓰기 네 분야를 위한 가장 기초적인 바탕이 됩니다. 또한, 어휘의 양은 방대하기 때문에 꾸준한 학습이 절대적으로 필요합니다. 지금까지는 해석을 빨리 하기 위해서 어휘를 공부했고, 또 무리 없이 잘 해냈을 거라고 생각합니다. 하지만, 이제는 단지 읽기뿐만 아니라 쓰기를 염두에 두고 어휘를 공부해야 할 때가 되었습니다. 앞으로 영어를 더 깊이 공부하다보면 글쓰기가 얼마나 중요한지, 또 얼마나 어려운지 알게 될 것입니다. 글쓰기를 잘하기 위해서는 어휘를 많이 아는 것만으로는 부족합니다. 읽기를 잘하기 위해서 머릿속에 구겨 넣었던 많은 양의 어휘를 하나씩 펼쳐볼 때가 된 것이지요. 어떤 표현에 어떤 어휘를 사용할 것인가를 구체적으로 이해하고 있어야 하는 것은 물론, 그 단어를 정확히 어떤 형태로 문장 안에서 적절히 변형할 것인가를 파악해야 합니다. 세밀함과 정확함이 밑바탕에 있어야 합니다. 하나의 단어를 문장을 통해서 알아보고, 비슷한 의미를 가진 단어와 함께 비교해 보고, 파생어를 살펴보는 작업은 시간이 조금 걸리겠지만, 그 단어의 의미와 쓰임을 정확히 파악하기 위한 노력입니다. 따라서 본 교재는 양과 질을 모두 증진시킬 수 있는 학습방법을 추구합니다. 더불어 어휘를 확실하게 점검할 수 있도록 마련된 워크북을 함께 활용하여 효과적으로 학습하기 바랍니다.

언어는 무한한 학습거리를 제공합니다. 또 언어의 특성상 모든 것이 명확하게 구분되지 않습니다. 다시 말해 모든 것을 누군가에게서 얻어낼 수는 없다는 말입니다. 중요한 것은 내가 이용할 수 있는 모든 종류의 정보를 이용하여 원하는 것을 찾아내는 방법을 배워야 한다는 것입니다. 단순히 지식의 양을 늘리겠다는 자세로 시작한다면 가장 최소한의 것만을 얻게 될 것입니다. 책에 쓰인 글자 이상을 얻어가겠다는 생각으로 자신이 필요한 것을 얻는 연습을 하는 계기가 되길 바랍니다.

마지막으로 이 책을 집필하는 동안 격려해주신 부모님과 물심양면으로 도움을 준 친구 장이분에게 감사를 드립니다.

2006년 11월

한선이

차례

머리말	04
이 책의 구성 및 특징	08
이 책의 학습 방법	10
효과적인 영단어 학습 Q&A	12

중요 단어 고등학교 과정에서 나오는 필수 어휘	DAY 1	18
	DAY 2	30
	DAY 3	42
	DAY 4	54
	DAY 5	68
	DAY 6	80
	DAY 7	92
	DAY 8	104
	DAY 9	116
만점 단어 고등학교 과정 어휘 중 난이도가 있는 어휘	DAY 10	130
	DAY 11	142
	DAY 12	154
	DAY 13	166
	DAY 14	176
	DAY 15	188

	DAY 16	200
	DAY 17	210
	DAY 18	222
다 의 어 문맥에 따라 의미가 달라지는 어휘	DAY 19	234
	DAY 20	248
	DAY 21	262
유 사 어 모양이 비슷해서 혼동하기 쉬운 어휘	DAY 22	280
	DAY 23	296
	DAY 24	310
유 의 어 의미가 비슷해서 혼동하기 쉬운 어휘	DAY 25	328
	DAY 26	342
	DAY 27	354
반 의 어 반대 의미를 가진 어휘	DAY 28	366
	DAY 29	378
	DAY 30	390
정답 및 해설		404

이 책의 구성 및 특징

Part별 구성

이 책은 중요단어, 만점단어, 다의어, 유사어, 유의어, 반의어로 구분되어 30일에 학습하도록 구성되어 있다.

중요단어 수능에서 자주 볼 수 있는 단어로, 반드시 알아야 하는 단어.

만점단어 중요단어에 비해 상대적으로 난이도가 있는 단어의 모음.

다의어 단어의 의미를 정확히 파악하는 연습을 하기 위한 부분.

유사어 비슷한 모양을 갖기 때문에 혼동되는 단어를 함께 엮어서 비교.

유의어 비슷한 의미를 갖는 단어를 연상시켜 빠른 이해를 돕고자 하는 부분.

반의어 접두사나 접미사가 붙어 정반대의 의미를 만드는 단어.

Daily별 구성

단어 파악하기 | 문장 안에서 단어의 의미를 추측하기

본문에 나오는 단어에 대한 힌트를 이용하여, 단어의 의미를 추측해보는 부분. 앞으로 학습할 단어를 미리 문장을 통하여 접함으로써 단어의 의미를 추측하고 문장 안에서 어떻게 쓰이는가를 미리 파악할 수 있다.

단어 학습하기 | 영영 풀이를 통하여 자세하게 풀이하기

각 단어에 영영 사전 풀이와 우리말 풀이를 함께 제시하여 단어의 정확한 쓰임과 의미를 파악할 수 있는 부분. 각 단어를 자세하게 다룸으로써 단어-뜻으로 그쳤던 단어 학습에서 벗어나, 한 단어를 중심으로 여러 단어를 살펴보는 양적인 어휘 학습과, 한 단어가 구체적으로 어떤 의미로 어떤 형태로 문장 안에서 사용되는가를 보는 질적인 어휘 학습을 할 수 있도록 구성되었다.

'Voca Family' 는 각 단어에서 파생되는 파생어를 제시함으로써 하나의 어휘를 뿌리로 하여 줄기와 가지로 뻗어가는 방식으로 어휘를 늘릴 수 있다.

'Expression' 은 각 단어와 관련된 표현 중에서 자주 접할 수 있는 표현을 제시하여 새로운 표현에 대비할 수 있도록 도와준다.

'주의' 에서는 각 단어를 학습할 때 유의해야 할 점이나, 비슷한 의미를 갖는 단어 사이에 존재하는 미묘한 의미 차이 등을 부가적으로 설명하고 있다.

단어 확인하기 | 앞에서 학습한 단어 연습하기

내신 출제 유형과 똑같은 형식의 문제로 구성. 각 Day에서 학습한 단어를 응용하여 문제를 해결함으로써 다시 한 번 복습하는 효과가 있다.

Check-up 스스로 단어를 기억하는지 체크하기

각 **Day**에 나왔던 단어를 전체적으로 확인할 수 있는 부분. 이미 학습한 단어를 다시 한 번 훑어보고 그 의미를 확실히 파악했는지 최종적으로 점검해 볼 수 있다.

Work Book 반복 연습하기

본 책에서 공부한 내용을 복습할 수 있게 별도의 책으로 구성. 영영 설명을 통해 단어의 뜻을 정확하게 파악하는 코너와 동의어 또는 반의어를 훈련할 수 있는 코너로 구성되어 있다.

이 책의 학습 방법

월별 학습 방법

자신의 학습량에 따라 한 권을 끝마치는 기간을 조절할 수 있다. 많은 학습량을 소화할 수 있는 학생은 Day로 구분된 양만큼 매일매일 공부하면 30일에 한 권을 다 볼 수 있다. 하지만, 한꺼번에 단어를 외우는 것이 부담스러운 학생이나, 매일 단어 공부를 할 수 없는 학생은 이틀에 하루치를 공부하면 된다. 일주일에 3일 분량만 공부하더라도 10주면 한 권을 끝마칠 수 있다. 자신의 학습량을 잘 생각해보고 꾸준히 할 수 있도록 조절하자.

이 책은 또한 학습 스타일에 따라 다르게 활용할 수 있다. 익숙한 단어부터 차근차근 학습하는 것을 선호하는 학생은 중요단어부터 시작하여 만점 단어, 다의어, 유사어, 유의어, 반의어 등의 주어진 순서대로 학습하면 된다. 하지만, 공부가 지루해지는 것이 싫고, 학습 내용에 변화를 필요로 하는 학생은 중요단어 3일, 만점 단어 3일, 다의어 1일, 유사어 1일, 유의어 1일, 반의어 1일 등으로 순서로 바꾸어 학습해도 무방하다. 어휘 학습에서 가장 중요한 것은 자신이 소화할 수 있는 양을 주어진 시간에 효과적으로 습득하는 것이다. 다만, 반드시 유의할 점은 꾸준히 할 수 있는 방식으로 학습을 진행해야 한다는 것입니다.

각 구성별 학습 방법

● 단어 파악하기

문장 안에 숨어있는 단어에 대한 힌트를 이용하여 단어의 의미를 생각해보자. 각 문장에서 단어가 어떤 역할을 하는지를 파악한다면 처음 보는 단어의 의미를 유추할 수 있는 힌트를 얻기도 하고, 원래 알고 있던 단어에 대해서도 더욱 정확한 쓰임을 파악할 수 있다. 사전을 찾을 때 예문을 자세히 살펴보는 것이 좋은 이유는 여기에 있다. 이제부터는 올바른 방법으로 단어 공부를 다시 시작해보자.

● 단어 학습하기

본 책에서는 영영사전을 이용하는 장점은 취하고, 단점은 보완했다. 단어의 영영풀이를 제시한 후, 확실한 이해를 위해 우리말 설명을 덧붙이고, 우리말로 의미를 제시해주었다. 가장 먼저 단어가 어떤 품사(동사, 명사, 형용사 등)로 쓰였는지 확인하고, 각 품사마다 어떤 의미를 갖는지 확인하자. 같은 동사의 형태라고 해도 어떤 상황에서 어떤 의미로 쓰이는지를 정확하게 이해하는 것이 중요하다. 이렇게 공부해야 뜻만을 기억하던 단어 학습 방식에서 벗어나 좀 더 정확하게 영어 단어를 학습하는 습관을 들일 수 있다.

더불어 함께 제시된 해당 단어의 파생어와 관용 표현을 통해, 어휘망을 탄탄하게 넓히고, 영어에 대한 감을 살리자.

● 단어 확인하기

지금까지 학습한 단어를 얼마나 잘 기억하는지 간단하게 확인하자. 물론, 한 번에 다 기억할 수는 없고, 지금 당장은 기억한다고 해도 시간이 지나면 잊어버리는 것은 당연하다. 한 번 학습한 단어를 머릿속에 잘 보관하기 위해서는 꾸준한 읽기가 뒤따라야 한다는 점을 잊지 말자.

● Check-up

어휘 학습에 가장 좋은 방법은 반복이다. 본문에서 다뤘던 단어를 최종적으로 훑어보고 확실히 학습되었는지 점검하자.

● Work Book

영어 단어를 금방 잊어버리는 것은 당연한 일! 그래서 강조하는 것이 반복 학습이다. 그날 배운 단어를 그 날 확인할 수 있지만 시차를 두고 확인할 수도 있다. 휴대용 미니북으로 제작되어 있으므로, 틈나는 대로 갖고 다니면서 확인하는 습관을 기르자.

효과적인 영단어 학습 Q & A

Q 영어 단어를 암기해도 다음날에는 기억이 나질 않아요! 어떻게 암기하면 좋을까요?

A 영어 단어를 금방 잊어버리는 것은 당연한 일이니 크게 걱정하지 않아도 됩니다. 사람은 누구나 한 번 공부한 것은 일정 시간이 지나면 잊어버리게 되어 있습니다. 한 번에 다 내 것을 만들려고 생각한다면 지나친 욕심이겠지요. 그래서 강조하는 것이 반복입니다. 한 번에 여러 번 보기보다는 처음부터 끝까지 보는 것을 여러 번 반복하는 것이 더욱 효과적인 학습이 될 것입니다.

Q 영영 사전으로 공부하면 어떤 점이 좋나요?

A 언어 학습은 많이 접할수록 실력이 늘게 되어 있습니다. 영영 사전은 우선 모든 설명이 영어로 되어 있기 때문에 영어를 읽을 기회가 더 생긴다는 점에서 좋습니다.

더 중요한 사항은, 단어를 공부할 때 그 단어가 어떤 상황에서 어떤 형태로 쓰이느냐 하는 것을 제대로 학습하는 것입니다. 정확한 단어의 쓰임을 익히면 글을 읽을 때 문장을 이해하는 능력이 향상되고, 글을 쓸 때 문장에 적절한 단어를 활용하는 단어 응용력도 좋아집니다. 영한사전은 의미를 빠르게 잡아낼 필요가 있을 때 유용하지만, 단어와 문장의 관계를 보기에는 적합하지 않습니다. 영영 사전은 정확한 우리말 의미를 파악하기 어렵지만, 원어민의 시각에서 파악한 단어의 정확한 의미와, 각 단어가 문장 안에서 어떻게 쓰이는지를 볼 수 있다는 점에서 좀 더 영어다운 영어를 접할 수 있습니다. 가장 좋은 방법은 서로의 장단점을 보완해줄 수 있도록 영영 사전과 영한사전을 함께 참고하는 것입니다. 영한사전으로 시작하여 실력이 늘수록 영영 사전의 활용 비율을 높이는 방식을 시도해보세요.

Q 영어 단어는 어느 정도 알겠는데 문법을 잘 모르겠어요.

A 우리의 국어 시간을 생각해봅시다. 매일 쓰는 말인데도, 정확하게 쓰는 법을 배우는 일은 쉽지 않습니다. 영어도 마찬가지입니다. 영어를 모국어로 쓰는 사람도 문법은 따로 배워야 정확하게 알 수 있습니다. 문법은 언어의 구조를 배우는 일입니다. 어휘를 많이 알면 문장을 빠르게 이해할 수 있듯이 문법을 잘 알면 역시 문장을 빠르고 정확하게 이해하는 데에 도움이 됩니다. 그렇다고 단어와 문법이 전혀 다른 영역은 아닙니다. 한 단어가 문장의 구성에서 어떤 역할을 하는지를 파악하는 일은 문법과도 직결됩니다. 예를 들어 동사 enter가 목적어를 가져오는 타동사라는 이해가 되었다면 문장의 형식으로 따졌을 때 3형식을 가져온다는 점과 뒤에 전치사가 오면 잘못된 문장이라는 등의 문법 사항을 함께 알게 되는 것입니다. 따라서 단어 하나를 공부할 때도 모양과 뜻만 파악하는 데에 그치지 않고 단어를 문장과 연결시켜 이해하다보면 자연스럽게 문법 사항도 학습하게 됩니다.

Q 본 교재로 공부한 후에는 어떤 교재를 이용해서 영어공부를 하는 것이 효과적일까요?

A 교재는 수능 어휘를 익히되, 그냥 단어 – 뜻을 외우는 편협한 학습방식을 지양하는 것이 좋습니다.
이 책을 충분히 학습했다면 수능 수준의 어휘는 충분히 넘었다고 볼 수 있습니다. 계속적인 실력향상을 위해서 더 높은 수준의 어휘집이나 영어로만 쓰여진 학습서를 가지고 꾸준하게 학습하세요.

Q 어휘실력을 향상시키려면 어떻게 해야 할까요?

A 많은 문장을 보는 것은 문법을 이해할 때도, 어휘를 이해할 때도 도움이 됩니다. 하지만, 어휘는 언어의 기본이기 때문에 적극적으로 학습하는 것이 필요합니다. 잘 몰랐던 단어가 있으면 표시를 하거나 따로 적어두어 확실하게 머릿속에 남을 때까지 반복해서 익히는 것이 필요합니다. 한 단어를 공부할 때 파생어나 유의어, 반의어 등을 함께 파악하여 머리 속에 어휘의 사슬을 만들어 놓는다면 연상 작용을 일으킬 수 있기 때문에 어휘력이 풍부해짐을 느끼게 될 것입니다.

Q 눈으로 봐서는 아는데, 소리로 들어서는 모르겠어요.

A 눈, 귀, 입, 손을 통해 접하는 영어는 각각 읽기, 듣기, 말하기, 쓰기의 영역으로 구분할 수 있습니다. 각 영역은 서로 연관되어 있어 함께 발전해나가지만, 또한 각각의 능력을 증진시키기 위해서는 각 분야에 맞는 서로 다른 형태의 연습이 필요합니다. 소리로 들어서 잘 모르겠다면, 자꾸 들어보고 귀로 영어를 접하는 연습을 더 해야 합니다. 첫째로는 정확한 발음에 대한 이해가 있어야 하고, 두 번째로 소리에 익숙해져야 합니다. 요즘은 세계 각지에서 영어를 사용하기 때문에 다양한 영어의 억양과 발음을 듣게 됩니다. 항상 귀를 열어두어야겠지요.

일러두기

ⓟ 전치사　ⓒ 접속사　adv 부사　ⓥ 동사
ⓝ 명사　ⓐ 형용사

중 | 요 | 단 | 어

중요 단어는 수능에서 자주 등장하는 수준의 단어입니다. 기본적으로 단어를 학습할 때 함께 알아두면 좋은 사항이 무엇인지 파악하셨나요? 이제는 사전을 볼 때 주어진 설명을 쉽게 넘겨버리지 말고, 더 많은 정보를 얻어가야지요.

단어 학습할 때 알아둘 것

1. 품사
2. 단어의 다양한 의미
3. 예문파악
4. 단어를 이용한 표현
5. 파생어
6. 유의어
7. 반의어
8. 유사어

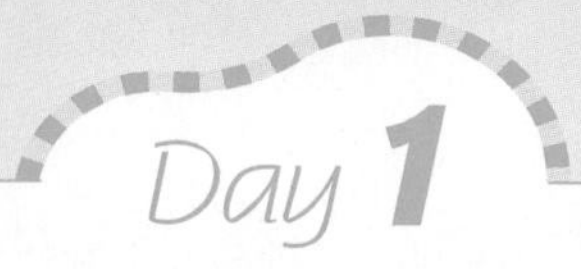

Day 1

단어 파악하기

01 For a long time, it irritated me a great deal that I looked too young.

Clue • 내가 지나치게 어려 보인다는 것은 어떤 기분일까?
• me를 목적어로 하는 동사 / 비슷한 단어는 annoy

02 Someone who had attracted me told me that I looked like I was in elementary school.

Clue • who had attracted me가 someone을 수식한다.
• 발음을 해보면 무언가를 잡아당기는 듯한 느낌 / 비슷한 단어는 charm

03 We know relatively little about how information was shared in the past.

Clue • relatively는 부사로 little을 수식
• 비슷한 단어는 comparatively

04 Each time you hear a different singer, you are hearing a new interpretation.

Clue • 같은 노래를 다른 사람들이 부르는 것을 듣게 되면 어떤 차이가 있을까?
• 비슷한 단어는 explanation

05 Some who reads only books by contemporary authors looks to me like a near-sighted person.

Clue • contemporary authors는 어떤 작가일까?
• temporary(일시의)와 모양이 비슷해 — 시간과 관련된 것이 아닐까?
• 비슷한 의미를 가진 단어는 current

06 The above chart shows the electricity consumption in five countries in 1999 and 2003.

Clue • 'electricity(전기)를 __한다' 고 하지요. / 동사 shows의 목적어인 명사
• 비슷한 의미를 가진 단어는 use

07 Global markets expands rapidly.

Clue • global market(세계 시장)이 rapidly(빠르게) 무엇하고 있을까?
• increase의 의미에서 유추해보세요.

08 Mathematics definitely influenced Renaissance art.

Clue • mathematics(수학)이 Renaissance art(르네상스 예술)에 뭘 했을까?
• 비슷한 의미를 가진 단어는 affect

09 You have been a valued and respected employee of this company.

Clue • valued and respected가 함께 나열된 것으로 보아 respected(존중받는)과 비슷한 의미
• employee를 수식하는 형용사

10 He became convinced that the evolution of the neck is due to the competition for mates.

Clue
- that절이 'become convinced' 하는 내용 / 비슷한 의미를 가진 단어는 assure
- evolution(진화), competition(경쟁), mate(배우자)

11 Sometimes they discover parts that seem to drag.

Clue
- cover(덮다)에 dis-가 붙은 반대 의미 / find의 의미
- drag 질질 끌다

12 We may participate in sports and sometimes become involved in conflicts.

Clue
- 운동에 참여(participate)하면 conflict(갈등)이 생길 수 있겠지요.
- 비슷한 의미를 가진 단어는 concern

13 In its simplest form, behavior is the conduct of an organism.

Clue
- be동사 is의 보어인 명사 / organism 유기체
- behavior, attitude의 의미

14 I want to submit my application.

Clue
- application(지원서)는 왜 쓰나?
- 비슷한 의미를 가진 단어는 hand in

15 His effort came to be recognized nationwide.

Clue
- be recognized는 recognize의 수동태 / 비슷한 의미를 가진 단어는 notice
- effort 노력 / nationwide 전국적으로

16 Your problems and challenges suddenly seem insignificant.

Clue
- significant에 in-이 붙은 형태
- 비슷한 의미를 가진 단어는 unimportant

17 Scientists used it for their physics experiments.

Clue
- scientists(과학자)가 연구를 할 때 반드시 하는 것은 무엇일까?
- 비슷한 의미를 가진 단어는 test

18 People heard a dog barking last night.

Clue
- 〈hear + 목적어 + 목적보어〉의 형태
- a dog(개)가 무엇을 하면 사람들이 들을 수 있나?

19 I've been working hard so that my family can enjoy an easy and convenient life.

Clue
- 명사 life를 수식하는 형용사 / 내가 열심히 일을 하는 것은 가족에게 어떤 삶을 주려고?
- 편의점을 a convenient store이라고 하지요.

20 People generally like what they are good at.

Clue
- generally는 동사 like를 수식하는 부사
- 비슷한 의미를 가진 단어는 commonly

단어 학습하기

01 **irritate** [irətèit] ⓥ

If something **irritates** you, it keeps annoying you.

다른 사람을 기분 나쁘게 하는 행위 ~을(를) 괴롭히다, 화나게 하다

= annoy(화나게 하다), anger(화나게 하다), bother(괴롭히다), get on one's nerve(신경을 건드리다: 구어체)

Voca Family

irritating / irritated

His attitude irritated me.

'화나게 하다' 라는 행위 **irritate**에서 행동을 하는 주체는 '**his attitude**(그의 태도)이고, 당하는 객체는 **me**(나)' 이므로, **His attitude was irritating. / I was irritated.**

02 **attract** [ətrǽkt] ⓥ

If something **attracts** you, it has features that cause you to come to it.

다른 사람을 잡아끄는 매력을 가진 사람은 ~을 끌다, ~를 매혹하다

= charm, enchant, allure(유혹하다: 긍정적, 부정적 모두), appeal to(호소하다), tempt(유혹하다: 주로 부정적)

Voca Family

attractive a. 매력적인(**charming and gorgeous**)

unattractive a. 매력적이지 않은(**attractive**의 반대말)

attracted a. 매혹당한

attraction n. 사람을 끄는 힘, 매력, 인기 관광지

A good-looking girl attracts a man.

남자가 예쁜 여자에게 매혹당하는(**A man is attracted by a good-looking girl**) 이유는 여자가 매력적이기 때문이겠죠(**she is attractive**).

03 **relative** [rélətiv] ⓐ, ⓝ

If something is **relative**, it needs to be considered in relation to other things.

'절대적(absolute)' 의 반대 의미 상대적인

= comparative(비교의, 비교적인)

Relative to something means with reference to it.

relative to의 형태로 쓰일 때는 ~과 관계 있는

= relevant(관련된, 적절한)

Your **relatives** are the members of your family.
나와 관계가 깊은 사람들 친척
= kin(kinsman, kinswoman)(친척)

Voca Family **relate** v. 관계 있다, ~을 말하다 **Your problem relates to smoking.**
relation n. 관계, 친척, 진술
relatively adv. 비교적, 상대적으로

04 interpretation [intə́ːrprətèiʃən] ⓝ

An **interpretation** of something is an opinion about what it means.
동사 interpret의 명사형 해석, 설명, 통역
= explanation(설명), translation(번역)

A performer's interpretation of a piece of music is the particular way it is performed.
음악 등의 예술작품에서는 연주자가 어떻게 표현해내는가 하는 연출, 연주
= version(번역, 변형, 판)

Voca Family **interpret** v. 해석하다, 설명하다, 통역하다
interpretable a. 해석할 수 있는
interpretability n. 해석가능성

05 contemporary [kəntémpərèri] ⓐ

Contemporary things are modern and related to the present time.
명사를 수식하는 형용사 현대의
= current, recent(최근의), present(현재의), modern(현대의)

Contemporary things or people were alive or happening at the same time as something else you are talking about.
현대라는 시간뿐만 아니라 다른 시기에도 적용될 수 있는 의미 동시대의
= coexisting(공존하는)

Someone's **contemporary** means a person who is or was alive at the same time as them.
나와 같은 시대를 살아가고 있는 사람들을 일컫는 말 동시대 사람, 동갑내기
= peer, fellow(동료, 친구)

06 **consumption** [kənsʌ́mpʃən] ⓝ

The **consumption** of natural resources is the amount of them that is used.
연료, 자원, 음식 등과 함께 나와 그것을 사용한다는 의미의 명사 사용
= using up(써버림), use(사용)

Consumption is the act of buying or using things.
일반적으로 어떤 물건을 사거나 사용하는 행위를 나타내는 명사 소비
= expenditure(지출, 소비)

consume v. 소비하다
consumer n. 소비자

07 **expand** [expand] ⓥ

If something **expands**, it becomes larger.
크기, 수, 양이 커지는 현상을 나타내는 동사 팽창하다, 확장하다
= increase(증가하다), amplify(확대하다), broaden(넓어지다), enlarge(커지다), spread(퍼지다), stretch out(뻗어나가다)

expansion n. 증가, 팽창 **= increase, amplification, enlargement**
expansive a. 넓은, 팽창성의, (사람) 여유 있는
= wide, broad, talkative, friendly

08 **influence** [ínfluəns] ⓥ, ⓝ

If something **influences** a situation, it has an effect on the situation.
사람이나 상황을 변화시키는 행위 ~에 영향을 주다
= affect(영향을 미치다), control(통제하다)

Influence is the power to make other people agree with your opinions.
다른 사람이 내 생각에 동의하도록 만들 수 있는 영향력
= power(힘), clout(강한 영향력: 구어체), hold(영향력)

09 **value** [vǽljuː] ⓥ, ⓝ

If you **value** something, you think it is important.

어떤 것을 중요하다고 생각하는 행위 **평가하다, 존중하다, 소중히 여기다**

= evaluate(평가하다), respect(존중하다), appreciate(감사히 여기다)

A **value** of something is its importance.

중요한 사람이나 물건이 가지고 있는 **가치**

= importance(중요함), benefit(이익), merit(우수함)

Voca Family

valued a. (**value**의 과거분사형이자 형용사형) 귀중한, 소중한

valuable a. 귀한, 값비싼

invaluable a. (주의! **invaluable**은 **valuable**의 반대말이 아닙니다. 가치를 평가할 수 없을 만큼 귀중하다는 의미) 매우 귀중한

= **precious**(귀중한), **priceless**(돈으로 살 수 없는, 매우 귀중한)

overvalue 과대평가하다 ↔ **undervalue** 과소평가하다

revalue (통화, 재산) 재평가하다

10 **convince** [kənvíns] ⓥ

If something **convinces** you of something, it makes you believe that it is true.

어떤 것이 옳다는 믿음을 강하게 해주는 행위 **~을 확신시키다**

= assure

If something **convinces** you to do something, it persuades you to do it.

어떤 것을 해야 한다는 것을 일깨워주는 행위 **~을 납득시키다**

= persuade

voca family

convincing a. 확신을 주는 = **persuasive**(설득력 있는), **credible**(확실한), **conclusive**(확정적인)

convinced a. (**convince**의 과거분사형이자 형용사형) 확신하는

= **sure**(확신하고 있는)

I was **convinced** that she was telling me the truth.

나는 그녀가 사실을 말하고 있다는 것을 확신했다.

→ convinced를 강조하기 위한 부사로는 fully, totally, absolutely 등이 있다.
I was fully(totally, absolutely) convinced~.

11 **discover** [diskʌ́vər] ⓥ

If you **discover** something that you did not know about before, you become aware of it or learn of it.

예전에 몰랐던 사실을 알게 되는 행위 ~을 발견하다

= find(찾다), find out(찾아내다), uncover(밝히다), notice(알아채다)

주 의 **discover:** 발견하다 (몰랐던 것을 알게 되는 행위)
invent: 발명하다 (새로운 것을 만들어내는 행위)

Voca Family **rediscover** v. 재발견하다
discovery n. 발견
discoverer n. 발견자

12 **involve** [inválv] ⓥ

If a situation **involves** something, that thing is an important part of the situation.

A involves B이면 B는 A의 부분이다 ~을 포함하다

A involves B in C이면 'A가 B로 하여금 C에 연루되게 하다' 라는 의미가 있다.

= entail(수반하다), imply(포함하다, 의미하다), concern(관계하다)

※ 주로 수동태로 많이 쓰인다.

be involved in, get involved in ~에 포함되다, ~에 참여하다

= take part in

13 **conduct** [kándʌkt] ⓝ, ⓥ

A **conduct** of an activity is the way it is organized and carried out.

사람이 어떻게 행동하는가, 혹은 상황이 어떻게 전개되는가 행위, 행동, 진행

= behavior(행동), attitude(태도)

When you conduct a task, you organize it and carry it out.

어떤 일을 조직하고 수행해내는 행위 ~을 집행하다, 인도하다

= carry out(수행하다), behave(행동하다), administer(집행하다), control(통제하다)

Voca Family **misconduct** n. v. 좋지 않은 행위, 잘못하다
conductor n. 안내자, 호송자, 음악 지휘자, 버스 운전사, 전도체
semiconductor 반도체 **superconductor** 초전도체

14 **submit** [səbmít] ⓥ

If you **submit** a proposal, report, or request to someone, you formally send it to them so that they can consider it or decide about it.

기획, 제안, 요청 등과 함께 쓰일 때에 ~을 제출하다

= hand in, present

If you **submit** to something, you unwillingly allow something to be done to you, or you do what someone wants, for example because you are not powerful enough to resist.

전치사 to와 어울려서 쓰일 때 항복하다, 복종하다

= surrender, give in

Voca Family **submission** n. 복종, 항복, 제출
submissive a. 복종적인, 유순한

15 **recognize** [rékəgnàiz] ⓥ

If you **recognize** someone, you know who the person is.

어떤 사람이 누구인지를 알아보거나, 어떤 상황이 사실이라는 것을 인정하는 행위

~를 알아보다, ~을 인정하다

= know(알다), accept(수용하다), notice(알아채다), acknowledge(인정하다)

주 의 '알다' 의 의미를 가진 단어
know 사실이나 정보를 알다.
realize 어떤 사실에 대한 몰랐던 내용이나 가치를 깨닫다.
be aware of 심각한 문제나 상황에 대하여 인식하다.
recognize 어떤 사람이나 상황을 미리 알고 있었기 때문에 알아보다.

Voca Family **recognition** n. 인식
recognizable a. 인식할 수 있는

16 **insignificant** [ìnsignífikənt] ⓐ

Something that is **insignificant** is unimportant, especially because it is very small.

significant(중요한)에 in-이 붙은 반대 의미 　중요하지 않은

= unimportant, minor(중요하지 않은), trivial, trifling(하찮은)

insignificance n. 하찮음, 중요하지 않음
significant = **important, vital**(중요한), **critical, serious**(중대한), **weighty**(무게 있는, 중요한)
significance n. 중요성
significantly adv. 중요하게

17 **experiment** [ikspérəmənt] ⓝ, ⓥ

An **experiment** is a scientific test that is done to discover what happens in a particular condition.

특정한 조건 하에서 어떤 일이 발생하는지 등을 밝히기 위해 과학자들이 하는 것 　실험, 시험

= test(시험), examination(시험), investigation(조사)

If you **experiment** with something or on something, you do a scientific test on it.

with나 on과 함께 쓰일 때 ~을 가지고 　(~에 대하여) 실험하다

experimental a. 실험의
experimentation n. 실험, 실험법
experimentator n. 실험자

18 **bark** [bɑːrk] ⓥ, ⓝ

When a dog **barks**, it makes a short, loud noise once or several times.

개가 짧고 시끄러운 소리를 한 번 이상 내는 행위 　짖다

If you **bark** at someone, you shout at them aggressively in a loud voice.

개뿐만 아니라 사람도 소리를 지를 수 있겠죠. 　고함치다 (전치사 at과 함께)

= yap(짖다), growl(으르렁거리다), howl(짖다), yelp(캥캥하고 울다)

Bark is a tough material that covers the outside of a tree.

의미는 전혀 다르지만, 명사로도 쓰입니다. 　나무껍질

19 **convenient** [kənvíːnjənt] ⓐ

If a way of doing something is **convenient**, it is easy or very useful for a particular purpose.
무언가를 할 때 그 방법이 쉽고 목표를 달성하는 데 아주 유용하다는 것을 표현하는 형용사 편리한
= useful(유용한), appropriate(적절한), handy(손쉬운), labour-saving(노동력을 절약하는)

Voca Family
convenience n. 편리함
conveniently adv. 편리하게
inconvenient = in + convenient a. 불편한
inconvenience n. 불편함
inconveniently adv. 불편하게

20 **generally** [dʒénərəli] ⓐⓓⓥ

You use **generally** to give a summary of a situation without referring to the particular detail of it.
구체적인 사항에 대하여 언급하지 않으면서 상황을 요약할 때 사용하는 부사
일반적으로
= commonly(일반적으로), extensively(광범위하게), universally(보편적으로), widely(널리)

You use **generally** to say that something happens on most occasions but not ever occasion.
어떤 일이 항상은 아니지만, 대부분의 경우에 일어난다는 것을 표현할 사용하는 부사
보통, 대체로
= usually(주로), normally(평소에는), ordinarily(보통은)

Voca Family
general a. 일반의, 대체적인, 보편적인 n. (육군) 장군
generalize v. 일반화하다
generalization n. 일반화

Expression
in general 일반적으로 ex〉**people in general** 일반적인 사람들

단어 확인하기

[1–4] 주어진 보기에서 고딕체로 된 단어와 유사한 의미를 갖는 것을 고르시오.

1. A young boy may believe that he is **unattractive** because of his nose.
   a) not valuable　　b) not recent
   c) not charming　　d) not critical

2. I **handed in** my paper, leaving the question blank.
   a) noticed　　b) submitted
   c) entailed　　d) discovered

3 If they do not accept our values, we become **annoyed**.
   a) submissive　　b) irritated
   c) valued　　d) convinced

4 The government hasn't fully **recognized** the importance of the performing arts.
   a) enchanted　　b) related
   c) consumed　　d) noticed

[5–6] 고딕체로 된 단어와 바꾸어 쓰기에 적절하지 않은 단어를 고르시오.

5 The witness provided **valuable** information to the police.
   a) precious　　b) priceless
   c) invaluable　　d) valueless

6 This book depicts **contemporary** London.
   a) relative　　b) present
   c) current　　d) modern

[7–10] 다음 괄호 속의 두 단어 중 문맥상 옳은 것을 고르시오.

7 Some people say they don't see any (**convenient / convincing**) evidence of the existence of God.

8 In laboratory, they conducted an (**experiment / experience**) on the new drug.

9 If your job (**involves / evolves**) a lot of research work, you won't have enough time to spend with your family.

10 Gold was (**recovered / discovered**) in California in the 19th century.

☐ expand	☐ influence
☐ insignificant	☐ attract
☐ value	☐ bark
☐ recognize	☐ convince
☐ involve	☐ discover
☐ conduct	☐ experiment
☐ relative	☐ generally
☐ submit	☐ interpretation
☐ contemporary	☐ convenient
☐ irritate	
☐ consumption	

- **expand** 확장하다
- **recognize** ~를 알아보다
- **relative** ~과 관계 있는
- **irritate** 화나게 하다
- **attract** ~를 매혹하다
- **discover** 발견하다
- **interpretation** 해석, 설명, 연출
- **insignificant** 중요하지 않은
- **involve** ~을 포함하다
- **submit** ~을 제출하다
- **consumption** 사용
- **bark** 짖다
- **experiment** 실험
- **convenient** 편리한
- **value** 소중히 여기다
- **conduct** 집행하다
- **contemporary** 현대의
- **influence** ~에 영향을 주다
- **convince** ~을(를) 확신시키다
- **generally** 보통

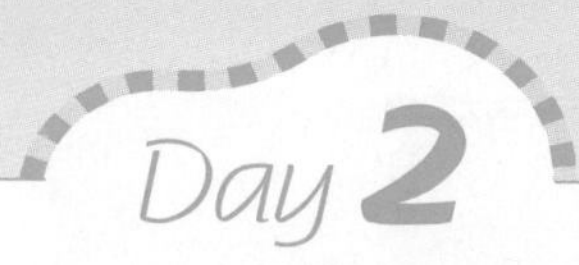

단어 파악하기

01 He walked at a rapid pace along the street.

Clue • pace(걷는 속도)를 수식하는 형용사
• 비슷한 의미를 가진 단어는 fast

02 He served the ball low and it hit the net.

Clue • 테니스를 생각해봅시다. 공(ball)을 낮게(low) 무엇하나?
• 비슷한 의미를 가진 단어는 provide

03 My professional training has taught me to think logically.

Clue • think logically 논리적으로 생각하다
• 반대의 의미를 나타내는 단어는 amateur(아마추어)

04 The book I recommended now costs five dollars.

Clue • 좋은 책을 읽고 다른 사람에게 어떻게 하나?
• 비슷한 의미를 가진 단어는 praise

05 She is outstanding at tennis.

Clue • tennis를 아주 잘 하는 사람을 이야기할 때
• excellent와 비슷한 의미

06 She is from Manchester originally.

Clue • 사람의 출신지가 지금 살고 있는 곳과 다를 때 구분을 해주기 위해서 쓰는 말
• origin의 의미는 기원, 태생이지요.

07 They suggest modernizing the old system.

Clue • 오래된 시스템을 어떻게 해야 할까?
• modern이 현대의 의미를 갖는 형용사라는 점을 응용하자.

08 He was a professor of criminal law.

Clue • 여러 가지 law 중에서 criminal law는 형법입니다.
• crime의 형용사 형태

09 I noticed she was left-handed.

Clue • left-handed 왼손잡이의 / 몰랐던 사실을 목격했을 때
• 비슷한 의미를 가진 단어는 recognize

10 If you are in any doubt, consult your adviser.

Clue • consult 상담하다 / 조언자와 상담을 해야 하는 때는 어떤 경우일까?
• 비슷한 의미를 가진 단어는 uncertainty

11 Shell signed a contract to develop oil and gas reserves near Archangel.

Clue • a contract 계약 / oil and gas reserve 석유와 가스 매장지
• 계약서에는 이것을 해야 효력을 갖지요.

12 She took off her shoes because her feet hurt.

Clue • 그녀가 신발을 벗은 이유는?
• ache의 의미

13 Tony has a mental breakdown.

Clue • breakdown 쇠약 / 요즘은 신체적인 병뿐만 아니라 이것과 관련된 병도 많아요.
• physical과 반대되는 의미

14 They were expected to behave themselves.

Clue • behave oneself가 숙어로 쓰여서 하나의 의미를 나타냅니다.
• act의 의미

15 Sam refused to give any information to me.

Clue • Sam은 정보를 줄 것 같지 않네요.
• decline의 의미

16 Finally his mother gave him a permission to marry.

Clue • 결혼을 할 때 부모님께 여쭈어보는 것은 예의
• 동사형은 permit으로 allow의 의미

17 You can drink whenever you feel thirsty during the session.

Clue • session 수업 / 물을 마시고 싶은 기분
• dry와 연관 지어서 생각해보세요.

18 He has basic knowledge of Spanish.

Clue • 언어에 대해서 knowledge가 있다는 것은 유창하지 않지만, 그 언어를 조금 할 수 있다는 말입니다.
• know(알다)에서 오는 명사형

19 He is the author of the novel 'Spring'.

Clue • 소설 등의 글을 쓰는 사람
• writer와 같은 의미

20 The company decided to appoint a Korean manager as president.

Clue • 한국인 매니저에게 회장이라는 새로운 직책을 부여하는 행위
• 비슷한 의미를 나타내는 단어는 assign

단어 학습하기

01 rapid [rǽpid] ⓐ

A **rapid** change is the one that happens very quickly.
굉장히 빠르게 일어나는 일을 묘사할 때 빠른, 신속한
= quick 빠른, brisk 활발한

Voca Family
rapidly adv. 빠르게
rapidity n. 신속, 민첩

02 serve [səːrv] ⓥ

If you **serve** your country or an organization, you do useful work for it.
나라, 단체를 위해서 일하는 경우에 목적어를 동반하는 타동사 ~을 위해 봉사하다, ~을 섬기다
= work for 일하다, assist 돕다

If you **serve** in a particular place, you do official duties.
정치인, 군 장교, 공무원 등이 공식석상에서 자신의 일을 수행하는 경우 자동사로 근무하다, 복무하다
= perform 수행하다, act 행동하다

If something **serves** people or an area, it provides them with what they need.
사람이나 장소 등에 필요한 것을 공급하는 역할을 나타내는 타동사 ~에게 공급하다, ~에게 편의를 주다
= provide 제공하다, supply 공급하다

그 밖에, 식당이나 가게에서 손님을 접대하는 행위를 serve라고 합니다.

Voca Family
service n. 봉사, 도움
server n. 봉사자, 근무자
참고로 불어에서 온 **serviette**는 영국에서 **napkin**(냅킨)의 의미로 사용됩니다.

03 **professional** [prəféʃənəl] ⓐ, ⓝ

Professional means relating to a person's work, especially the work that requires special training.
특별한 훈련을 필요로 하는 일과 관련되어 있다는 것을 나타내는 형용사 직업의

Professional people have jobs that require advanced education or training.
상급의 교육과 훈련을 필요로 하는 일을 하는 사람들을 나타내는 형용사 전문적인
↔ unprofessional 비전문적인
형태의 변화 없이 명사로 전문가
= expert 전문가

Voca Family
professionally adv. 전문적으로
profession n. 직업
professionalism n. 전문가 기질

04 **recommend** [rèkəménd] ⓥ

If someone **recommends** a person to you, they suggest that you find the person useful.
유용하게 쓸 수 있는 사람을 소개하는 행위 ~을 추천하다
= commend 추천하다

If you **recommend** that something is done, you suggest it should be done.
어떤 일이 실행되어야 한다고 제안할 때 ~을 권고하다
= advise 권하다, suggest 제안하다

Voca Family
recommended a 추천된
recommendatory a 추천의
recommendation n. 추천

05 **outstanding** [àutstǽndiŋ] ⓐ

If you describe something as **outstanding**, they are very remarkable and impressive.
굉장히 눈에 띄고 인상적인 것을 묘사할 때 쓰는 형용사 걸출한, 눈에 띄는
= excellent 훌륭한, exceptional 특별한

Expression
outstanding은 형용사이고, 같은 의미를 동사로도 표현할 수 있다.
→ **stand out** 두드러지다

06 **original** [ərídʒənəl] ⓐ

You use **original** when referring to something that existed at the beginning of a process.
어떤 과정의 맨 처음부터 존재했던 것을 나타내는 형용사 최초의
= initial 처음의, primary 최초의

An **original** document or work of art is not a copy.
예술작품이나 문서가 다른 것을 모방한 작품이 아니라는 점을 나타내는 형용사 원본의

If you describe someone or their works as **original**, they are very imaginative and have new ideas.
어떤 사람이나 그의 작품이 상상력이 풍부하고 새로운 생각을 담고 있을 때 독창적인
= creative 창조적인, fertile 상상력이 풍부한

originally adv. 원래
originality n. 독창성

07 **modernize** [mάdərnàiz] ⓥ

To **modernize** something such as a system means to change it by replacing old methods with new ones.
옛 방식을 새로운 방식으로 변화시키는 행위 ~을 현대화하다
= update 새롭게 하다, remodel 개조하다

Voca Family

modernization n. 현대화
modernity n. 현대성
modernistic a 현대적인
modern a 현대의, 근대의
modernism n. 현대식, 모더니즘

08 **criminal** [krímənəl] ⓝ, ⓐ

A **criminal** is a person who regularly commits a crime.
범죄를 저지르는 사람을 가리키는 명사 범인
= convict 죄인, offender 범죄자

Criminal means connected with crime.
범죄와 관련되어 있음을 나타낼 때 범죄의

Voca Family
crime n. 범죄
criminality n. 범죄성, 범죄 행위
criminology n. 범죄학
criminally adv. 범죄적으로, 형법상

09 notice [nóutis] ⓥ, ⓝ

If you **notice** someone or something, you become aware of them.
어떤 사람이나 사물을 인식하는 행위 ~을 알아채다

A **notice** is a written announcement in a place where everyone can read it.
모든 사람들이 그것을 볼 수 있는 장소에 붙어 있는 알림 공고
= announcement 공고

If you give **notice** about something that is going to happen, you give a warning in advance.
앞으로 일어날 일에 대하여 경고할 때 통지, 경고

Expression
take no notice of ~을 무시하다
noticeboard 게시판

10 doubt [daut] ⓝ

If you have **doubt** about something, you feel uncertain about it and do not know whether it is true or not.
어떤 것에 대하여 확신이 없고, 그것이 사실인지 아닌지 모를 때 의심, 회의
형태의 변화 없이 동사로 ~을 의심하다
= uncertainty 불확실함, suspicion 의심

Voca Family
doubtful a 의심스러운
doubtless a 의심할 바 없는
doubtfully adv. 의심스럽게

Expression
beyond doubt 의심할 여지없이
without doubt 틀림없이
in doubt 확신이 없는

11 **sign** [sain] ⓝ, ⓥ

A **sign** is a mark or shape that always has a particular meaning.
특정한 의미를 지닌 표시나 형태　기호, 부호
= symbol 상징, emblem 표상

A **sign** is a movement of your arms or hands which is intended to have a particular meaning.
특정한 의미를 전달하기 위해 손이나 팔을 흔드는 행위　신호
= gesture 몸짓, 손짓
형태 변화 없이 동사로　신호를 보내다

If you **sign** a document, you write down your name on it.
문서에 자신의 이름을 써넣는 행위　~에 서명하다

signal v. 알리다 n. 신호
signally adv. 신호에 의해, 두드러지게
signature n. 서명

12 **hurt** [həːrt] ⓥ, ⓐ

If you **hurt** yourself, or a part of your body, you feel pain because you have injured yourself.
몸을 다쳐서 아픔을 느끼는 상태　~에게 상처주다
자동사, 타동사로 모두 쓰임

If you are **hurt**, you feel upset because of something that someone has said.
다른 사람이 한 말로 기분이 나빠졌을 때　아픈
↔ unhurt 해를 입지 않은

형태〉 아픔을 느끼는 주어가 사람인 경우 be hurt를 써서 '아프다' 라는 의미를 표현하고, 어떤 상황 때문에 아픔을 느끼는 경우 상황이 주어가 되고 자동사 hurt로 '아프다' 라는 의미를 표현합니다.
I'm hurt. 나는 상처받았어.
It hurts. (몸이, 마음이) 아프다.

13 mental [méntl] ⓐ

Mental means relating to the process of thinking.
생각하는 과정과 관련되어 있음을 나타내는 형용사 정신적인

mentally adv. 정신적으로
mentality n. 정신력, 심성

14 behave [bihéiv] ⓥ

The way you **behave** is the way that you do and say things.
말을 하고 행동하는 모든 것을 포함하는 말 행동하다
↔ misbehave 무례하게 행동하다

Voca Family **behavior** n. 행동
behavioral a 행동의

Expression **behave oneself** 올바르게 행동하다
well-behaved 행실이 올바른

15 refuse [rifjú:z] ⓥ, ⓝ

If you **refuse** to do something, you deliberately do not do it.
어떤 일을 일부러 하지 않을 때 ~을 거절하다, 거부하다
형태〉〈refuse + to 부정사〉
= reject 거절하다, deny 부정하다

If you **refuse** something that is offered to you, you do not accept it.
제안된 일을 받아들이지 않는 행위 ~을 사절하다
= turn down 사절하다, decline 사양하다

폐물, 쓰레기
= rubbish 쓰레기, garbage 쓰레기

Voca Family **refusal** n. 거절
refusable a 거절할 수 있는

16 **permission** [pəːrmíʃən] ⓝ

If someone who has authority over you gives you **permission** to do something, they say that they will allow you to do it.

당신의 상사가 당신에게 어떤 것을 하도록 허락하는 경우 허가, 허용

= allowance 허락

Voca Family

permit v. 허락하다
permissible a 허용할 수 있는
permissive a 허가하는

17 **thirsty** [θə́ːrsti] ⓐ

If you feel **thirsty**, you feel a need to drink something.

무언가를 마시고 싶다는 느낌을 나타내는 형용사 목마른

= dry 건조한

If you are **thirsty** for something, you have a strong desire for it.

어떤 것에 대하여 강한 바람을 가지고 있는 경우 갈망하는

= eager 갈망하는

Voca Family

thirst n. 갈증
thirstily adv. 목마르게

18 **knowledge** [nάlidʒ] ⓝ

Knowledge is information and understanding about a subject which a person has.

한 주제에 대하여 가지고 있는 정보나 이해를 가리키는 명사 지식

주 의

knowledge는 셀 수 없는 명사로 복수형을 쓰지 않습니다.

Voca Family

know v. 알다
knowledgeable a 지식이 있는
foreknowledge n. 예지

19 **author** [ɔ́ːθər] ⓝ

The **author** of a piece of writing is the person who wrote it.
글을 쓴 사람을 가리키는 말 작가
형태 변화 없이 동사로 ~을 저작하다
= writer 작가, composer 작자

20 **appoint** [əpɔ́int] ⓥ

If you **appoint** someone to a job or official position, you formally choose them for it.
어떤 사람을 일이나 공식적인 자리에 선택하는 행위 ~을 임명하다
= assign 지명하다, delegate 위임하다

Voca Family
appointment n. 임명, 지정, 약속
appointed a 지정된, 정해진
disappoint v. 실망시키다

[1~6] 주어진 보기에서 고딕체로 된 단어와 유사한 의미를 갖는 것을 고르시오.

1. In the movie "Primal Fear", Edward Norton acted the **criminal** who pretended to be innocent.
   a) rubbish b) modernity c) convict d) loser

2. I **recommended** that the project should be stopped or revised but nobody listened to me.
   a) suggested b) delegated c) permitted d) misbehaved

3. The late Paik Nam Jun, the great video artist, had an **original** mind.
   a) eager b) creative
   c) professional d) modernized

4. Those who have both leadership and competence should be **appointed** a leader.
   a) permitted b) served c) declined d) assigned

5. My boss **turned down** the technical cooperation suggested by one of competing companies.
   a) doubted b) noticed c) refused d) hurted

6. Please check the **notice** on the board whenever you return to dormitory.
   a) announcement b) emblem
   c) signature d) service

7. 다음 중 고딕체로 된 단어와 의미가 다른 하나를 고르시오.
   The **rapid** change of modern society requires people to adjust to the new trend.
   a) quick b) exceptional
   c) brisk d) speedy

8. 주어진 보기에서 고딕체로 된 단어와 유사한 의미로 사용된 경우를 고르시오.
   It is duty for the soldiers to **serve** their own country.
   a) The restaurant **served** customers so well that it became very famous.
   b) My brother will **serve** in the army this year.
   c) The company has **served** gas to a whole town since 2002.
   d) Many volunteers **served** old people who were sick and poor.

[9~10] 다음 괄호 속의 두 단어 중 문맥상 옳은 것을 고르시오.

9. (**Knowledge / Knowledges**) without action will be useless in any case.

10. If you wanted to do something in the company, you should get the (**commission / permission**) from your boss first.

Check-up

- ☐ knowledge
- ☐ mental
- ☐ notice
- ☐ professional
- ☐ serve
- ☐ permission
- ☐ modernize
- ☐ doubt
- ☐ appoint
- ☐ thirsty
- ☐ recommend
- ☐ sign
- ☐ hurt
- ☐ behave
- ☐ outstanding
- ☐ original
- ☐ refuse
- ☐ author
- ☐ rapid
- ☐ criminal

- **knowledge** 지식
- **serve ~**에게 공급하다
- **appoint** ~을 임명하다
- **hurt** 아픈
- **refuse** ~을 거절하다
- **mental** 정신적인
- **permission** 허가
- **thirsty** 갈망하는
- **behave** 행동하다
- **author** 작가
- **notice** 공고
- **modernize ~**을 현대화하다
- **recommend** ~을 추천하다
- **outstanding** 눈에 띄는
- **rapid** 빠른
- **professional** 전문적인
- **doubt** 의심
- **sign** 기호
- **original** 원본의
- **criminal** 범인

단어 파악하기

01 The handwriting **belongs** to Sarah.

Clue • 전치사 to와 함께 쓰이는 동사 / handwriting 손으로 쓴 글
• 위 문장은 The handwriting is Sarah's와 같은 의미를 갖습니다.

02 They tried to **engage** him in conversation.

Clue • 그들이(they) 그를(him) 대화(conversation)에 어떻게 하게 하려고 노력하고 있나?
• participate와 비슷한 의미로 쓰이기도 합니다.

03 He was proud of his **achievement**.

Clue • 단순히 일어난 일이 아니라, 많은 노력을 통하여 일궈낸 일을 무엇이라고 하나?
• 동사 achieve의 명사형으로 비슷한 의미를 가진 단어는 accomplishment

04 She is a **confident** person who is certain of her views.

Clue • 자신의 의견(views)에 확신을(certain) 갖는 사람은 어떤 사람인가?
• 비슷한 의미를 가진 단어는 self-assured

05 New scientific **evidence** shows his hypothesis is not true.

Clue • hypothesis 가설 / scientific 과학적인
• 과학에서 가설을 증명하기 위해서 내세우는 것이 뭘까?

06 Even when you strongly disagree with someone, you should try to **communicate** with them.

Clue • 의견은 맞지 않아도 이것마저 하지 않는다면 더 큰 문제가 발생하겠죠.
• 쉬운 말로 talk, tell 등의 의미입니다.

07 She stared at her **reflection** in the mirror.

Clue • 거울(mirror)을 바라보면 사물의 무엇이 보이나?
• 빛, 거울 등에서 연상되는 의미로, 비슷한 의미를 가진 단어는 image

08 This paper does not **explain** what the freedom is.

Clue • 이 글(paper)은 무엇을 해주는가?
• knowledge, information 등에서 연상되는 말

09 The play was first **performed** in 1950s.

Clue • was performed는 수동태 형태 / the play 연극과 관련된 동사?
• 비슷한 의미를 가진 단어는 accomplish

10 He **recruited** two bilingual engineers.

Clue • bilingual 두 언어를 사용하는
• 비슷한 의미를 가진 단어는 employ

11 The company will ban all smoking in all offices later this year.

Clue • 회사는 smoking 흡연에 대하여 어떤 조치를 취하는가?
• 비슷한 의미를 가진 단어는 prohibit

12 He was very disappointed when he failed the exam.

Clue • 시험에서 떨어졌을 때의 기분은?
• 동사로 disappoint는 let down의 의미입니다.

13 Japan attempted to secure the law to send troops overseas.

Clue • troop 군대, overseas 해외로, secure 안전하게 하다
• try와 비슷한 의미

14 Susan was sitting at the opposite corner of the room.

Clue • Susan과 마주보고 앉아 있었다면, Susan은 나의 어느 쪽에 앉아 있었다는 걸까?
• 반대의 의미를 갖는 말은 same

15 Overweight people run a higher risk of cancer than people of average weight.

Clue • people of average weight 평균 몸무게의 사람들과 대조되는 말이지요.
• 비슷한 의미를 가진 말은 fat

16 I'm definitely going to get in touch with you.

Clue • definitely는 am going to get in touch를 수식하는 부사
• 비슷한 의미를 가진 단어는 certainly

17 The music is a familiar one.

Clue • 어디선가 많이 들어본 음악이 들릴 때
• 비슷한 의미를 가진 말은 well-known

18 I lost my job and it was like my world collapsed.

Clue • 하던 일을 그만 두게 되면 어떤 기분이 들까?
• 비슷한 의미를 가진 말은 fall down

19 He often donates large sums to charity.

Clue • charity 자선단체에 돈이나 물건을 주는 행위를 뭐라고 하나?
• blood donation은 헌혈이지요.

20 World tourism industry is huge.

Clue • tourism '관광' 등과 같이 재화나 용역을 창출해내는 일을 나타내는 말
• 비슷한 말은 business

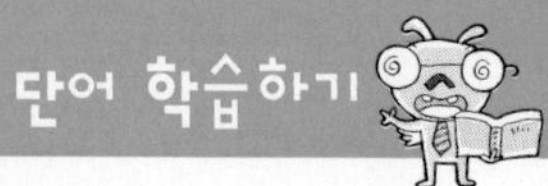

01 **belong** [bilɔ́(:)ŋ] ⓥ

If something **belongs** to you, you own it.
당신이 어떤 것을 소유하고 있을 때 그것과 당신의 관계를 나타내는 동사 속하다, (~의) 소유이다

If a person or thing **belongs** in a particular place, that is where they should be.
사람이나 사물이 있어야 하는 장소를 나타낼 때 (~에) 있어야 한다

Voca Family **belonging** n. 소유물, 소지품

02 **engage** [engéidʒ] ⓥ

If you **engage** in an activity, you do it or are actively involved in it.
어떤 것을 하거나 어떤 활동에 적극적으로 참여하고 있음을 나타내는 동사 종사하다, 관계하다
= participate 참여하다

If something **engages** you or your attention, it keeps you interested in it.
어떤 것이 끊임없이 당신을 흥미롭게 할 때 ~을 끌다, 끌어들이다
= catch 잡다
↔ disengage 자유롭게 하다

Voca Family **engagement** n. 약속, 용무, 고용

03 **achievement** [ətʃíːvmənt] ⓝ

An **achievement** is something which someone has succeeded in doing, especially after a lot of effort.
많은 노력 후에 어떤 일을 성공적으로 해냄 성취, 업적
= accomplishment 성취

Voca Family **achieve** v. 이루다, 성취하다
achievable a. 성취할 수 있는

주 의 achieve와 accomplish는 어떤 일을 성공적으로 수행하여 원하는 결과를 얻었을 때 쓰는 동사이고, carry out은 survey, research, promise 등의 목적어와 함께 쓰는 동사이고, perform은 의무나 일을 수행했을 때 쓰는 동사입니다.

04 confident [kɑ́nfidənt] ⓐ

If you are **confident** about something, you are certain that it will happen the way you want it to.

어떤 일이 원하는 대로 일어날 것이라고 확신하는 태도를 나타내는 형용사 자신이 있는, 확신하는

= self-assured 확신하는

Voca Family confidence n. 자신감
confidently adv. 자신 있게

주 의 confident a. 자신 있는
confidant n. 비밀도 털어놓을 만큼 막역한 친구

05 evidence [évidəns] ⓝ

Evidence is anything that you see or experience that causes you to believe something is true.

어떤 것이 사실이라고 믿게 만드는 증거

= proof 증거, demonstration 증명, corroboration 확증

법정에서 증거자료를 일컫는 말이기도 합니다.

주 의 evidence는 셀 수 없는 명사이므로, 앞에 관사를 붙이거나 복수 형태로 쓰지 않습니다. 각각의 증거를 말하고자 할 때는 piece라는 단위를 사용합니다.

Voca Family evident a. 분명한, 명백한
= obvious 명백한, clear 분명한, apparent 또렷한

Expression give evidence 증언하다
in evidence 명확하게 드러나는

06 **communicate** [kəmjú:nəkèit] ⓥ

If you **communicate** with someone, you share or exchange information with them.
어떤 사람과 정보를 나누고 공유하는 행위 전달하다, 나누다
= convey 전달하다

If one person **communicates** with another, they successfully make each other aware of their feeling and ideas.
두 사람이 서로의 느낌이나 생각을 확실하게 나누는 행위 소통하다

Voca Family
communication n. 소통
communicator n. 전달자, 통보자
communicative a. 수다스러운, 통신의, 의사소통의

07 **reflection** [riflékʃən] ⓝ

A **reflection** is an image that you see in a mirror or in water.
거울이나 물에 비치는 이미지 반영

Reflection is the process by which light or heat are sent back from a surface.
빛이나 열이 표면을 통과하지 못하고 다시 되돌려지는 과정 반사

Reflection is careful thought about a particular subject.
특정한 주제에 대하여 조심스럽게 생각하는 것 반성, 숙고

Voca Family
reflect v. 반사하다, 반영하다, 반성하다
reflective a. 반사하는
reflectivity n. 반사력

주 의
inflection n. 굴곡
reflection n. 반사, 반영, 반성

08 explain [ikspléin] ⓥ

If you **explain** something, you give details about it.
어떤 것에 대하여 구체적인 내용을 알려주는 행위 ~을 설명하다
= clarify 분명히 하다, account for 설명하다

explanation n. 설명
explanatory a. 설명의

09 perform [pərfɔ́ːrm] ⓥ

If you **perform** a task or action, you do it.
임무나 활동을 한다는 의미의 동사 ~을 실행하다
= carry out 실행하다, accomplish 수행하다

If you **perform** a play or a piece of music, you do it in front of audience.
관객 앞에서 연극 연기를 하거나 음악을 연주하는 행위 ~을 연주하다, 연기하다
= play 연주하다

performance n. 실행, 수행, 연기
performer n. 연기자, 수행자

10 recruit [rikrúːt] ⓥ, ⓝ

If you **recruit** people for an organization, you select them or persuade them to join it.
어떤 단체에서 일할 사람을 선발하는 일 (새 회원을) ~을 들이다, 고용하다

A **recruit** is a person who has recently joined an organization or an army.
한 단체에 최근에 참여하기 시작한 사람 신병, 새 회원

recruitment n. 신규모집
recruiter n. 모집원
recruiting n. 신규모집

11 **ban** [bæn] ⓥ, ⓝ banning, banned

To **ban** something means to state officially that it must not be done.

목적어와 함께 올 때 그것이 이루어져서 안 된다고 공식적으로 말하는 행위 ~을 금지하다

= prohibit(금지하다), forbid(금하다), disallow(허가하지 않다)

A **ban** is an official ruling that something must not be done.

동사 ban의 명사 형태는 ban이다. 금지

= prohibition(금지), boycott(보이콧, 불매, 배척)

Expression **The city has imposed a ban on smoking in all restaurants.**
그 도시는 모든 식당에서 흡연을 금지시켰다.
impose a ban on ~을 금지시키다

12 **disappoint** [dìsəpɔ́int] ⓥ

If people or things **disappoint** you, they are not as good as you had hoped.

어떤 일이 당신이 원하는 만큼 좋은 결과를 내지 못했을 경우 ~을 실망시키다

= let down 실망시키다

Voca Family **disappointment** n. 약속
disappointing a. 실망스러운 **disappointed** a. 실망한

13 **attempt** [ətémpt] ⓥ, ⓝ

If you **attempt** to do something, especially something difficult, you try to do it.

어려운 일을 하려고 노력하는 행위 ~을 시도하다, 도전하다

= try 시도하다, endeavor 노력하다

형태〉 〈attempt + to〉 부정사 ~을 시도하다

형태 변화 없이 명사로 시도, 도전

Expression **attempt on someone's life** ~를 죽이려 하다

14 **opposite** [ápəzit] ⓐ

The **opposite** side of something is the side that is furthest from you.
당신으로부터 가장 멀리 떨어진 쪽에 무언가가 있을 때 그것의 위치를 설명하는 말 **맞은편의**
= facing 마주보는

Opposite is used to describe things of the same kind which are completely different in a particular way.
어떤 관점에서 봤을 때 완전히 다른 같은 종류의 사물을 묘사할 때 쓰는 형용사 **정반대의**
= reverse 반대의

opposition n. 반대
oppose v. 반대하다
opposed a. 반대의, 적대하는

15 **overweight** [óuvərwèit] ⓐ

Someone who is **overweight** weighs more than is considered healthy.
건강하다고 여겨지는 것보다 몸무게가 많이 나가는 사람을 묘사하는 형용사 **과체중의, 중량이 초과된**
= fat 뚱뚱한, chubby 통통한
↔ underweight 저체중의

Voca Family

weigh v. 무게가 나가다
weight n. 무게, 중량, 부담, 중요함
weighty a. 무거운, 중요한

16 **definitely** [défənitli] ⓐⓓⓥ

You use **definitely** to emphasize the strength of your opinion.
당신의 의견이 옳다는 것을 강하게 나타내기 위하여 사용하는 부사 **반드시**
= certainly 확실히, absolutely 절대적으로, clearly 분명히, surely 확실히, undeniably 부인할 수 없게

Voca Family

definite a. 명백한, 명확한

17 **familiar** [fəmíljər] ⓐ

If someone or something is **familiar** to you, you know them well.

당신이 어떤 사람이나 사물을 잘 알고 있는 상태를 묘사하는 형용사 친밀한, 낯익은

= accustomed 익숙한

↔ unfamiliar 친숙하지 않은

Expression **be familiar with** ~과 친숙하다

Voca Family
familiarly adv. 친밀하게
familiarity n. 친숙, 친밀
familiarize v. 친숙하게 하다
familiarization n. 친숙하게 함

18 **collapse** [kəlǽps] ⓥ

If a building **collapses**, it falls down very suddenly.

빌딩이 갑작스럽게 무너져 내리는 모습을 나타내는 동사 무너지다, 붕괴하다

형태 변화 없이 명사로 붕괴

= downfall 붕괴, flop 쿵 떨어지다

If you **collapse**, you suddenly faint or fall down because you are very ill.

굉장히 아파서 갑작스럽게 기절하거나 쓰러지는 모습 쓰러지다, 실신하다

19 **donate** [dóuneit] ⓥ

If you **donate** something to a charity, you give it to them.

자선 단체 등에 무언가를 보내는 일 ~을 기부하다

If you **donate** your blood or a part of your body, you allow doctors to use it to help someone who is ill.

의사가 아픈 사람을 돕기 위해 자신의 피나 신체 기관을 사용할 수 있도록 하는 행위 ~을 기증하다

Voca Family
donation n. 기부, 기증
donator n. 기증자
donative a. 기증한

20 **industry** [índəstri] ⓝ

Industry is the work or processes involving in collecting raw materials and making them into products.
원료를 수집하여 제품을 만드는 일이나 과정을 가리키는 말 공업, 산업
= manufacturing 제조, production 생산

Industry is the fact of working very hard.
일을 매우 열심히 하는 것을 가리키는 말 근면
= diligence 근면

Voca Family
industrial a. 공업의
industrious a. 근면한 **= diligent**
industrialize v. 공업화하다

단어 확인하기

[1–4] 주어진 보기에서 고딕체로 된 단어와 유사한 의미를 갖는 것을 고르시오.

1 I am **unfamiliar** to him even though I have known him for three years.

a) not opposite b) not definite
c) not accustomed d) not disappointing

2 He **endeavored** to get admission from the university and finally made it.

a) attempted b) donated
c) collapsed d) recruited

3 Diligence **accounts for** his unbelievable success in steel industry.

a) achieves b) weighs
c) performs d) explains

4 He was accused of **engaging** in an antigovernment party.

a) conveying b) belonging
c) participating d) reflecting

5 고딕체로 된 단어와 의미가 다른 하나는?

Please don't use vague expressions in public speech. Make it **clear**.

a) apparent b) reverse
c) obvious d) evident

6 다음 빈칸에 들어갈 단어로 가장 적절한 것은?

A construction worker is recovering in the hospital after the concrete ceiling _________ on him in a downtown parking garage.

a) achieved b) recruited
c) donated d) collapsed

[7~10] 다음 괄호 속의 두 단어 중 문맥상 옳은 것을 고르시오.

7 Nightmare is a (**reflection / inflection**) of one's inner fear.

8 I was worried that he would make a mistake on the stage, but he (**conformed / performed**) well.

9 Don't forget that being (**industrious / industrial**) is the one of the most important factors in successful life.

10 The signpost says that we took the wrong way. We have to go in the (**opposite / oppressive**) direction.

Check-up

☐ confident	☐ donate
☐ collapse	☐ evidence
☐ opposite	☐ definitely
☐ overweight	☐ engage
☐ industry	☐ perform
☐ familiar	☐ ban
☐ recruit	☐ disappoint
☐ attempt	☐ reflection
☐ communicate	☐ explain
☐ belong	☐ achievement

- **confident** 자신이 있는
- **collapse** 무너지다
- **opposite** 정반대의
- **overweight** 과체중의
- **industry** 공업
- **familiar** 낯익은
- **recruit** 고용하다
- **attempt** ~을 시도하다
- **communicate** 소통하다
- **belong** (~의) 소유이다
- **donate** ~을 기부하다
- **evidence** 증거
- **definitely** 반드시
- **engage** 관계하다
- **perform** ~을 실행하다
- **ban** ~을 금지하다
- **disappoint** ~을 실망시키다
- **reflection** 반영
- **explain** ~을 설명하다
- **achievement** 성취

단어 파악하기

01 We want it to be fairly distributed.

Clue • fairly 공평하게 / 함께 만들었다면 각자에게 공평하게 돌아가야겠지요.
• divide의 의미

02 The king was forced to adopt a new constitution.

Clue • adopt 채택하다, constitution 헌법
• 새로운 헌법을 채택할 것을 신료들이 왕에게 요구하는 상황
• be forced는 수동태, force는 compel의 의미

03 The rabbit creeps away and hides in a hole.

Clue • 사람을 보고 놀란 토끼, 구멍으로 쏘옥 들어가버리죠.
• 숨바꼭질 놀이를 hide-and-seek이라고 합니다.

04 It is an occasion for all the family to celebrate.

Clue • celebrate 축하하다
• 비슷한 의미를 가진 단어는 event

05 Later this year, you will be assigned research papers.

Clue • research paper 연구 보고서
• 선생님이 학생에게 내주는 과제를 assignment라고 하지요.

06 I felt the pressure of being the first woman in the job.

Clue • 한 분야에서 선구자가 되면 책임감과 함께 강한 부담감이 느껴지겠죠.
• stress를 대신하여 쓰이기도 합니다.

07 The doctor will be able to spend more time with patients.

Clue • 의사가 돌보아야 하는 사람들은?
• patient는 형용사의 의미와, 명사의 의미가 다르다는 점을 유의하세요.

08 Julie was assisting him to prepare his speech.

Clue • 〈assist + 목적어 + to 부정사〉의 형태
• 비슷한 의미를 가진 단어는 help

09 He wore a cap to cover a spot of baldness.

Clue • spot 오점, baldness 대머리 / 이 남자가 모자를 쓴 이유는?
• 반대말은 discover

10 The woman was a wife of a film director.

Clue • 영화를 만드는 사람
• 동사는 direct, 영화를 제작할 때 감독이 하는 일을 잘 생각해보면 동사의 뜻도 이해가 됩니다.

11 My personal life has to take second place to my career.

Clue
- career와 personal life는 상반되는 의미를 지니고 있습니다.
- person의 형용사 형태라는 점을 생각해보세요. private과 비슷한 의미

12 She arranged an appointment for Friday afternoon.

Clue
- an appointment 약속
- 금요일 오후에 만나기 위해서는 먼저 무엇을 해야 할까요?

13 I was promoted to an editorial director.

Clue
- editorial director 편집장 / 직장에서 더 높은 지위로 올라가게 되는 경우
- was promoted는 수동태, upgrade에서 의미를 유추해보세요.

14 She attended writing classes at night.

Clue
- writing classes(글쓰기 수업)을 목적어로 하는 동사
- 비슷한 의미를 가진 단어는 take

15 The report ranked Korea 19th out of 30 advanced countries.

Clue
- advanced countries 선진국
- 순위를 매기는 일, 랭크라는 말은 우리에게 익숙하죠.

16 After graduating from university, she joined GL company.

Clue
- university 대학이나 학교를 끝마치는 것을 무엇이라고 하나?
- enter의 반대말

17 The final election results will be announced on Thursday.

Clue
- election 선거, result 결과, announce 발표하다
- 누가 당선되었는지를 알려주는 결과
- last의 의미

18 She dug the foundation with a shovel.

Clue
- foundation 토대, shovel 삽 / 삽을 가지고 무엇을 하나?
- shovel이 동사로 dig의 의미를 포함하기도 합니다.

19 The most amazing thing about nature is its infinite variety.

Clue
- infinite 무한한, variety 다양함 / 자연이 무한한 다양함을 가졌다는 사실. 자연은 알면 알수록 더욱 놀랍습니다.
- 비슷한 의미를 가진 단어는 marvelous

20 The more powerful car is, the more difficult it is no handle.

Clue
- the more~ the more 더 ~할수록 더 ~하다
- hand에서 의미를 유추해보세요. 비슷한 의미를 가진 단어는 control

단어 학습하기

01 distribute [distríbjuːt] ⓥ

If you **distribute** things, you hand them or deliver them to a number of people.

많은 사람들에게 건네주거나 배달하는 행위 ~을 분배하다, 살포하다

= hand out 나눠주다, circulate 돌리다

Voca Family **distribution** n. 분배
redistribution n. 재분배

02 force [fɔːrs] ⓥ, ⓝ

If someone **forces** you to do something, they make you do it even though you do not want to.

달갑지 않은 방식으로 어떤 일을 하도록 만드는 행위를 나타내는 동사 ~에게 강제하다

= push 강요하다, compel 억지로 시키다

Force is the power or strength which something has.

어떤 것이 가진 능력이나 힘을 가리키는 명사 힘, 영향력

= power 힘, energy 에너지

The **forces** are the army, the navy, or the air force or all three.

육군, 해군, 공군 등 군대를 가리키는 단어 무력, 군대

= army 군대

Voca Family **forcible** a. 강제적인
forced a. 강요된

Expression **force a smile** (즐겁지 않은 상태에서) 억지로 웃으려고 노력하다
join forces with ~와 힘을 합치다

03 **hide** [haid] ⓥ, ⓝ hide - hid - hidden

If you **hide** something, you put them in a place where they cannot be easily seen.
어떤 것을 발견하기 힘든 곳에 놓아두는 행위 ~을 숨기다
= conceal 숨기다

A **hide** is the skin of a large animal such as a cow, horse, or elephant, which can be used for making leather.
가죽을 만드는 데 쓰이는 소, 말, 코끼리 등과 같은 큰 동물의 피부를 가리키는 명사
짐승의 가죽

Expression **hide oneself** 숨다
hide-and-seek 숨바꼭질

04 **occasion** [əkéiʒən] ⓝ, ⓥ

An **occasion** is a time when something happens or a case of it happening.
어떤 일이 일어나는 시간이나 그것이 일어나는 상황 경우, 때
= event 행사

An **occasion** for doing something is an opportunity for doing it.
어떤 것을 할 기회를 나타내는 명사 기회
= chance 기회

To **occasion** something means to cause it. (formal)
격식체로 어떤 일을 야기시키다
= cause 야기시키다, bring about 일으키다

Voca Family **occasional** a. 때때로의
occasionally adv. 가끔씩

Expression **have occasion + to** 부정사 -하는 것이 필수적이다
on occasion 가끔씩

05 **assign** [əsáin] ⓥ

If you **assign** a piece of work to someone, you give them the work to do.
어떤 사람에게 할 일을 주는 행위 ~을 할당하다, 지정하다
= allocate 할당하다

If someone is **assigned** to a particular place, or group, they are sent there, usually in order to work at the place for that person.
특정한 자리에서 일을 하기 위한 목적으로 어느 장소나 어떤 그룹으로 보내지는 것 ~을 임명하다
= appoint 임명하다

Voca Family
assignation n. 할당, 지정
assignment n. 과제
assigner n. 할당자

06 **pressure** [préʃər] ⓝ, ⓥ

Pressure is the force that you produce when you press hard on something.
어떤 것을 강하게 누를 때 생기는 힘 압력
= power 힘

If there is a **pressure** on a person, you feel that you must do a lot of tasks in a very little time.
시간은 별로 없는데, 많은 일을 해야 하는 경우에 사람이 느끼는 감정 압박
= stress 스트레스, compulsion 강제

If you **pressure** someone to do something, you try forcefully to persuade them to do it.
다른 사람에게 강하게 무언가를 하도록 강요하는 행위 ~에게 강제하다
형태〉 pressure + 사람 + to 부정사
= force 강요하다

Voca Family
pressured a. 압박을 느끼는

Expression
blood pressure 혈압
pressure cooker 압력솥
pressure group 이익 집단

07 **patient** [péiʃənt] ⓐ, ⓝ

If you are **patient**, you stay calm and do not get annoyed when someone is not doing what you want them to do.
어떤 사람이 당신이 원하는 것을 하고 있지 않을 때도 당신이 화내지 않고 진정하고 있다면… 인내심이 강한
= enduring 참을성이 강한
↔ impatient 참을성이 부족한

A **patient** is a person who is receiving medical treatment from a doctor.
의사에게 치료를 받는 사람을 가리키는 명사 환자

Voca Family
patience n. 인내
patiently adv. 끈기 있게

08 **assist** [əsíst] ⓥ

If you **assist** someone, you help them to do a job by doing the part of the work for them.
어떤 사람이 하는 일의 일부분을 도와줄 때 ~을 보조하다
= help 돕다, aid 원조하다

Voca Family
assistant n. 조수
assistance n. 원조, 도움

09 **cover** [kʌ́vər] ⓥ, ⓝ

If you **cover** something, you place something else over it in order to protect it.
어떤 것을 보호하기 위하여 그 윗면을 다른 것으로 덮는 행위 ~을 덮다
형태 변화 없이 명사로 덮개

If you **cover** a particular distance, you travel that distance.
여행 시에 어느 거리를 갔다는 것을 표현하기 위해 cover를 사용한다. ~을 망라하다

Voca Family
coverage n. 적용범위
discover v. 발견하다
uncover v. 폭로하다
recover v. 되찾다

Expression
hard cover 소장하기 좋도록 단단한
insurance cover 보험 처리
cover for (아픈 사람) ~을 위해 대신하여 일하다
under cover 보호 아래에서

10 **director** [diréktər] ⓝ

The **director** of a play or film is the person who decides how it will appear on stage or screen, and who tells the actors and technical staffs what to do.

연극이나 영화를 만들 때 무대 혹은 스크린에서 그것이 어떻게 보이게 할지를 결정하는 사람이자, 배우와 스탭들에게 무엇을 해야 할지를 지시하는 사람 **감독**

direct 지도하다, 감독하다, 지휘하다 direct + -or = director 지도하는 사람
회사에서 지위가 높은 경영자, 오케스트라 지휘자 등을 가리키는 말로도 쓰입니다.
= executive 중역, 이사, administrator 행정관

Voca Family

direction n. 지도, 감독, 방향
directory n. 주소 성명록, 전화번호부
directional a. 방향의
directive a. 지시하는
directly adv. 똑바로, 직접

11 **personal** [pə́ːrsənəl] ⓐ

A **personal** opinion or quality belongs to a particular person rather than to other people.

특정한 사람에게 속해 있는 생각이나 가치를 나타내기 위한 형용사 **개인적인**
= individual 개인적인

Personal matters are related to your feelings, relation ships and health.

자신의 감정, 인간관계, 건강과 관련된 일을 나타내는 형용사 **사적인**
= private 사적인
↔ impersonal 개인 감정이 없는, 비인격적인

Voca Family

person n. 사람
personality n. 성격
interpersonal a. 개인과 개인 사이에서 일어나는
personally adv. 몸소, 개인적으로

주 의

personnel n. (회사나 단체에서 일하는) 직원
personal a. 개인적인

12 **arrange** [əréindʒ] ⓥ

If you **arrange** an event or meeting, you make plans for it to happen.
행사나 미팅을 하기 위해 계획을 짜고 준비하는 것 **~을 조정하다**
= plan 계획하다, organize 조직하다

If you **arrange** something for someone, you make it possible for them to have it.
다른 사람이 어떤 것을 가질 수 있도록 가능하게 해주는 행위 **~을 마련하다**

arrangement n. 정리, 배열
rearrange v. 재배열하다
prearrange v. 미리 협정하다

13 **promote** [prəmóut] ⓥ

If you **promote** something, you help or encourage it to happen, increase or spread.
어떤 것이 발생하거나 증가하거나 퍼지도록 격려하는 행위 **~을 장려하다, 촉진시키다**
= encourage 격려하다, boost 후원하다

If a firm **promotes** a product, it tries to increase the sales or the popularity of that product.
회사에서 생산한 제품의 판매를 늘리거나 인지도를 높이기 위하여 하는 것 **~을 홍보하다**
= advertise 광고하다

If someone is **promoted**, they are given a more important job or rank in the organization.
어떤 사람이 더 중요하거나 높은 일이나 직급을 받았을 때 **~을 승진시키다**
= raise 높이다, upgrade 승격시키다

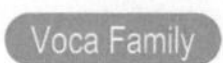

promotion n. 홍보, 승진
promoter n. 촉진자, 장려자
promotive a. 증진하는, 장려하는

14 **attend** [əténd] ⓥ

If you **attend** a meeting or other event, you are present at it.
당신이 모임이나 행사에 가서 ~에 참여하다
= appear 나타나다, show oneself 자신을 보이다

If you **attend** a school or college, you go there regularly.
학교나 교육시설에 정기적으로 가는 경우 ~에 다니다
= go to ~에 가다, take 취하다

If you **attend** to something, you deal with it or pay attention to it.
전치사 to와 함께 쓰일 때 다루다, 주의를 기울이다
= take care of, look after 돌보다

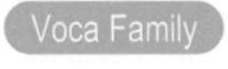

attendance n. 참석, 참석자수 = **presence** 존재, **appearance** 출현
attention n. 주의 = **concentration** 집중, **notice** 주의, **care** 주의
attentive a. 주의 깊은

15 **rank** [ræŋk] ⓝ, ⓥ

Someone's **rank** is the position that they have in an organization.
단체 안에서 한 사람이 갖는 위치 계급, 지위
= status 지위

The **ranks** of a group are the people who belong to it.
어떤 집단에 속해 있는 사람들을 가리키는 명사 (군대, 사회단체 등의) 구성원, 회원, 임원

If you say something **ranks** high or low on a scale, you are saying how good or important you think it is.
어떤 사람이 얼마나 중요한지, 혹은 얼마나 훌륭한지를 이야기할 때 (등수, 등급 등을) 차지하다
형태 변화 없이 명사로 등수, 등급
= align 한 줄로 세우다

16 **graduate** [grǽdʒuèit] ⓥ, ⓝ

When a student **graduates** from university, college or school, they successfully complete a degree course.
학생이 학위 코스를 성공적으로 끝마쳤을 경우에 쓰는 동사 졸업하다
형태의 변화 없이 명사로 졸업생의 의미로도 쓰인다.

Voca Family
undergraduate a. n.
under 아래 + **graduate** 졸업하다 = 대학생의, 학부생
postgraduate a. n.
post 뒤 + **graduate** 졸업하다 = 대학졸업 후의, 대학원생
graduation n. 졸업

17 **final** [fáinəl] ⓐ, ⓝ

Final means happening at the end of an event.
어떤 일의 맨 마지막에 일어나는 일을 나타낼 때 쓰는 형용사 마지막의
= last 마지막의, closing 끝의

When a decision or someone's authority is **final**, it can not be changed or questioned.
어떤 결정이나 권위가 더 이상 변할 수 없고, 문제시될 수 없는 경우 확정적인
= conclusive 결정적인, definitive 결정적인

The **final** is the last game to decide who the winner is.
승자를 가려내기 위한 마지막 경기 결승전

Voca Family
finally adv. 마지막으로, 마침내
finale n. 대단원
finality n. 종국, 결말, 완료
finalize v. 결말을 짓다

Expression
quater-final 준준결승
semi-final 준결승

18 **dig** [dig] ⓥ digging, dig - dug - dug

To **dig** means to make a hole in the ground.
땅에 구멍을 내는 행위 파다
형태의 변화 없이 명사로 파내기

If you **dig** one thing into another, the first thing is pushed hard into the second.
어떤 것을 다른 것에 세게 밀어넣는 행위 ~을 찌르다

If you **dig into** a subject, you study it very carefully in order to discover facts.
어떤 사실을 알아내기 위하여 한 주제에 대하여 깊게 공부하는 일 dig into 탐구하다

Expression **dig at** ~에게 빈정거리다

19 **amazing** [əméiziŋ] ⓐ

When you say something is **amazing**, it is very surprising and makes you feel pleasure.
즐거움을 주면서 깜짝 놀라게 하는 일을 묘사할 때 놀라운, 굉장한
= astonishing 놀라운, startling 깜짝 놀라게 하는

Voca Family **amaze** v. 깜짝 놀라게 하다
amazed a. 깜짝 놀란
amazingly adv. 놀랍게

주 의 **surprising/surprised**는 기대하지 않은 일이 놀라울 때 쓰는 형용사이고, **amazing/amazed**와 **astonishing/astonished**는 일어날 가능성이 높지 않은 일이 일어나서 놀라운 상황에 쓰고, **startling/startled**는 놀라운 일이긴 하나 약간 걱정스럽기도 하고 두렵기도 한 상황에 쓴다.

20 handle [hǽndl] ⓝ, ⓥ

A **handle** is a small round object that is attached to a door.

문에 달린 작고 둥근 물체 **손잡이**

= grip 손잡이

If you say you can **handle** a problem, you have the ability to deal with it successfully.

문제를 성공적으로 해결할 수 있는 능력을 가졌을 때 쓰는 동사 **~을 다루다**

= deal with 다루다, cope with 대처하다

↔ mishandle 서투르게 다루다

Voca Family **handling** n. 취급, 처리

단어 확인하기

[1–6] 주어진 보기에서 고딕체로 된 단어와 유사한 의미를 갖는 것을 고르시오.

1 My boss **assigned** me very boring and time-consuming task.
   a) appointed b) allocated c) covered d) digged

2 Please **arrange** a staff meeting to discuss this matter.
   a) plan b) align c) raise d) encourage

3 We **traveled** 5 famous tourist attractions of Tokyo in just 3 days.
   a) coped with b) assisted c) finalized d) covered

4 He **distributed** the catalogues to the audience in front of the theater.
   a) handed out b) mishandled c) amazed d) boosted

5 Please be **patient** when you take care of patients.
   a) sick people b) occasional c) enduring d) pressured

6 It is not true that the chief **executive** does less work compared to other employees.
   a) directory b) director c) promotive d) assistant

7 주어진 보기에서 고딕체로 된 단어와 유사한 의미로 사용된 경우를 고르시오.

You deserve to be **promoted** vice-president.

a) Dr. Thomas developed special substance to **promote** diges- tion.
b) Bob is angry at the decision of personnel manager **pro-moting** Sam general manager.
c) We spent a whole night making ideas to **promote** our new product.
d) He endeavors to **promote** the bill in Parliament.

8 고딕체로 된 단어와 의미가 다른 하나는?

My English teacher **forces** me to memorize 50 words per day.

a) pressures b) pushes
c) compels d) stresses

[9~10] 다음 괄호 속의 두 단어 중 문맥상 옳은 것을 고르시오.

9 My professor complains that his work load has increased and he needs (an) (**assistance / assistant**) who can help him to do research.

10 I've not finished the (**assignment / assignation**) and I have only 2 hours left before the class starts.

Check-up

□ distribute
□ force
□ hide
□ occasion
□ assign
□ pressure
□ patient
□ assist
□ cover
□ director
□ personal
□ arrange
□ promote
□ attend
□ rank
□ graduate
□ final
□ dig
□ amazing
□ handle

- **distribute** ~을 분배하다
- **force** 영향력
- **hide** ~을 숨기다
- **occasion** 경우
- **assign** ~을 할당하다, 지정하다
- **pressure** 압박
- **patient** 환자
- **assist** ~을 보조하다
- **cover** ~을 덮다
- **director** 감독
- **personal** 사적인
- **arrange** ~을 조정하다
- **promote** ~을 장려하다
- **attend** ~에 참여하다
- **rank** 계급
- **graduate** 졸업하다
- **final** 마지막의
- **dig** 파다
- **amazing** 놀라운
- **handle** ~을 다루다

01 It embarrassed him that he had no idea of what is going on.

Clue • 일이 어떻게 돌아가고 있는지 몰랐다면 기분이 어떨까?
• 비슷한 단어는 shamed

02 He underwent five hours of emergency surgery.

Clue • 주로 operation, surgery(수술)과 함께 쓰이는 동사
• 비슷한 단어는 experience

03 Water is becoming a precious resource.

Clue • resource 자원 / 물이 점점 부족해진다고 합니다. 그러면 물은 어떤 자원이 될까요?
• 비슷한 의미를 가진 단어는 priceless

04 The heat forming the flame was so intense that roads melted.

Clue • heat 열, intense 심한, melt 녹다
• 거리를 녹일 수 있을 만큼 강한 열을 내는 것은 뭘까?
• fire와 관련하여 생각해보세요.

05 They translated the book into German.

Clue • 영어로 된 책을 한국어로 옮기는 일 등을 말합니다.
• 이 일을 하는 사람들을 translator라고 합니다.

06 We have a first aid kit.

Clue • 누가 갑자기 다치거나 했을 때 first aid를 잘 알아두면 유용합니다.
• aid는 help와 비슷한 의미

07 She was passionate about all literature.

Clue • 문학이라면 뭐든지 관심 있고, 좋아하는 그녀
• passion의 형용사

08 A search for love often causes more loneliness.

Clue • loneliness 외로움
• 사랑을 일부러 찾으려 하면 더 얻기 힘든 법, 더욱 외로워질 수 있습니다.
• search for는 동사로 look for 와 같은 의미입니다.

09 Continuous exposure to sound above 80 decibels could be harmful.

Clue • continuous 계속적인, decibel 데시벨 / 높은 소리를 계속 듣는 것은 위험하겠지요.
• 동사는 expose, reveal과 비슷한 의미

10 He suspects that there is a conspiracy to cover up the crime.

Clue • conspiracy 음모
• 사건을 해결하지 않고 그냥 묻어두려는 음모가 있을지도 모른다고 생각하고 있네요.
• suppose 혹은 doubt 등의 의미에서 유추해보세요.

11 I tried to identify her perfume.

Clue • 그녀가 무슨 향수를 쓰는 걸까?
• distinguish의 의미

12 I made a fatal mistake.

Clue • 그냥 실수가 아니라 너무나 큰 실수를 저질렀다면?
• deadly의 의미로도 쓰입니다.

13 He made a public apology for the team's performance.

Clue • apology 사과
• 많은 사람들의 기대를 저버렸다면 특별히 이렇게 사과를 하기도 하지요.
• common, open의 의미

14 The book describes the details of her daily life.

Clue • detail 자세한 내용 / 책이 그녀의 삶의 자세한 부분까지도 이야기해주고 있군요.
• explain의 의미로 쓰이기도 합니다.

15 Whether he is innocent or guilty is the decision that will be made in court.

Clue • 법정에서는 어떤 결정을 내리나?
• innocent의 반대말은 guilty

16 You should be careful not to make a hasty decision.

Clue • decision 결정을 내리는 데에 있어서 이것을 가장 경계해야 합니다.
• fast, quick의 의미

17 In this road, the speed limit is 30 mph.

Clue • 도로마다 최고 속도가 정해져 있지요.
• 비슷한 의미를 가진 단어는 restriction

18 She settled into her comfortable seat.

Clue • 편안하게 의자에 기대어 앉은 상태를 생각해보세요.
• 한 장소에 오랫동안 머무는 행위

19 The crash occurred when the crew shut down the wrong engine.

Clue • crash 사고, crew 승무원, engine 엔진
• 승무원이 엔진을 잘못 정지시켜서 사고가…
• 비슷한 의미를 가진 단어는 happen

20 Many people were pleased with the result of the football game.

Clue • 자신이 응원하는 팀이 축구경기에서 이겼다면 사람들의 기분은?
• 동사는 please로, delight, satisfy와 비슷한 의미

01 **embarrass** [imbǽrəs] ⓥ

If something or someone **embarrasses** you, they make you feel shy or ashamed.
부끄럽고 창피하게 느껴지도록 만드는 행위 ~을 당혹하게 하다, 난처하게 하다
= shame 창피를 주다

Voca Family **embarrassing** a. 난처하게 하는 **embarrassed** a. 난처한
embarrassment n. 당황, 곤혹

02 **undergo** [ʌ̀ndərgóu] ⓥ undergo- underwent - undergone

If you **undergo** something unnecessary or unpleasant, it happens to you.
불필요한 일이나 불쾌한 일이 일어날 때 쓰는 동사 ~을 겪다
under 아래에 + go 가다 = undergo

Expression **undergo an operation** 수술을 하다

03 **previous** [príːviəs] ⓐ

A **previous** event or thing is one that happened or came before the one that you are talking about.
지금 말하고 있는 일보다 더 먼저 일어난 일을 나타낼 때 쓰는 형용사 이전의
= earlier 이전의, former 전의

Voca Family **previously** adv. 전에는, 사전에

04 **flame** [fleim] ⓝ

A **flame** is a hot bright stream or burning gas that comes from something that is burning.

타고 있는 어떤 물질에서 나오는 밝고 뜨거운 기체 불길, 화염

= blaze 불길

Voca Family **inflame** ~에 불을 붙이다

Expression **fan the flames** 불난 집에 부채질하다

05 **translate** [trænsléit] ⓥ

If something that someone has said or written is **translated**, it is said or written in another language.

글이나 말을 다른 언어로 바꾸는 행위 ~을 번역하다, 해석하다

= interpret ~을 해석하다

If one thing **translates** or is **translated** into another, the second thing happens as a result of the first thing.

어떤 일이 다른 일의 결과로 일어나는 경우 (자동사, 타동사로 모두 가능)

바뀌다, ~을 바꾸다

Voca Family **translation** n. 번역, 해석
translator n. 번역사

06 **aid** [eid] ⓝ

Aid is money, equipment or services that is provided to people who need them but can not provide them for themselves.

돈이나 기구, 서비스를 필요로 하지만 스스로 구할 수 없는 사람들에게 제공하는 것

원조, 조력

형태의 변화 없이 동사로 ~을 원조하다

= help 도움, assistance 원조

Expression **in aid of** ~을 돕기 위한
come someone's aid (누구를) 도우러 오다
first aid 응급조치

07 passionate [pǽʃənit] ⓐ

A **passionate** person has very strong feelings about some thing.
어떤 것에 대하여 굉장히 강한 느낌을 갖는 사람을 묘사하는 형용사 열정적인
= loving 사랑하는, enthusiastic 열정적인

Voca Family **passion** n. 열정
passionately adv. 열정적으로
dispassionate a. 침착한, 감정적이지 않은

08 search [səːrtʃ] ⓥ, ⓝ

If you **search** for something, you look carefully for them.
어떤 것을 조심스럽게 찾는 행위 ~을 찾다, 탐색하다
형태 변화 없이 명사로 탐색
= examine 조사하다, explore 탐험하다

Voca Family **research** v. 조사하다 n. 조사, 연구

Expression **in search of** ~을 찾아
search out 원하는 것을 찾을 때까지 계속 탐색하다
search for ~을 찾다

09 exposure [ikspóuʒər] ⓝ

Exposure to something dangerous means being in a situation where it might affect you.
위험한 어떤 것에 영향을 받을 수 있는 상황에 놓여 있음을 나타내는 말 노출
= display 전시

The **exposure** of a well-known person is revealing of the fact they are bad in some way.
유명한 사람에게 좋지 않은 면이 있다는 사실이 드러나는 것 탄로, 폭로
= unmasking 폭로, revelation 폭로

Voca Family **expose** n. 노출시키다, 보이다
exposed a. 드러난, 노출된
exposition n. 박람회, 전람회

10 **suspect** [səspékt] ⓥ, ⓝ, ⓐ

You use **suspect** when you are stating something that you believe is probably true.
어떤 일이 진실일 가능성이 있지만 확실하지 않은 경우 ~라고 의심하다
= guess 추측하다, doubt 의혹을 품다

A **suspect** is a person who the police or authorities think may be guilty of a crime.
경찰이나 당국이 범죄를 저지른 범인일 것이라고 지목하고 있는 대상 용의자

Suspect things or people are ones that you think may be less genuine than they appear.
겉보기보다 진실되지 못한 사람이나 사물을 묘사하는 형용사 수상한, 의심스러운
= doubtful 의심스러운

Voca Family
suspicion n. 의심
suspicious a. 의심스러운
suspiciously adv. 의심스럽게

11 **identify** [aidéntəfài] ⓥ

If you can **identify** someone, you are able to recognize them or distinguish them from others.
어떤 사람을 알아보거나 다른 사람들과 구분하는 행위 ~을(를) 인지하다, 확인하다
= recognize 알아보다, diagnose 진단하다

If you **identify** with someone, you feel that you understand them or their feeling
어떤 사람의 감정을 이해하는 행위 (자신을) ~과 동일시하다
형태〉〈identify + with + A〉 자신을 A와 동일시하다
= feel for 동정하다

If you **identify** one person or thing with another, you think they are closely associated in some way.
한 사람이나 사물이 다른 것과 밀접하게 연관되어 있다고 생각하는 행위 ~을 (~과) 관련짓다
형태〉〈identify + A + with + B〉 A와 B를 관련짓다
= relate to 관계시키다

Voca Family
identity n. 동일함, 신원
identification n. 신원확인

12 **fatal** [féitl] ⓐ

A **fatal** action has very undesirable effects.
바람직하지 못한 영향을 줄 수 있는 행동을 나타내는 형용사 파멸적인
= disastrous 비참한, ruinous 파괴적인

A **fatal** accident or illness causes someone's death.
사람을 죽음에 이르게 할 만한 사고나 병을 묘사하는 형용사 치명적인
= lethal 치명적인, deadly 죽음의

Voca Family **fatally** adv. 치명적으로
fatality n. 불운, 불행

13 **public** [pʌ́blik] ⓝ, ⓐ

You can refer to people in general, or to all the people in a particular country as the **public**.
일반적인 사람들이나 한 국가에 있는 모든 사람들을 일컫는 말 대중
형태 변화 없이 형용사로 대중의
= civil 시민의

Public buildings and services are provided for everyone to use.
모든 사람들이 사용할 수 있는 건물이나 서비스 공공의
= common 공통의

Voca Family **publicly** adv. 대중적으로

Expression **make public** 공표하다
in public 공개적으로

14 **describe** [diskráib] ⓥ

If you **describe** a person, event, or situation, you say what they are like or what happened.
사람이나 사건, 상황이 어떤지 무슨 일이 일어나고 있는지를 말할 때 ~을 묘사하다, 설명하다
= depict 묘사하다, explain 설명하다

Voca Family **description** n. 묘사
descriptive a. 기술적인, 묘사적인

주 의 prescribe v. 처방하다
subscribe v. 신청하다
describe v. 묘사하다

15 innocent [ínəsnt] ⓐ, ⓝ

If someone is **innocent**, they did not commit a crime which they have been accused of.

어떤 사람이 범죄를 저질렀다고 고소당했지만 실제로 죄를 짓지 않았을 때 무죄의

= blameless 결백한

↔ guilty 유죄의

If someone is **innocent**, they have no experience of the more complex aspects of life.

인생의 복잡한 부분에 대한 경험이 없는 사람을 묘사하는 형용사 순진한

형태 변화 없이 명사로 순진한 사람

= harmless 악의 없는

Voca Family innocently adv. 순진하게
innocence n. 순진, 무죄

16 hasty [héisti] ⓐ

A **hasty** movement or action is sudden, and often done in reaction to something.

어떤 행동에 대한 반응으로 갑작스럽게 일어나는 움직이나 행동을 묘사할 때 급한

= speedy 빠른, prompt 신속한

If you describe someone as **hasty**, you mean they are acting too quickly without thinking carefully.

어떤 사람이 생각을 많이 하지 않은 채 급하게 행동할 때 경솔한

= impulsive 충동적인

Voca Family haste n. 급함, 서두름
hastily adv. 급하게

Expression in hasty 서두르는

17 **limit** [límit] ⓝ, ⓥ

A **limit** is the greatest amount, extent, or degree of something that is possible.
어떤 것의 가능한 최대의 양이나 넓이나 정도 한계, 한도
= end 끝, ultimate 궁극적

If you **limit** something, you prevent it from becoming greater than a particular amount or degree.
어떤 것이 특정한 양이나 정도보다 더 커지는 것을 방지하는 행위 ~을 제한하다
= restrict 제한하다

Voca Family
limitation n. 제한, 한정
limited a. 한정된
unlimited a. 제한되지 않은
limiting a. 제한하는

Expression
time limit 시간 제한
speed limit 속도 제한

18 **settle** [sétl] ⓥ

If you **settle** an argument or problem, you solve it.
논쟁이나 문제를 해결하는 행위 (자동사, 타동사 모두 가능) 해결하다, ~을 정리하다
= solve 해결하다, decide 결정하다

If people **settle** a place or in a place, they start living there permanently.
어떤 장소에 지속적으로 살기 시작하는 행위 (자동사, 타동사 모두 가능) 정착하다, ~에 정착하다
= move to 이사하다, dwell 정주하다

If something **settles**, or you **settle** it, it sinks slowly down and becomes still.
어떤 것이 조금씩 가라앉으면서 고요해지는 상황 (자동사, 타동사 모두 가능) 진정하다, ~을 진정시키다
= calm 진정하다

Voca Family
settled a. 정해진, 고정된
settlement n. 정착, 해결
resettle v. 다시 정주시키다, 다시 해결하다
unsettle v. 동요시키다, 불안하게 하다

19 **occur** [əkə́ːr] ⓥ occurring, occurred

When something **occurs**, it happens.
어떤 일이 일어나다, 발생하다
= happen 발생하다, befall 일어나다

If a thought or idea **occurs** to you, you suddenly think of it or realize it.
갑작스럽게 생각이 떠오를 때 생각나다, 떠오르다
형태〉〈occur + to + 사람〉
= come to mind 생각나다

Voca Family **occurrence** n. 사건, 발생

주 의 **occur**은 **happen**에 비해서 좀 더 격식체이다.

20 **please** [pliːz] ⓥ, ⓐⓓⓥ

If someone or something **pleases** you, they make you feel happy and satisfied.
어떤 것이 당신을 행복하고 만족스럽게 만들어줄 때 ~을 기쁘게 하다
= delight 기쁘게 하다, amuse 즐겁게 하다
↔ displease 불쾌하게 하다

You say **please** when you are politely asking or inviting someone to do something.
어떤 사람에게 정중하게 요청할 때 붙이는 부사 제발, 부디

Voca Family
pleasure n. 기쁨
pleasant a. 유쾌한
unpleasant a. 유쾌하지 않은
pleasantly adv. 기쁘게

Expression
if you please (정중하게 요청할 때) 괜찮으시다면
please yourself 네 맘대로 해

단어 확인하기

[1-4] 주어진 보기에서 고딕체로 된 단어와 유사한 의미를 갖는 것을 고르시오.

1 After the writer awoke from the mysterious dream, great ideas **came to his mind** and he started to write them down right away.
a) researched b) pleased c) limited d) occurred

2 I was relieved to hear that he didn't get a **fatal** injury and the operation was also successful.
a) deadly b) passionate c) impulsive d) settled

3 I met Susan yesterday and I couldn't **identify** her first because she lost weight a lot.
a) explore b) recognize c) subscribe d) shame

4 Even though he didn't intend to do it, his hot temper indirectly **limited** my words and actions.
a) researched b) befell c) restricted d) translated

5 다음의 빈칸에 들어갈 단어로 가장 적절한 것을 고르시오.

Manchester United striker Wayne Rooney will ( ) a second CT scan in June.
a) interpret b) undergo c) expose d) suspect

[6-7] 주어진 보기에서 고딕체로 된 단어와 다른 의미를 갖는 것을 고르시오.

6 Boxers are required to have **hasty** movement to avoid the other's attacks.
a) quick b) unmasking c) prompt d) speedy

7 I have **searched** the image of Ji-Sung Park on the Internet for three hours to prepare for my project, which is to introduce great athletes in Korea.
a) subscribed b) examined
c) investigated d) explored

[8-10] 다음 괄호 속의 단어 중에서 문맥상 적절한 것을 고르시오.

8 The police officer brought a man who fit the (**prescription / description**) of the suspect.

9 She was wearing new spectacles with a silver (**frame / flame**).

10 Don't you think it is so (**embarrassed / embarrassing**) to take a driver's license test again?

Check-up

- [ ] embarrass
- [ ] undergo
- [ ] previous
- [ ] flame
- [ ] translate
- [ ] aid
- [ ] settle
- [ ] exposure
- [ ] suspect
- [ ] identify
- [ ] fatal
- [ ] public
- [ ] describe
- [ ] innocent
- [ ] hasty
- [ ] occur
- [ ] limit
- [ ] please
- [ ] passionate
- [ ] search

- **embarrass** ~을 당혹하게 하다
- **translate** ~을 번역하다
- **suspect** ~라고 의심하다
- **describe** 설명하다
- **limit** ~을 제한하다
- **undergo** ~을 겪다
- **aid** 원조
- **identify** ~을(를) 인지하다
- **innocent** 무죄의
- **please** ~을 기쁘게 하다
- **previous** 이전의
- **settle** 해결하다
- **fatal** 치명적인
- **hasty** 급한
- **passionate** 열정적인
- **flame** 불길
- **exposure** 탄로
- **public** 대중의
- **occur** 일어나다
- **search ~**을 찾다

단어 파악하기

01 A broad range of issues are discussed.

Clue • 여러 가지 다양한 이슈가 토론됩니다.
• 비슷한 의미를 가진 단어는 scope

02 They seem capable of winning the first game of the season.

Clue • capable ~할 수 있는 / 경기의 승패에서는 승자와 패자가 있지요.
• win의 반대말은 lose

03 This tradition is firmly rooted in the past.

Clue • firmly 강하게, be rooted in ~에 깊이 뿌리박다
• 과거에 깊이 뿌리박힌 관습을 무엇이라고 할까요?

04 It is hard for a child to develop a sense of identity.

Clue • a sense of identity 정체성 / 아이들은 자라면서 정체성을 확립해 갑니다.
• grow의 의미

05 Emotional stress can elevate blood pressure.

Clue • elevate 올리다, blood pressure 혈압 / 어떤 스트레스에 혈압이 올라갈까요?
• 반대말은 rational

06 The water is clear and plenty of fish are visible.

Clue • visible 볼 수 있는 / 주로 plenty of의 형태로 쓰입니다.
• abundance의 의미

07 The transport system of the city is very efficient

Clue • transport system 교통 시스템
• 교통시스템이 어떠해야 사람들이 편리함을 느낄까요?

08 She has a normal body weight but wants to go on a diet.

Clue • 많은 여성들이 몸무게가 적당한데도 다이어트를 해야 한다는 압박감을 느낍니다.
• 반대말은 abnormal

09 The flight has been delayed one hour.

Clue • 공항에서 탑승을 기다리다 보면 흔히 있는 일입니다.
• 비슷한 의미를 가진 단어는 postpone

10 There are many advantages to breast feeding.

Clue • breast 가슴
• 요즘 젊은 엄마들 사이에서 breast feeding 운동이 펼쳐지고 있습니다.
• 원래 형태는 feed, feed - fed - fed

11 It is difficult to tell the exact figure.

Clue
- figure 수 / 숫자가 커질수록 exact figure를 구하기는 어렵지요.
- 비슷한 의미를 가진 단어는 accurate

12 The police blamed the explosion on terrorists.

Clue
- explosion 폭발, terrorist 테러리스트
- 경찰은 폭발이 테러리스트들의 소행이라고 보고 있습니다.
- 비슷한 의미를 가진 단어는 accuse

13 I'm working with highly motivated people.

Clue
- 이것을 가진 학생들이 공부를 더 잘한다고 하지요.
- 명사는 motive

14 Research associations are often linked to a particular industry.

Clue
- link 연결시키다 / 산업이 발전하려면 연구도 동시에 이루어져야겠군요.
- 동사는 associate이고, mingle, affiliate와 비슷한 의미

15 The government officials deserve some of the blame.

Clue
- official 관료 / 정부 관료에게 잘못이 있다면 비난을 받아야겠죠.
- deserve는 좋은 의미나 좋지 않은 의미에 모두 쓸 수 있습니다.

16 The whole process started all over again.

Clue
- 문제가 생겨서 모든 일을 다시 시작해야 했네요.
- 비슷한 의미를 가진 단어는 procedure

17 She was very sorry about all the troubles she had caused.

Clue
- she had caused가 troubles를 수식하는 형태입니다.
- problems와 비슷한 의미

18 The picture is fixed on the wall.

Clue
- 그림이 벽에 걸려 있는 모습
- repair의 의미로 쓰이기도 합니다.

19 In this area, the main crop is wheat.

Clue
- wheat 밀 / 우리나라의 main crop은 쌀입니다.
- 비슷한 의미를 가진 단어는 chief

20 Death frightens me.

Clue
- 죽음에 대한 당신의 생각은?
- 비슷한 의미를 가진 단어는 horrify

단어 학습하기

01 **range** [reindʒ] ⓝ, ⓥ

A **range** of things is a number of different things of the same general kind.
같은 종류이지만 조금씩 다른 것들이 모여 있는 상황 열, 줄
형태 변화 없이 동사로 줄서다, ~을 배열하다
= collection 집합

The **range** of something is the maximum area in which it can reach things.
어떤 것에 닿을 수 있는 최대한의 구역 범위, 한계
= limit 한계, bounds 범위

Expression **a shooting range** 사격 범위
kitchen range 전기나 가스를 사용하여 요리하는 기기, 가스레인지

02 **win** [win] ⓥ, ⓝ winning, win-won-won

If you **win** something such as competition, you defeat those people you are competing against.
경기(싸움) 등에서 상대방을 이겼을 때 ~에서 이기다
형태 변화 없이 명사로 이김, 승리
= triumph 승리

If you **win** something such as a prize or medal, you get it because you have done very well.
열심히 잘 한 것에 대한 대가로 상이나 메달을 받을 때 (상, 메달 등을) ~을 받다
형태〉 〈상을 받는 사람 + win + 상〉, 〈상을 주는 사람(것) + win + 상을 받는 사람 + 상〉
= gain 얻다

Voca Family **winner** n. 승리자

주 의 동사 **win** 다음에는 **competition**(경기), **fight** (싸움)이 목적어로 나온다. '누구에게 이기다' 라는 말을 할 때는 동사 **defeat**이나 **beat** 다음에 상대방을 목적어에 넣어 표현한다.
win + competition, fight
defeat, beat + 사람, 상대편

03 **tradition** [trədíʃən] ⓝ

A **tradition** is a custom or belief that has existed for a long time.

오랜 시간 동안 존재해 온 관습이나 믿음을 나타내는 명사 전통

= convention 인습, folklore 민속

Voca Family traditional a. 전통적인
traditionally adv. 전통적으로

04 **develop** [divéləp] ⓥ

When something **develops**, it becomes more advanced or severe over a period of time

어떤 것이 일정 기간을 거치면서 더욱 발전하거나 더욱 심해지는 상황을 나타내는 동사 발전하다

= advance 전진하다

If you **develop** a business or industry, it becomes bigger and more successful.

사업이 더욱 커지고 번창하는 상황 ~을 발전시키다, 확장하다

= expand 확장하다

Voca Family development n. 발전
developed a. 발전된

Expression developing country 개발도상국
developed country 선진국

05 **emotional** [imóuʃənəl] ⓐ

Emotional means concerned with emotions and feeling.

기분이나 감정과 관련된 일을 표현할 때 쓰는 형용사 감정의

An **emotional** situation or issue is one that causes people to have strong feelings.

사람들로 하여금 강한 감정적 변화를 갖게 하는 상황이나 사안을 묘사하는 형용사 감정적인

↔ unemotional 감정에 움직이지 않는

Voca Family emotion n. 감정
emotionally adv. 감정적으로

06 **plenty** [plénti] ⓐ, ⓝ

If there is **plenty** of something, there is a large amount of it.
plenty of 수량을 나타내는 단어 **많은**
= a lot of 많은, a number of 많은

Plenty is a situation in which people have a lot to eat or a lot of money to live on.
사람이 먹을 것이 많거나 쓸 돈이 많은 경우 **풍부, 유복**
= abundance 풍부

Expression **in plenty** 많은

07 **efficient** [ifíʃənt]

If something or someone is **efficient**, they are able to do tasks successfully, without wasting time or energy.
시간이나 에너지의 낭비 없이 일을 성공적으로 해내는 사람이나 사물을 묘사하는 형용사 **효율적인**
= competent 유능한, economic 경제적인
↔ inefficient 비효율적인

Voca Family **efficiently** adv. 효율적으로
efficiency n. 효율

주 의 **effective**는 '의도된 결과'를 낼 수 있는 능력을 나타내는 형용사이고, **efficient**는 '시간과 에너지의 낭비 없이 일을 잘 해내는 능력'을 나타내는 형용사입니다. 우리말 '효과'와 '효율'의 차이를 생각하면 됩니다.
ex) an effective mosquito repellent 효과적인 모기 퇴치제
ex) Engine can be made more efficient. 엔진은 더욱 효율적으로 만들어질 수 있다.

08 **normal** [nɔ́:rməl] ⓐ

Something that is **normal** is usual and ordinary and is what people expect.
일상적이고 사람들이 흔히 기대할 수 있을 만한 것을 묘사하는 형용사 **정상의, 표준의**
= usual 일상적인, common 보통의
↔ abnormal 비정상적인

Voca Family **subnormal** a. 정상 이하의, 저능의

09 **delay** [diléi] ⓥ

If you **delay** doing something, you do not do it immediately or at the planned time.

계획된 시간에 즉시 어떤 일을 하지 못하는 행위 ~을 미루다

목적어로는 동사의 -ing 형이 온다.

= put off 연기하다, postpone 미루다

형태의 변화 없이 명사로 지연, 지체

10 **feed** [fi:d] ⓥ feed-fed-fed

If you **feed** a person or animal, you give them food to eat.

사람이나 동물에게 먹을 것을 주는 행위(실제로 떠먹이는 행위를 포함) ~을 먹이다

= cater for 음식을 주다, nourish 자양분을 주다

To **feed** something to a place means to supply it to that place in a steady flow.

어떤 것을 한 장소에 꾸준히 공급하는 행위 ~을 공급하다

= supply 공급하다, sustain 유지하다

Expression **feed a family** 가족을 부양하다
breast feeding 모유 수유

11 **exact** [igzǽkt] ⓐ, ⓥ

Exact means correct in every detail.

모든 사항에서 정확하다는 것을 표현하는 형용사 정확한

= accurate 정확한, faultless 흠 잡을 데 없는

↔ inexact 부정확한

If someone **exacts** something, they demand and obtain it from another person because you are in a more powerful position.

당신이 더 힘 있는 자리에 있을 때 아랫사람으로부터 원하는 것을 얻는 행위 ~을 강제로 거두다

= extort 억지로 빼앗다

Voca Family **exactly** adv. 정확하게
exaction n. 강요, 강탈

Expression **to be exact** 정확히 말하자면

12 **blame** [bleim] ⓥ

If you **blame** a person or thing for something bad, you believe that they are responsible for it.
어떤 사람에게 좋지 않은 일에 대한 책임을 부가하는 행위 ~을 비난하다
= accuse 비난하다
형태〉 blame+목적어+for+잘못한 사람
형태 변화 없이 명사로 비난

Expression **be to blame** 비난받아야 한다

13 **motivate** [móutəvèit] ⓥ

If you are **motivated** by something, it causes you to behave in a particular way.
어떤 것이 당신으로 하여금 특정한 방식으로 행동하도록 할 때 ~에게 동기를 주다, ~을 자극하다
= arouse 자극하다, inspire 고무시키다

motivated a. 자극된
motivation n. 자극, 유도
motive n. 동기

14 **association** [əsòusiéiʃən] ⓝ

An **association** is an official group of people who have the same job, aim, or interest.
같은 직업이나 목표, 관심사를 가진 사람들의 공식적인 모임 협회
= coalition 연맹, alliance 동맹

If something has particular **associations** for you, it is connected in your mind with a particular memory, idea, or feeling.
특정한 기억이나 생각, 감정으로 연결시켜주는 어떤 것 연상
= connection 연결

Voca Family **associate** v. 연합시키다, 연상하다

Expression **in association with** ~과 관련하여

15 **deserve** [dizə́ːrv] ⓥ

If you say that a person or thing **deserves** something, you mean that they should have it or receive it because of their actions or qualities.
어떤 사람(사물)이 자신이 한 행동이나 자신의 자질로 봤을 때 어떤 것을 소유해야 한다고 생각할 때 ~할 만한 가치가 있다
= be worthy of ~하기에 충분하다

16 **process** [práses] ⓝ, ⓥ

A **process** is a series of actions which are carried out in order to achieve a particular result.
특정한 결과를 성취하기 위해 행해지는 일련의 행동 과정

When people **process** information, they put it through a system or into a computer in order to deal with it.
정보를 컴퓨터에 넣어 처리하는 행위 ~을 처리하다

Voca Family **processing** n. 처리
processor n. 처리기

Expression **in the process of** ~을 하는 중에

17 **trouble** [trʌ́bəl] ⓝ, ⓥ

You can refer to problems or difficulties as **trouble**.
문제나 어려움을 가리키는 말 문제, 고생
= disorder 무질서

Your **troubles** are the things that you are worried about.
걱정하는 것 걱정, 근심
= distress 걱정, anxiety 근심
형태 변화 없이 동사로 ~을 걱정시키다

Expression **troublemaker** 문제를 일으키는 사람

18 **fix** [fiks] ⓥ

If something is **fixed** somewhere, it is attached there firmly or securely.
어떤 것이 단단하고 안전하게 붙어 있는 경우 ~을 고정시키다
= place 놓다, implant 불어넣다

If you **fix** something which is damaged or which does not work properly, you repair it.
손상이 생긴 물건이나 잘 작동하지 않는 물건을 고치는 일 ~을 수리하다
= repair 수리하다, mend 고치다

Voca Family
fixation n. 고착, 고정
prefix n. 어근의 앞에 붙어서 의미를 더해주는 단어의 부분 접두사

Expression
fix a date 날짜를 잡다
fix one's eyes on ~에 시선을 고정시키다
fix food [drink] 음식이나 음료를 만들다, 준비하다
fix a race [competition] 경기를 미리 짜고 하다
in a fix 곤경에 처한

19 **main** [mein] ⓐ, ⓝ

The **main** thing is the most important one of several similar things in a particular situation.
특정한 상황에 있는 여러 가지 비슷한 것 중에서 가장 중요한 부분을 나타내는 형용사 주된
= chief 주요한, central 중심의

The **mains** are the pipes which supply gas, water, or electricity to buildings.
건물에 가스나 물을 공급하는 파이프 본관, 전선
= cable 케이블, line 선

Expression
in the main 대개는 = **generally** 일반적으로

20 **frighten** [fráitn] ⓥ

If something **frightens** you, they cause you to suddenly feel afraid and anxious.

어떤 것이 당신으로 하여금 갑작스럽게 두렵고 걱정되게 만들 때 **~을 두려워하게 하다, 놀라게 하다**

= intimidate 위협하다, shock 놀라게 하다

Voca Family **frightened** a. 놀란
frightening a. 놀라게 하는

주 의 **frighten**은 다른 사람을 놀라게 하는 행위이고, 좀 더 강한 의미로 **terrify**를 쓸 수 있다. 대화에서는 **scare**을 자주 쓰는데, 다른 사람을 두려워하게 하고 긴장하게 만드는 행위이다.

단어 확인하기

[1-7] 주어진 보기에서 고딕체로 된 단어와 유사한 의미를 갖는 것을 고르시오.

1 If you had not **fixed** the device, you would have brought evil disaster upon yourself.
a) implanted b) processed c) repaired d) inspired

2 Jamie Foxx **is worth** of winning Academy best actor award for the movie "Ray" which filmed the great singer Ray Charles.
a) motivates b) deserves c) expands d) intimidates

3 The professor covers a wide **range** of studies including politics, history, psychology, economics etc.
a) line b) disorder c) coalition d) bounds

4 To **inspire** students to study harder, teachers should consider their interest and need.
a) connect b) frighten c) sustain d) motivate

5 She is **efficient** enough to let her boss take a vacation when she is in charge of the work.
a) competent b) accurate c) chief d) faultless

6 I really don't want to be **associated** with them because they are very irresponsible.
a) fixed b) extorted c) connected d) advanced

7 He has nobody to **blame** but himself for this accident.
a) mend b) accuse c) put off d) cater for

8 다음 중 고딕체로 된 단어와 의미가 다른 하나를 고르시오.
There were **plenty of** errors in students' writing samples, so our teacher decided to give us **plenty of** homework to do.
a) a number of b) the number of
c) a lot of d) a large amount of

[9~10] 다음 괄호 속의 두 단어 중 문맥상 옳은 것을 고르시오.

9 The movie was so (**frightened / frightening**) that I could not take a shower alone at night thinking of the character killed in the bathroom.

10 Many (**developing / developed**) countries such as India, Taiwan, and China have already made so much progress but don't stop innovating on the present condition.

Check-up

- ☐ range
- ☐ win
- ☐ tradition
- ☐ develop
- ☐ emotional
- ☐ plenty
- ☐ feed
- ☐ normal
- ☐ delay
- ☐ efficient
- ☐ exact
- ☐ blame
- ☐ motivate
- ☐ association
- ☐ deserve
- ☐ process
- ☐ trouble
- ☐ fix
- ☐ main
- ☐ frighten

- **range** ~을 배열하다
- **win** ~에서 이기다
- **tradition** 전통
- **develop** 발전하다
- **emotional** 감정적인
- **plenty** 많은
- **feed** ~을 공급하다
- **normal** 표준의
- **delay** ~을 미루다
- **efficient** 효율적인
- **exact** 정확한
- **blame** 비난
- **motivate** ~에게 동기를 주다
- **association** 협회
- **deserve** ~할 만한 가치가 있다
- **process** 과정
- **trouble** 걱정
- **fix** ~을 고정시키다
- **main** 주된
- **frighten** 놀라게 하다

Day 7

단어 파악하기

01 I learned how to play a traditional Korean musical instrument, the janggu.

 Clue
- janggu(장구)는 무엇?
- 비슷한 의미를 가진 단어는 tool

02 There is an increase in the potential for women to impact on the political process.

 Clue
- 여성이 political process 정치과정에 impact 영향을 끼칠 가능성이 점점 높아지고 있지요.
- possibility와 비슷한 의미

03 These letters are among my most treasured possessions.

Clue
- treasured 귀중한 / 편지를 받으면 내 것이 되지요
- 동사 possess는 have의 의미입니다.

04 They are encouraged to explore different methods of study.

Clue
- explore 탐험하다, method 방법
- 학생들은 공부할 때 여러 가지 방법을 시도해보아야 합니다.
- 반대말은 discourage

05 We would benefit greatly from pollution-free vehicles.

Clue
- pollution-free vehicle 공해 없는 자동차
- 공해 없는 자동차가 생기면 우리 환경이 훨씬 좋아지겠지요.
- advantage, gain 등에서 유추해보세요.

06 I pulled the drawers open.

Clue
- drawer 서랍 / 서랍을 열 때의 행동을 생각해보세요.
- 문에 보면 pull과 push가 있지요. 밀거나 당기거나

07 His enemies are determined to ruin him.

Clue
- determined 결심한, ruin 파괴하다 / 그를 파괴하고 싶어 하는 자는 누구?
- 다른 의미를 가진 단어는 foe, opponent

08 This reminds me of the Christmas party last year.

Clue
- <remind + 목적어 + of + A>의 형태
- 그 사람을 보면 누군가 생각난다··· 그런 맥락에서

09 His taste in clothes is extremely good.

Clue
- 그는 옷을 아주 잘 입는군요.
- 비슷한 의미를 가진 단어는 flavor

10 The population growth is decreasing by 1.5 percent each year.

Clue • 그 지역에 얼마나 많은 사람들이 살고 있는가 하는 수치
• the number of people의 의미

11 The sum of all the angles in a triangle is 180 degrees.

Clue • angle 각, triangle 삼각형, degree 도
• 삼각형에서는 180도, 사각형에서는 360도. 이게 뭘까?

12 May I speak off the record?

Clue • off the record '비공식적으로' 라는 의미
• 음악이나 운동 경기와 관련하여 생각해보세요.

13 He was found guilty of forgery.

Clue • forgery 위조 / be found guilty of ~에 대하여 유죄임이 입증되다
• 반대말은 innocent

14 The fire destroyed some 1,000 square kilometers of forest.

Clue • 숲에 불이 나서 1,000 제곱 킬로미터의 땅이 불에 타버렸습니다.
• ruin의 의미

15 My job is analyzing data.

Clue • data 자료 / 자료(data)를 수집한 후에 할 일은?
• study, evaluate 등을 하는 작업

16 Latin America lacked skilled labor.

Clue • lack 부족하다, skilled 숙련된
• 비슷한 의미를 가진 단어는 worker

17 He needs that amount of money to survive.

Clue • 돈 등의 사물이 어느 정도 있는가를 나타내는 말
• quantity와 비슷한 의미

18 Try diving for sunken treasure.

Clue • dive 잠수하다, sunken 가라앉은
• 바다에서 옛 고려시대 도자기 등을 건져내는 일이 있지요.
• 형용사 treasured는 precious의 의미

19 She was an expert at finding her way, even in strange surroundings.

Clue • surroundings 주위 환경 / 비슷한 의미를 가진 단어는 specialist
• 낯선 곳에서도 길을 잘 찾아가는 사람을 보면 어떤 생각이 드나?

20 Jane folded up the nappy and disposed of it.

Clue • nappy 기저귀 / dispose of ~을 버리다 / 기저귀를 버리기 전에 할 일은?
• fold- folded- folded

01 instrument [ínstrəmənt] ⓝ

An **instrument** is a tool or device that is used to do a particular task.

특정한 일을 수행하기 위해 사용되는 도구 기계, 기구, 도구

= tool 도구, appliance 기구, device 장치

Something that is an **instrument** for achieving a particular aim is used by people to achieve the aim.

특정한 목표를 달성하기 위하여 사용하는 것 수단

= means 수단, medium 매체

Voca Family **instrumental** a. 기계의, 유효한, 수단이 되는

Expression **musical instrument** 악기
wind instrument 관악기

주 의 **instruction** n. 지시
instrument n. 수단

02 potential [pouténʃəl] ⓐ, ⓝ

You use **potential** to say that someone is capable of developing into the particular kind of person.

어떤 사람(사물)이 언급된 종류의 사람으로 발전될 수 있는 능력을 가졌을 경우 잠재적인

= possible 가능한, future 미래의

If you say that someone has **potential**, you mean that they have the necessary abilities or qualities to become successful.

어떤 사람(사물)이 성공하는 데 필요한 능력이나 자질을 갖추었을 때 그것을 일컫는 말 잠재력

= ability 능력, capability 능력

Voca Family **potentially** adv. 잠재적으로

03 **possession** [pəzéʃən] ⓝ

If you are in **possession** of something, you have it because it belongs to you.
당신에게 속해 있는 것들을 가지고 있는 상태　소유
= ownership 소유권

Your **possessions** are the things that you own or have with you.
당신이 가지고 있는 물건들　소유물
= property 재산, belonging 소지품

Voca Family　**possess** v. 소유하다
possessive a. 소유의

04 **encourage** [enkə́ːridʒ] ⓥ

If you **encourage** someone, you give them confidence.
다른 사람에게 자신감을 주는 행위　~(을)를 격려하다
↔ discourage ~을 낙담시키다

If you **encourage** someone to do something, you persuade them to do it.
다른 사람이 어떤 일을 하도록 권유하는 행위　~에게 권하다
= inspire 고무하다, cheer 응원하다, spur 격려하다
형태〉 encourage + 목적어 + to부정사

Voca Family　**courage** n. 용기 = **bravery** 용기
encouragement n. 격려, 고무
discouragement n. 낙담
encouraging a. 격려하는
discouraging a. 낙담시키는

주 의　〈**encourage** + 목적어 + **to** 부정사〉 '목적어가 **to**부정사 하도록 격려하다'
〈**discourage** +목적어 + **from** + **-ing**〉 '목적어가 **-ing** 하지 못하도록 하다'

05 **benefit** [bénəfit] ⓝ, ⓥ

The **benefit** of something is the help that you get from it or the advantage that results from it.
어떤 것으로부터 받는 도움이나 그것 때문에 생겨난 이점 이익, 이득
= advantage 이득, profit 이익

Benefit is money that is given by the government to people who are poor, ill, or unemployed.
가난한 사람, 아픈 사람, 미취업자에게 정부에서 주는 보조금 연금
= assistance 보조, aid 원조

A **benefit** concert or dinner is an event that is held in order to raise money for charity.
자선활동에 쓰일 돈을 모금하기 위한 행사를 나타내는 말 자선

If you **benefit** from something or if it **benefits** you, it helps you or improves your life.
도움을 주거나 삶의 질을 높여주는 상태 이익을 얻다, ~을 이롭게 하다
자동사와 타동사로 모두 쓰인다.

Voca Family **beneficial** a. 유익한
beneficiary n. 수익자, 수혜자

Expression **be to one's benefit** ~에게 이익이 되다

06 **pull** [pul] ⓥ, ⓝ

When you **pull** something, you hold it firmly and use force in order to move it towards you.
어떤 것을 꼭 잡고 힘을 사용하여 자신 쪽으로 움직이게 하는 행위 ~을 잡아당기다
형태 변화 없이 명사로 잡아당김
= drag 끌고 가다, strain 잡아당기다

If something **pulls** you or pulls your thought in a particular direction, it strongly attracts you.
어떤 것이 당신의 생각을 특정한 방향으로 움직일 때 끌다, ~을 끌다
= draw 끌다, attract 끌다

Expression **pull apart** ~을 쪼개다
pull for ~를 응원하다
pull away from (가깝게 지내던 사람에게서) ~로부터 멀어지다
pull down ~을 무너뜨리다
pull in (자동차 등이) 멈추다
pull off (어려운 일을) ~을 해내다

07 enemy [énəmi] ⓝ

If someone is your **enemy**, they hate you or want to harm you.
당신을 싫어하고 해치고 싶어 하는 사람은 당신의 enemy이다.   **적**
= foe 적, opponent 상대

If one thing is the **enemy** of another thing, the second thing can not succeed because of the first thing.
어떤 것이 성공하는 것을 방해하는 것   **유해물, 방해물**

08 remind [rimáind] ⓥ

If someone **reminds** you of a fact that you already know about, they say something which makes you think about it.
어떤 것이 당신이 이미 알고 있는 사실을 다시 떠올리게 할 때   **~에게 생각나게 하다**
형태〉 remind + 목적어 + of + 연상되는 것

If someone **reminds** you to do a particular thing, they say something which makes you remember to do it.
무언가를 잊지 않고 하도록 되새겨주는 행위   **~에게 되새겨주다**
형태〉 remind + 목적어 + to 부정사

Voca Family   **reminder** n. 생각나게 하는 것 [사람]
mind n. 마음 v. 유의하다, 신경 쓰다

Expression   **let me remind you that ~** ~을 잊지 말아라

09 taste [teist] ⓝ

Taste is one of the five senses that people have.
인간이 가진 오감 중 하나   **미각**

The **taste** of something is the individual quality which it has when you put it in your mouth.
음식을 입안에 넣었을 때 느껴지는 특징   **맛**
형태 변화 없이 동사로   **맛이 나다, ~의 맛을 보다**
= flavor 맛

If you have a **taste** for something, you have a liking or preference for it.
특정한 것을 좋아하고 선호하는 것을 나타내는 말   **취향, 기호**
= appetite 기호

Voca Family   **tasty** a. 맛있는
taster n. 맛보는 사람
distaste n. 싫음

10 **population** [pὰpjəléiʃən] ⓝ

The **population** of a country or area is all the people who live in it.
한 국가나 지역에 사는 모든 사람을 나타내는 말 인구

Voca Family
populate v. 살다, 거주하다
overpopulation n. 인구과잉

11 **sum** [sʌm] ⓝ

A **sum** of money is an amount of money.
돈이 전체 얼마인가 하는 양 금액

In mathematics, the **sum** of two numbers is the number when they are added together.
두 개의 숫자가 있을 때 그것이 합쳐진 값 합계

Expression
in sum 요컨대
sum up 요약하다

12 **record** [rékərd] ⓝ, ⓥ

If you keep a **record** of something, you keep a written account or photographs of it so that it can be referred to later.
나중에 이용될 수 있도록 모아놓은 글이나 사진 기록
= document 문서, chronicle 연대기

If you **record** a piece of information, you write it down, photograph it so that the future people can refer to it.
미래에 사람들이 이용할 수 있도록 어떤 정보를 적어놓거나 사진을 찍어두는 등의 행위
~을 기록하다

Expression
criminal record 전과기록
off the record 비공식적으로
on record 공식적으로
record-breaker 이전의 기록을 경신한 사람

13 **guilty** [gílti] ⓐ

If you feel **guilty**, you feel unhappy because you think that you have done something wrong.
잘못된 일을 했을 때 느끼는 불안함 **떳떳하지 못한, 죄의식을 느끼는**
= ashamed 부끄러운
형태〉 feel + guilty + about + -ing

If someone is **guilty** of a crime or offence, they have committed the crime or offense.
범죄를 저지른 사람을 나타낼 때 쓰는 형용사 **유죄의**
형태〉 be + guilty + of + 죄

14 **destroy** [distrɔ́i] ⓥ

To **destroy** something means to cause so much damage to it that it is completely ruined.
손상을 입혀 완전히 무너지도록 하는 행위 **~을 파괴시키다**
= ruin 파멸시키다, demolish 부수다

Voca Family **destruction** n. 파괴
destructive a. 파괴적인, 해로운

주 의 즐거움을 망친다는 의미로는 **spoil**이나 **ruin**을 사용한다.
The rain had completely ruined their plan.
비가 그들의 계획을 망쳐놓았다.
Her birthday was spoiled by her ex-boyfriend.
전 남자친구 때문에 그녀의 생일을 망쳤다.

15 **analyze** [ǽnəlàiz] ⓥ

If you **analyze** something, you consider it carefully in order to fully understand it.
어떤 것을 깊이 이해하기 위해서 자세하게 파악하는 행위 **~을 분석하다**

Voca Family **analyst** n. 분석가
analysis n. 분석

16 **labor** [léibər] ⓝ, ⓥ

Labor is a very hard work, usually physical work.
주로 신체적인 힘을 요구하는 힘든 일 노동

Labor is used to refer to the workers of a country or industry.
한 국가나 한 산업에 종사하는 사람들을 가리키는 말 노동자

Labor is the last stage of pregnancy in which the baby is gradually pushed out.
임신의 마지막 단계로 아기가 조금씩 밖으로 나오는 과정 출산

If you **labor** to do something, you do it with difficulty.
어떤 일을 하는 데 어려움이 있는 경우에 쓰는 동사 애쓰다
형태〉 labor + to 부정사

Voca Family **laborious** a. 고된, 힘든

17 **amount** [əmàunt] ⓝ, ⓥ

The **amount** of something is how much there is, or how much you have.
얼마만큼이 있는지, 얼마만큼을 소유하고 있는지를 보여주는 양 총액, 총계
= quantity 양

If something **amounts** to a particular total, all the parts of it add up to that total.
모든 부분이 더하여 전체를 나타낼 때 총계에 달하다

18 **treasure** [tréʒər] ⓝ, ⓥ

Treasure is a collection of valuable old objects such as gold coins and jewels that have been hidden or lost.
잃어버리거나 숨겨진 금과 보석이 모여 있는 것 보물
= riches 부

If you **treasure** something that you have, you keep it because it gives you great pleasure.
당신에게 즐거움을 주는 물건을 소장하는 행위 ~을 비축해두다, 소중히 하다
= cherish 소중히 하다

Voca Family **treasured** a. 귀중한

19 expert [ékspəːrt] ⓝ

An **expert** is a person who is very skilled at doing something.

어떤 일을 하는 데 굉장히 능숙한 사람 전문가

형태의 변화 없이 형용사로 능숙한

형태) 〈expert + at + 기술 ~〉

= master 대가

= adept 능숙한

↔ inexpert 미숙한

Voca Family **expertly** adv. 능숙하게

20 fold [fould] ⓥ, ⓝ

If you **fold** something such as a piece of paper, you bend it so that one part covers another part.

종이 같은 것을 구부려서 한쪽이 다른 쪽을 덮도록 하는 행위 ~을 접다

= bend 구부리다

↔ unfold 펼치다, 열리다

형태 변화 없이 명사로 구김

= wrinkle 주름

If a business or organization **folds**, it is unsuccessful and has to close.

사업이나 단체가 일이 성공적이지 않아 문을 닫아야 하는 경우 망하다, 파산하다

= go bankrupt 파산하다

Voca Family **enfold** v. 싸다, 포옹하다

Expression **fold in** (요리 시에 재료를) 넣다

fold up (옷 등을) 여러 번 포개어 접다

단어 확인하기

[1~6] 주어진 보기에서 고딕체로 된 단어와 유사한 의미를 갖는 것을 고르시오.

1 It's not healthy to use a large **amount** of sugar in cooking though children like sweet things.

a) quality b) quantity c) sum d) document

2 We tried our best to **beat** our counterpart in the next competition.

a) defeat b) unfold c) analyze d) hit

3 **Fold** your back and stretch your arm until your hands reach your toes.

a) demolish b) pull c) aid d) bend

4 Each student is required to keep their **possessions** safe during whole camp programs.

a) belongings b) records c) beneficiary d) treasure

5 A friend of mine always tries to have great **benefit** in life without any effort.

a) riches b) advantage c) attraction d) ability

6 You have so much **potential** that you just can be very successful in whatever you would do.

a) distaste b) expert c) chronicle d) capability

7 다음 중 고딕체로 된 단어와 의미가 반대인 것은?

DNA evidence finally proved that she was **innocent** after her 30-year-imprisonment.

a) adept b) destructive c) guilty d) possessive

[8~10] 다음 괄호 속의 두 단어 중 문맥상 옳은 것을 고르시오.

8 I became so sad whenever I saw the young man next door because he reminded me (**of / to**) my son.

9 It is very important for a group leader to prepare for setting the main theme of discussions, having each member form their own opinion, gathering diverse arguments, (**to analyze / analyzing**) them and drawing conclusion which group members can be satisfied with as much as possible.

10 The population of educated people in many developing countries (**have / has**) increased at rapid rate that's because the leaders of the countries concluded that excellent man power was the important factors for innovation.

Check-up

- ☐ instrument
- ☐ potential
- ☐ possession
- ☐ treasure
- ☐ benefit
- ☐ pull
- ☐ enemy
- ☐ remind
- ☐ taste
- ☐ population
- ☐ sum
- ☐ record
- ☐ guilty
- ☐ destroy
- ☐ analyze
- ☐ labor
- ☐ amount
- ☐ encourage
- ☐ expert
- ☐ fold

- **instrument** 도구
- **treasure** ~을 비축해두다
- **enemy** 적
- **population** 인구
- **guilty** 유죄의
- **labor** 노동
- **expert** 전문가
- **potential** 잠재력
- **benefit** ~을 이롭게 하다
- **remind** ~에게 생각나게 하다
- **sum** 금액
- **destroy** ~을 파괴시키다
- **amount** 총액
- **fold** 접다, 파산하다
- **possession** 소유
- **pull** ~을 끌다
- **taste** 취향
- **record** 기록(하다)
- **analyze** ~을 분석하다
- **encourage** ~(을)를 격려하다

단어 파악하기

01 It is a big fault to think that you even learn how to manage people in business school.

Clue • business school 경영대학에 가면 사람들을 다루는 방법까지 배울 수 있을까요?
• 비슷한 의미를 가진 단어는 flaw, error

02 Literacy now includes elementary computer skill.

Clue • literacy 읽고 쓰는 능력 / 요즘은 컴퓨터를 다루는 기술이 필수적이라고 할 수 있습니다.
• 비슷한 의미를 가진 단어는 primary

03 Theory and practice sometimes diverged.

Clue • diverge 다르다 / practice 현실과 이것은 다를까요?
• 어떤 학문이건 나의 생각을 펼치기 전에 이것부터 확실히 알아두어야 합니다.

04 You have to renew your license in two years.

Clue • license 면허증 / 2년 후에는 면허증이 효력을 잃게 됩니다. 그 전에 무엇을 해야 할까요?
• re + new

05 I owe Jessie a sum of money.

Clue • Jessie가 나에게 돈을 좀 빌려준 경우
• 다른 표현은 be in debt

06 Many children seem to be addicted to computer games.

Clue • 요즘 아이들은 컴퓨터 게임을 지나치게 많이 합니다. 심하면 이런 증상이 나타나기도 하지요.
• 마약이나 술과 자주 어울리는 말

07 It is certainly normal for a mother to want to take care of her own baby.

Clue • 엄마가 자신의 아이를 돌보고자 하는 것은 normal 정상적인 일이지요.
• 형용사 certain은 convinced의 의미

08 I am a regular reader of the magazine.

Clue • 잡지가 나오면 항상 구입하는 독자
• 여기에서는 constant의 의미

09 Sunlight consists of different wavelengths of radiation.

Clue • wavelengths 파장, radiation 빛의 방사
• 무지개를 볼 수 있는 건 빛이 여러 가지 다른 파장을 가지고 있기 때문이지요.
• contain의 의미

10 He still supports the government.

Clue • 대통령을 중심으로 나라의 행정을 운영하는 곳
• Korean government, U.S. government 각 나라마다 각자의 government 가 있습니다.

11 People struggle to restore moral values.

Clue • restore 회복하다, moral values 도덕적 가치
• 도덕적 가치를 바로 세우는 일은 쉽지 않지요.
• 강한 의미로는 fight으로 대신할 수 있습니다.

12 I can hear the beating of my heart.

Clue • 긴장을 많이 하면 어떤 것을 느낄 수 있나요?
• 원래 형태는 beat이고, hit과 비슷한 의미

13 There is a widespread prejudice against female workers.

Clue • widespread 만연된 / 여성이 일을 잘 하지 못할 것이라는 생각은 잘못된 생각입니다.
• Pride and Prejudice라는 Jane Austin의 유명한 소설이 있죠. 영화와 드라마로도 볼 수 있습니다.

14 His socks had a stripe on them.

Clue • 양말의 무늬
• line으로 가득한 무늬

15 He has exhibited symptoms of anxiety.

Clue • symptom 증상, anxiety 근심 / 그가 근심하고 있다는 것이 느껴질 때
• 간단하게 show라고 말할 수 있습니다.

16 The background music is beautiful.

Clue • 영화를 더욱 멋지게 만드는 건 음악이 있기 때문이겠지요.
• back + ground

17 This book provides no answer to the question.

Clue • 책을 통해서 답을 얻지 못했다면?
• give, supply 등과 비슷한 의미

18 It was a competitive match between two teams.

Clue • 두 팀(two teams)이 운동경기(match)를 한다면, 어떤 경우 경기가 흥미진진해질까?
• 반대 의미를 가진 단어는 cooperative

19 My career as a teacher was about to begin.

Clue • 선생님이 된다는 것은 무엇을 의미하나?
• 비슷한 의미를 가진 단어는 occupation, profession

20 Abuse of your power does harm to other people.

Clue • abuse 남용 / 권력을 가진 사람이 그것을 남용하면 다른 사람에게 어떤 영향을 미칠까?
• do harm은 함께 하나의 표현을 나타낸다. 반대말은 do good

단어 학습하기

01 **fault** [fɔːlt] ⓝ, ⓥ

If a bad or undesirable situation is your **fault**, you caused it or are responsible for it.
좋지 않은, 바람직하지 않은 상황을 일으키는 일 과실, 잘못
= flaw 결점, imperfection 불완전함

A **fault** is a large crack in the surface of the earth.
지질학상으로 지구표면에 갈라진 틈 단층

If you cannot **fault** someone, you cannot find any reason for criticizing them.
다른 사람을 비판할 이유를 찾는 행위 ~을(를) 비난하다

Expression **at fault** 잘못이 있는

02 **elementary** [èləméntəri] ⓐ

Something that is **elementary** is very simple and basic.
단순하고 기초적인 것을 표현하는 형용사 기초의, 초보의
= easy 쉬운, simple 단순한

Expression **elementary school** 초등학교

03 **theory** [θíəri] ⓝ

A **theory** is a formal idea or set of ideas that is intended to explain something.
어떤 것을 설명하기 위한 형식을 갖춘 생각 이론
= assumption 가정, hypothesis 가설

Voca Family **theoretical** a. 이론적인
theoretically adv. 이론적으로

Expression **in theory** 이론상으로 ↔ **in practice** 실제로

04 **renew** [rinjúː] ⓥ

If you **renew** an activity, you begin it again.
어떤 것을 다시 시작할 때　**~을(를) 새롭게 하다**
renew = re 다시 + new 새로운
= restore 회복하다, reopen 다시 열다

When you **renew** something such as a licence or a contract, you extend the period of time for which it is valid.
면허증이나 계약서의 유효기간을 늘리는 행위　**~을(를) 갱신하다**
= extend 연장하다

Voca Family　**new** a. 새로운
renewal n. 갱신, 재개

05 **owe** [ou] ⓥ

If you **owe** money to someone, they have lent it to you and you have not yet paid it back.
다른 사람에게 돈을 빌리고 아직 갚지 않은 상태를 표현하는 동사　**~에게 빚지다**
= be in debt 빚지다

If you say that you **owe** someone gratitude, or respect, you mean they deserve it from you.
감사와 존경을 받아 마땅한 사람이 있을 때　**~에게 ~을 표현해야 한다**
형태〉 owe + 사람 + 가치

Expression　**owing to** (이유를 설명) ~때문에 **= because of**

06 **addict** [ədíkt] ⓝ, ⓥ

An **addict** is someone who takes harmful drugs and cannot stop taking them.
해로운 마약복용을 멈추지 못하는 사람　**마약 중독자**
= abuser 남용자
동사로　**~에 빠지다**

Voca Family　**addiction** n. 중독
addictive a. 중독적인
addicted a. 중독된

07 **certainly** [sə́ːrtənli] ⓐⓓⓥ

You use **certainly** to emphasize what you are saying when you are making a statement.
자신이 하는 말을 강조하고자 할 때 쓰는 부사 **확실히, 틀림없이**
= definitely 당연히, assuredly 확실히

You use **certainly** when you are agreeing with what some one has said.
다른 사람이 한 말에 대하여 찬성할 때 yes 대신 좀 더 강한 어조로 **물론**

Voca Family
certain a. 확실한, 일정한, 어떤
certainty n. 확실함
uncertainty n. 불확실함

Expression
certainly not 절대 안 됩니다 = **absolutely not**
almost certainly **certainly**를 강조하기 위해서 앞에 **almost**를 쓸 수 있습니다.

08 **regular** [régjələr] ⓐ

Regular events have equal amounts of time between them.
비슷한 시간 간격을 두고 일어나는 일을 나타내는 형용사 **규칙적인, 정기적인**
= usual 일상의, customary 습관적인

Regular is used to mean 'normal'.
'일반적인' 의 의미 **보통의, 표준의**

Voca Family
regularly adv. 주기적으로, 규칙적으로
regularity n. 규칙적임

Expression
regular customer 단골손님
regular drink 보통 사이즈의 음료

09 **consist** [kənsíst] ⓥ

Something that **consists** of particular things or people is formed from them.

어떤 사람이나 사물로 만들어졌는가를 나타내는 동사 **consist of ~으로 이루어져 있다.**

= be made up of ~으로 구성되다

Something that **consists** in something else has that thing as its main or only part.

어떤 것이 주된 유일한 부분일 경우 **consist in ~에 있다**

= lie in ~에 존재하다

10 **government** [gʌ́vərnmənt] ⓝ

The **government** of a country is the group of people who are responsible for governing it.

한 국가를 지휘하는 임무를 맡은 사람들의 그룹 **정부**

Voca Family **governmental** a. 정부의

Expression **self-government** 자치
local government 지역 행정

11 **struggle** [strʌ́gəl] ⓥ

If you **struggle** to do something, you try hard to do it.

힘든 일을 이루기 위해 애쓰는 모습을 나타내는 동사 **노력하다, 분투하다**

형태 변화 없이 명사로 **노력, 고투**

If two people **struggle** with each other, they fight.

두 사람이 싸울 때 **싸우다**

Expression **in struggling** (열심히 노력하지만 결과가 좋지 않을 것 같은 상황에서) 분투하는

12 **beat** [biːt] ⓥ　　beat - beat - beaten

If you **beat** someone or something, you hit them very hard.

사람이나 사물을 아주 세게 치는 행위　~을 치다, 때리다

= hit 때리다, batter 연타하다

형태의 변화 없이 명사로　치기, 박자

When your heart or pulse **beats**, it continually makes regular rhythmic movements.

심장이나 혈관이 리듬을 가지고 규칙적으로 움직이는 것　(심장, 혈관이) 뛰다

If you **beat** someone in a competition or election, you defeat them.

경기나 선거에서 다른 사람을 누르고 승리하는 일　~에 이기다

= defeat 패배시키다, conquer 정복하다

13 **prejudice** [prédʒədis] ⓝ, ⓥ

Prejudice is an unreasonable dislike of a particular group of people or things.

어떤 사람이나 사물을 특별한 이유 없이 비합리적으로 싫어하는 감정　편견

= bias 선입관

If you **prejudice** someone or something, you influence them so that they are unfair in some way.

다른 사람이나 사물에 영향을 미쳐 불공평한 결과를 가져오게 하는 행위

~를 불리하게 하다

= discriminate 차별대우하다

Voca Family　**prejudicial** a. 불리한
prejudiced a. 편견이 있는

Expression　**without prejudice to** ~에 대한 편견 없이

14 **stripe** [straip] ⓝ

A **stripe** is a long line which is a different colour from the areas next to it.
옆 부분과는 다른 색깔을 가진 선 줄무늬

Expression a striped shirt 줄무늬 셔츠

주 의 striped 줄무늬의
floral 꽃무늬의
checked/ checkered 체크무늬의
spotted/ spotty 얼룩 무늬의
polka dot 물방울 무늬

15 **exhibit** [igzíbit] ⓥ, ⓝ

If someone shows a particular quality, feeling or type of behaviour, they **exhibit** it.
특징이나 감정, 행동의 유형을 보여주는 행위 ~을(를) 나타내 보이다, 드러내다
= demonstrate 드러내다, express 표현하다

When artists **exhibit**, they show their work in public.
예술인이 자신의 작품을 대중 앞에 보이는 것 전람하다, 전시하다
= display 전시하다

An **exhibit** is a painting, sculpture or object of interest that is displayed to the public in a museum or art gallery.
박물관이나 미술관에서 대중에게 보여주기 위해 전시된 그림이나 조각 등의 작품
전시품

An **exhibit** is an object that a lawyer show in court as evidence in a legal case.
변호사가 재판에서 증거로 제시하는 물건을 일컫는 말 증거물

Voca Family exhibition n. 전시회

16 **background** [bǽkgràund] ⓝ

Your **background** is the kind of family you come from and education you have had.
어떤 집안에서 어떤 교육을 받았는지 사회적 지위나 경험을 일컫는 말 **경력**
= history 경력

The **background** to an event or situation consists of the facts that explain what caused it.
어떤 일이 왜 일어났는가 하는 것을 설명해주는 것 **원인**
= circumstance 상황

The **background** is sounds such as music, which you can hear but which you are not listening to with your full attention.
주의 깊게 듣지 않지만 흘러나오는 음악 **배경음악**

Voca Family **back** n. 등, 뒤 adv. 뒤로, 다시 v. 뒤로 물러나다, 후원하다
ground n. 지면, 운동장, 근거

17 **provide** [prəváid] ⓥ

If you **provide** something that someone needs or wants, you give it to them.
타인이 필요로 하는 것을 주는 행위 **주다, 공급하다**
형태〉 provide + 사람 + with + 공급하는 것
= supply 공급하다, furnish 공급하다

Voca Family **provision** n. 예비, 양식 **provider** n. 제공자

Expression **provide for** ~를 돌보다, ~을 가능하게 하다

18 **competitive** [kəmpétətiv] ⓐ

Competitive is used to describe a situation where people compete with each other.
두 사람이 서로 경쟁하고 있는 상황을 묘사하는 형용사 **경쟁적인**
= aggressive 호전적인, rival 경쟁자의

Voca Family compete v. 경쟁하다 = contend(다투다, 경쟁하다)
competition n. 경쟁, 대회 = contest 경쟁, 대회
competitively n. 경쟁적으로
competitiveness n. 경쟁적임

주 의 complete v. 완성하다
compete v. 경쟁하다

19 career [kəríər] ⓝ, ⓥ

A **career** is the job or profession that someone does for a long period of their life.
한 사람이 오랜 기간 동안 하는 일이나 직업 경력, 이력
= occupation 직업, calling 직업

If a person or vehicle **careers** somewhere, they move fast and in an uncontrolled way.
어떤 사람이나 차가 통제되지 않은 방식으로 빠르게 움직일 때 질주하다
= rush 돌진하다

20 harm [hɑːrm] ⓥ, ⓝ

To **harm** a person or animal means to cause them physical injury, usually on purpose.
고의로 사람이나 동물에게 신체적인 상처를 주는 일 ~에게 상처를 입히다
= injure 상처를 입히다, hurt 상처를 주다
형태 변화 없이 명사로 상처

Harm is a damage to something which is caused by a particular course of action.
어떤 행위로 인해 가해진 피해 손상
= damage 손상, loss 손해

Voca Family harmful a. 해로운
harmless a. 해가 없는

Expression do harm 해를 입히다 ↔ do no harm 해를 입히지 않다

단어 확인하기

[1~4] 주어진 보기에서 고딕체로 된 단어와 유사한 의미를 갖는 것을 고르시오.

1 I applied for a volunteer in Africa to **provide** the starving children with food and clothes.
a) rush b) supply c) express d) extend

2 Please examine the case without a **prejudice** to the race problem.
a) loss b) discrimination c) occupation d) bias

3 The concert was canceled **owing to** heavy rain and all the audience got a refund.
a) because of b) in order to c) regardless of d) contrary to

4 The curator decided to **exhibit** the master pieces of impressionism in this spring.
a) furnish b) demonstrate c) owe d) display

[5~6] 다음 중 고딕체로 된 단어와 의미가 다른 하나를 고르시오.

5 It was **certainly** true that he decided to study abroad to the States.
a) absolutely b) assuredly c) competitively d) definitely

6 Everybody has a **fault** in the character so we should try to understand others' weak points and find good points at the same time.
a) flaw b) damage c) imperfection d) weakness

7 다음 중 빈칸에 들어갈 말로 알맞은 것을 고르시오.

When you call somebody a regular customer, it means that he or she (   ) visits your store.
a) always b) usually c) seldom d) never

[8~10] 다음 괄호 속의 두 단어 중 문맥상 옳은 것을 고르시오.

8 The banks (**complete / compete**) with other major credit card companies.

9 The package was said to (**be consisted of / consist of**) four different items but I found that one thing was missing.

10 He is a very ambitious and diligent person (**struggles / struggling**) to make his dream come true.

Check-up

- ☐ fault
- ☐ elementary
- ☐ theory
- ☐ renew
- ☐ owe
- ☐ addict
- ☐ certainly
- ☐ regular
- ☐ consist
- ☐ government
- ☐ struggle
- ☐ beat
- ☐ prejudice
- ☐ stripe
- ☐ exhibit
- ☐ background
- ☐ provide
- ☐ competitive
- ☐ harm
- ☐ career

- **fault** 과실, ~을(를) 비난하다
- **elementary** 기초의
- **theory** 이론
- **renew** ~을(를) 새롭게 하다
- **owe** ~에게 빚지다
- **addict** ~에 빠지다
- **certainly** 틀림없이
- **regular** 규칙적인
- **consist** ~으로 이루어져 있다
- **government** 정부
- **struggle** 분투하다
- **beat** ~에 이기다
- **prejudice** 편견
- **stripe** 줄무늬
- **exhibit** 전시하다
- **background** 경력
- **provide** 제공하다
- **competitive** 경쟁적인
- **harm** 해, 상처
- **career** 경력

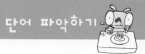

Day 9

단어 파악하기

01 The counsellor refers her to another therapist.

Clue • counsellor 상담가, therapist 치료사 / 상담자가 치료를 필요로 한다면?
• 여기에서는 send의 의미

02 We have been campaigning to improve legal status of women.

Clue • campaign 캠페인하다, legal status 법적 지위
• 여성들의 낮은 법적 지위를 변화시켜야 합니다.
• 비슷한 의미를 가진 단어는 enhance

03 Natalie observes the behavior of babies for her research.

Clue • 아기에 관한 연구를 할 때 아기의 행동을 어떻게 해야 할까?
• watch의 의미

04 On the basis of your knowledge, you can evaluate the problem.

Clue • on the basis of ~을 기초로 하여
• 자신의 지식을 바탕으로 문제에 대하여 생각해볼 수 있겠네요.
• 상황에 따라 estimate, measure 등의 의미

05 Pamela demonstrated the proper way to cleanse the face.

Clue • demonstrate 설명하다, cleanse 깨끗이 씻다 / 얼굴을 잘 씻어내야 하죠.
• 비슷한 의미를 가진 단어는 appropriate

06 The role of hand gestures is to mark the points of emphasis in our speech.

Clue • hand gesture(손짓)은 뭘 위해서 사용하나?
• 비슷한 의미를 가진 단어는 stress

07 You need to concentrate on your work.

Clue • 일을 할 때 일을 효율적으로 하면서 좋은 성과를 내기 위해서는 어떤 자세가 필요한가?
• 비슷한 의미를 가진 단어는 focus

08 Contact your doctor if the cough persists.

Clue • contact 연락하다, cough 기침
• 기침이 멈추지 않으면 의사를 찾아가는 것이 좋겠지요.
• continue의 의미

09 She has wide experience of political affair.

Clue • affair는 일반적인 뜻을 담고 있기 때문에 의미를 구체화시켜주는 형용사와 함께 나옵니다.
• matter, activity와 비슷한 의미

10 He tried to speak, but she interrupted him.

Clue • 그는 말을 하려고 했지만, 그녀 때문에 할 수가 없었습니다.
• stop의 의미

11 The contrast between the two messages was striking.

Clue • striking 두드러진
• 여기에서는 difference의 의미

12 Thousands of demonstrators crowded the streets shouting slogans.

Clue • demonstrator 시위자, slogan 구호 / 엄청나게 많은 시위자들이 모였네요.
• 비슷한 의미를 가진 단어는 assemble

13 I admired Jennifer for being so confident at her age.

Clue • confident 자신감 있는
• Jennifer는 나이에 비해 자신감이 있다는 것이 좋아 보입니다.
• 비슷한 의미를 가진 단어는 respect

14 He outlined a new strategy for tackling corruption.

Clue • outline 개설하다, tackle 달려들다, corruption 부패
• 그는 부패 문제를 해결하기 위한 새로운 ______을 발표했다.

15 Sufficient research evidence exists to support this contention.

Clue • sufficient 충분한, evidence 근거, contention 주장
• 주장을 지지할 만한 충분한 근거가 필요하겠군요.

16 I joined in tennis club in my school.

Clue • 클럽에 들어가서 테니스를 배우려고 합니다.
• enter와 비슷한 의미

17 It was dark by the time I reached their house.

Clue • by the time ~할 때 / 그들의 집에 갔을 때는 이미 어두워졌습니다.
• get to의 의미

18 She remarked on the excellence of his English.

Clue • excellence 뛰어남 / 그가 영어를 잘한다고 그녀가 칭찬을 해주었습니다.
• say의 의미

19 She was annoyed because I entered her room without knocking.

Clue • annoyed 화난 / 다른 사람의 방에 들어갈 때는 반드시 노크를 해야 합니다.
• come in의 의미

20 His movements were gentle and deliberate.

Clue • gentle 온화한, deliberate 신중한 / 그는 온화하고 신사적입니다.
• 동사 move를 생각해보세요.

단어 학습하기

01 **refer** [rifə́ːr] ⓥ refering, refered

If you **refer** to a particular subject or person, you talk about them or mention them.
특정한 주제나 사람에 대하여 이야기할 때 (전치사 to와 함께) **언급하다**
= mention 언급하다

If you **refer** someone to a person or organization, you send them there for the help they need.
도움이 필요한 사람을 개인이나 단체에 보내는 행위 **~을 보내다, 맡기다**
= send 보내다

If you **refer** to a book or other source of information, you look at it in order to find something out.
정보를 찾아내기 위해 책을 살펴보는 행위 (전치사 to와 함께) **참고하다**
= consult 참고하다

Voca Family **reference** n. 문의, 참고, 언급
reference book 참고서적

02 **improve** [imprúːv] ⓥ

If something **improves**, or you **improve** it, it gets better.
어떤 것의 상태가 이전보다 좋아지게 하는 행위 **개선되다, ~을 개선시키다**
= enhance 향상하다, progress 진보하다

If you **improve** after an illness, your health gets better or you get stronger.
아픈 후에 건강이 좋아지거나 몸이 더 강해졌을 경우 **호전되다**

Voca Family **improvement** n. 개선, 진보

주 의 **prove** v. 증명하다
disprove v. 그릇됨을 증명하다
reprove v. 비난하다
improve v. 개선하다

03 **observe** [əbzə́:rv] ⓥ

If you **observe** a person or thing, you watch them carefully, especially in order to learn something about it.
어떤 사람이나 사물에 대하여 자세히 알기 위해서 조심스럽게 지켜보는 행위
~을 관찰하다

If you **observe** something such as a law or custom, you obey it or follow it.
법이나 관습에 복종하고 따르는 행위 ~을 지키다, 준수하다

Voca Family **observer** n. 관찰자
observation n. 관찰
observance n. 준수

04 **evaluate** [ivǽljuèit] ⓥ

If you **evaluate** something or someone, you consider them in order to make a judgement about them.
사람이나 사물에 대하여 판단을 내리는 행위 ~을 평가하다
= assess 평가하다, estimate 가치를 판단하다, judge 판단하다

Voca Family **evaluation** n. 평가

05 **proper** [prάpər] ⓐ

You use **proper** to describe things that you consider to be real and satisfactory.
실제적이고 만족스러운 일을 묘사할 때 쓰는 형용사 적당한
= suitable 적당한, appropriate 적절한
↔ improper = im + proper 부적당한

If you say a way of behaving is **proper**, you mean it is considered socially acceptable.
사회적으로 잘 받아들여질 만한 행동을 묘사할 때 예의바른
= polite 공손한, gentlemanly 신사적인

Voca Family **properly** adv. 똑바르게, 적당하게
improperly adv. 타당치 못하게

06 **emphasis** [émfəsis] ⓝ

Emphasis is special importance that is given to an activity or to a part of something.
활동이나 어떤 일의 일부분에 특별한 중요성을 부여하기 위해서 넣는 것 강조
= stress 강조, importance 중요함, significance 중요성, weight 중요성

emphasize v. 강조하다
emphatic a. 어조가 강한, 강조한

07 **concentrate** [kánsəntrèit] ⓥ, ⓝ

If you **concentrate** on something, you give all your attention to it.
어떤 것에 모든 주의를 기울이는 행위 집중하다
= focus 집중하다, center 집중시키다

Concentrate is a liquid or substance from which water has been removed in order to make it stronger.
액체나 물질에서 물을 빼내서 더욱 강하게 만들어진 상태 농축물

concentration n. 집중

08 **persist** [pəːrsíst] ⓥ

If something undesirable **persists**, it continues to exist.
바람직하지 않은 무언가가 계속 존재하는 경우 지속하다, 존속하다
= carry on 계속하다, continue 계속하다

If you **persist** in doing something, you continue to do it even though it is difficult.
어떤 일이 굉장히 힘들어도 계속해서 해나가는 경우에 쓰는 동사 ~을 고집하다
= insist 고집하다

persistence n. 고집, 완고
persistent a. 고집하는, 영속하는

09 **affair** [əfέər] ⓝ

If an event has been mentioned and you want to talk about it again, you can refer to it as the **affair**.

이미 한 번 언급한 일에 대하여 다시 말하고자 할 때 the affair이라고 지칭한다. 일

= event 일, activity 활동

You can describe an object as a particular kind of **affair** when you want to draw attention to indicate that it is unusual.

어떤 사물의 독특한 특징을 설명할 때 그것이 어떤 종류라는 것을 말하기 위해서 사용하는 단어 ~것, 물건

= matter 문제

If people who are not married to each other have an **affair**, they have a sexual relationship.

결혼을 한 두 사람이 혼외 관계를 갖는 경우 불륜관계

= relationship 관계

10 **interrupt** [ìntərʌ́pt] ⓥ

If you **interrupt** someone who is speaking, you say or do something that causes them to stop.

다른 사람이 말하고 있는 중에 말을 자르는 말이나 행동을 하는 경우 ~을 방해하다

= disturb 방해하다

If someone **interrupts** a process, they stop it for a period of time.

어떤 일이 진행되는 것을 일정 시간 동안 막는 행위 ~을 차단하다

= hold up 가로막다

Voca Family
interruption n. 방해, 중단
interrupted a. 중단된

11 contrast [kάntræst] ⓝ, ⓥ

A **contrast** is a great difference between two or more things when you compare them.
당신이 두 가지 이상을 비교할 때 서로 갖는 차이점 대조, 차이
= difference 차이, distinction 구별

If you **contrast** one thing with another, you point out the differences between them.
두 가지 사물의 차이를 지적하는 행위 ~을 대조시키다
= distinguish 구별하다, differentiate 구별 짓다
형태〉 contrast+비교대상1 + with+비교대상2

If one thing **contrasts** with another, it is very different from it.
A가 B와 매우 다른 경우 A contrasts with B ~과 대조를 이루다

Expression **by contrast/ in contrast** 대조적으로
be in contrast to ~과 대조적이다, 다르다

12 crowd [kraud] ⓝ

A **crowd** is a large group of people who have gathered together.
한 곳에 모인 사람들의 무리 군중
= multitude 군중, audience 관객
형태 변화 없이 동사로 떼 지어 모이다, 들어차다
= flock 떼 짓다, congregate 모이다

Voca Family **crowded** a. 붐비는, 혼잡한

13 admire [ædmáiər] ⓥ

If you **admire** someone or something, you like and respect them very much.
사람이나 사물을 굉장히 좋아하고 존중하는 마음 ~에 감탄하다, ~을 좋아하다
= respect 존중하다, esteem 존경하다

Voca Family **admiring** a. 찬미하는
admiration n. 찬미, 감탄

14 **strategy** [strǽtədʒi] ⓝ

A **strategy** is a set of plans intended to achieve something especially over a long period.
장기간에 걸쳐 어떤 것을 성취해내기 위하여 만들어진 계획 **전략, 책략**
= plan 계획, scheme 책략

Voca Family
strategic a. 전략상의, 전략상 중요한
strategist n. 전략가

15 **exist** [igzíst] ⓥ

If something **exists**, it is present in the world as a real thing.
어떤 것이 이 세상에 실재할 때 **존재하다**
= live 살다, be present 존재하다

Voca Family
existence n. 존재
existent a. 존재하는

16 **join** [dʒɔin] ⓥ

If you **join** an organization, you become a member of it.
단체에 들어가서 그 일부가 되는 것 **~에 들다, 가입하다**

If you **join** an activity that other people are doing, you take part in it.
다른 사람이 하고 있는 활동에 들어가서 일부가 되는 것 **~에 합류하다**

To **join** two things means to fix or fasten them together.
두 가지를 함께 고정시키거나 묶는 행위 **~을 합하다**

Voca Family
rejoin v. 복귀하다
conjoin v. 결합하다
enjoin v. 명령하다
adjoin v. 접하다, 인접하다

17 **reach** [riːtʃ] ⓥ, ⓝ

When someone **reaches** a place, they arrive there.
어떤 장소에 도착하는 것 ~에 도달하다
= arrive 도착하다, attain 이르다

If you can **reach** something, you are able to touch it by stretching out your arm or leg.
팔이나 다리를 뻗어서 어떤 것을 만지는 행위 ~에 닿다
= touch 건드리다

If you try to **reach** someone, you try to contact them.
누군가와 연락한다는 의미 ~와 연락이 되다
= get in touch with 연락을 하다

If a place is within **reach**, it is possible to have it or get it.
어떤 것이 잡을 수 있는 범위 안에 있을 때 범위
= range 범위, distance 거리

Expression **reach an agreement** 합의하다
out of reach 범위 밖에

18 **remark** [rimɑ́ːrk] ⓥ

If you **remark** that something is the case, you say it is the case.
어떤 것이 그 경우에 해당한다고 말하는 행위 ~을 말하다
= comment 의견을 말하다
형태 변화 없이 명사로 소견, 비평

Voca Family **remarkable** a. 주목할 만한

19 **enter** [éntər] ⓥ

If you **enter** a place, you go into it.
어떤 장소 안으로 들어가는 행위 **~로 들어가다**

If something new **enters** your mind, you suddenly think about it.
마음속에 갑자기 새로운 생각이 떠오를 때 **~에 떠오르다**

Voca Family **entry** n. 입장, 참가
entrance n. 입구, 들어감

Expression **enter a competition** 대회에 참가하다
enter information 정보를 입력하다

20 **movement** [mú:vmənt] ⓝ

A **movement** is the group of people who share the same beliefs, ideas, or aims.
같은 믿음이나 생각, 목표를 가진 사람들의 모임을 가리키는 명사 **운동, 활동**
= campaign 운동

Movement involves changes in position or going from one place to another.
위치가 변하거나, 장소를 옮기는 것과 같은 행동을 설명하는 단어 **움직임**
= motion 움직임, action 행동

Voca Family **move** v. 움직이다, 감동시키다
moving a. 감동적인 (마음을 움직인다는 의미에서)
moved a. 감동받은

단어 확인하기

[1–5] 주어진 보기에서 고딕체로 된 단어와 유사한 의미를 갖는 것을 고르시오.

1 Those who cannot make a success in their business are the ones whose **concentration** is poor.
a) focusing b) observation c) competition d) movement

2 Erika is really hard to work with because she always **persists** in her own opinion.
a) conjoins b) attains c) insists d) centers

3 As I **remarked** above, strong regulations should be imposed on the personal abuse on cyber space.
a) enjoined b) commented c) observed d) flocked

4 The more your English vocabulary **progresses**, the more you come to have deep interest in reading English text.
a) moves b) esteems c) improves d) consults

5 Great teachers are to know each student's learning style and help them develop proper learning **strategies**.
a) actions b) schemes c) references d) existence

[6–7] 주어진 보기에서 고딕체로 된 단어와 다른 의미를 갖는 것을 고르시오.

6 My parents always put an **emphasis** on the process itself rather than the superficial result.
a) significance b) weight c) admiration d) importance

7 **Evaluating** students' work, teachers should have certain standards and apply them to every student as fairly as they can.
a) accessing b) estimating c) judging d) adjoining

[8–10] 다음 괄호 속의 단어 중에서 문맥상 적절한 것을 고르시오.

8 When you (**arrive / reach**) London, please call me and I will go to the airport to pick you up.

9 I hope you would not (**refer / infer**) to that matter again until I would ask you to do.

10 In case of emergency, you can escape from this building through the (**exist / exit**) on the second floor near the men's room.

Check-up

- ☐ refer
- ☐ concentrate
- ☐ observe
- ☐ evaluate
- ☐ proper
- ☐ emphasis
- ☐ improve
- ☐ persist
- ☐ affair
- ☐ interrupt
- ☐ contrast
- ☐ crowd
- ☐ reach
- ☐ strategy
- ☐ exist
- ☐ remark
- ☐ admire
- ☐ join
- ☐ enter
- ☐ movement

- **refer** 언급하다
- **concentrate** 집중하다
- **observe** ~을 지키다
- **evaluate** ~을 평가하다
- **proper** 적당한, 예의바른
- **emphasis** 강조
- **improve** 호전되다
- **persist** ~을 고집하다
- **affair** 일
- **interrupt** ~을 방해하다
- **contrast** 차이
- **crowd** 떼 지어 모이다
- **reach** ~와 연락이 되다
- **strategy** 전략
- **exist** 존재하다
- **remark** ~을 말하다
- **admire** ~에 감탄하다
- **join** ~에 합류하다
- **enter** ~로 들어가다
- **movement** 활동

만 점 단 어

만점 단어는 수능에 나오는 단어 중 어려운 편에 속하는 단어입니다. 단어는 그 형태나 의미가 어려울수록 설명은 훨씬 간단해집니다. 쉬운 단어가 여러 문맥 속에서 다루어지기 때문에 의미도 다양하고, 쓰임도 복잡한데 반해, 어려운 단어는 상대적으로 자주 등장하지 않기 때문에 쓰임이 어느 정도 한정되어 있기 마련입니다.

쉬운 단어는 왜 쉬운 단어일까요? 우리가 쉽다고 말하는 단어는 물론 단어의 길이가 짧거나 형태가 눈에 잘 띄기 때문이기도 하지만, 그것보다 더 중요한 이유는 이미 자주 봐 왔고, 눈에 익숙해졌기 때문입니다. 어떤 단어가 어렵다고 느낀다면 그 단어가 새롭거나 익숙하지 않기 때문이겠지요. 어려운 단어를 공략하는 방법은 여러 가지가 있겠지만, 가장 확실한 방법은 자주 접하는 것입니다. 그러기 위해서는 읽기를 충분히 해야 합니다. 열 번 찍어 안 넘어가는 나무가 없듯이 영어 단어도 자꾸 보다보면 눈에 익게 되고, 친근하게 느껴집니다.

어려운 단어를 외우는 방법

1. 평소에 읽기를 많이 하여 어려운 단어를 자주 접한다.
2. 새로운 단어를 보면 표시해놓고 자주 들여다본다.
3. 비슷한 의미를 가진 쉬운 단어를 연결시켜 기억한다.
4. 형태를 보고 어원을 찾아 의미를 파악한다.
5. 예문을 통하여 문맥을 확실히 기억한다.

단어 파악하기

01 I wonder where that noise came from.

Clue
- if나 whether절을 목적어로 가져오는 동사
- 일상 대화에서는 격식을 차리는 경우에만!
- I want to know where that noise came from의 의미라고 생각하면 됩니다.

02 The city is encircled by a hostile army.

Clue
- encircle 에워싸다 / 도시가 누구에게 포위된 걸까?
- 비슷한 의미를 가진 단어는 opposed

03 An abundance of sun ripened fruit.

Clue
- ripen 익다 / 과일이 잘 익으려면 무엇이 필요한가?
- 형용사는 abundant, plenty와 비슷한 의미

04 He was rewarded for his effort.

Clue
- 노력을 하면 무엇을 얻을 수 있나?
- 비슷한 의미의 단어는 repay

05 You have to install the program in your computer.

Clue
- 컴퓨터 프로그램이나 기구, 설비 등을 사용하기 전에 반드시 거쳐야 하는 과정은?
- 컴퓨터 프로그램을 지우고 싶으면 uninstall 버튼을 누르면 됩니다.

06 Susan and I are quite different in outlook.

Clue
- 생김새가 많이 다른 Susan과 나
- out + look이 결합된 형태

07 She has a high risk of heart stroke.

Clue
- heart stroke는 심장과 관련된 질환의 한 종류
- 이 문장에서는 hit의 의미

08 The party is the moment I will cherish.

Clue
- 파티가 너무나 즐겁고 행복한 시간이었다고…
- 동사로 treasure와 비슷한 의미

09 No pain, no gain.

Clue
- 고통 없이는 얻는 것도 없는 법!
- 동사로 get의 의미

10 Many students registered for their courses.

Clue
- 학교나 학원 등에서 수업을 받으려면 그 전에 무엇을 해야 하나?
- enroll과 비슷한 의미

11 The spare bedroom is on the second floor.

Clue • 평소에는 사용하지 않는 방으로, 손님을 위한 방
• extra와 비슷한 의미

12 Jack saw me crying and tried to comfort me.

Clue • 누군가 울고 있는 것을 보면 무엇을 해야 할까?
• comfortable이 '편안한'이라는 의미라는 점을 생각하세요.

13 There was a bundle of letters that had arrived for Mr. Baker.

Clue • 많은 양을 한꺼번에 묶어서 말할 때
• packet, bunch와 비슷한 의미

14 Follow the instruction carefully.

Clue • 약을 복용할 때나 위험한 물질을 다룰 때 반드시 무엇을 따라야 하나?
• 비슷한 의미를 가진 단어는 direction

15 He was stimulated by the challenge.

Clue • 도전을 받게 되면 느껴지는 기분은?
• 좋은 의미에서 비슷한 의미를 갖는 단어는 inspire

16 A peace conference will be held in Seoul next month.

Clue • 평화 peace에 대하여 논의하는 자리
• press conference, news conference 등이 있지요.

17 The hat concealed her hair.

Clue • 모자를 쓴 모습을 생각해보세요.
• hide의 의미

18 They were found guilty of murder.

Clue • be found guilty of ~에 대하여 유죄로 밝혀지다
• 다른 말로는 killing

19 The UN can not interfere in the internal affair of any country.

Clue • internal affairs 국내 문제 / UN이 각 국가의 국내 문제에 대하여 갖는 위치는?
• 비슷한 의미를 가진 단어는 intervene

20 Sufficient evidence has been provided to support the argument.

Clue • 주장 argument를 지지하기 위해서 무엇이 필요한가?
• 비슷한 의미를 갖는 단어는 enough

단어 학습하기

01 wonder [wʌ́ndər] ⓥ

If you **wonder** about something, you think about it because it interests you and you want to know more about it.
무언가가 당신의 흥미를 끌고 당신이 그것에 대하여 더 많이 알기를 원할 때 궁금해하다

If you **wonder** at something, you are very surprised about it.
어떤 것에 대하여 대단히 놀란 경우 놀라다, 경탄하다
명사로 놀라운 일

Voca Family **wonderful** a. 훌륭한

Expression 공손하게 질문을 할 때 **'I wonder'**이라고 말을 시작할 수 있다.
I'm wondering if you can help me. 저를 도와주실 수 있으신가요?
no wonder 놀랄 것이 없다
wonderland n. 이상한 나라, 동화의 나라

주 의 **wander** v. 헤매다, 방랑하다
wonder v. 놀라다, 궁금해 하다

02 hostile [hástil] ⓐ

If you are **hostile** to another person, you disagree with them, often showing this in your behavior.
의견이 맞지 않는 사람에게 그런 감정을 행동에 내비치는 경우에 쓰는 형용사 적대적인
= opposed 적대하는, antagonistic 적대의

In a war, we use the word **hostile** to describe enemy's forces, weapons, and activities.
전쟁에서 상대방 군대나 무기, 움직임을 나타낼 때 쓰는 형용사 적의, 적군의

Voca Family **hostility** n. 적의, 적개심

03 **abundance** [əbʌ́ndəns] ⓝ

An **abundance** of something is a large quantity of it.
어떤 것의 양이 많음을 나타낼 때 **풍부, 다량**
= plenty 많음, affluence 풍부함

Voca Family **abundant** a. 풍부한

04 **reward** [riwɔ́:rd] ⓥ, ⓝ

If you do something and are **rewarded** with a particular benefit, you receive the benefit as a result of doing that thing.
어떤 일을 하고 그것에 대한 결과로 이득을 얻을 때 **~에게 보답하다, 보수를 주다**
= compensate 보상하다, recompense 보답하다

A **reward** is something that you are given, for example, because you have worked hard.
일을 열심히 한 것에 대한 대가로 받는 어떤 것 **보수, 보상**
= bonus 특별 수당, bounty 보상금

Voca Family **rewarding** a. 보람 있는, 가치 있는
rewardless a. 헛수고의

05 **install** [instɔ́:l] ⓥ

If you **install** a piece of equipment, you put it somewhere so that it is ready to be used.
어떤 설비가 사용될 수 있도록 어느 장소에 놓는 행위 **~을 설치하다**
= set up 설치하다, fix 세우다

If someone is **installed** in a new position, they are officially given the position, often in a special ceremony.
주로 특별한 의식을 통하여 공식적으로 어떤 사람에게 새로운 임무가 주어지는 것
~을 임명하다, 취임시키다
= induct 취임시키다

Voca Family **installation** n. 임명, 설치

06 outlook [áutlùk] ⓝ

Your **outlook** is your general attitude towards life.
삶에 대한 일반적인 태도 사고방식
= attitude 태도, perspective 시각

The **outlook** for something is what people think will happen in relation to it.
어떤 것과 관련하여 미래에 무슨 일이 일어날지를 예측하는 것 전망, 조망
= prospect 예상

07 stroke [strouk] ⓝ, ⓥ

If someone has a **stroke**, a blood vessel in your brain bursts, which may kill them.
뇌혈관이 터져서 사람을 죽음에 이르게 할 수 있는 병 발작, 뇌졸증

The **strokes** of a pen or brush are the movement you make with it.
펜이나 붓으로 만드는 움직임 긋기, 사선

A swimming **stroke** is a particular style or method of swimming.
특정한 수영 방식을 가리키는 말 영법

The **strokes** of a clock are the sounds that indicate each hour.
시계에서 매시마다 정시임을 알려주는 소리 시계 종소리

If you **stroke** someone or something, you move your hand slowly and gently over them.
어떤 것 위에서 손을 천천히 부드럽게 움직이는 행위 ~을 쓰다듬다, 어루만지다
= caress 달래다

Expression
a stroke of luck 행운
a stroke of genius 좋은 생각
at a stroke 한번에

주 의
strike v. 치다 **strike - struck - struck**
stroke v. 쓰다듬다

08 **cherish** [tʃériʃ] ⓥ

If you **cherish** something such as pleasant memory, you keep it in your mind for a long period of time.
좋은 기억 등을 오랫동안 마음속에 간직하는 행위 **~을 소중히 하다, 품다**

If you **cherish** someone or something, you take good care of them because you loved them.
사랑하는 사람을 정성껏 돌보는 일 **~을 돌보다, 소중히 대하다**

09 **gain** [gein] ⓥ

If a person **gains** something such as ability, they gradually get more of it.
능력 등을 점차적으로 쌓아가는 행위 **~을 얻다, 획득하다**
= obtain 얻다, acquire 획득하다

Expression
gain weight 살이 찌다
for gain 이득을 얻으려고
gain ground 널리 알려져 인지도를 얻다

주 의
gain은 능력이나 가치에 대하여 사용합니다. 돈을 얻는 경우에는 **earn**이 쓰입니다.
He earns 5 dollars an hour. 그는 한 시간에 5달러를 번다.

10 **register** [rédʒəstər] ⓝ, ⓥ

A **register** is an official list of people or things.
공식적인 사람이나 사물의 목록 **기록부, 등록부**

If you **register** to do something, you put your name on an official list to receive a service.
서비스를 받기 위해 공식적인 목록의 자신의 이름을 올리는 행위 **등록하다**

Voca Family
registration n. 기입, 등록
registry n. 기입, 등기소
registered a. 등록한

11 spare [spɛər] ⓐ, ⓥ

You use **spare** to describe something that is not being used by anyone, and is therefore available for someone to use.
현재 아무도 사용하고 있지 않아서 누군가가 사용할 수 있는 것을 나타내는 형용사 여분의
= extra 여분의, additional 추가의

You **spare** time for a particular purpose, you make it available for that purpose.
어떤 일에 쓸 시간을 마련하는 행위 (시간을) ~을 할애하다

If you **spare** someone an unpleasant experience, you prevent them from suffering it.
다른 사람이 좋지 않은 일을 당하지 않도록 막아주는 행위 –가 ~을 면하게 하다

Expression
spare tire 여분의 타이어
spare room 여분의 방

12 comfort [kʌ́mfərt] ⓝ, ⓥ

If you are doing something in **comfort**, you are physically relaxed and contented.
신체적으로 느긋하고 편안한 상태임을 나타낼 때 쓰는 명사 편안함
= coziness 안락함, ease 편안함

Comfort is what you feel when worries or unhappiness stop.
걱정이나 슬픔이 멈추었을 때 느끼는 감정 위안, 위로
= relief 안심

If you **comfort** someone, you make them feel less worried, or upset by saying kind things to them.
어떤 사람에게 좋은 말을 해줌으로써 걱정을 덜어주는 행위 ~을 위로하다, 위안을 주다
= console 위로하다

Voca Family
comfortable a. 편안한
comforting a. 위안을 주는
comfortably adv. 기분 좋게
comforter n. 위로하는 사람

13 bundle [bʌ́ndl] ⓝ, ⓥ

A **bundle** of things is a number of them that are tied together.

함께 묶여져 있는 많은 양의 어떤 것을 나타내는 말 **묶음, 꾸러미**

= bunch 다발

If someone is **bundled** somewhere, someone pushes them there in a rough and hurried way.

거칠고 급하게 어느 장소로 밀어내는 행위 **~을 내몰다**

= push 밀다, hurry 재촉하다

14 instruction [instrʌ́kʃən] ⓝ

An **instruction** is something that someone tells you to do.

다른 사람이 당신에게 무언가를 하라고 시키는 것 **지시**

= order 명령, command 명령

If someone gives you an **instruction** in a subject or skill, they teach it to you.

어떤 주제나 기술을 가르치는 것 **훈련, 교수**

= teaching 가르침, coaching 지도

Voca Family

instruct v. 가르치다, 지시하다
instructive a. 교훈적인
instructor n. 교사, 지도자

15 stimulate [stímjəlèit] ⓥ

To **stimulate** something means to encourage it to develop further.

어떤 것이 더 멀리 발전할 수 있도록 격려하는 행위 **~을 자극하다, 고무하다**

= arouse 자극하다, encourage 격려하다

Voca Family

stimulation n. 자극, 고무
stimulus n. 자극
stimulating a. 자극하는
stimulated a. 자극받은
stimulative a. 자극적인, 격려하는

16 conference [kɑ́nfərəns] ⓝ

A **conference** is a meeting often lasting a few days, which is organized on a particular subject.
특정한 주제를 다루기 위하여 며칠에 걸쳐서 이루어지는 회의를 가리키는 말
회담, 회의
= meeting 회의, colloquium 전문가 회의

17 conceal [kənsí:l] ⓥ

If you **conceal** something, you hide it carefully.
어떤 것을 조심스럽게 숨기는 행위 ~을 숨기다, 비밀로 하다
= hide 숨기다, bury 묻다

Voca Family **concealment** n. 숨김, 은폐

18 murder [mə́:rdər] ⓝ

Murder is deliberate and illegal killing of person.
의도하여 불법적으로 사람을 죽이는 행위 살인
= killing 살인, assassination 암살
형태의 변화 없이 동사로 ~을 살해하다

Voca Family **murderer** n. 살인자
murderous a. 살인의, 흉악한

Expression **commit murder** 살인을 저지르다

19 interfere [ìntərfíər] ⓥ

If someone **interferes** in a situation, they get involved in it although it does not concern them.
어떤 상황과 관련이 없는 사람이 그 일에 관여하는 행위 간섭하다, 훼방 놓다
= intervene 방해하다, meddle 참견하다

Voca Family **interference** n. 방해, 간섭
interfering a. 간섭하는

20 **sufficient** [səfíʃənt] ⓐ

If something is **sufficient** for a particular purpose, there is enough of it for the purpose.

특정한 목적을 위해서 그 양이 충분한 경우를 묘사하는 형용사 **충분한, 족한**

= adequate 적합한, enough 충분한

↔ insufficient 불충분한

sufficiency n. 충분함
sufficiently adv. 충분하게
suffice v. 족하다, 충분하다

[1~3] 주어진 보기에서 고딕체로 된 단어와 유사한 의미를 갖는 것을 고르시오.

1 According to Pygmalion Effect, teachers can **stimulate** learners to study harder just by expecting them to be good learners.
a) meddle b) encourage c) command d) acquire

2 I will visit your house to **set up** the air conditioner you ordered this weekend.
a) install b) induct c) compensate d) register

3 You have to vow that you wouldn't **conceal** anything you know about the accident.
a) order b) stroke c) gain d) hide

4 다음 중 빈칸에 들어갈 말로 알맞은 것을 고르시오.
If you ( ) to do something, you put your name on an official list to receive a service.
a) comfort b) register c) spare d) reward

5 다음 중 고딕체로 된 단어와 의미가 비슷한 하나를 고르시오.
Plants grow well in places where there is **sufficient** water, sunlight, and fertile soil.
a) efficient b) registered c) comfortable d) enough

6 다음 중 고딕체로 된 단어와 의미가 다른 하나를 고르시오.
Please don't **interfere** in my project. I am the one who is totally responsible for this project.
a) interrupt b) intervene c) interact d) meddle

[7~10] 다음 괄호 속의 두 단어 중 문맥상 옳은 것을 고르시오.

7 It is very dangerous for old people to have a brain (**struck / stroke**) because it can cause a sudden death.

8 In a wedding ceremony, the bride and bridegroom vow that they will (**cherish / perish**) each other in the rest of their lives.

9 Our twenty-day language course includes five hours of daily (**construction / instruction**) with professional native teachers and regular students in Boston.

10 In the original version of Frankenstein, the famous novel, Frankenstein showed a strong (**hospitality / hostility**) toward his creator because the creator himself didn't take care of Frankenstein and left him miserable.

Check-up

- ☐ wonder
- ☐ hostile
- ☐ abundance
- ☐ reward
- ☐ spare
- ☐ outlook
- ☐ stroke
- ☐ cherish
- ☐ gain
- ☐ conference
- ☐ install
- ☐ comfort
- ☐ bundle
- ☐ instruction
- ☐ stimulate
- ☐ register
- ☐ conceal
- ☐ murder
- ☐ interfere
- ☐ sufficient

- **wonder** 궁금해 하다
- **hostile** 적대적인
- **abundance** 풍부
- **reward** 보상
- **spare** 여분의
- **outlook** 사고방식, 전망
- **stroke** 발작
- **cherish** 소중히 대하다
- **gain** ~을 얻다
- **conference** 회의
- **install** ~을 설치하다
- **comfort** 편안함
- **bundle** 묶음
- **instruction** 지시
- **stimulate** ~을 자극하다
- **register** 등록하다
- **conceal** 비밀로 하다
- **murder** 살인
- **interfere** 간섭하다
- **sufficient** 충분한

단어 파악하기

01 It is not easy to go up the steep hills.

Clue • hills(언덕)을 수식하는 형용사
• slope(경사)를 생각했을 때 연상되는 말

02 Lack of daylight can make people feel depressed.

Clue • 햇빛이 부족하면 사람들이 어떻게 느낄까?
• depress와 비슷한 의미를 가진 단어는 discourage

03 The voyage was the most exciting adventure of his life.

Clue • 가장 흥미로운 모험이라고 말할 수 있는 것은 뭘까?
• 비슷한 의미를 가진 단어는 cruise

04 The government will bring several proposals for legislation.

Clue • 정부가 무엇을 위해서 제안(proposal)을 할까?
• law(법)과 관련하여 생각해보세요.

05 The future belongs to democracy.

Clue • belong to 속하다
• democracy는 사회체제의 하나로, 기본적 인권을 존중하고, 국민이 권력을 갖는 형태입니다.

06 The union claimed a pay rise.

Clue • a pay rise 임금인상
이 문장에서는 the labor union을 간단하게 the union이라고 표현한 것입니다.
• 동사 unite에서 유추해보세요.

07 The reception desk is in the first floor.

Clue • 호텔 등의 건물에 들어가면 가장 먼저 들러야 하는 곳이 reception desk입니다.
• 동사 receive의 명사형

08 My brother is such a tease.

Clue • 동생이 있는 사람은 이런 생각해본 적 있을 겁니다. 동생이 악마처럼 느껴질 때
• tease는 주로 동사로 사용되고, 비슷한 의미를 가진 단어는 irritate

09 the Ministry of Foreign Affairs, the Ministry of Finance, etc.

Clue • 외교부, 재정경제부 등을 나타내는 말
• 종교적인 의미로는 성직을 나타낸다.

10 She is working for human right and civil liberty.

Clue • human right 인권, civil 시민의 / 인권의 가장 기본을 생각해봅시다.
• freedom으로 설명될 수 있겠죠.

11 Particular emphasis is placed on oral practice.

Clue • emphasis 강조, oral practice 구두 연습 / 특히 구두 연습이 강조된다는 의미
• certain이나 specific 등과 비슷한 의미로 쓰임

12 An estimated seven million people are at risk of starvation.

Clue • be at risk 위험에 처하다, starvation 굶주림 / 확실한 숫자를 말하기 힘든 경우
• approximate와 비슷한 의미

13 It is necessary to examine this claim before we proceed any further.

Clue • claim 주장 / before, further와 함께 쓰인 것을 바탕으로 생각해보세요.
• continue의 의미

14 He spilt water on his suit.

Clue • 물을 마시다 실수로 물컵을 팔로 쳤다면?
• spilt는 spill의 과거형

15 In the region, law discriminates women.

Clue • 어느 지역에서는 법이 여성에게 불리하게 작용하는 곳도 있습니다.
• racial discrimination, gender discrimination 등을 자주 이야기합니다.

16 She burst into tears and ran out of the room.

Clue • burst into tears 갑자기 눈물이 나오는 경우에 쓰는 표현
• 비슷한 의미로 explode가 있습니다.

17 There has been a substantial improvement in the ongoing project.

Clue • improvement 개선, ongoing 진행하는 / 개선의 정도가 어떻다는 걸까?
• actual, abundant의 의미로 쓰입니다.

18 I have a moral obligation to my client.

Clue • 비슷한 의미를 가진 단어는 duty
• 자유를 누릴 권리가 있듯이 도덕을 지켜야 한다는 것인가?

19 Priority will be given to those who apply early.

Clue • 먼저 지원한 사람이 먼저 기회를 얻어야겠지요.
• preference의 의미

20 Immediately he went out, his phone started ringing.

Clue • 여기에서 immediately는 as soon as와 같은 의미의 접속사로 쓰였습니다.
• 형용사는 immediate, 비슷한 의미를 가진 단어는 instant

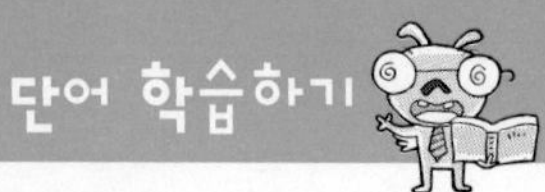

01 **steep** [stiːp] ⓐ, ⓥ

A **steep** slope rises at a very sharp angle and is difficult to go up.
굉장히 경사져서 오르기 힘든 곳을 묘사하는 형용사 경사진, 가파른

To **steep** food in a liquid means to put it in the liquid for some time so that the food gets flavor from the liquid.
음식을 양념에 넣어서 양념의 맛이 배도록 하는 행위 ~을 담그다, 적시다

Voca Family **steeply** adv. 가파르게
steepen v. 가파르게 하다

02 **depress** [diprés] ⓥ

If someone or something **depresses** you, they make you feel sad or disappointed.
사람이나 사물이 당신을 실망시키거나 슬프게 한 경우 ~을 풀이 죽게 하다, 우울하게 하다
= sadden 슬프게 하다

If something **depresses** price, wages, or figures, it causes them to become less.
가격이나 봉급, 숫자가 작아지게 만드는 행위 ~을 떨어뜨리다
= lower 낮추다

Voca Family **depressed** a. 눌린, 우울한 **depressing** a. 우울하게 하는
depressive a. 억압적인, 불경기의
depression n. 우울, 의기소침, 불경기

03 **voyage** [vɔ́iidʒ] ⓝ, ⓥ

A **voyage** is a long journey in a ship or a spacecraft.
배나 우주선으로 하는 긴 여정 항해, 여행
형태의 변화 없이 동사로 항해하다
= journey 여정, cruise 순항하다

Voca Family **voyager** n. 항해자

04 **legislation** [lèdʒisléiʃən] ⓝ

Legislation consists of laws passed by a government.
정부에 의해 정해진 법 **입법**
= lawmaking 법률제정

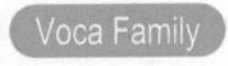
legislate v. 법률을 제정하다
legislative a. 입법의 n. 입법부
legislator n. 입법자
legislature n. 입법기관

05 **democracy** [dimákrəsi] ⓝ

Democracy is a system of government in which people choose their rulers by voting for them in elections.
사람들이 선거를 통하여 자신들의 대표를 선출하는 방식의 정부 형태를 나타내는 말 **민주주의**
= republic 공화국

democrat n. 민주주의자
democratic a. 민주주의의

06 **union** [jú:njən] ⓝ

A **union** is a worker's organization which represents its members and aims to improve things.
노동자를 대변하고 그들을 위한 환경을 개선하는 것을 목적으로 하는 단체 **노동조합**

When the **union** of two or more things occurs, they are joined together and become one thing.
두 가지 이상의 것이 합쳐져서 하나가 되는 것 **결합, 합일**
= alliance 동맹, coalition 연합

labor union 노동조합
in union 협조하여

07 **reception** [risépʃən] ⓝ

The **reception** in a hotel is the desk or office that books rooms for people and answers their questions.
호텔에서 방을 예약하고 고객의 질문에 답해주는 일을 하는 곳 리셉션, 접수구

A **reception** is a formal party to welcome someone or to celebrate a special event.
누군가를 환영하기 위해서 혹은 특별한 행사를 축하하기 위해서 진행하는 공식 파티 환영회, 축하파티

If you have a particular kind of **reception**, that is the way that people react to you.
사람들이 반응하는 태도 응접, 접대

Voca Family

receive v. 받다, 수용하다
receptionist n. 응접원, 접수원
receptive a. 잘 받아들이는, 예민한

08 **tease** [ti:z] ⓥ

To **tease** someone means to make joke about them in order to embarrass or annoy them.
어떤 사람을 당황하게 하거나 화나게 하기 위한 목적으로 놀리는 행위 ~를 괴롭히다, 놀리다
= mock 놀리다, pull someone's leg (누구를) 놀리다
형태의 변화 없이 명사로 놀림, 괴롭힘

09 **ministry** [mínistri] ⓝ

A **ministry** is a government department which deals with a particular area of activity.
특정 활동 분야를 다루는 정부 기관 내각, 부
= department 부, bureau 사무국

The **ministry** of a religious person is the work that they do that is based on their religious belief.
종교적 믿음을 가진 사람이 그 믿음을 바탕으로 하는 일을 가리키는 명사
목사의 직무, 성직자
= priesthood 성직

10 **liberty** [líbərti] ⓝ

Liberty is the freedom to live your life in the way that you want without interference from others.

다른 사람들로부터 방해받지 않고 자신이 살고 싶은 대로 살아갈 수 있는 자유 **자유, 자립**

= freedom 자유, autonomy 자율

Voca Family

liberal a. 자유주의의, 관대한
liberally adv. 자유롭게, 관대하게
liberalism n. 자유주의
liberality n. 너그러움
liberation n. 해방
liberalize v. 제약을 풀다
liberate v. 해방하다

Expression

at liberty 자유로운, ~을 해도 되는
take the liberty of 자유롭게 ~을 하다
take liberty with ~에게 무례하게 굴다
the Statue of Liberty 자유의 여신상

11 **particular** [pərtíkjələr] ⓐ

You use **particular** to emphasize that you are talking about one thing rather than other similar ones.

다른 비슷한 것과 구분하여 특정한 한 가지에 대하여 말하고 있다는 것을 강조할 때 쓰는 형용사 **특정한**

= peculiar 독특한, specific 구체적인

If you say someone is **particular**, you mean they choose thing very carefully.

선택을 굉장히 조심스럽게 하는 사람을 나타내는 형용사 **꼼꼼한**

= fussy 세밀한, choosy 까다로운

Voca Family

particularly adv. 특히, 특별히
particularity n. 특징, 까다로움

Expression

nothing in particular 특별한 일은 없어

12 **estimate** [éstəmèit] ⓥ, ⓝ

If you **estimate** a quantity or value, you make an approximate judgement or calculation of it.
어떤 것의 양이나 가치를 계산하여 결정하는 행위 ~을(를) 어림잡다, 예측하다
= calculate roughly 대략 계산하다

An **estimate** is an approximate calculation of a quantity or value.
양이나 가치를 대략으로 계산한 수치 추정치
= approximate calculation 어림 계산치

An **estimate** is a written statement of how much a job is likely to cost.
어떤 일을 하는 데 있어서 드는 비용을 확인해 놓은 문서 견적서

estimation n. 의견, 판단, 평가
overestimate v. 과대평가하다
underestimate v. 과소평가하다

13 **proceed** [prousí:d] ⓥ

If you **proceed** to do something, you do it, often after doing something else first.
어떤 것을 하고 난 후에 다른 일을 계속해서 하는 경우 ~을 착수하다
형태〉proceed + to 부정사
= move on 움직이다, carry on 실행하다

If you **proceed** with a course, you continue with it.
어떤 것을 계속 진행하는 행위 계속하다
= continue 계속하다, go on 계속하다

If you **proceed** in a particular direction, you go in that direction.
어떤 특정한 방향으로 움직일 때 나아가다

Voca Family

proceeding n. 진행, 행동
procedure n. 순서, 절차

주 의

precede v. ~에 선행하다, 앞서다
proceed v. 나아가다, 계속하다, 착수하다

14 **spill** [spil] ⓥ, ⓝ spill - spilt - spilt

If a liquid **spills** or you **spill** it, it accidentally flows over the edge of a container.
액체가 통 바깥쪽으로 새어나오는 경우(자동사, 타동사 모두 가능) **흐르다, ~을 엎지르다**
= pour 쏟다, overflow 넘치다

A **spill** is an amount of liquid that has spilled from a container.
통에서 쏟아져 나온 액체의 양을 가리키는 말 **엎지른 양**

Expression
spill over v. 넘치다
spillover n. 엎지르기, 여파
There is no use crying over spilt milk.
엎어진 물 (쏟아진 우유에 대고 울어봐야 소용없다.)

15 **discriminate** [diskrímənèit] ⓥ

If you can **discriminate** between two things, you can recognize that they are different.
두 가지가 다르다는 것을 알아내는 행위 **구별하다, 판별하다**
= distinguish 구분하다, differentiate 구별 짓다

To **discriminate** against a group of people means to treat them unfairly.
어떤 집단을 불공평하게 대우할 때 쓰는 동사 **차별대우하다, 차별하다**
= favor 편애하다, show prejudice 편견을 보이다

Voca Family
discriminating a. 식별하는, 차별하는
discriminative a. 식별력이 있는, 차별적인
discrimination n. 구별, 차별

16 **burst** [bəːrst] ⓥ

burst - burst - burst

If something **bursts**, or you **burst** it, it suddenly breaks open and the substance inside it comes out.
어떤 것이 갑자기 열리면서 안에 있는 물질이 나오는 모습(자동사, 타동사 모두 가능)
터져 나오다, ~을 파열하다
= explode 폭발하다, blow up 터지다, crack 금가게 하다
형태의 변화 없이 명사로 **파열, 폭발**

17 **substantial** [səbstǽnʃəl] ⓐ

Substantial means large in amount or degree.
양이나 정도가 큰 경우 **실질적인, 많은**
= significant 중요한, considerable 상당한

Voca Family **substantially** adv. 실체상

주 의
substitute v. 대용하다, 대신하다 n. 대리인, 대체물
substance n. 물질
subsequent a. 뒤의, 차후의
substantial a. 실직적인, 많은

18 **obligation** [àbləgéiʃən] ⓝ

If you have an **obligation** to do something, it is your duty to do that thing.
어떤 일을 해야만 하는 의무 **의무, 책임**
= duty 의무, charge 책임

obligatory a. 의무적인, 필수의
oblige v. 의무를 지우다, 은혜를 베풀다

19 **priority** [praiɔ́(:)rəti] ⓝ

If something is a **priority**, it is the most important thing you have to do.
당신이 해야 하는 일 중에서 가장 중요한 것을 나타내는 명사 앞, 우선권
= precedence 선행, 우위, preference 선호

Voca Family prior a. 앞의, 사전의

Expression give priority 우선권을 주다
take priority 우선권을 얻다

20 **immediately** [imíːdiitli] ⓐⓓⓥ

If something happen **immediately**, it happens without any delay.
어떤 일이 지체 없이 일어난 경우를 묘사하는 부사 즉시
= at once 즉시, directly 바로, instantly 당장에

형태의 변화 없이 접속사로 immediately = as soon as ~하자마자

Voca Family immediate a. 즉시의

단어 확인하기

[1~4] 주어진 보기에서 고딕체로 된 단어와 유사한 의미를 갖는 것을 고르시오.

1 The **ministry** of Foreign Affairs and Trade announced that it made a new policy toward America.

a) priority b) procedure
c) department d) union

2 Suddenly the bomb **burst** and everybody was thrown into a panic.

a) depressed b) proceeded
c) cracked d) exploded

3 I hope you would not **show prejudice** against those who have different background.

a) discriminate b) favor
c) tease d) steepen

4 All the men over the age of 20 are under **obligation** to serve in the army in Korea.

a) depression b) duty
c) liberty d) journey

[5~6] 다음 중 고딕체로 된 단어와 의미가 다른 하나를 고르시오.

5 His **immediate** reply to our request saved our effort and cost, which otherwise we had to make.

a) quick b) receptive
c) prompt d) instant

6 It is common to publish books which are not **substantial** in their content these days.

a) significant b) considerable
c) rich d) legislative

[7~10] 괄호 속의 두 단어 중 문맥상 옳은 것을 고르시오.

7 When I saw the volunteers help those poor children in Africa, I was deeply (**depressed / impressed**) by their self-sacrifice.

8 Ladies and gentlemen, the introductory remarks would (**proceed / precede**) the colloquium, so please pay attention to the remarks.

9 Bob couldn't help deciding to move to another school because all the students didn't stop (**ceasing / teasing**) him.

10 We have worked hard in the laboratory during this whole week, but the research result seems to be (**depressed / depressing**).

Check-up

- ☐ steep
- ☐ depress
- ☐ democracy
- ☐ legislation
- ☐ voyage
- ☐ union
- ☐ reception
- ☐ tease
- ☐ particular
- ☐ liberty
- ☐ ministry
- ☐ estimate
- ☐ burst
- ☐ spill
- ☐ proceed
- ☐ discriminate
- ☐ substantial
- ☐ obligation
- ☐ priority
- ☐ immediately

- **steep** 가파른
- **voyage** 여행
- **particular** 특정한
- **burst** 폭발
- **substantial** 많은
- **depress** 우울하게 하다
- **union** 결합
- **liberty** 자유
- **spill** ~을 엎지르다
- **obligation** 의무
- **democracy** 민주주의
- **reception** 환영회
- **ministry** 내각
- **proceed** 계속하다
- **priority** 우선권
- **legislation** 입법
- **tease** ~를 괴롭히다
- **estimate** 예측하다
- **discriminate** 차별하다
- **immediately** 즉시

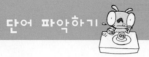

단어 파악하기

01 She decorated her room with the pictures of her favorite movie stars.

Clue • 자신이 좋아하는 배우의 사진을 방에 붙이는 이유는?
• 비슷한 의미를 가진 단어는 ornament

02 Fresh summer evenings can be spoiled by mosquitoes.

Clue • 신선한 여름밤에 모기가 많다면 어떨까?
• spoiled는 ruined로 바꾸어 써도 Okay!

03 We need to consider the political situation in the Korean peninsula.

Clue • 지리적인 의미에서 남북한을 합쳐서 언급할 때 사용되는 말
• 바다 쪽으로 튀어나온 육지

04 A single room has been reserved for him in the name of Smith.

Clue • 호텔에서 투숙하려면 먼저 무엇을 해야 하나?
• 비슷한 의미를 가진 단어는 book(동사)

05 The referee blew his whistle for a penalty.

Clue • referee 심판, whistle 호각을 불다 / 축구 경기 중 골대 앞에서 반칙을 한 경우
• 일반적으로 punishment의 의미

06 The roof was covered by straw and other materials.

Clue • straw 짚 / 지붕의 재료는 짚과 무엇인가요?
• material은 구체적이지 않고 일반적인 의미를 나타냅니다. substance와 비슷한 의미

07 She trained and supervised more than 200 crews.

Clue • crew 승무원 / 승무원들을 교육하고 그들이 어떻게 교육받는지 주시해야 하겠지요.
• control, direct의 의미

08 They already had a sophisticated irrigation system at that time.

Clue • sophisticated 정교한 / 과거 조상들의 훌륭한 생활 흔적 중의 하나이지요.
• water, dam, agriculture 등과 관련이 있습니다.

09 Don't get annoyed with trivial matters.

Clue • 작은 문제는 너그럽게 넘어가는 여유를 가집시다.
• insignificant의 의미

10 This is the most advanced telescope in the world.

Clue • telescope 망원경 / 가장 멀리 볼 수 있는 망원경을 생각해보세요.
• 동사는 advance이고, 비슷한 의미를 가진 단어는 progress

11 It is very monotonous work like most factory jobs.

Clue • 영화 모던 타임즈에서 찰리 채플린이 일하는 모습을 생각해보세요.
• mono-에는 '하나의' 라는 의미가 있습니다.

12 The thigh injury hindered her mobility.

Clue • thigh 허벅지, injury 상처, mobility 움직임 / 허벅지를 다쳤다면 움직이기가 힘들겠죠.
• 비슷한 의미를 가진 단어는 obstruct

13 It is not too late, but prompt action is needed.

Clue • 늦기 전에 행동을 빠르게~
• quick과 비슷한 의미

14 He did not hold the firearm certificate.

Clue • firearm 총기 / 총기를 소지하려면 이것이 필요합니다.
• licence와 비슷한 의미

15 It is feasible to stimulate investment in this region.

Clue • stimulate 자극하다, investment 투자, region 지역
• 지역의 상황을 보고 투자를 유치하는 것이 적절한가를 판단해봐야겠군요.

16 His ability to solve problems is astonishing.

Clue • 문제를 아주 잘 해결하는 사람
• 동사는 astonish이고, amaze, startle 등과 비슷한 의미

17 She thought of him with affection.

Clue • 그를 관심 있게 지켜보고, 염려하고 있다면 어떤 마음에서 그런 행동이 나오는 걸까?
• love, warmth 등으로 설명할 수 있습니다.

18 You should not omit the salt in this recipe.

Clue • recipe 조리법 / 이 요리를 할 때는 소금이 반드시 들어가야 합니다.
• forget, exclude에서 의미를 유추해보세요.

19 Buying a second-hand car can be risky.

Clue • a second-hand car 중고차 / 중고차를 살 때는 더욱 더 주의를 기울여야 합니다.
• 비슷한 의미를 가진 단어는 dangerous

20 I was disappointed that our team was defeated.

Clue • defeat 패배시키다 / 자신이 응원하던 팀이 경기에서 패하면 어떤 기분이 드나요?
• 동사형은 disappoint이다. disappointed의 반대말은 satisfied

단어 학습하기

01 decorate [dékərèit] ⓥ

If you **decorate** something, you make it more attractive by adding something to it.
기존의 것에 어떤 것을 첨가하여 더 멋있게 만드는 행위　~을 꾸미다, 장식하다
= adorn 꾸미다, ornament 꾸미다

Voca Family
decoration n. 장식
decorator n. 장식자
decorative a. 장식의
redecorate v. 다시 장식하다 = **re** 다시 + **decorate** 장식하다

02 spoil [spɔil] ⓥ　spoil - spoilt(spoiled) - spoilt(spoiled)

If you **spoil** something, you prevent it from being successful or satisfactory.
어떤 것이 성공적이 되거나 만족스럽게 되는 것을 막는 행위　~을 망치다
= ruin 망쳐놓다, damage 피해를 주다

If you **spoil** children, you give them everything they want, which have bad effects on a child's character.
부모가 아이가 원하는 것을 모두 해주어서 아이의 성격에 나쁜 영향을 미칠 때
(아이를) ~을 버릇없이 기르다
= indulge 버릇을 잘못 들이다

spoilage n. 망치기, 강탈
spoiler n. 망치는 사람, 약탈자

03 peninsula [pinínʃələ] ⓝ

A **peninsula** is a long, narrow piece of land which is almost surrounded by water.
길고 가늘게 튀어나온 땅으로 거의 바다로 둘러싸인 곳　반도

Expression　**Korean peninsula** 한반도

04 **reserve** [rizə́ːrv] ⓥ

If something is **reserved** for a particular person, it is kept specially for that person.
특정한 사람을 위해서 어떤 것이 고스란히 유지되는 경우 ~을 떼어두다, 비축하다
= hold 붙잡다
명사로 비축, 예비

If you **reserve** something such as a ticket or table, you arrange for it to be kept specially for you.
특별히 당신만을 위해서 티켓이나 자리가 마련되도록 하는 행위 ~을 예약하다
= book 예약하다

Voca Family
reservation n. 보류, 예약
reserved a. 보류된, 예비의

Expression
in reserve 비축해둔
military reserve 예비군
make a reservation 예약하다

05 **penalty** [pénəlti] ⓝ

A **penalty** is a punishment that someone is given for doing something which is against a law.
법을 위반하는 행위를 했을 때 개인에게 지워지는 처벌을 가리키는 말 처벌, 벌금
운동 경기에서 반칙
= punishment 처벌, fine 벌금

In sports such as soccer, rugby, and hockey, a **penalty** is an opportunity to score a goal, which is given to attacking team if a defending team breaks a rule near their own goal.
축구, 럭비, 하키 경기에서 수비하는 팀이 골 근처에서 반칙을 했을 경우에 공격하는 팀에 골을 넣을 기회를 주는 것 패널티

Expression
death penalty 사형
penalty area 패널티를 얻을 수 있는 범위

06 **material** [mətíəriəl] ⓝ, ⓐ

A **material** is a solid substance.
실체를 가진 물질을 나타내는 말 물질

Materials are the things that you need for a particular activity.
특정한 활동을 하기 위해 필요한 것을 가리키는 말 재료, 자료
= substance 물질, 재료

Material things are related to possessions or money.
소유나 돈과 관련된 것을 묘사하는 형용사 물질적인
= physical 물질적인
↔ immaterial 실체가 없는, 비물질적인

Voca Family **materially** adv. 실질적으로, 물질적으로

07 **supervise** [sú:pərvàiz] ⓥ

If you **supervise** an activity, you are sure that the activity is done correctly.
어떤 활동이 제대로 이루어지는지를 지켜보는 행위 ~을 관리하다, 감독하다
= control 통제하다, direct 지휘하다

Voca Family
supervision n. 관리, 감독
supervisor n. 관리자
supervisory a. 관리의

08 **irrigate** [írəgèit] ⓥ

To **irrigate** land menas to supply it with water in order to help crops grow.
곡식이 잘 자라게 하기 위해서 물을 대는 행위 ~에 물을 대다, 관개하다

Voca Family
irrigation n. 관개
irrigative a. 관개의

주 의
irritate v. 노하게 하다
irrigate v. 관개하다

09 **trivial** [tríviəl] ⓐ

If you describe something is **trivial**, you think that it is unimportant or not serious.
어떤 것이 중요하지 않거나 심각하지 않은 경우를 나타내는 형용사 **하찮은, 사소한**
= unimportant 중요하지 않은, insignificant 중요하지 않은, trifling 하찮은

Voca Family **triviality** n. 하찮음

10 **advanced** [ədvǽnst] ⓐ

An **advanced** system, or method is modern and has been developed from the earlier version.
예전의 것보다 현대적이고 발전한 형태임을 묘사하는 형용사 **진보한, 앞선**
= foremost 선두의, higher 더 높은

Voca Family **advance** v. 전진하다
advancement n. 전진, 진보

Expression **in advance** 미리 = **beforehand, ahead**
an advanced country 선진국
= industrialized country
= developed country
↔ **developing country** 개발도상국
an advanced student 학습에 있어서 앞서 나가는 학생

11 **monotonous** [mənátənəs] ⓐ

Something that is **monotonous** is very boring because it has a repeated pattern.
반복하는 형태를 가지고 있어서 지루한 것을 묘사할 때 쓰는 형용사 **단조로운**
= tedious 지루한
monotoneous = mono 하나의 + tone 음질 + ous 형용사를 만드는 어미

Voca Family **monotonously** ad. 단조롭게
monotony n. 단음, 단조

Expression **monologue** 독백, 모노로그
monopoly 독점
monorail 모노레일

12 **hinder** [híndər] ⓥ

If something **hinders** you, it makes it more difficult for you to make progress.
당신이 일을 진행하는 것을 어렵게 만드는 것이 있을 경우 그것이 ~을 방해하다
= hamper 방해하다, impede 방해하다

Voca Family **hindrance** n. 방해

13 **prompt** [prɑmpt] ⓥ, ⓐ

To **prompt** someone to do something means to make them decide to do it.
어떤 사람이 어떤 일을 하도록 만드는 행위 ~을 자극하다
형태〉prompt + 사람 + to 부정사
= provoke 일으키다

A **prompt** action is done without any delay.
어떤 지체도 없이 일이 이루어질 때 쓰는 형용사 신속한
= quick 빠른

Voca Family **promptly** adv. 신속하게

14 **certificate** [sərtífəkit] ⓝ

A **certificate** is an official document stating that a particular fact is true.
어떤 사실을 증명하는 공식적인 문서 증명서
= document 문서, authorization 공인

Voca Family **certify** v. 증명하다
certified a. 증명된

Expression **birth certificate** 출생증명서
death certificate 사망증명서

15 **feasible** [fíːzəbəl] ⓐ

If something is **feasible**, it can be done, made or achieved.
어떤 것이 실행될 수 있는 경우 **실행할 수 있는, 가능한, 적당한**
= possible 가능한, achievable 성취할 수 있는, attainable 얻을 수 있는

Voca Family **feasibility** n. 실행할 수 있음, 가능성

16 **astonish** [əstániʃ] ⓥ

If something or someone **astonishes** you, they surprise you very much.
사람이나 사물이 당신을 굉장히 놀라게 하는 경우 **~을 놀라게 하다**
= surprise 놀라게 하다, astound 놀라게 하다

Voca Family **astonishment** n. 놀람
astonishing a. 놀라운 **astonished** a. 놀란

17 **affection** [əfékʃən] ⓝ

If you regard something with **affection**, you are fond of them.
당신이 어떤 것을 좋아할 때 그것에 갖는 감정 **애정**
= fondness 좋아함, liking 애호, love 사랑

Voca Family **affectionate** a. 애정이 깊은
affect v. 영향을 주다, 감동을 주다

주 의 **effect** n. 영향
affect v. 영향을 주다
affectation n. 가장, 꾸밈
affection n. 애정

18 **omit** [oumít] ⓥ omitting, omitted

If you **omit** something, you do not include it deliberately.
일부러 어떤 것을 포함시키지 않는 행위 ~을 빼다, 생략하다
= leave out 빼다, eliminate 제거하다, exclude 제외하다

Voca Family **omission** n. 생략
omissive a. 태만한

주 의 **exclude**는 잘못된 것이나 공정하지 못한 부분을 제외시키는 행위이고, **leave out**이나 **omit**은 의도적으로 혹은 잊어버려서 무언가를 빼는 경우를 나타낸다.
emit v. 내다, 방출하다
limit v. 제한하다
omit v. 생략하다

19 **risky** [ríski] ⓐ

If an activity is **risky**, it is dangerous or likely to fail.
어떤 일이 위험하거나 실패하기 쉬운 경우에 쓰는 형용사 위험한
= dangerous 위험한, hazardous 위험한

Voca Family **risk** n. 위험, 모험
riskless a. 위험이 없는

주 의 **dangerous**와 **risky** 모두 생명을 빼앗아 갈 수 있을 만큼 위험한 상황을 묘사하는 형용사인데, **risky**는 상황이 어렵다는 것을 알면서도 하기로 결정하는 경우에 쓴다.

20 **disappoint** [dìsəpɔ́int] ⓥ

If someone or something **disappoints** you, they are not as good as you had hoped.

사람이나 사물이 당신의 기대보다 못 미치는 경우에 쓰는 동사 **~을 실망시키다**

= let down 실망시키다, fail 실망시키다

↔ satisfy 만족시키다

Voca Family
disappointment n. 실망
disappointing a. 실망스러운
disappointed a. 실망한

주 의
appoint v. 임명하다
disappoint v. 실망시키다
appointment n. 임명, 약속
disappointment n. 실망

단어 확인하기

[1~4] 주어진 보기에서 고딕체로 된 단어와 유사한 의미를 갖는 것을 고르시오.

1 The girl who plays the piano upstairs always **hinders** my studying at night.
a) certifies b) indulges c) obstructs d) affects

2 The hotel rooms are already **reserved** for the presenters who are supposed to participate in the conference tomorrow.
a) booked b) authorized c) decorated d) held

3 Generally speaking, managers are those who are responsible for **supervising** all the people in certain groups or departments.
a) laboring b) punishing c) controlling d) ornamenting

4 She is the very person who always **provokes** me to be a better person.
a) ruins b) prompts c) astonishes d) eliminates

[5~6] 다음 중 고딕체로 된 단어와 의미가 다른 하나를 고르시오.

5 The mission was so **risky** that nobody was willing to be take over it.
a) dangerous b) hazardous c) irrigative d) unsafe

6 Always beware what you say. Even though your words seem to be **unimportant**, people could get hurt by them.
a) trifling b) certified c) trivial d) insignificant

[7~10] 다음 괄호 속의 단어 중에서 문맥상 적절한 것을 고르시오.

7 Whenever I meet him, I can feel that he treats me with so much (**affectation / affection**).

8 The lecture was far more (**momentous / monotonous**) that I expected, so I finally fell asleep.

9 Rain completely (**spoilt / spilt**) our picnic yesterday.

10 I could not realize the seriousness of air pollution until I saw factories (**emitting / omitting**) so much harmful gases in the air.

Check-up

- ☐ decorate
- ☐ spoil
- ☐ reserve
- ☐ peninsula
- ☐ penalty
- ☐ material
- ☐ supervise
- ☐ advanced
- ☐ trivial
- ☐ irrigate
- ☐ monotonous
- ☐ hinder
- ☐ prompt
- ☐ certificate
- ☐ feasible
- ☐ astonish
- ☐ affection
- ☐ omit
- ☐ risky
- ☐ disappoint

- **decorate** ~을 꾸미다
- **spoil** 버릇없이 기르다
- **reserve** ~을 예약하다
- **peninsula** 반도
- **penalty** 벌금
- **material** 물질(적인)
- **supervise** 감독하다
- **advanced** 진보한
- **trivial** 사소한
- **irrigate** ~에 물을 대다
- **monotonous** 단조로운
- **hinder** ~을 방해하다
- **prompt** 신속한
- **certificate** 증명서
- **feasible** 가능한
- **astonish** ~을 놀라게 하다
- **affection** 애정
- **omit** ~을 빼다
- **risky** 위험한
- **disappoint** ~을 실망시키다

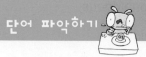

Day 13

단어 파악하기

01 I always carry a portable computer with me.

Clue
- 들고 다닐 수 있을 만큼 작거나 가벼운 물건을 나타낼 때
- 비슷한 의미를 가진 단어는 conveyable

02 People switch on the TV to relieve the boredom.

Clue
- 사람들이 TV를 보는 이유는?
- boring, bored와 관련지어서 생각해봅시다.

03 This T-shirt was stained with mud.

Clue
- mud 진흙 / 진흙 판에서 한창 놀다 나오면 옷이 어떻게 되어 있을까?
- stain이 명사일 때 spot의 의미

04 She has three tenants living with her.

Clue
- 방을 빌려서 주기적으로 돈을 지불하면서 사는 사람들
- landlord, landlady의 반대말

05 Her job was enlightening people.

Clue
- 무지한 사람들을 깨닫게 하는 행위
- educate의 의미

06 He gave us a hilarious speech.

Clue
- 강연을 듣는 동안 졸리지도 않았고, 막 웃기도 했다면?
- comical의 의미

07 He pressed the 'on' button in the remote control.

Clue
- remote control을 줄여서 리모콘이라고 하지요.
- far의 의미

08 The museum displays the magnificent collection of artwork.

Clue
- 박물관이 훌륭한 예술 작품을 소장하고 있을 때
- superb의 의미

09 He has been sent to jail for business fraud.

Clue
- jail 감옥 / 사업을 하다가 의도적으로 나쁜 짓을 하면 감옥에 갈 수도 있지요.
- 비슷한 의미를 가진 단어는 deceit

10 You are likely to devote yourself to your team.

Clue
- be likely to ~하게 된다 / team(팀)으로 일하면 어떻게 해야 할까?
- 비슷한 의미의 단어는 dedicate

11 You will have a one-day orientation session.

Clue • 새롭게 시작하는 사람들을 위한 오리엔테이션 시간이 있을 예정입니다.
• class나 meeting 등을 대신하는 말

12 The union suspended strike action this week.

Clue • union 조합, strike 파업 / 노사 간의 협상이 잘 이루어졌다면?
• discontinue의 의미

13 She leapt out of the back seat and gave me a hug.

Clue • leapt는 leap의 과거형, hug 포옹하다 / 너무나 반가운 사람을 만났을 때
• jump의 의미

14 This product is classified in category B.

Clue • category 범주 / is classified는 수동태 형태
• class에는 종류, 등급 등의 의미가 있다는 점을 먼저 생각해보세요.

15 According to the survey, overall world trade has decreased.

Clue • world trade 세계 무역 / 세계 무역이 감소되었다는 것을 무엇을 통해 알 수 있을까?
• research의 의미

16 Accommodation should be arranged before departure.

Clue • 여행을 떠나기 전에 먼저 확실히 해두어야 하는 것은?
• lodging의 의미

17 The reader can speculate what will happen next.

Clue • what will happen next가 speculate의 목적어
• guess의 의미

18 There is an interaction between physical and emotional illness.

Clue • physical 신체적인, emotional 감정적인 / 마음이 아프면 몸도 아프지요.
• inter '상호의' 라는 의미를 내포 (inter + action)

19 Some local residents joined the students' protest.

Clue • protest 시위 / 그 곳에 사는 사람들을 일컫는 말
• 비슷한 의미를 갖는 단어는 inhabitant

20 Fees for private schools are much higher than public schools.

Clue • privacy가 사생활이라는 점에서 유추해봅시다.
• public은 private의 반대 의미

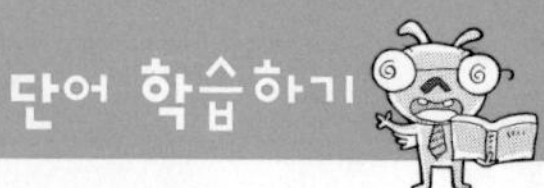

단어 학습하기

01 **portable** [pɔ́ːrtəbl] ⓐ, ⓝ

A **portable** device is designed to be easily carried.
쉽게 가지고 다닐 수 있도록 고안된 물건을 묘사하는 형용사 **휴대용의**
= compact 아담한
형태 변화 없이 명사로 **휴대용 텔레비전, 휴대용 라디오 등**

Voca Family **portability** n. 휴대성

02 **boredom** [bɔ́ːrdəm] ⓝ

Boredom is the state of being bored.
지루한 상태를 나타내는 명사 **권태, 지루함**
= tedium 지루함

Voca Family **bore** v. 지루하게 하다
boring a. 지루한
bored a. 지루함을 느끼는

03 **stain** [stein] ⓝ, ⓥ

A **stain** is a mark on something that is difficult to remove.
지우기 어려운 흔적 **얼룩**
= mark 표시, blemish 결점
형태의 변화 없이 동사로 **더러워지다, ~을 더럽히다**

04 **tenant** [ténənt] ⓝ

A **tenant** is someone who pays rent for the place they live in.
자신이 사는 곳을 빌리는 값을 지불하는 사람 **임대인, 전세자**
= leaseholder 임대인, inhabitant 거주자
↔ landlord(landlady) 집주인

05 **enlighten** [enláitn] ⓥ

To **enlighten** someone is to give them more knowledge about something.
어떤 것에 대하여 더 많은 지식을 전달하는 일을 나타내는 동사 **~을 가르치다, 계몽하다**
= educate 교육하다, inform 알려주다

Voca Family **enlightening** n. 계몽적인
enlightenment n. 계몽, 계발
enlightened a. 계발된

06 **hilarious** [hiléəriəs] ⓐ

If something is **hilarious**, it is extremely funny and makes you laugh a lot.
굉장히 재미있고 많이 웃게 만드는 것을 묘사하는 형용사 **웃음을 자아내는, 명랑한**
= funny 웃긴, comical 우스운

Voca Family **hilariously** adv. 재미있게

07 **remote** [rimóut] ⓐ

Remote areas are far away and difficult to get to.
멀어서 닿기 힘든 지역을 나타내는 형용사 **먼, 외딴**
= distant 먼, far 먼

If something is **remote** from a particular subject, it is not relevant to it.
어떤 것이 특정한 주제와 관련이 없는 경우에 쓰는 형용사 **관계가 먼**
= irrelevant 관계가 없는

Voca Family **remoteness** n. 멀리 떨어짐

Expression **remote control** 리모콘
in the remote past 오래 전에

08 **magnificent** [mægnífəsənt] ⓐ

If you say something is **magnificent**, you think they are extremely good or beautiful.
굉장히 좋고 아름다운 것을 묘사하는 형용사 장대한, 장엄한, 훌륭한
= splendid 근사한, majestic 장엄한

Voca Family
magnificence n. 장대, 장엄
magnificently adv. 장대하게

09 **fraud** [frɔːd] ⓝ

Fraud is the crime of gaining money or financial benefits by a trick.
속임수를 써서 돈을 벌거나 재정적인 수익을 얻는 범죄 사기
= deceit 사기, duplicity 속임수

주 의
forgery n. 위조
bribery n. 뇌물을 주는 행위

10 **devote** [divóut] ⓥ

If you **devote** your time to something, you spend most of your time on it.
무언가에 자신의 시간이나 에너지를 모두 쏟는 행위 ~을 헌신시키다
= dedicate 바치다, commit 맡기다

주 의
devotion n. 헌신(애정, 헌신, 종교적 믿음 등에 사용)
dedication n. 헌신
commitment n. 실행, 위임

11 **session** [séʃən] ⓝ

A **session** is a meeting of court, parliament or other official group.
법정이나 국회 등 공식적인 집단의 모임을 나타내는 말 개회, 회기
= meeting 모임, assembly 집회

A **session** of a particular activity is the period of that activity.
어떤 활동이 진행되는 시간 시간, 기간

12 **suspend** [səspénd] ⓥ

If you **suspend** something, you delay it from happening for a while until a decision is made.
어떠한 결정이 나오기 전에 잠시 동안 일을 중지하는 행위 ~을 일시 정지하다, 중지하다
= postpone 연기하다, cease 멈추다

If something is **suspended** from a high place, it is hanging from that place.
어떤 것이 높은 곳에 매달려 있는 경우 ~을 매달다, 걸다
= hang 걸다

Voca Family
suspense n. 미결정, 걱정
suspension n. 매달기, 중지
suspensible a. 매달 수 있는, 중지할 수 있는

13 **leap** [liːp] ⓥ leap - leaped(leapt) - leaped(leapt)

If you **leap**, you jump high in the air or jump a long distance.
공중으로 높이 뛰어오르거나 멀리 뛰는 행위 껑충 뛰다, 도약하다
형태의 변화 없이 명사로 뜀, 도약

Expression
leaps and bounds 급속하게
a leap in the dark 처음 시도하다

14 **classify** [klǽsəfài] ⓥ

To **classify** things means to divide them into groups so that similar characteristics are in the same group.
비슷한 특징을 가진 것들을 한 그룹에 묶는 방식으로 사물을 나누는 행위 ~을 분류하다
= categorize 분류하다

Voca Family
classified a. 분류된
classification n. 분류
class n. 종류, 등급

15 **survey** [səːrvéi] ⓝ, ⓥ

If you carry out a **survey**, you try to find out detailed information about a lot of different people by asking people series of questions.

사람들에게 질문을 해서 많은 사람들에 대한 구체적인 정보를 얻기 위해 하는 것 **조사**

형태의 변화 없이 동사로 **조사하다**

If you **survey** something, you look at or consider the whole carefully.

어떤 것을 자세히 보는 행위 **~을 관찰하다**

16 **accommodation** [əkɑ́mədèiʃən] ⓝ

Accommodation is used to refer to buildings where people live or stay.

사람들이 살거나 잠시 머무는 건물을 나타내는 말 **숙박시설**

= housing 주택

An **accommodation** is the agreement between different people which enables them to exist together.

다른 의견을 가진 사람들이 함께 공존할 수 있도록 해주는 그들 간의 동의

조정, 화해

Voca Family **accommodate** v. 편의를 도모하다, 숙박시키다, 조정하다

17 **speculate** [spékjəlèit] ⓥ

If you **speculate** about something, you make guesses about its nature, or what might happen.

어떤 것의 성질이나 어떤 일이 일어날지를 추측하는 행위 **숙고하다, 추측하다**

= suppose 추측하다, consider 고려하다

Voca Family **speculation** n. 사색, 숙고
speculator n. 사색가
speculative a. 사색적인

18 **interact** [ìntərǽkt] ⓥ

When people **interact** each other, they communicate as they work together.
두 사람이 함께 일하면서 소통을 하는 행위를 나타내는 동사 **상호작용하다**

interaction n. 상호작용
interactive a. 상호작용하는
interactively adv. 상호작용으로

19 **resident** [rézidənt] ⓝ

The **residents** of a house is the people who live there.
집에 살고 있는 사람들을 가리키는 말 **거주자**
= inhabitant 거주자, citizen 시민

Voca Family

reside v. 살다, 존재하다
residence n. 주거, 주택
residential a. 주거의

Expression

a resident doctor 담당(전임) 의사

20 **private** [práivit] ⓐ, ⓝ

Private industries and services are owned by an individual person rather than by the state.
국가가 아닌 개인이 소유하고 있는 산업이나 서비스를 가리키는 말 **사유의**

Your **private** thoughts or feelings are ones that you do not talk about to other people.
다른 사람에게는 말하지 않는 혼자만의 생각이나 감정을 가리키는 형용사 **사적인**

A **private** is a soldier of the lowest rank in an army or the marines.
육군이나 해군에서 가장 낮은 계급의 군인 **병사, 병졸**

privacy n. 사생활
privatize v. 사영화하다

a private place 남의 눈을 피한 공간
a private lesson 개인 교습
a private person 은둔하는 사람

[1~5] 주어진 문장의 고딕체로 된 단어와 유사한 의미를 갖는 것을 고르시오.

1 I just saw him for the first time yesterday but I had a great time with him because he was really **hilarious**.
a) speculative b) splendid c) comical d) remote

2 If you had **classified** all the files in alphabetical order, you could have found the file you want easily.
a) categorized b) accommodated
c) interacted d) enlightened

3 Before you make a decision on your future, you should **speculate** about the real meaning and goal of your life.
a) leap b) inform c) commit d) consider

4 Her remarks were very witty but they were a little bit **remote** from our subject.
a) private b) irrelevant c) suspensible d) majestic

5 These days most cell phones are **portable**, so that people can go anywhere carrying them.
a) interactive b) inhabitant c) impact d) compact

6 다음 중 고딕체로 된 단어와 뜻이 다른 하나를 고르시오.
Because of bad weather, we decided to **discontinue** a ferry service temporarily.
a) cease b) postpone c) suspend d) hang

7 다음 보기 중 빈칸에 들어갈 말로 알맞은 것을 고르시오.

(   ) is the crime of gaining money or financial benefits by a trick.
a) magic b) bribery c) forgery d) fraud

[8~10] 다음 괄호 속의 두 단어 중 문맥상 옳은 것을 고르시오.

8 These days I am so busy that I cannot have the time to (**devote / debate**) myself to my family.

9 When you buy a new house, you have to consider the surroundings of (**resident / residential**) district.

10 The movie which I had looked forward to seeing for a long time actually proved to be very (**bored / boring**).

Check-up

- [ ] portable
- [ ] boredom
- [ ] stain
- [ ] remote
- [ ] enlighten
- [ ] hilarious
- [ ] tenant
- [ ] magnificent
- [ ] suspend
- [ ] devote
- [ ] session
- [ ] fraud
- [ ] leap
- [ ] classify
- [ ] survey
- [ ] interact
- [ ] speculate
- [ ] accommodation
- [ ] resident
- [ ] private

- **portable** 휴대용의
- **boredom** 지루함
- **stain** ~을 더럽히다
- **remote** 먼
- **enlighten** ~을 가르치다
- **hilarious** 웃음을 자아내는
- **tenant** 전세자
- **magnificent** 장엄한
- **suspend** ~을 일시정지하다
- **devote** ~을 헌신시키다
- **session** 회기
- **fraud** 사기
- **leap** 껑충 뛰다
- **classify** ~을 분류하다
- **survey** 조사하다
- **interact** 상호작용하다
- **speculate** 추측하다
- **accommodation** 숙박시설
- **resident** 거주자
- **private** 사적인

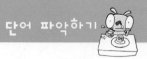

Day 14

단어 파악하기

01 Sam is halfway to attaining his driver's licence.

Clue
- driver's licence 운전면허증을 따기까지 반 정도 남았군요.
- get과 비슷한 의미

02 People revolted against their leader.

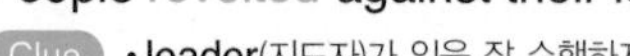

Clue
- leader(지도자)가 일을 잘 수행하지 못하면 그를 따르는 사람들이 어떻게 하게 될까?

- 비슷한 의미를 가진 단어는 rebel

03 The company endured heavy financial losses.

Clue
- financial losses 재정적 손실
- 비슷한 의미를 가진 단어는 bear with

04 There has been an increase in sales in the domestic market.

Clue
- sales(판매)가 (increase)증가했는데, 어디에서?
- foreign과 반대의 의미를 나타냅니다.

05 Because of destruction of their natural habitats, some wild plants confront an uncertain future.

Clue
- destruction 파괴, natural habitats 자연서식지, uncertain 불명확한
- 자연 서식지의 파괴가 wild plants(야생식물)에 미칠 영향은?

06 They began to speak in dialect.

Clue
- 같은 언어라도 각 지방마다 말투와 표현에는 차이가 있지요.
- standard와는 반대의 의미

07 They signed an agreement to abolish border controls.

Clue
- 유럽 국가들은 나라에서 나라로 넘어갈 때 따로 통제를 하지 않아요.
- agreement 협정, abolish 폐지하다

08 Months are a conventional subdivision of a year.

Clue
- 일 년을 굳이 열 두 달로 나누는 이유?
- subdivision 구분 / 비슷한 의미를 가진 단어는 customary

09 UN officials are warning of an outbreak of cholera.

Clue
- 같은 의미를 가진 동사는 break out입니다. '아웃브레이크'라는 영화도 있었죠.
- 병, 전쟁 등과 함께 쓰는 말입니다. beginning의 의미

10 After walking too much, my legs felt numb.

Clue
- 너무 많이 걸으면 다리에 어떤 느낌이 드나?
- paralyzed와 비슷한 의미

11 She disguised herself as a man.

Clue • 여자가 남자처럼 꾸미는 행위
• wig(가발)을 쓰고 costume(의상)을 입으면?

12 The troops massacred the defenseless people.

Clue • defenseless 무방비의
• 주로 전쟁 시에 군대가 무방비의 사람들에게 자행한 것은?

13 I'm just browsing around.

Clue • 가게에 들어가서 점원이 '무엇을 도와드릴까요?' 라고 물으면 흔히 이렇게 말을 하죠.
• 이 문장에서는 looking으로 바꾸어 써도 무방

14 The agenda of tomorrow's meeting is economic reform.

Clue • reform 개혁 / 공식적인 회의에서 사용하는 말
• topic, plan 등의 의미로 설명될 수 있습니다.

15 We have devised a scheme to help him.

Clue • scheme 계획 / way, method, plan, scheme 등과 함께 쓰는 동사
• 비슷한 의미를 가진 단어는 design

16 Newspaper columns were full of scandalous tales.

Clue • scandalous 명예롭지 못한, tale 이야기
• column에는 여러 가지 뜻이 있는데, 여기에서는 newspaper column을 말합니다.

17 She leaned against the wall.

Clue • 서 있거나 앉아 있을 때 몸을 더 편하게 하기 위해서 어떻게 하나?
• 비슷한 의미를 가진 단어는 recline

18 He is an enthusiastic skier.

Clue • ski를 너무나 좋아하는 그 사람
• 비슷한 의미를 가진 단어는 passionate

19 He is assembling evidence concerning the murder.

Clue • murder 살인 사건, evidence 증거
• 사건의 진실을 알아내기 위해서는 무엇이 필요한가?
• 비슷한 의미를 가진 단어는 gather

20 She is bilingual in Korean and French.

Clue • 그녀는 한국말도 하고 프랑스말도 한다?
• 세 개의 언어를 자연스럽게 사용하면 trilingual이라고 합니다.

단어 학습하기

01 attain [ətéin] ⓥ

If you **attain** something, you gain it or achieve it, often after a lot of effort.

많은 노력 후에 어떤 것을 얻는 행위 ~에 이르다, ~을 달성하다

= achieve 성취하다, accomplish 이루다

Voca Family
attainment n. 도달, 달성
attainability n. 도달가능성
attainable a. 도달할 수 있는

02 revolt [rivóult] ⓝ

A **revolt** is an illegal often violent attempt by a group of people to change their country's political system.

국가의 정치 체계를 변화시키기 위해 무리의 사람들이 일으키는 불법적이고 폭력적인 공격 반란, 폭동

= insurgency 폭동, rebel 반항하다

형태의 변화 없이 동사로 반란을 일으키다, 반항하다

Voca Family
revolting a. 배반하는

주 의
revoke v. 취소하다, 철회하다
revolve v. 회전하다
revolt v. 반항하다
revolution n. 혁명

03 endure [endjúər] ⓥ

If you **endure** a painful or difficult situation, you experience it and do not give up because you cannot.

고통스럽고 힘든 상황을 겪으면서도 포기할 수 없기 때문에 포기하지 않는 상태 ~을 견디다, 인내하다

= bear 견디다, cope with 대처하다

Voca Family
enduring a. 지속하는, 참을성이 강한
endurance n. 인내

주 의 endure은 비교적 장기적인 기간 동안 고통이나 어려운 상황을 겪지만 용감하고 인내심이 많아서 잘 견뎌낸다는 의미로 쓴다. **go through**는 살면서 오랜 시간동안 많은 문제를 겪은 경우에, **suffer**는 좋지 않은 일이 생겼을 때 신체적, 감정적 고통을 겪는다는 의미로 쓴다.

04 domestic [douméstik] ⓐ

Domestic political activities, events or situation happens within one particular country.
정치 활동이나 행사, 상황이 특정한 한 국가에 속해 있는 경우를 나타내는 형용사
국내의, 자국의
↔ international 국제의, foreign 외국의

Domestic items or services are intended to be used in people's homes.
집에서 필요로 하는 물건이나 서비스를 묘사할 때 쓰는 형용사 가정의

Voca Family **domestically** adv. 가정적으로, 국내에서
domesticate v. 길들이다, 가정적으로 만들다

05 confront [kənfrʌ́nt] ⓥ

If you are **confronted** with a problem, you have to deal with it.
문제를 해결해야 하는 상황에서 주로 수동태 형태로 be confronted with ~에 직면하다

If you **confront** a difficult situation, you accept the fact that it exists.
어려운 상황이 있다는 것을 받아들이는 행위 ~에 맞서다

If you **confront** someone with something, you present facts to them in order to accuse them of something.
다른 사람을 고발하기 위해 증거를 대거나, 다른 사람이 어려운 상황을 맞도록 하는 행위
형태〉 confront + 사람 + with + 어려운 상황 (증거를) ~을 들이대다, ~를 맞서게 하다

Voca Family **confrontation** n. 직면, 조우

06 **dialect** [dáiəlèkt] ⓝ

A **dialect** is a form of a language that is spoken in a particular area.
특정한 지역에서 사용되는 언어의 형태　사투리, 방언

Voca Family　**dialectal** a. 방언의

07 **border** [bɔ́ːrdər] ⓝ, ⓥ

The **border** between two countries or areas is the dividing line between them.
두 국가나 지역을 구분하는 경계선　경계, 국경
= frontier국경, boundary 경계선

A country that **borders** another country is next to it.
한 국가가 다른 국가와 접해 있는 경우　~에 접경하다, 접하다

Expression　**borderland** n. 국경지역
borderline n. 경계선

08 **conventional** [kənvénʃənəl] ⓐ

Someone who is **conventional** has behaviors or opinions that are ordinary and normal.
보통의, 일반적인 행동과 의견을 가진 사람을 묘사하는 말　진부한, 형식적인
= customary 습관적인, unoriginal 독창적이지 않은

A **conventional** method or product is one that has been used for a long time.
오랫동안 사용되어 온 방식이나 물건을 묘사하는 형용사　전통적인, 재래식의
= traditional 전통적인
↔ unconventional 인습에 얽매이지 않은

Voca Family　**convention** n. 집회, 관습
conventionally adv. 인습적으로, 진부하게

09 **outbreak** [áutbrèik] ⓝ

If there is an **outbreak** of something unpleasant, such as a violence or disease, it suddenly starts to happen.
폭력이나 질병 등이 갑자기 발생했을 때 **발발, 창궐**
= eruption 폭발, epidemic (유행병)유행

Expression **break out** (전쟁, 질병 등이) 발발하다

10 **numb** [nʌ́m] ⓐ, ⓥ

If a part of your body is **numb**, you cannot feel anything there.
몸의 일부에서 아무것도 느낄 수 없는 상태를 나타내는 형용사 **감각을 잃은, 마비된**
= insensitive 무감각한

If an event **numbs** you, you can no longer think clearly or feel any emotion.
어떤 일이 더 이상 제대로 생각할 수도 없고 감정을 가질 수도 없게 만드는 상태
~을 마비시키다
= deaden 무감각하게 하다, benumb 마비시키다

Voca Family
numbness n. 마비
numbly adv. 감각을 잃어
numbed a. 감각을 잃은

11 **disguise** [disgáiz] ⓝ

If you are in **disguise**, you have altered your appearance so that people will not recognize you.
다른 사람들이 알아보지 못하게 외모에 변화를 주는 것 **변장, 가장, 위장**
형태의 변화 없이 동사로 **~을 변장시키다**
= fake 꾸며내다

Voca Family **disguised** a 변장한

Expression
in disguise 변장한
without disguise 꾸밈없이

12 massacre [mǽsəkər] ⓝ, ⓥ

A **massacre** is the killing of a large number of people at the same time in a violent way.
폭력적인 방법으로 많은 사람을 한꺼번에 죽이는 것 대량학살

형태 변화 없이 동사로 ~을 대량학살하다
= slaughter 학살하다, holocaust 대학살

13 browse [brauz] ⓥ

If you **browse** in a shop, you look at things in a fairly casual way.
가게에서 편하게 물건을 둘러보는 행위 이것저것 구경하다
= look around 둘러보다

If you **browse** on a computer, you look for information on the internet.
컴퓨터를 통하여 인터넷에서 정보를 찾는 행위 인터넷 서핑하다
= surf (인터넷) 서핑을 하다, search 찾다

When animals **browse**, they feed on plants.
동물이 식물을 먹고 사는 경우 식물을 먹다

14 agenda [ədʒéndə] ⓝ

You can refer to a political issues which are important at a particular time as an **agenda**.
어느 시점에서 중요하게 다루어지는 정치적인 사안을 가리키는 말 안건

Agenda is a list of the items that have to be discussed at a meeting.
회의에서 논의되어야 하는 사안의 목록 의제

주 의 **agendum** 단수 형태 - 의제 하나
agenda 복수형태 - 의제

15 **devise** [diváiz] ⓥ

If you **devise** a plan, you have the idea for it and design it.
어떤 것에 대한 아이디어가 있어서 그것을 설계하는 행위 ~을 궁리하다, 고안하다
= design 설계하다, contrive 고안하다

Voca Family **deviser** n. 고안자
device n. 고안, 장비

주 의 **devise** v. 고안하다
device n. 고안

16 **column** [kɑ́ləm] ⓝ

A **column** is a tall cylinder of stone which forms part of a building.
건물의 일부분으로 돌로 세워진 기둥 기둥, 지주
= pillar 기둥, post기둥

A **column** is a group of people who move in a long line.
긴 줄로 움직이는 무리의 사람들을 가리키는 말 열, 대열

In a newspaper, a **column** is a section that is always written by the same person.
고정된 한 사람이 쓰는 신문 기사의 한 종류 칼럼

17 **lean** [li:n] ⓥ, ⓐ lean - leaned(leant) - leaned(leant)

If you **lean** in a particular direction, you bend your body in that direction.
어떤 방향 쪽으로 몸을 구부리고 있는 모습을 나타내는 동사 기대다, 구부리다
= recline 기대다, rest 쉬다

If you describe someone as **lean**, they are thin but look strong and healthy.
어떤 사람이 말랐지만, 강하고 건강해보일 때 깡마른

Expression **lean on[against]** ~에 기대다

18 **enthusiastic** [enθúːziæ̀stik] ⓐ

If you are **enthusiastic** about something, you show how much you like or enjoy it by the way you behave and talk.

어떤 일을 당신이 얼마나 좋아하는지가 행동이나 말에서 풍겨 나오는 경우 **열광적인, 열정적인**

= passionate 열정적인

enthusiastically adv. 열정적으로
enthusiasm n. 열정, 열심

19 **assemble** [əsémbəl] ⓥ

When people **assemble**, they come together in a group for a particular purpose such as a meeting.

회의와 같은 특정한 목적 때문에 사람들이 집단으로 모이는 행위 **모이다, 회합하다**

타동사로 목적어와 함께 **~을 모으다, 소집하다**

= gather 모으다, collect 수집하다

disassemble v. 해체하다
reassemble v. 다시 모으다

gather은 한 장소에 많은 수의 사람들이 모이는 모습을 나타낼 때 쓰고, **assemble**도 마찬가지로 한 장소에 사람들이 많이 모이는 모습을 나타내지만, 특히 계획된 일정이나 행사를 위해서 모인 경우에 쓴다.

20 **bilingual** [bailíŋgwəl] ⓐ, ⓝ

Bilingual means using two languages.
두 언어를 사용하는 것을 나타내는 말　두 나라 말을 하는

bi 둘 + lingual 말의 = bilingual　두 언어의

두 언어를 사용하는 사람

Switzerland에서는 German, French, Italian이 공용어입니다. 대부분의 스위스인은 이 중 두 언어 이상을 배웁니다. 이런 사람들은 두 언어를 모국어처럼 쓸 수 있기 때문에 bilingual이라고 부릅니다.

Voca Family　**monolingual** n. 한 언어만 사용하는 사람
trilingual n. 세 언어를 사용하는 사람

단어 확인하기

[1-4] 주어진 보기에서 고딕체로 된 단어와 유사한 의미를 갖는 것을 고르시오.

1 For this international festival, we have to **gather** many volunteers who can speak English fluently.
a) domesticate b) contrive c) degree d) assemble

2 If you want to **attain** your goal, you have to endure so much hard time before the success.
a) bear b) accomplish c) agendum d) frontier

3 The old have some trouble to understand this new trend because they are **traditional**.
a) conventional b) enthusiastic c) insensitive d) massacre

4 We should **devise** means to increase the sales of brand-new notebook computers as soon as possible.
a) reassemble b) browse c) erupt d) design

[5-6] 다음 보기 중 빈칸에 들어갈 말로 알맞은 것을 고르시오.

5 He has lived in America for nearly 15 years, but he is also very good at speaking Korean. So he can speak both Korean and English perfectly. He is a so-called (   ).
a) monolingual b) deviser c) bilingual d) dialect

6 The conflict between the two countries can lead to a(n) (   ) of war in the area.
a) dialect b) confrontation c) revolt d) outbreak

7 다음 보기 중 빈칸에 알맞지 않은 것을 고르시오.

> A(n) (   ) is the killing of a large number of people at the same time in a violent way.

a) massacre b) epidemic c) slaughter d) holocaust

[8-10] 다음 괄호 속의 단어 중 문맥상 적절한 것을 고르시오.

8 Many (**domain / domestic**) products including TVs and cell-phones are famous for their high quality in international market.

9 Japanese people (**endured / endeavored**) the ten years of economic recession.

10 In the costume party, Jake (**distinguished / disguised**) himself as a beggar so perfectly that I actually gave him a penny.

□ attain

□ revolt

□ domestic

□ endure

□ confront

□ dialect

□ border

□ conventional

□ devise

□ numb

□ disguise

□ browse

□ massacre

□ agenda

□ column

□ lean

□ outbreak

□ enthusiastic

□ assemble

□ bilingual

- **attain** ~에 이르다
- **confront** ~에 맞서다
- **devise** ~을 궁리하다
- **massacre** 대량학살
- **outbreak** 발발
- **revolt** 폭동
- **dialect** 사투리
- **numb** 마비된
- **agenda** 안건
- **enthusiastic** 열광적인
- **domestic** 국내의
- **border** 경계
- **disguise** 변장
- **column** 기둥
- **assemble** 모이다
- **endure** ~을 견디다
- **conventional** 형식적인
- **browse** 이것저것 구경하다
- **lean** 기대다
- **bilingual** 두 언어의

Day 15

단어 파악하기

01 This reform will abolish discriminatory laws.

- reform 개혁 , discriminatory 차별적인
- 주로 법이나 규칙 등과 관련하여 쓰이는 말
- 차별적인 법은 어떻게 해야 합니까?

02 The report has delighted environmentalists.

- environmentalist 환경주의자
- 환경 친화적인 내용을 담고 있는 연구를 환경주의자들이 어떻게 받아들일까?
- please로 바꾸어 쓸 수 있습니다.

03 Switzerland is famous for its beautiful landscape.

- 스위스 하면 가장 먼저 연상되는 것은?
- land + scape으로 view, scene 등과 비슷한 의미

04 He was a notorious dictator in history.

- dictator 독재자 / 이라크의 후세인 같은 인물을 들 수 있습니다.
- 좋은 의미로는 famous이고, 나쁜 의미로는 notorious입니다.

05 I have little acquaintance with Japanese politics

- 일본 정치에 대하여 보고 들은 바가 별로 없다면?
- familiarity의 의미

06 The candidate has captured seventy percent of the vote.

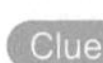
- capture 획득하다, vote 표 / 당선을 목표로 선거에 참여하는 사람
- applicant의 의미

07 The measure designed to tackle youth unemployment would leave young workers in an even more insecure situation.

- tackle 다루다, unemployment 실업 / 실업을 겪고 있는 젊은이의 상황은 어떨까?
- secure의 반대말

08 The country is the most oppressive tyrannical regime.

- tyrannical 폭군의, regime 정권 / 전제 정권이 있는 곳의 사회 분위기는 어떨까?
- 동사형태 oppress는 suppress와 비슷한 의미

09 We were all tired and morale is low.

- 피곤한 상태에서는 일할 기운도 나지 않지요.
- attitude, spirit 등과 비슷한 의미

10 In therapy, she let go of her obsession with Peter.

- 누군가를 지나치게 좋아하는 경우 느끼는 감정
- 형용사 obsessed는 crazy와 비슷한 의미

11 Some men are flattered by the attentions of a young woman.

Clue • 젊은 여성의 시선을 받는 남자의 기분은?
• 칭찬을 들은 경우 내 기분은?

12 Many women adopt her husband's surname when they marry.

Clue • 많은 서양 여성들이 결혼한 후 성이 바뀌는 이유는?
• accept의 의미

13 Brad jammed his hands into his pockets.

Clue • 손을 주머니에 집어넣는 모습
• jammed는 jam의 과거형

14 The plants are inspected for insects.

Clue • 식물이 벌레에게 피해를 입지 않도록 어떻게 해야 하는가?
• overlook과 비슷한 의미

15 In a few years we may no longer have a monarchy.

Clue • 아직은 왕과 왕비가 존재하는 나라가 많지만, 언제까지 계속 이어질까?
• royalism과 같은 의미

16 Estonia was a member of the former Soviet Union.

Clue • Soviet Union 소련 / 소련은 더 이상 존재하지 않지요.
• earlier의 의미

17 Two editors revise the article for publication.

Clue • 글을 쓰고 나면 반드시 해야 하는 것은? 특히 editor(편집자)가 하는 일은 뭔가?
• correct, edit의 의미

18 Honeybees use one of the most sophisticated communication systems of any insects.

Clue • 꿀벌은 다른 곤충에 비해서 의사소통 체계가 더욱 발달했다고 합니다.
• 이 문장에서는 advanced의 의미

19 His fear turned into unreasoning panic.

Clue • unreasoning 불합리한 / 두려움이 지나치게 많으면 어떻게 될까?
• fear, terror 등과 비슷한 의미

20 Drug can relieve much of the pain.

Clue • 고통이 너무 심할 때 진통제를 먹으면 어떤 효과를 얻을 수 있나?
• ease의 의미

단어 학습하기

01 abolish [əbáliʃ] ⓥ

If someone in authority **abolishes** a system, they formally put an end to it.

권위를 가진 사람이 공식적으로 한 시스템을 없애는 행위 ~을 폐지하다

= annul 폐지하다, eradicate 근절하다

Voca Family

abolition n. 폐지

Expression

remove 제거하다
erase 지우다
delete 삭제하다
eliminate 제거하다
eradicate 뿌리째 뽑다
abandon 버리다
abolish 폐지하다
annihilate 폐지하다, 무효화하다

02 delight [diláit] ⓝ, ⓥ

A **delight** is a feeling of very great pleasure.

큰 즐거움을 나타내는 단어 기쁨, 즐거움

= pleasure 즐거움

If something **delights** you, it gives you a lot of pleasure.

즐거움을 주는 행위 ~을 기쁘게 하다

= please 기쁘게 하다, amuse 즐거움을 주다

Voca Family

delightful a. 즐거운
delighted a. 기뻐하는

Expression

with delight 기쁘게
Turkish delight 터키의 달콤한 디저트 간식을 부르는 이름

03 **landscape** [lǽndskèip] ⓝ, ⓥ

The **landscape** is everything you can see when you look across an area.

어떤 지역을 둘러볼 때 보이는 모든 것 풍경, 경치

= scenery 풍경, view 전망

If an area is **landscaped**, it is changed to make it more attractive.

어떤 지역을 더 좋게 만들기 위해서 변화를 주는 행위 ~에 조경공사를 하다

04 **notorious** [noutɔ́:riəs] ⓐ

To be **notorious** means to be well-known for something bad.

좋지 않은 것에 대하여 유명하다는 것을 나타내는 형용사 유명한, 악명 높은

= infamous 악명 높은, dishonorable 불명예스러운

notoriety n. 악명

notoriously adv. 악명 높게

05 **acquaintance** [əkwéintəns] ⓝ

An **acquaintance** is someone who you have met and know slightly but not well.

한 번 만난 적이 있어서 조금 알고 지내는 사람 아는 사람

= associate 동료

If you have an **acquaintance** with someone, you have met them and know them.

어떤 사람을 만난 적이 있어서 알고 있다는 것을 나타낼 때 아는 사이

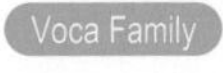

acquaint v. 숙지시키다, 알려주다

acquainted a. 아는

make someone's acquaintance 누구를 알게 되다

06 **candidate** [kǽndədèit] ⓝ

A **candidate** is someone who is considered for a position, for example someone who is running an election or applying for a job.
선거에 나가거나 직업을 구하는 사람들로 어떤 지위에 고려대상이 되고 있는 사람을 가리키는 말 **후보자**
= contender 경쟁자, applicant 지원자

07 **insecure** [ìnsikjúər] ⓐ

If you are **insecure**, you lack confidence because you think you are not good enough.
자신이 충분히 훌륭하다고 느끼지 못해서 자신감을 잃은 상황을 묘사하는 형용사
불안정한
= anxious 근심이 있는, uncertain 확실하지 않은
↔ secure a. 안전한, 확실한

Voca Family
insecurity n. 불안
security n. 안전, 안심감

08 **oppressive** [əprésiv] ⓐ

If you describe a society as **oppressive**, you think they treat people cruelly and unfairly.
사회가 사람들을 잔인하고 불공정하게 대할 때 그런 상황을 묘사하는 형용사
압제적인
= tyrannical 압제적인, brutal 사나운

Voca Family
oppress v. 압박하다, 억압하다
oppression n. 압박, 억압

주 의
press v. 누르다, 강요하다
depress v. 풀이 죽게 하다
suppress v. 억압하다
repress v. 억누르다
oppress v. 압박하다

09 **morale** [mourǽl] ⓝ

Morale is the amount of confidence and cheerfulness that a group of people have.

집단의 사람들이 가지고 있는 자신감이나 활력의 양을 나타내는 명사 **사기, 의욕**

= spirit 기운, mood 마음가짐

주 의 **moral** a. 도덕적인
morality n. 도덕, 도의

10 **obsession** [əbséʃən] ⓝ

If someone has an **obsession** with a thing, they are spending too much time thinking about it.

어떤 것에 대하여 지나치게 많은 시간을 쓰고 신경 쓰는 행위를 나타내는 명사 **강박관념**

= fixation 고착, 고정, preoccupation 몰두

Voca Family **obsessive** a. 강박관념의
obsessively adv. 강박적으로

11 **flatter** [flǽtər] ⓥ

If someone **flatters** you, they praise you in an exaggerated way that is not sincere.

진심 없이 과장되게 칭찬을 하는 행위 **~에게 아첨하다**

= butter up 아첨하다

Voca Family **flattery** n. 아첨
flatterer n. 아첨꾼
flattering a. 아부하는

주 의 **flirt** 유혹하다
flatter 아첨하다

12 **adopt** [ədάpt] ⓥ

If you **adopt** a new way of behaving, you begin to have it.
새로운 방식을 받아들이는 행위　**~을 채용하다, 수용하다**
= accept 수용하다, embrace 받아들이다

If you **adopt** someone's child, you take it into your own family.
다른 사람의 아이를 자신의 집으로 받아들이는 일　**~을 양자(양녀)로 삼다**

Voca Family　**adoption** n. 채용, 입양

주 의　**adopt** v. 채용하다
adapt v. 적응시키다, 개작하다
adept a. 능숙한

13 **jam** [dʒæm] ⓥ　jamming, jammed

If you **jam** something, you push or put it there roughly.
어떤 것을 거칠게 밀어 넣는 행위　**~을 쑤셔 넣다, 밀어내다**
= pack 채우다, cram 밀어 넣다

If vehicles **jam** a road, there are so many of them that they cannot move.
거리에 차가 너무 많아서 움직일 수 없는 상황을 나타내는 동사　**~을 가득 메우다, 꼼짝 못하게 하다**
= congest 막히게 하다, block 막다

Voca Family　**jammed** a. 막힌
jamming n.　주로 **electronic jamming** 전파방해

Expression　**be in a jam** 힘든 상황에 놓이다
traffic jam 교통 체증 **(= traffic congestion)**

14 **inspect** [inspékt] ⓥ

If you **inspect** something, you look at every part of it carefully.
어떤 것의 모든 측면을 세심하게 살펴보는 행위 ~을 조사하다, 검사하다
= examine 조사하다, check 확인하다

Voca Family
inspection n. 조사, 검사
inspective a. 주의 깊은, 검열의

15 **monarchy** [mánərki] ⓝ

A **monarchy** is a system in which a country has a monarch.
군주가 있는 국가의 정치 시스템을 가리키는 단어 군주제
= kingdom 왕국, empire 제국

Voca Family
monarch n. 군주
monarchism n. 군주주의
monarchal a. 군주다운
monarchic a. 군주의

16 **former** [fɔ́ːrmər] ⓐ

Former is used to describe someone who used to have a particular job or position but no longer has it.
한때 어떤 일을 했거나, 어떤 지위에 있던 사람이 더 이상 그 일을 하지 않을 때 쓰는 형용사 전의
= previous 이전의, earlier 앞의

When two things have been mentioned, we refer to the first thing as the **former**.
두 가지가 언급되었을 때 먼저 언급된 것을 대신하는 말 전자의
전자: the former 후자: the latter

17 **revise** [riváiz] ⓥ

If you **revise** the way you think about something, you adjust your thoughts usually in order to make them better.
어떤 사물에 대하여 생각하는 방식에 변화를 주어서 더 좋게 만드는 행위 **~을 개정하다, 교정하다**
= amend 개정하다, emend 수정하다

Voca Family
revision n. 개정, 교정
revisor n. 개정자, 교정자
revisory a. 교정의

18 **sophisticated** [səfístəkèitid] ⓐ

A **sophisticated** machine or device is more advanced or complex than others.
다른 것에 비하여 더욱 발전되고 복잡한 형태를 가진 기계나 장치를 묘사하는 형용사 **정교한**
= complex 복잡한

A **sophisticated** person is intelligent and knows a lot so that they are able to understand complicated situation.
지적이고 아는 것이 많아서 복잡한 상황을 이해할 수 있는 능력을 가진 사람을 묘사할 때 **지적인**
= cultured 교양 있는

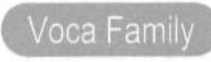
Voca Family
sophisticate v. 정교하게 하다 n. 교양인

19 **panic** [pǽnik] ⓝ, ⓥ

Panic is a very strong feeling of anxiety which makes you act without thinking carefully.
조심스럽게 생각하지 않고 행동하게 만들 만큼 강한 불안의 상태 **공황, 공포**
= fear 두려움, fright 공포
형태 변화 없이 동사로(자동사, 타동사 모두 가능) **당황하다, ~을 당황하게 하다**

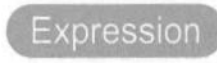
Expression
in a panic 당황한
Don't panic. 침착해!

20 **relieved** [rilíːv] ⓐ

If you are **relieved**, you feel happy because something unpleasant has not happened or is no longer happening.
불쾌한 일이 일어나지 않았거나, 더 이상 일어나지 않을 때 느끼는 기분을 나타내는 형용사 안도하는

Voca Family **relieve** v. 경감하다, 안도하게 하다
relief n. 안심, 구원

단어 확인하기

[1~3] 주어진 보기에서 고딕체로 된 단어와 유사한 의미를 갖는 것을 고르시오.

1 These days many students have (an) **obsession** with computer games neglecting their own studies.
a) inspection b) congest c) preoccupation d) revision

2 The candidate quoted the passage from the **former** president's famous speech.
a) revisory b) previous c) acquainted d) uncertain

3 Many people still debate on the matter of **abolishing** death penalty for violent criminals.
a) eradicating b) oppressing c) cramming d) amending

4 주어진 보기에서 빈칸에 들어갈 알맞은 단어를 고르시오.

A(n) ( ) is someone who you have met and know slightly but not well.

a) relative b) descendant c) acquaintance d) pedestrian

5 주어진 보기에서 빈칸에 들어갈 수 없는 단어를 고르시오.

A(n) ( ) is someone who is considered for a position, for example someone who is running an election or applying for a job.

a) applicant b) monarch c) contender d) candidate

[6~7] 주어진 보기에서 고딕체로 된 단어와 다른 의미를 갖는 것을 고르시오.

6 The professor is **notorious** that he gives a difficult assignment in every class.
a) disreputable b) infamous c) frightful d) dishonorable

7 In detective story, the detectives always **check** the scene of crime very carefully and finally find the critical evidence.
a) suspect b) examine c) inspect d) survey

[8~10] 다음 괄호 속의 단어 중에서 문맥상 적절한 것을 고르시오.

8 Great coaches are able to raise players' (**moral / morale**) and get the victory.

9 I am very (**enlightened / delighted**) to hear that all of you graduated from high school with honors and got admissions from great universities.

10 I would stay calm rather than (**flatter / splatter**) that she is the most beautiful girl in our school.

Check-up

- ☐ abolish
- ☐ delight
- ☐ landscape
- ☐ notorious
- ☐ acquaintance
- ☐ candidate
- ☐ insecure
- ☐ flatter
- ☐ morale
- ☐ obsession
- ☐ oppressive
- ☐ adopt
- ☐ jam
- ☐ inspect
- ☐ monarchy
- ☐ former
- ☐ revise
- ☐ sophisticated
- ☐ panic
- ☐ relieved

- **abolish** ~을 폐지하다
- **delight** 기쁨
- **landscape** 풍경
- **notorious** 악명 높은
- **acquaintance** 아는 사람
- **candidate** 후보자
- **insecure** 불안정한
- **flatter** ~에게 아첨하다
- **morale** 사기, 의욕
- **obsession** 강박관념
- **oppressive** 압제적인
- **adopt** 수용하다
- **jam** ~을 가득 메우다
- **inspect** ~을 조사하다
- **monarchy** 군주제
- **former** 전의
- **revise** ~을 개정하다
- **sophisticated** 지적인
- **panic** 공황
- **relieved** 안도하는

01 Weather affects every aspect of our lives.

 • 날씨는 우리 일상에 밀접하게 영향을 주지요.
• side와 비슷한 의미

02 Contaminated water and poor sanitation are very hazardous.

Clue • sanitation 위생 / hazardous 위험한
• 위생적이지 못한 곳에서는 깨끗한 물을 얻기도 힘들지요.

03 He is a humanist, who believes in the dignity of mankind.

Clue • humanist 인도주의자 / mankind 인류
• 인도주의자는 인간의 가치를 인정하고 인간 중심적으로 생각하는 사람들을 일컫는 말이지요.

04 She was awarded for the film.

 • 훌륭한 배우는 영화제에서 상을 타는 영광을 얻습니다.
• award가 명사로 쓰일 때, prize의 의미입니다.

05 The population increased in subsequent years.

Clue • 인구가 언제 증가했다는 걸까?
• sub 하위의 + sequent 연속하는

06 University funding was biased towards scientists.

Clue • 대학의 funding(자금)이 과학자들에게만 주어지는 것은 불공평한 일이지요.
• one-sided의 의미

07 Britain did not introduce compulsory primary education until 1880.

Clue • 영국에서 의무교육이 시작된 것은 1880년 이후입니다.
• obligatory와 비슷한 의미

08 He was released from custody the next day.

Clue • 법을 어기거나 범죄를 저지른 사람을 잠시 동안 경찰서에 가두어 두는 것을 뭐라고 하나?
• protection의 의미도 있습니다.

09 He was talking on the phone while simultaneously answering the door, checking on dinner.

Clue • 전화 받고, 문 열어주고, 저녁 요리를 확인하는 일을 한꺼번에 한다면?
• at the same time의 의미

10 You deliberately went in the other direction.

Clue •누군가를 골탕 먹이려고 다른 방향으로 갔다면?
•intentionally와 비슷한 의미

11 A spotlight pierced the darkness.

Clue •깜깜한 무대에 spotlight 한 줄기 조명 빛이 비추고 있는 모습을 상상해보세요.
•장신구를 달기 위해서 귀나 코를 뚫는 행위를 피어싱이라고 하지요.

12 They have extended the deadline by two days.

Clue •deadline 기한이 너무 촉박하면 어떻게 해야 할까?
•make longer의 의미

13 Their problem can be solved only by compromise.

Clue •문제가 해결되지 않을 때는 서로의 불만을 절충해야 할 필요가 있습니다.
•mediation의 의미

14 The wound is healing nicely and the patient is healthy.

Clue •환자가 건강해진 것은 상처에 어떤 변화가 있는 건가?
•heal과 비슷한 의미를 가진 단어는 cure

15 It is not possible to predict the ultimate outcome.

Clue •predict 예측하다, outcome 결과
•가까운 결과는 내다볼 수 있지만, 멀리 보는 것은 쉽지 않지요.
•final의 의미

16 The proportion of dolphins in that area has increased.

Clue •전체에 대하여 특정한 부분이 차지하는 비중
•rate의 의미

17 He has got a degree in business administration.

Clue •degree 학위 / business administration은 우리말로 경영
•management의 의미

18 Our Diplomatic correspondent Laura Stephen reports.

Clue •diplomatic 외교의 / 특정 지역이나 특정 주제에 대하여 보도하는 사람들
•journalist, reporter의 의미

19 The French parliament has adopted laws banning advertisements for tobacco.

Clue •adopt 채택하다, ban 금지하다, advertisement 광고, tobacco 담배
•parliament는 영국에서 주로 사용되고 미국에서는 congress

20 The fusion of jazz and pop has become very successful.

Clue •jazz와 pop을 섞은 음악이 성공을 거두었다.
•동사형은 fuse로 blend, combine의 의미

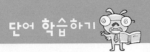

단어 학습하기

01 **aspect** [ǽspekt] ⓝ

An **aspect** of something is one of the parts of its character or nature.

어떤 것의 특성이나 성질의 일부분을 가리키는 단어 양상

= feature 특징, side 측면

If something begins to have a new **aspect**, it begins to have a new appearance or quality.

어떤 것이 새로운 모습이나 성질을 드러내기 시작한다면 이것이 드러나기 시작한다고 합니다. 국면

= appearance 외모, attitude 태도

02 **contaminate** [kəntǽmənèit] ⓥ

If something is **contaminated** by dirt, chemicals, or radiation, they make it dirty or harmful.

먼지나 화학물질, 방사능에 오염되어 더러워지거나 해롭게 만드는 행위 ~을 오염시키다

= pollute 오염시키다, infect 감염시키다

Voca Family
contamination n. 오염
contaminator n. 오염을 일으키는 것
contaminated a. 오염된
contaminative a. 오염시키는

03 **dignity** [dígnəti] ⓝ

If someone behaves or moves with **dignity**, they are calm, controlled, and admirable.

조용하고 조심스럽고 감탄할 만하게 행동을 하는 사람들이 가지고 있는 것 존엄, 위엄

= honor 명예, grandeur 숭고

↔ indignity 모욕, 경멸

Voca Family
dignify v. 위엄을 갖추다
dignified a. 위엄 있는
dignitary a. 위엄의, 존엄한

04 **award** [əwɔ́ːrd] ⓝ, ⓥ

An **award** is a prize or certificate that a person is given for doing something well.
어떤 일을 잘 한 것에 대하여 받는 상이나 증서를 가리키는 단어 상
= prize 상

If someone is **awarded** something such as a prize or examination mark, it is given to them.
상이나 시험점수 등을 주는 행위 ~을 수여하다, 주다
= give 주다, bestow 수여하다

주 의

reward v. 보답하다 n. 보수
(주로 돈과 같이 가치가 있는 것을 주는 경우에 쓰인다.)
award v. 수여하다 n. 상
(주로 상이나 메달 등과 같은 것을 주는 경우에 쓰인다.)

05 **subsequent** [sʌ́bsikwənt] ⓐ

You use **subsequent** to describe something that happened after the time that has just been referred to.
방금 전에 이야기한 시간 바로 후에 일어난 일을 나타내는 형용사 뒤의, 차후의
= following 뒤따라 오는

Voca Family

subsequently adv. 그 후
subsequence n. 뒤이어 일어남

주 의

substantial a. 실질적인, 풍부한
subsidiary a. 보조의
subsistent a. 실재하는
subsequent a. 차후의
subscribe v. 신청하다
substitute v. 대용하다

06 **biased** [báiəs] ⓐ

If someone is **biased**, they prefer one group of people to another, and behave unfairly as a result.
어떤 것을 선호하기 때문에 결과적으로 불공정한 태도를 취하는 상태를 묘사하는 단어 편견을 가진
= prejudiced 편견을 가진, partial 불공평한
↔ unbiased 편견에 치우치지 않은

Voca Family

bias n. 사선, 선입관 v. 편견을 갖게 하다

07 **compulsory** [kəmpʌ́lsəri] ⓐ

If something is **compulsory**, you must do it because it is the law.

규칙으로 정해져 있어서 반드시 해야 하는 일을 나타내는 형용사 강제적인

= obligatory 의무적인, binding 구속력 있는

compulsorily adv. 강제적으로
compulsive a. 강제적인
compulsion n. 강요, 강제

08 **custody** [kʌ́stədi] ⓝ

Someone who **is in custody** has been arrested and is being kept in prison until they can be tried in a court

체포된 사람이 법정에서 재판을 받을 때까지 감옥에 일시적으로 감금되어 있는 상태를 나타낼 때 be in custody 수감되다

= imprisonment 감금, confinement 감금

Custody is a legal right to keep and look after a child, expecially it is the right given to the child's mother or father when they get divorced.

부부가 이혼할 때 아이들을 키우고 돌볼 수 있는 법적인 권리 자녀 양육권

= charge 책임, 의무

09 **simultaneous** [sàiməltéiniəs] ⓐ

Things which are **simultaneous** happen at the same time.

동시에 일어나는 일을 묘사할 때 동시의, 동시에 일어나는

= coinciding 동시에 일어나는, concurrent 동시의

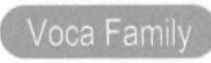

simultaneously adv. 동시적으로

10 **deliberately** [dilíbəritli] ⓐⓓⓥ

If you do something **deliberately**, you planned or decided to do it beforehand.

미리 계획하고 결정한 일을 하는 경우에 쓰는 부사 **신중히, 일부러**

= intentionally 고의로, calculatingly 타산적으로

Voca Family **deliberate** a. 계획적인, 신중한 v. 숙고하다
deliberative a. 신중한, 심의의
deliberation n. 숙고, 협의

11 **pierce** [piərs] ⓥ

If a sharp object **pierces** something, the object goes in to it and make a hole in it.

날카로운 물질이 어떤 물질 안을 파고 들어가서 구멍을 내는 것 **꿰뚫다, 관통하다**

= penetrate 꿰뚫다, drill 구멍을 뚫다

Voca Family **piercing** a. 꿰뚫는

12 **extend** [iksténd] ⓥ

If you say that something **extends** for a particular distance, you are indicating its size or position.

어떤 것의 크기가 커지거나 위치가 바뀌는 것을 나타내는 동사 **뻗다, 확장하다**

= spread out 퍼지다, prolong 늘이다

If you **extend** something, you make it longer or bigger.

어떤 것의 길이를 늘이거나 크기를 크게 하는 행위 **~을 늘리다, 확장시키다**

= widen 넓히다, broaden 넓히다

Voca Family **extension** n. 연장, 확대
extensible a. 넓힐 수 있는

13 compromise [kámprəmàiz] ⓝ

Compromise is a situation in which people accept something slightly different from what they really want because they are considering the wishes of other people.
다른 의견을 가진 두 사람이 서로의 의견을 고려하기 위해서 자신이 실제로 원하는 것과는 조금 다른 것을 받아들이기로 하는 상황을 나타내는 명사 **타협, 양보**
= meet halfway 중간 지점에서 만나다, adjustment 조정

형태의 변화 없이 동사로 **타협하다, 양보하다**

14 heal [hiːl] ⓥ

When a broken bone or injury **heals**, it becomes healthy and normal again.
부러진 뼈나 상처가 다시 건강해지고 원래의 상태로 돌아옴 **고쳐지다, 낫다**
= cure 고치다, mend 수선하다

Voca Family **healing** n. 치료 a. 치료의

15 ultimate [ʌ́ltəmit] ⓐ

You use **ultimate** to describe the final result of a long series of events.
오랜 시간에 걸친 일의 마지막 결과를 이야기할 때 쓰는 형용사 **최후의**
= final 마지막의

You use **ultimate** to describe the most important and powerful thing of a particular kind.
가장 중요하고 강력한 것을 나타낼 때 쓰는 형용사 **궁극적인**
= supreme 최고의

Voca Family **ultimately** adv. 결국, 궁극적으로

16 proportion [prəpɔ́ːrʃən] ⓝ

A **proportion** of a thing is the number of the thing compared to the total number.
전체 숫자에 대한 일부분의 수를 비교한 양을 나타내는 단어 **비율**
= ratio 비율, dimension 치수
↔ disproportion 불균형, 불균등

17 administration [ædmìnəstréiʃən] ⓝ

Administration is the ranges of activities connected with organizing the way that an organization functions.
한 단체의 운영방식을 조직하는 일과 관련된 활동을 가리키는 말 **관리, 경영, 지배**
= management 관리, conduct 지휘

administer v. 관리하다, 지배하다
administrative a. 관리의, 행정의

18 correspondent [kɔ̀:rəspɑ́ndənt] ⓝ

A **correspondent** is a newspaper or television journalist, especially the one who specializes in a particular news.
특정한 뉴스를 전문적으로 다루는 신문이나 방송 기자를 가리키는 말 **통신원, 특파원**
= reporter 보도 기자

Voca Family
correspond v. 대응하다, 교신하다
correspondence n. 대응, 일치, 통신
corresponding a. 대응하는, 부합하는, 통신의

19 parliament [pɑ́:rləmənt] ⓝ

The **parliament** of a country is a group of people who make laws and decide what policy the country should follow.
한 국가의 법을 만들고 국가정책을 결정하는 사람들이 모여 있는 곳 (영국) **의회, 국회**
= congress 의회 (미국)

parliamentary a. 의회의
parliamentarism n. 의회정치

20 fusion [fjú:ʒən] ⓝ

A **fusion** is something new that is created by joining together different qualities or things.
다른 물질이나 사물을 섞어서 만든 새로운 물질 **용해, 융합**

fuse v. 융합시키다, 녹이다
fusible a. 가용성의
fusibility n. 가용성

[1~4] 주어진 보기에서 고딕체로 된 단어와 유사한 의미를 갖는 것을 고르시오.

1 We should legislate against **contaminating** environment considering recent disastrous climate change.
a) polluting b) fusing c) compromising d) mending

2 Tony was exceptionally behaved himself in previous class, but he returned to real himself in **subsequent** class.
a) dignitary b) deliberate c) following d) compromising

3 I was very disappointed with people's **biased** attitude toward the problem of mixed-blood.
a) fusible b) prejudiced c) awarding d) administrative

4 When you decide your future course, such as entering university, you have to consider your **ultimate** goal of life.
a) supreme b) piercing c) bestow d) charge

[5~6] 주어진 보기 중 고딕체로 된 단어와 다른 의미를 갖는 것을 고르시오.

5 These days, we can find so many children learning English that learning English seems to be **compulsory** for Korean children.
a) obligatory b) mandatory c) parliamentary d) binding

6 It seems that he is **deliberately** pretending to be angry in order to avoid other's blame.
a) knowingly b) calculatingly c) extensively d) intentionally

7 주어진 보기에서 빈칸에 들어갈 알맞은 단어를 고르시오.

> The (   ) of a country is a group of people who make laws and decide what policy the country should follow.

a) administration b) correspondent c) parliament d) certificate

[8~10] 다음 괄호 속의 단어 중에서 문맥상 적절한 것을 고르시오.

8 We should consider our (**proposition / proportion**) of work when negotiating with our boss for an annual salary.

9 After 3-hour meeting, our group members finally reached a (**comprise / compromise**) and started our project.

10 Of course I do have my own preference, but I try to consider a certain question from every (**inspect / aspect**).

Check-up

☐ aspect
☐ contaminate
☐ biased
☐ award
☐ subsequent
☐ dignity
☐ compulsory
☐ custody
☐ simultaneous
☐ deliberately
☐ pierce
☐ extend
☐ compromise
☐ heal
☐ ultimate
☐ proportion
☐ administration
☐ correspondent
☐ parliament
☐ fusion

- **aspect** 양상
- **award** ~을 수여하다
- **compulsory** 강제적인
- **deliberately** 일부러
- **compromise** 타협
- **proportion** 비율
- **parliament** 의회
- **contaminate** ~을 오염시키다
- **subsequent** 뒤의
- **custody** 자녀 양육권
- **pierce** 꿰뚫다
- **heal** 낫다
- **administration** 관리
- **fusion** 융합
- **biased** 편견을 가진
- **dignity** 위엄
- **simultaneous** 동시에 일어나는
- **extend** 뻗다
- **ultimate** 궁극적인
- **correspondent** 특파원

단어 파악하기

01 Everything he writes demonstrates his intelligence.

Clue • 글이 그 사람의 지적 능력(intelligence)을 어떻게 해주나?
• 비슷한 의미를 가진 단어는 display

02 We export manufactured goods to foreign countries.

Clue • export 수출하다 / 공장에서 만들어진 상품이 manufactured goods입니다.
• make와 비슷한 의미이지만, 주로 경제, 산업 등에서 사용합니다.

03 He was already in debt through gambling.

Clue • gambling 도박 / 도박에 심하게 빠지면 어떻게 될까?
• 돈이나 도움을 얻은 경우

04 The blue car was pulling out ready to overtake.

Clue • pull out 출발하다 / 자동차 경주에서 차가 속도를 내면서 달리기 시작하는 이유는?
• catch up with의 의미

05 He has a reputation for being very strict.

Clue • strict 엄격한 / 다른 사람이 어떤 사람에 대하여 생각하는 내용입니다.
• fame의 의미로 사용하기도 합니다.

06 A cool shower boosts circulation.

Clue • boost 증가시키다 / 몸이 활동하려면 피가 온몸을 잘 돌아야겠지요.
• circle이 원이라는 점을 생각해보세요.

07 Someone has sent a bunch of flower to me.

Clue • 졸업식이나 생일에 a bunch of flower를 보내지요.
• 결혼식에서 쓰는 것은 bouquet(부케)라고 부르지요.

08 Other scientists are skeptical about his finding.

Clue • 한 과학자의 발견에 다른 과학자들은 쉽게 동의하지 않는군요.
• doubtful의 의미

09 He embraces the new information age.

Clue • information age 정보 시대 / embrace는 hug의 의미로 쓰이기도 합니다.
• He welcomes the new information age.의 의미

10 The stunning display of fireworks lit up the sky.

Clue • lit은 light의 과거형, stunning 놀라운, firework 불꽃놀이
• 불꽃놀이가 멋지게 펼쳐지는 광경

11 I'm waiting for the apples to ripen.

Clue • 사과가 아직 푸른 빛이라 먹을 수가 없다면 언제까지 기다리면 되나?
• 과일이 mature(성숙한)하게 되는 것

12 You can smooth over problems with tact.

Clue • smooth over 수습하다
• 무엇이 있으면 복잡한 문제도 원만하게 수습할 수 있을까?

13 The government should compensate for the victim of the accident.

Clue • 사고의 희생자에게 정부가 해줄 수 있는 일은?
• 비슷한 의미를 가진 단어는 recompense

14 Fortune telling is a kind of superstition.

Clue • fortune telling 점
• 우리가 점을 보는 것은 그것이 반드시 용하기 때문은 아니지요.

15 If you are not an experienced traveler, organized tour is indispensible.

Clue • 여행의 경험이 없다면 먼저 패키지여행 organized tour를 하는 것이 낫죠.
• necessary의 의미

16 This vitamin is absorbed in the small intestine.

Clue • vitamin 비타민, small intestine 소장
• 우리 몸에서 소장이 하는 역할은 뭘까?

17 Many countries have agreed to unite their efforts to bring peace.

Clue • 평화를 가져오려면 많은 나라들이 어떻게 해야 할까?
• combine의 의미

18 Pizza will be delivered in 30 minutes.

Clue • 피자를 주문하고 나면?
• carry의 의미

19 She beheld madness in his eyes.

Clue • 그의 눈에서 나는 광기를 어떻게 알 수 있을까?
• 원형은 behold이고 see와 비슷한 의미

20 The phone started ringing and he was startled by the loudness.

Clue • 갑자기 전화기가 울리면?
• frighten과 비슷한 의미 / 수동태 형태

단어 학습하기

01 demonstrate [démənstrèit] ⓥ

To **demonstrate** a fact means to make it clear to people.
사람들에게 사실을 명확하게 밝히는 행위 **~을 증명하다, 설명하다**
= prove 증명하다, testify 증명하다

If you **demonstrate** a particular skill or quality, you show by your action that you have it.
기술이나 특징이 있음을 행동으로 보여주는 것 **~을 드러내다**
= display 보여주다

When people **demonstrate**, they march or gather somewhere to show their opposition to something.
어떤 것에 반대하는 의견을 표현하기 위해 어느 장소에 모여서 행진을 하는 행위 **시위하다**
= march 행진하다

Voca Family
demonstration n. 증명, 시위
demonstrator n. 논증자
demonstrative a. 감정을 드러내는, 설명적인

02 manufacture [mæ̀njəfǽktʃər] ⓥ, ⓝ

To **manufacture** something means to make it in a factory, usually in large quantities.
공장에서 대량으로 물건을 만들어내는 일 **~을 제조하다**
= produce 생산하다, assemble 조립하다

In economy, **manufactures** are goods or products which have been made in a factory.
공장에서 만들어진 상품을 가리키는 경제용어 **제품, 제조품**

Voca Family
manufacturing n. 제조업 a. 제조업의
manufacturer n. 제조업자

03 **debt** [det] ⓝ

A **debt** is sum of money that you owe someone.
어떤 사람에게 빚진 돈 **빚**

Voca Family
indebt v. ~에게 빚을 지게하다
indebted a. 부채가 있는

Expression
in debt 빚진
out of debt 빚 갚은

04 **overtake** [òuvərtéik] ⓥ

If you **overtake** a vehicle or person that is ahead of you and moving in the same direction, you pass them.
앞서가는 사람이나 차를 따라잡는 행위 **~을 따라잡다, 추월하다**
= pass 지나가다, catch up 따라잡다

If an event **overtakes** you, it happens unexpectedly or suddenly.
기대하지 않은 일이 갑작스럽게 일어나는 경우 **갑자기 ~을 덮쳐오다**
= befall 일어나다

05 **reputation** [rèpjətéiʃən] ⓝ

To have a **reputation** of something means to be known or remembered for it.
어떤 것으로 잘 알려져 있거나 기억된다는 의미 **명성**

Someone's **reputation** is the opinion that people have about how good they are.
어떤 사람이 얼마나 좋은 사람인지에 대하여 사람들이 가지고 있는 의견 **평판**

Voca Family
repute v. 여기다, 생각하다
reputed a. 평판이 좋은
reputable a. 평판 좋은

06 **circulation** [sə̀ːrkjəléiʃən] ⓝ

The **circulation** of a newspaper or magazine is the number of copies that are sold each time it is produced.
신문이나 잡지가 한 번 발행되었을 때 팔리는 부수 발행부수
= distribution 분배

You **circulation** is the movement of blood through your body.
몸을 흐르는 피의 움직임 순환
= bloodstream 순환

Voca Family
in circulation 사용되고 있는
out of circulation 활동하고 있지 않은

Expression
circulate v. 돌다, 순환하다, 유통하다
circulatory a. 순환의

07 **bunch** [bʌntʃ] ⓝ, ⓥ

A **bunch** of people is a group of people who share one or more characteristics.
비슷한 특성을 공유하는 사람들의 집단을 나타낼 때 쓰는 명사 떼
= cluster 집단, block 떼

A **bunch** of flower is a number of flowers tied together.
하나로 묶여진 많은 꽃을 나타내는 명사 다발
= bundle 묶음

If clothing **bunches** around a part of your body, it forms a set of creases around it.
옷이 몸 주변에 주름을 만든 경우 주름지다

08 **skeptical** [sképtikəl] ⓐ

If you are **skeptical** about something, you have doubts about it.
어떤 것에 대하여 의심을 품고 있는 상황에 쓰는 형용사 의심 많은, 회의적인
= doubtful 의심스러운, dubious 의심스러운

Voca Family
skeptically adv. 회의적으로
skeptic n. 회의론자
skepticism n. 회의론

09 **embrace** [embréis] ⓥ

If you **embrace** someone, you put your arms around them and hold them tightly.
사람을 팔로 감싸 안는 행위 ~을 껴안다, 포옹하다
= hug 포옹하다, cuddle 꼭 껴안다

If you **embrace** a change or idea, you accept it and start supporting it.
변화나 생각을 받아들이고 지지하는 행위 ~을 받아들이다
= accept 수용하다, adopt 받아들이다

Voca Family **embracement** n. 포옹, 수락
embracer n. 포옹하는 사람

10 **display** [displéi] ⓥ

If you **display** something that you want people to see, you put it in a particular place so that people can see it.
특정 장소에 어떤 것을 놓고 다른 사람들이 볼 수 있도록 하는 행위 ~을 전시하다
= show 보여주다, exhibit 전시하다

형태의 변화 없이 명사로 전시

If you **display** a characteristic, or quality, you behave in a way which shows that you have it.
당신이 가진 성격이나 특징이 보이도록 행동하는 경우 ~을 드러내다, 발휘하다
= manifest 드러내다, present 보이다

11 **ripen** [ráipən] ⓥ

When crops **ripen** or when sun **ripens** them, they become **ripe**.
태양이 비추어 곡식이 익는 모습을 나타내는 동사(자동사, 타동사 모두 가능)
익다, ~을 익게 하다
= mature 원숙하게 하다

Voca Family **ripe** a. 익은, 성숙한

12 **tact** [tækt] ⓝ

Tact is the ability to avoid upsetting people by being careful not to say things that would hurt them.
다른 사람에게 상처 줄 수 있는 말을 주의해서 다른 사람들을 화나지 않게 하는 능력 **재치, 기지**
= discretion 분별, diplomacy 외교

tactful a. 재치있는
tactics n. 책략, 방책
tactical a. 전술적인, 책략이 능란한

13 **compensate** [kάmpənsèit] ⓥ

To **compensate** someone for money that they have lost money to pay them something to replace the money.
돈을 잃어버린 사람에게 돈을 대신할 것을 주는 행위 **~에게 보상하다**
= recompense 보상하다

If you **compensate** for something you have done wrong, you do something to make the situation better.
당신이 잘못한 일에 대하여 상황을 호전시키기 위해서 무언가를 하는 행위 **보충하다, 상쇄하다**
= counterbalance 균형을 맞추다

compensation n. 보상, 보수
compensatory a. 보상의, 보충의

14 **superstition** [sù:pərstíʃən] ⓝ

Superstition is belief in things that are not real or possible.
현실이 아니거나 가능하지 않은 일에 대한 믿음 **미신**

superstitious a. 미신적인

15 **indispensable** [indispénsəbəl] ⓐ

If someone or something is **indispensable**, they are absolutely essential and other people or things can not function without them.

사람이나 사물이 매우 중요하기 때문에 그것 없이는 다른 일이 진행되기 힘든 경우
필수불가결의, 절대 필요한
↔ dispensable 없어도 되는, 중요치 않은

Voca Family **indispensability** n. 필수 불가결함
indispensably adv. 반드시

16 **absorb** [əbsɔ́:rb] ⓥ

If something **absorbs** a liquid or gas, it soaks it up or take it in.

액체나 기체를 안으로 빨아들이는 모습 **~을 흡수하다, 빨아들이다**
= soak up 빨아들이다

If something **absorbs** force or shock, it reduces the effect.

힘이나 충격의 영향을 줄여주는 행위 **~을 완화하다**

If something **absorbs** something valuable such as money or time, it uses up a great deal of it.

돈이나 시간과 같이 가치가 있는 것을 많이 소비하는 행위 **~을 써버리다, 부담하다**
= consume 소비하다

If something **absorbs** you, it interests you a great deal.

어떤 것이 당신의 흥미를 많이 끄는 경우 **~을 끌다, 빼앗다**
= preoccupy 끌다

Voca Family **absorption** n. 흡수, 열중
absorptivity n. 흡수력
absorbing a. 열중하게 하는
absorptive a. 흡수력이 있는

17 **unite** [juːnáit] ⓥ

If a group of people unite, or if something **unites** them, they join together and act as a group.
많은 사람들이 하나의 집단으로 모여서 함께 행동하는 것(자동사, 타동사 모두 가능)
결합하다, ~을 합치다
= combine 결합시키다, merge 합체시키다

united a. 결합된, 연합한
unity n. 통일, 조화, 단일체

18 **deliver** [dilívər] ⓥ

If you **deliver** something somewhere, you take them there.
어떤 것을 어떤 장소로 옮기는 행위 ~을 배달하다
= carry 옮기다, convey 나르다

If someone **delivers** you from something, they rescue or save you from it.
다른 사람이 당신을 어떤 것으로부터 구해주는 행위 ~을 해방시키다, 구해내다
= liberate 자유롭게 하다, rescue 구출하다

If you **deliver** a lecture or speech, you give it in public.
대중 앞에서 연설할 때(격식체로) (강의, 연설)을 하다

When you **deliver** a baby, you help the woman who is giving a birth to the baby.
한 아이를 출산하는 여자를 돕는 행위 ~을 분만시키다

Voca Family
deliverance n. 구출
delivery n. 인도, 배달, 분만
deliverer n. 구조자, 인도인

Expression
deliver a lecture[speech] 강의[연설]을 하다

19 **behold** [bihóuld] ⓥ behold-behold-behold

If you **behold** someone or something, you see them.
사람이나 사물을 보는 행위 보다
= look at 보다, observe 관찰하다

Voca Family **beholder** n. 보는 사람

20 **startle** [stáːrtl] ⓥ

If something sudden or unexpected **startles** you, it surprises you slightly.
갑작스럽게 기대하지 않은 일이 당신을 놀라게 하는 경우 ~을 놀라게 하다
= surprise 놀라게 하다, frighten 놀라게 하다

Voca Family **startling** a. 놀라운
startled a. 놀란

단어 확인하기

[1~4] 주어진 보기에서 고딕체로 된 단어와 유사한 의미를 갖는 것을 고르시오.

1 Those who always prepare for their own future will be successful in the end and **startle** the others.
a) merge b) present c) surprise d) deliver

2 The **indispensible** resources, such as water and air, have been so contaminated that we are able to find some serious problems around us.
a) essential b) deliverance c) absorptive d) compensatory

3 The kid was so much **absorbed** in reading Harry Porter that he couldn't hear his mom calling him.
a) conveyed b) assembled c) united d) preoccupied

4 Firms should try to find innovative ways to **manufacture** cheaper and better products for their own profit and their consumers.
a) deliver b) combine c) produce d) soak

[5~7] 주어진 보기에서 고딕체로 된 단어와 의미가 다른 것을 고르시오.

5 Tony was **skeptical** about Jenny's excuse because she had lied several times before.
a) uncertain b) dubious c) superstitious d) doubtful

6 The director tried to **embrace** harsh criticism from the media explaining what she intended to express through her movie.
a) assume b) adopt c) accept d) welcome

7 Newton **demonstrated** the law of gravitation and gave an explanation of movements based on the principle.
a) proved b) circulated c) testified d) manifested

[8~10] 다음 괄호 속의 단어 중에서 문맥상 적절한 것을 고르시오.

8 When you cause damage to other people either physically or mentally, you may be required to give them (**compulsory / compensatory**) payment.

9 We have to choose fruits in season because those fruits are (**ripen / ripe**) well and taste good.

10 When he was twelve years old, a misfortune (**beheld / befell**) him; his mother suddenly passed away in a car accident.

Check-up

- ☐ demonstrate
- ☐ manufacture
- ☐ debt
- ☐ overtake
- ☐ reputation
- ☐ circulation
- ☐ bunch
- ☐ skeptical
- ☐ embrace
- ☐ display
- ☐ ripen
- ☐ tact
- ☐ compensate
- ☐ superstition
- ☐ absorb
- ☐ indispensable
- ☐ startle
- ☐ unite
- ☐ deliver
- ☐ behold

- **demonstrate** ~을 증명하다
- **overtake** ~을 따라잡다
- **bunch** 떼
- **display** ~을 드러내다
- **compensate** 보충하다
- **indispensable** 절대 필요한
- **deliver** ~을 배달하다
- **manufacture** ~을 제조하다
- **reputation** 명성
- **skeptical** 의심 많은
- **ripen** ~을 익게 하다
- **superstition** 미신
- **startle** ~을 놀라게 하다
- **behold** 보다
- **debt** 빚
- **circulation** 순환
- **embrace** ~을 껴안다
- **tact** 재치
- **absorb** ~을 써버리다
- **unite** ~을 합치다

Day 18

단어 파악하기

01 Stick them on using a small amount of glue.

Clue • glue 풀 / 풀을 가지고 하는 일은?
• attach의 의미

02 She was absolutely paralyzed with shock.

Clue • absolutely 절대적으로 / 사람이 심한 shock(충격)을 받으면 어떻게 될까요?
• 팔이나 다리가 움직이지 않아 쓸 수 없는 경우에는 이 표현을 씁니다.

03 You must welcome constructive criticism.

Clue • criticism 비판 / 비판을 위한 비판이 아닌 이런 비판은 꼭 필요합니다.
• 비슷한 의미를 가진 단어는 helpful

04 He is an adept guitar player.

Clue • 그는 기타를 아주 잘 칩니다.
• 비슷한 의미를 가진 단어는 expert

05 Jogging entails no expensive fees for a class.

Clue • 조깅은 비싼 요금을 지불하고 수업을 들을 필요가 없는 경제적인 운동이지요.
• 비슷한 의미를 가진 단어는 involve

06 The two old ladies are probably in their 60s.

Clue • 두 노인의 나이를 60대 정도라고 추정하고 있다.
• 비슷한 의미를 가진 단어는 maybe

07 Parallel lines will never meet each other.

Clue • 절대 만나지 않는 두 선은 어떤 관계?
• 철길을 생각해보세요.

08 The rebel has declared a cease-fire in the war against the government.

Clue • declare 선언하다, cease-fire 휴전 / 정부에 대항하여 싸우는 세력
• 비슷한 의미를 가진 단어는 insurgent

09 Whether or not people have religious faith, they can believe in power of love.

Clue • 사람들이 생각하는 방식은 조금씩 다를지라도 사랑의 힘을 믿는다는 점에서 마찬가지겠지요.
• 명사형은 religion이고, 대표적인 religion은 Christianity, Islam, Judaism 등이 있습니다.

10 The group which encourages individual members to think creatively will prosper.

Clue • 각 멤버들이 창조적으로 생각하도록 격려하는 그룹의 미래는 어떤 모습일까?
• succeed의 의미

11 Education Ministry has instructed all schools to comply with the new regulations.

Clue
- Education Ministry 교육부, instruct 지시하다, regulation 규칙
- 주로 comply with의 형태로 쓰입니다.
- 모든 학교는 교육부에서 지시한 새로운 규칙을 어떻게 받아들여야 할까요?

12 Anita became interested in social welfare.

Clue
- 사람들의 생활의 질을 고려하는 선진국들이 주된 관심을 갖는 분야
- wellbeing으로도 표현할 수 있습니다.

13 People have tried to conserve the wild plants growing in Korea.

Clue
- wild plant 야생식물 / 우리나라에서 자라나는 야생 식물을 어떻게 해야 할까?
- 비슷한 의미를 가진 단어는 preserve

14 No longer was the area densely wooded.

Clue
- wooded 나무가 우거진 / 무엇인가가 아주 많이 몰려 있는 것을 설명하는 말
- a dense population, a dense fog의 의미를 생각해봅시다.

15 This is similar to people getting wiser and more disciplined by overcoming the difficulties.

Clue
- overcome 극복하다 / 어려움을 극복해 나가면서 사람들은 어떤 것을 얻게 될까?
- 비슷한 의미를 가진 단어는 train

16 The purpose of your letter is to express love and gratitude.

Clue
- 편지를 쓰는 목적을 생각해봅시다.
- 형용사는 grateful, gratitude는 appreciation과 비슷한 의미

17 Most of us try to adjust our attitude and behaviors to a rapid pace of living.

Clue
- attitude 태도 / 생활 속도가 빨라지면 행동이나 태도를 어떻게 해야 하나?
- 비슷한 의미를 가진 단어는 accustom

18 Out relationship was tense for months because of misunderstanding.

Clue
- misunderstanding(오해)가 있다면 사람들 사이의 관계(relationship)에 문제가 생기겠죠.
- 비슷한 의미를 가진 단어는 tight

19 The natural disaster disrupted the government's economic plan.

Clue
- disaster 재난 / 자연적인 재난이 발생하면 정부의 계획이 어떻게 될까?
- disturb의 의미

20 I pretend that things are really okay when they are not.

Clue
- 일이 잘 되고 있지 않은데, 그런 것처럼 행동할 때
- fake의 의미

01 **stick** [stik] ⓝ, ⓥ

A **stick** is a long thin piece of wood which is used for a particular purpose.
특정한 목적으로 사용되는 얇고 긴 나무 조각 **막대기, 지팡이**

If you **stick** something somewhere, you put it there in a rather casual way.
가볍게 어떤 것을 어느 장소에 놓는 행위 **~을 붙이다**
= put 놓다

If you **stick** a pointed object in something, it goes into it through it by making a hole.
뾰족한 물건으로 다른 물건을 통과시켜 구멍을 만드는 행위 **~을 찌르다**
= poke 찌르다

Voca Family **sticky** a. 끈적끈적한, 점착성의

02 **paralyze** [pǽrəlàiz] ⓥ

If someone is **paralyzed** by an accident or disease, they have no feeling in their body.
어떤 사람이 사고나 병으로 인해서 몸의 감각을 잃어버린 경우 **~을 마비시키다**

Voca Family
paralysis n. 마비
paralyzation n. 마비시킴
paralyzing a. 마비시키는
paralyzed a. 마비된

03 **constructive** [kənstrʌ́ktiv] ⓐ

A **constructive** discussion, or comment is useful and helpful rather than negative and unhelpful.
부정적이지 않고 유용하면서도 도움이 되는 논의나 논평을 묘사할 때 쓰는 형용사 **건설적인**
= useful 유용한, productive 생산적인, positive 긍정적인

Voca Family
constructively adv. 건설적으로
construct v. 세우다, 구성하다
construction n. 건설, 구조

04 **adept** [ədépt] ⓐ

Someone who is **adept** at something can do it skillfully.
어떤 일을 능숙하게 잘 하는 능력이 있는 사람을 나타내는 형용사 **숙련된**
= skillful 능숙한

형태 변화 없이 명사로 **숙련자**
= expert 전문가

Voca Family **adeptly** adv. 능숙하게

05 **entail** [entéil] ⓥ

If one thing **entails** another, it involves it or causes it.
어떤 일이 다른 일을 포함하거나 그것의 원인이 되는 경우 **~을 수반하다, 일으키다**
= involve 포함하다, bring about 일으키다

주 의 **detail** n. 세부사항
entail v. 수반하다, 일으키다

06 **probably** [prábəbli] ⓐ

If you say something **probably** the case, you think it is likely to be the case, although you are not sure.
확신하지 못하는 상태에서 어떤 상황을 언급하고자 할 때 **아마도**
= possibly 어쩌면, maybe 아마, perhaps 아마, likely 아마도, presumably 추측하건대

Voca Family **probable** a. 개연적인, 있음직한
probability n. 있음직함, 확률

07 **parallel** [pǽrəlèl] ⓝ, ⓥ

If something has a **parallel**, it is similar to something else but exists in a different place.
어떤 두 가지가 비슷하지만, 다른 장소에 놓여 있는 경우 **평행, 유사물**

If one thing **parallels** another, they happen at the same time and often seem to be connected.
두 가지가 동시에 일어나면서 서로 연결된 듯이 보이는 경우 **~에 평행시키다**

Expression **in parallel with** ~과 병행하여, 동시에

08 **rebel** [rébəl] ⓝ

Rebels are the people who are fighting against their own country's army in order to change the political system.
정치 체계를 바꾸기 위해 자국의 군대에 대항하여 싸우는 사람들 반역자, 모반자
= revolt 반란

형태 변화 없이 동사로 반항하다, 배반하다

Voca Family **rebellion** n. 모반, 반란
rebellious a. 반역하는

주 의 **label** n. 꼬리표, 라벨
rebel v. 반역하다

09 **religious** [rilídʒəs] ⓐ

You use **religious** to describe things that are connected with religion or with one particular religion.
일반적인 의미에서의 종교나 혹은 구체적인 한 종교와 관련된 것을 묘사할 때 쓰는 형용사 종교적인

If someone is **religious**, they have a strong belief in a god.
신에 대한 깊은 믿음을 가진 사람을 묘사할 때 신앙의, 신앙심이 깊은

Voca Family **religion** n. 종교
religiously adv. 독실하게, 경건히

10 **prosper** [práspər] ⓥ

If people or businesses **prosper**, they are successful and do well.
사람이 성공적이거나, 사업이 잘 이루어지는 경우 번영하다, 성공하다
= succeed 성공하다, flourish 번영하다, thrive 번창하다

Voca Family **prosperity** n. 번영, 번창
prosperous a. 번영하는

11 **comply** [kəmplái] ⓥ

If someone **comply** with an order or set of rules, they are in accordance with what is required.
어떤 사람이 주어진 명령이나 규칙을 잘 지키는 경우 **동의하다, 따르다**
= obey 복종하다, abide by 지키다

Voca Family **compliance** n. 승낙, 순종
compliant a. 유순한

12 **welfare** [wélfὲər] ⓝ

The **welfare** of a person or group is their health, comfort and happiness.
사람이나 그룹의 건강, 편안함, 행복 등을 나타내는 말 **복지**
= wellbeing 복지

Expression **welfare state** 복지국가

13 **conserve** [kənsə́:rv] ⓥ

If you **conserve** a supply of something, you use it carefully so that it lasts for a long time.
어떤 것을 조심스럽게 다루어서 오래 지속되도록 하는 행위 **~을 보존하다, 보호하다**
= protect 보호하다, preserve 보전하다

Voca Family **conservation** n. 보호, 관리
conservatism n. 보수주의
conservative a. 보수적인
conservatory a. 보존력이 있는

14 **dense** [dens] ⓐ

Something that is **dense** contains a lot of things or people in a small area.
좁은 지역에 많은 사물이나 사람이 있는 상태를 묘사하는 형용사 **밀집한**
= thick 두꺼운, compact 밀집한, condensed 응축한

Voca Family **densely** a. 밀집되어
density n. 조밀도, 농도

15 **discipline** [dísəplin] ⓝ, ⓥ

Discipline is the practice of making people obey rules or standard of behavior, and punishing them when they do not.
사람들에게 규칙이나 행동 규범을 따르도록 하고 그렇지 않았을 경우에 벌을 내리는 행위 **훈련, 규율**
= training 훈련, regulation 규율

If someone is **disciplined** for something that they have done wrong, they are punished for it.
잘못한 일에 대하여 벌을 받는 경우 **(주로 수동태로) ~을 훈계하다, 징벌하다**
= punish 벌을 주다, educate 교육하다

Voca Family
disciplinary a. 훈련상의, 규율의
self-discipline n. 자기 훈련

16 **gratitude** [grǽtətjùːd] ⓝ

Gratitude is state of feeling grateful.
감사하게 생각하는 것 **감사**
↔ ingratitude 은혜를 모름

Voca Family
grateful a. 감사하고 있는

17 **adjust** [ədʒʌ́st] ⓥ

When you **adjust** to a new situation, you get used to it by changing your behaviors or ideas.
행동이나 생각을 변화시켜서 새로운 상황에 적응하는 행위 **순응하다, 맞추다**
= accustom 익숙하게 하다, conform 순응하다

If you **adjust** something, you change it so that it is more appropriate or effective.
어떤 것을 변화시켜서 더욱 적절하고 효과적인 상태로 만드는 행위 **~을 조정하다, 수정하다**
= alter 바꾸다, adapt 적합하게 만들다

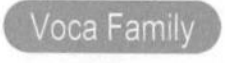
Voca Family
adjusted a. 조정된
adjustment n. 조정
readjust v. 다시 조정하다

18 **tense** [tens] ⓐ

A **tense** situation or period of time is one that makes people anxious, because they do not know what is going to happen next.

다음에 어떤 일이 일어날지 모르기 때문에 사람들을 두렵게 만드는 상황을 묘사하는 형용사 **팽팽한, 긴장된**

= anxious 걱정스러운, stressful 긴장이 많은, tight 팽팽한

Voca Family

tensely adv. 긴장하여
tenseness n. 팽팽함
tension n. 긴장
tensity n. 긴장도
intense a. 격렬한, 심한

19 **disrupt** [disrʌ́pt] ⓥ

If someone or something **disrupts** an event, or process, they cause difficulties that prevent it from operating in a normal way.

어떤 일이나 진행과정이 정상적으로 작동되지 못하도록 문제를 일으키는 행위
~을 붕괴시키다, 혼란케하다

= disturb 방해하다, confuse 혼란시키다

Voca Family

disruption n. 분열
disruptive a. 분열시키는

20 **pretend** [priténd] ⓥ

If you **pretend** that something is the case, you act in a way that it is intended to make people believe that it is the case.

사람들이 어떤 것을 믿도록 하기 위해서 특정한 방식으로 행동하는 것 **~인 체하다**

Voca Family

pretense n. 겉치레, 허영
pretension n. 요구, 허식
pretentious a. 허세부리는

[1~4] 주어진 보기에서 고딕체로 된 단어와 유사한 의미를 갖는 것을 고르시오.

1 After three-week hard **training**, we became so accustomed to each other that we could figure out others' feelings or intentions with ease.

a) intense b) revolting c) pretension d) discipline

2 Please try to be more careful, otherwise your imprudence will **bring about** a huge mistake some day.

a) entail b) gratitude c) construct d) poke

3 Many teenagers don't like **complying** with the rules of schools about uniforms or hair-cutting.

a) disrupting b) obeying c) regulating d) labeling

4 Many nongovernmental organizations are struggling to **conserve** the important cultural properties of the world.

a) stick b) readjust c) reverse d) preserve

[5~6] 주어진 보기에서 고딕체로 된 단어와 다른 의미를 갖는 것을 고르시오.

5 I am sure that the sports marketing business will **prosper** all over the world in near future.

a) succeed b) flourish c) parallel d) thrive

6 The law of the survival of the fittest means that creatures **adjusting** themselves to the environment best can survive in the end.

a) adapting b) conforming c) accustoming d) paralyzing

[7~8] 다음 중 빈칸에 들어갈 알맞은 단어를 고르시오.

7 A(An) (   ) is the person who is fighting against his or her own country's army in order to change the political system.

a) disrupture b) compliance c) rebel d) expert

8 If you (   ) that something is the case, you act in a way that it is intended to make people believe that it is the case.

a) welfare b) pretend c) abide d) punish

[9~10] 다음 괄호 속의 단어 중에서 문맥상 적절한 것을 고르시오.

9 I hate the people who are (**adapt / adept**) at exploiting other people pretending to be kind to them.

10 Air pollution in Seoul is much more serious than other suburban areas because of its (**tense / dense**) population.

Check-up

- ☐ comply
- ☐ paralyze
- ☐ constructive
- ☐ adept
- ☐ entail
- ☐ probably
- ☐ parallel
- ☐ rebel
- ☐ religious
- ☐ prosper
- ☐ stick
- ☐ welfare
- ☐ conserve
- ☐ dense
- ☐ discipline
- ☐ gratitude
- ☐ adjust
- ☐ tense
- ☐ disrupt
- ☐ pretend

- **comply** 동의하다
- **paralyze** ~을 마비시키다
- **constructive** 건설적인
- **adept** 숙련된
- **entail** ~을 수반하다
- **probably** 아마도
- **parallel** 평행
- **rebel** 반역자
- **religious** 종교적인
- **prosper** 번영하다
- **stick** ~을 찌르다
- **welfare** 복지
- **conserve** ~을 보존하다
- **dense** 밀집한
- **discipline** 훈련
- **gratitude** 감사
- **adjust** 순응하다
- **tense** 긴장된
- **disrupt** 혼란케하다
- **pretend** ~인 체하다

다의어

여기에 소개된 다의어는 가장 자주 볼 수 있는 단어를 묶어놓았습니다. 여러 가지 의미를 갖는 단어라고 해서 반드시 어려운 단어는 아닙니다. 하지만, 품사에 따라서 의미 차이가 크기 때문에 다양한 의미를 제대로 알고 있지 않으면 다른 문맥에서 그 의미를 짐작하기 힘들다는 점이 문제입니다. 따라서 사전을 볼 때 주어진 다양한 의미를 정독하고 예문을 통하여 쓰임을 파악하는 습관이 필요합니다.

다의어를 익히기 위한 단어 학습 습관

1. 품사를 정확히 파악한다.
2. 동사는 타동사인지 자동사인지 파악한다.
3. 같은 품사 안에서 다른 의미로 쓰이는 경우가 있는지 살핀다.
4. 품사가 달라질 때 의미가 바뀌는지 살핀다.
5. 품사가 다르고 의미가 다를 때 형태의 변화가 있는지 파악한다.

주어진 단어가 각 어구에서 어떤 의미를 나타내는지 생각해보세요.

01 **deal**

a great **deal** of money
deal with customers
make a **deal**

02 **capital**

Capital letters
capital punishment
capital city

03 **bar**

bar graph
wine **bar**
Many jobs are **barred** to them.

04 **security**

government **securities**
security guard

05 **order**

place an **order**
in **order**

06 **favor**

Can you do me a **favor**?
The **favored** candidate

07 **change**

historic **changes**
I **changed** the bus for Sokcho.

08 **even**

an **even** surface
even-tempered
This is **even** more serious.

09 **age**

age limit
golden **age**

10 **wind**

a strong **wind**
I **wound** up the watch.

11 **face**

She has a beautiful **face**.
My flat **faces** south.

12 **fine**

her **fine** hair
He was **fined** $500.

13 **credit**

credit card
He needs only three **credit** hours to graduate.

14 **block**

a green painted apartment **block**
The car was **blocking** the street.

15 **object**

the **object** of the exercise
We strongly **objected** to it.

단어 학습하기

01 **deal** [di:l] ⓐ, ⓥ

If you say you have **a great deal of** something, you emphasize that you have a lot of it.
어떤 것의 양이 많음을 강조할 때 a great deal of 많은
'많은' 이라는 의미로 셀 수 있는 명사나 셀 수 없는 명사 모두에 쓰는 어구
= amount 양, degree 정도

If you make a **deal**, you complete an arrangement with someone, especially business.
사업에서 다른 사람과 거래를 하는 경우에 쓰는 명사 거래, 관계
= agreement 동의, bargain 거래

If a person, company **deals** in a particular type of goods, their business buying or selling those goods.
사업에서 어떤 물건을 사거나 파는 일을 하는 경우에 쓰는 동사 취급하다
= do business 사업을 하다, buy and sell 사고팔다

When you **deal** with a problem, you do what is necessary to achieve the result you want.
어떤 문제에 대하여 원하는 결과를 얻기 위해 필요한 행동을 하는 경우를 나타내는 동사
deal with 다루다

If you **deal** playing cards, you give them out to the players.
카드 게임에서 카드를 나누어주는 행동 등을 나타내는 동사 ~을(를) 나누어주다, 분배하다

02 **capital** [kǽpitl] ⓝ, ⓐ

Capital is a large sum of money which you use to start a business.
사업을 시작할 때 사용하는 많은 양의 돈을 나타내는 명사 자본
= money 돈, asset 자산

You can use **capital** to refer to buildings or machinery which are necessary to produce goods.
상품을 생산하기 위하여 필요한 건물이나 기계류를 일컫는 명사 자재
= resource 자원

If a place is **capital** of a particular industry or activity, it is the place that is the most famous for it.
어떤 산업이나 활동의 중심지를 일컫는 명사 **수도, 중심지**

Capitals or **capital** letters are written or printed in a form which is used at the beginning of sentences.
문장의 맨 앞에 나오는 철자의 형태 **대문자**

Capital offense is one that is so serious so that the person who commits it can be punished by death.
사형을 당할 만큼 심각한 범죄를 저지른 경우에 쓰는 형용사 **중대한, 사형에 처할 만한**

03 bar [bɑːr] ⓝ, ⓥ

A **bar** is a place where you can buy and drink alcohol or a room in a pub where alcohol is served.
술을 마시는 곳이나 술을 판매하는 카운터 **술집, 바, 카운터**
= pub 술집

A **bar** is a long, straight, stiff piece of metal.
길고 곧은 쇠로 된 막대 **창살**

A **bar** of something is a piece of it which is roughly rectangular.
네모진 모양의 조각 **막대기**
= rod 장대, stick 막대기

A **bar** of an electric fire is a piece of metal with wire wound round it.
전선이 둘린 금속 조각 **전열선**

If something is a **bar** to doing a particular thing, it prevents someone from doing it.
어떤 일이 일어나지 않도록 막는 것 **장애, 장벽**
= obstacle 장애물, barrier 방벽

In music, a **bar** is several short parts of the same length into which a piece of music is divided.
음악에서 같은 길이로 나누어진 짧은 부분을 나타내는 명사 **마디**

If you **bar** someone's way, you prevent them from going somewhere or entering a place.
다른 사람이 어떤 장소에 가지 못하도록 막는 행위 **~을(를) 방해하다, 막다**
= exclude 제외하다, ban 금하다

04 **security** [sikjúəriti] ⓝ

Security refers to all the measures that are taken to protect a place.
어떤 곳을 안전하게 보호하기 위한 모든 조치 안전, 보안

A feeling of **security** is a feeling of being safe and free from worry.
근심이 없고 안전하다고 느끼는 상태를 표현할 때 안심

Something is a **security** for a loan, you promise to give that thing to the person who lends you money.
돈을 빌려주는 사람에게 돌려주기로 약속하는 증서 보증, 차용증

Securities are stocks, shares, bonds or other certificates that you buy in order to earn regular interest from them.
주기적인 이윤을 얻기 위해서 사는 주식이나, 증권, 채권 등을 일컫는 명사 유가증권

Voca Family **secure** a. 안심한
insecure a. 불안정한

05 **order** [ɔ́ːrdər] ⓥ, ⓝ

If a person in authority **orders** someone to do something, they tell them to do it.
권위를 가진 사람이 아랫사람에게 무엇을 하라고 시키는 행위 명령하다
= instruct 지시하다, command 명령하다
형태 변화 없이 명사로 명령

When you **order** something that you are going to pay for, you ask for it to be brought to you.
대가를 지불할 어떤 것을 가지고 오도록 하는 행위 ~을 주문하다
= request 요구하다
형태 변화 없이 명사로 주문

If a set of thing is arranged in a particular **order**, they are arranged so one thing follows another.
어떤 것이 특정한 순서에 의하여 배열되어 있는 경우에 쓰는 명사 순서
= line-up 정렬

Order is a situation that exists when everything is correct or expected place.
모든 것이 옳은 장소에 놓여 있는 상태 **정돈, 정렬**
= neatness 깔끔함

A religious **order** is a group of monks or nuns who live according to a particular set of rules.
특정한 규칙에 따라서 생활하는 수사나 수녀 집단 **성직**

Expression **out of order** 고장 난
in order 정돈되어, 순서대로
in order to ~하기 위하여

06 **favor** [féivər] ⓝ, ⓥ

If you regard something or someone with **favor**, you like or support them.
어떤 사람이나 사물을 좋아하거나 지지하는 경우에 쓰는 명사 **지지**
형태의 변화 없이 동사로 **~을(를) 지지하다, 찬성하다**

If you do someone a **favor**, you do something for them even though you do not have to.
꼭 해야 하는 일이 아닌데도 다른 사람을 위해서 무언가를 할 때 **호의**
형태의 변화 없이 동사로 **~에게 호의를 보이다**

If you **favor** something, you prefer it to the other choices available.
여러 가지 선택 중에서 다른 것보다 특별히 더 어떤 것을 선호하는 경우
~을 편애하다
형태의 변화 없이 명사로 **총애**

Voca Family **disfavor** n. 싫어함
favored a. 호의를 사는, 혜택을 받은

Expression **in favor of** ~을 찬성하여
ask a favor 부탁하다

07 **change** [tʃeindʒ] ⓝ, ⓥ

If there is a **change** in something, it becomes different.
어떤 것이 달라지는 경우 변화
= alteration 변경
같은 형태로 동사 변화하다

Your **change** is the money that you receive when you pay for something with more money than it costs.
원래 가격보다 더 많은 돈을 지불했을 때 돌려받는 돈 거스름돈

Change is coins, rather than paper money.
지폐가 아닌 동전을 가리키는 단어 동전, 잔돈

To **change** something means to replace it with something new.
새로운 것으로 기존의 것을 대체하는 경우 ~을 교환하다, 갈다

If you **change** one thing to another, you stop using the first thing and start using the second.
원래 쓰던 것을 멈추고 다른 것을 쓰기 시작했을 때 ~을 바꾸다
= alter 바꾸다 convert 전환하다

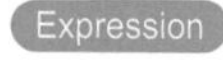

change clothes 옷을 갈아입다
change a bed 잠자리를 갈다
change a baby 아이의 기저귀를 갈다
change buses[trains] 버스[기차]를 갈아타다

08 **even** [íːvən] ⓐ, ⓒ

You use **even** to suggest that what comes just after or before it in the sentence is surprising.
바로 앞이나 뒤에 다소 놀라운 내용이 나오는 경우에 쓰는 부사 심지어

You use **even** with comparative adjectives and adverbs to emphasize the quality.
비교급 형용사나 부사 앞에 나와 강조하는 역할 더

You use **even if** or **even though** to indicate that a particular fact does not make the rest of your statement untrue.
even if나 even though는 상반되는 내용의 두 절을 연결하는 접속사이다. 비록 ~일지라도

If one thing happens **even as** something else happens, they both happen at exactly the same time.
even as는 두 가지 일이 동시에 일어나는 상황을 표현하는 접속이다 막 ~할 때

An **even** measurement stays at the same level.
어떤 것을 측정했을 때 그 수준이 일정하게 유지되는 경우에 쓰는 형용사 **일정한**
= regular 규칙적인, constant 일정한

An **even** surface is smooth and flat.
부드럽고 평평한 표면을 표현할 때 **평평한, 수평의**
= horizontal 수평의

If there is an **even** distribution of something, each person involved has an equal amount.
모든 사람이 다 똑같은 양을 갖도록 어떤 것을 나눌 때 **동등한, 대등한**
= equal 동등한

If you are **even** with someone, you do not own them anything. (비격식체)
당신에게 어떤 것도 신세진 것이 없을 때 **손해나 이득이 없는**

When your voice is **even**, you are speaking in a very controlled way which makes it difficult for people to tell what your feelings are.
당신이 어떤 기분인지를 다른 사람이 눈치 채지 못할 만큼 통제된 어조로 이야기할 때 **침착한**
= calm 고요한, composed 침착한

An **even** number can be divided exactly by the number two.
숫자 2로 정확히 나누어질 수 있는 수를 나타낼 때 **짝수의**

Voca Family **evenly** 평평하게, 고르게

09 **age** [eidʒ] ⓝ, ⓥ

Your **age** is the number of years that you have lived.
지금까지 살아온 시간 **나이, 연령**

An **age** is a period in history.
역사에서 어느 일정 기간 동안의 시간을 나타내는 말 **시대**
= era 시대, time 시간
ex〉 the Middle Ages 중세

When someone **ages**, they seem much older and less strong.
나이가 들고, 약해지는 것 **늙다, 노화하다**

10 **wind** [wind/waind] ⓝ, ⓐ, ⓥ

A **wind** is a current of air that is moving across the earth's surface.
지구 표면을 흐르는 공기의 순환 **바람**
= air 공기

Journalist often refers to a trend or factor that influences event as a **wind** of some kind.
언론에서 어떤 경향이나 요인을 언급할 때 쓰기도 한다. **동향, 정세**

A **wind** selection of an orchestra is the group of people who produce musical sound by blowing into their instrument.
숨을 불어 넣어 소리를 내는 악기로 연주하는 오케스트라를 나타낼 때 **관악기의**

If you are **winded** by something such as a blow, air is suddenly knocked out of your lungs so that you have difficulty breathing for a short time.
공기가 폐에 가득 차 잠시 동안 숨쉬기 어려운 상태를 나타내는 동사 **숨차게 하다**

If a road, or river **winds** in a particular direction, it goes in that direction with a lot of bends.
길이나 강이 구불구불 가는 모양을 나타내는 동사 **굽이치다, 굴곡하다**
= bend 구부러지다, twist 뒤틀다

When you **wind** something flexible around something else, you wrap it around up several times.
한 물건을 다른 것으로 여러 번 잘 싸매는 행위 **~을 감다, 휘감다**
= encircle 에워싸다

To **wind** a tape or film back or forward means to make it move toward a starting or ending position.
테이프나 영화를 앞이나 뒤로 감는 행위 **~을 감다, 돌리다**

break wind 방귀 뀌다
get wind of ~을 탐지하다, 냄새 맡다
put an wind up someone 어떤 사람을 놀라게 하다

11 **face** [feis] ⓝ, ⓥ

Your **face** is the front part of your head from your chin to the top of your forehead.
턱에서부터 이마까지 머리의 앞쪽 부분 **얼굴**
= features 얼굴 생김새

The **face** of a cliff, or mountain is the vertical surface of it.
절벽이나 산의 깎아내릴 듯한 부분 **표면**
= side 면

If you lose **face**, you do something that makes people respect or admire you less.
다른 사람들이 자신을 덜 존중하거나 덜 좋아하도록 만들 만한 일을 하는 경우 **체면**
→ lose face 체면을 잃다

If you refer to something as the particular **face** of an activity, belief, you mean that it is one particular aspect of it.
어떤 활동이나 믿음의 한 측면을 나타내는 명사 **형세, 국면**
= aspect 국면

If someone **faces** a particular thing, person, or direction, they are positioned opposite them.
어떤 사물이나 사람, 방향이 앞에 놓인 상황을 표현하는 동사 **~을 면하다, 향하다**
= front 면하다

If you **face** or are **faced** with something difficult or unpleasant, you have to deal with it.
어렵거나 즐겁지 않은 일을 다루어야 할 상황을 표현하는 동사 **~에 직면하다**
= confront 직면하다

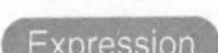

face to face 정면으로, 마주하여
on the face of the earth 전 세계에
fly in the face of (기존의 관점이나 생각 등을) 벗어나다
have a long face 슬프다
make a face 얼굴 표정을 짓다
keep a straight face (웃음을 참느라) 진지한 표정을 짓다

12 **fine** [fain] ⓐ, ⓝ

You use **fine** to describe something that you admire.
좋다고 생각하는 것을 묘사할 때 쓰는 형용사 (날씨, 사람, 사물 등 다양하게 쓴다.) 좋은
= happy 행복한, satisfactory 만족스러운, sunny 맑은, excellent 훌륭한

Something that is **fine** is delicate, narrow, or small.
섬세하고 좁고 작은 것을 묘사하는 형용사 섬세한, 예리한

A **fine** is a punishment in which a person is ordered to pay a sum of money because they have done something illegal.
불법적인 행위를 했을 때 일정 금액을 지불해야 하는 처벌 방식 벌금
= penalty 처벌

13 **credit** [krédit] ⓝ, ⓥ

If you are allowed **credit**, you are allowed to pay for goods or services several weeks after you have received them.
물건을 사거나 서비스를 받은 후 나중에 그것에 대하여 지불할 수 있는 경우에 쓰는 명사 신용 거래

If you get **credit** for something good, people praise you because you are responsible for it.
어떤 일에 대하여 책임감이 있다는 점을 칭찬할 때 쓰는 명사 명예, 신용

If someone or their bank account is in **credit**, their bank account has money in it.
은행 계좌에 돈이 있는 경우 예금, 자금

The list of people who helped to make a film is called **credits**.
영화가 끝났을 때 영화를 만든 제작진과 배우의 이름을 나열해놓은 것 크레딧

When a sum of money is **credited** to an account, it is added to the total amount of money in the account.
일정 금액의 돈을 계좌의 총액에 더하는 행위를 나타내는 동사 (예금을) 기입하다

If you cannot **credit** something, you cannot believe it is true.
사실이라고 믿는 행위 ~을(를) 신뢰하다

Voca Family **discredit** n. 불신 v. 믿지 않다

14 **block** [blɑk] ⓝ, ⓥ

A **block** of flats or offices is a large building containing them.
아파트나 사무실이 있는 건물을 가리키는 명사　**건물**

A **block** in a town is a area of land with streets on all its sides.
도로로 구분되는 도시의 지역　**구획**

A **block** is a substance that is a large rectangular piece of it.
어떤 물질의 사각형 조각　**도막, 덩이**
= brick 벽돌

To **block** a road, or channel means to put an object across it so that nothing can pass through it.
길이나 수로 등을 막아서 아무것도 통과할 수 없도록 만드는 행위　**~을 막다, 차단하다**
일의 진행을 막거나, 다른 사람의 시야를 차단하거나, 운동 경기 중 공을 막는 행위를 모두 포함
= obstruct 막다, 방해하다

15 **object** [ábdʒikt] ⓝ, ⓥ

An **object** is anything that has a fixed shape or form that you can touch or see, but is not alive. 정해진 모양이 있어서 만지거나 볼 수 있지만 생명이 없는 것　**사물, 물건**
= thing 것, article 물건

The **object** of what someone is doing is their aim or purpose.
어떤 일을 하는 목표나 목적을 나타내는 명사　**목적**
= target 목표

The **object** of a verb or preposition is a word or phrase which complete the structure.
동사나 전치사 다음에 나오는 단어의 문법적인 용어　**목적어**

If you **object** to something, you express dislike or disapproval of it.
어떤 것에 대하여 싫거나 반대의 의견을 표현하는 행위　**반대하다**
= protest 항의하다, argue against 반대주장하다

단어 확인하기

[1~4] 각 주어진 문장에서 고딕체로 된 단어의 뜻을 문맥에 맞게 쓰시오.

1 a) One of the major problem we **face** is simplistic thinking.
b) Please behave yourself and don't make me lose **face** anymore.

2 a) Don't forget to examine the **change** after you buy something.
b) Can you wait for me for a second? I have to **change** my clothes.

3 a) As circulating **capital** increases, it shows the signs of economic recovery.
b) You had better write important expressions in **capitals**.

4 a) He has **fine** ears, so I am always be afraid that he would overhear me.
b) I payed a **fine** for speeding last night.

5 고딕체로 된 단어가 보기와 같은 의미로 사용된 경우를 고르시오.

The question was so easy that **even** child could answer it.

a) His acting is **even** better than hers.
b) You had better go **even** now. It's not too late.
c) We have to find **even** ground to play badminton.
d) I can drive my car only on days of **even** number.

[6~8] 주어진 보기에서 고딕체로 된 단어와 유사한 의미를 갖는 것을 고르시오.

6 Even though we are very close, I can't help **objecting** to his opinion for our project.
a) obstructing b) refining
c) protesting d) altering

7 My boss suddenly changed his mind and **ordered** that I should finish the work by tomorrow morning.
a) encircled b) aged
c) favored d) commanded

8 The camp rules **bar** us from staying up late and going around at night inside the dormitory.
a) pub b) confront
c) ban d) secure

Check-up

- ☐ deal 많은 / 거래 / 취급하다 / 다루다, 분배하다
- ☐ capital 자본 / 자재 / 수도 / 대문자 / 중대한
- ☐ bar 술집 / 창살 / 막대기 / 전열선 / 장벽 / 마디 / 막다
- ☐ security 안전 / 안심 / 보증 / 유가증권
- ☐ order 명령하다 / 주문하다 / 순서 / 정돈 / 성직
- ☐ favor 지지 / 호의 / ~을 편애하다
- ☐ change 변화 / 거스름돈 / 잔돈 / 교환하다 / 바꾸다
- ☐ even 심지어 / 더 / 비록 ~일지라도 / 막 ~할 때 / 일정한 / 평평한, 수평의 / 동등한, 대등한 / 손해나 이득이 없는 / 침착한 / 짝수의
- ☐ age 나이 / 시대 / 늙다
- ☐ wind 바람 / 동향 / 관악기의 / 숨차게 하다 / 굽이치다 / 감다 / 돌리다
- ☐ face 얼굴 / 표면 / 체면 / 형세 / 면하다 / (문제 등에) 직면하다
- ☐ fine 좋은, / 훌륭한 / 섬세한 / 벌금
- ☐ credit 신용거래 / 신용 / 예금 / 기입하다 / 신뢰하다
- ☐ block 건물 / 구획 / 도막 / 막다
- ☐ object 사물 / 목적 / 목적어 / 반대하다

단어 파악하기

주어진 단어가 각 어구에서 어떤 의미를 나타내는지 생각해보세요.

01 **march**

in March
triumphal march

02 **long**

long-term stay
I long for the winter to be over.
as long as

03 **short**

short story
short of money
She is wearing shorts.

04 **fire**

He fired an arrow.
coal-fired power
camp fire

05 **sentence**

He was sentenced to two year of imprisonment.
This sentence is false.

06 **state**

welfare state
He is still in a state of shock.

07 **view**

The hotel has breathtaking views.
an optimistic view of life

08 **tear**

teardrops
a tear on the trousers

09 **solid**

in solid two years
The concrete will stay as solid as a rock.
solid and liquid fuel

10 **suit**

The dress really suits you.
space suit

11 **party**

the main opposite party
Christmas party

12 **since**

since 1976
since his father died

13 **one**

one-way
No one will show up.

14 **point**

ball point pen
What is the point of arguing on this?
I think he's got a point.

15 **root**

a deep rooted problem
the roots of language

단어 학습하기

01 march [maːrtʃ] ⓥ, ⓝ

When soldiers **march** somewhere, they walk there with regular steps.
군인들이 일정한 형태로 걷는 모습을 나타내는 동사 **행진하다**
같은 의미로 형태의 변화 없이 명사로 쓴다. **행진, 행렬**

If you **march** someone somewhere, you force them to walk there with you.
다른 사람으로 하여금 억지로 걷게 하는 행위 **~을(를) 억지로 걷게 하다, 연행하다**

The **march** of something is its steady development or progress.
어떤 일이 꾸준하게 발전하는 과정을 나타내는 명사 **진행, 진전**

A **march** is a piece of music with a regular rhythm.
일정한 리듬을 가진 음악의 형태 **행진곡**

March is the third month of the year in Western calendar.
서양력으로 일 년 중 세 번째 달 **3월**

Voca Family **marcher** n. 행진하는 사람

02 long [lɔːŋ] ⓐ, ⓥ

Long means a great amount of time.
많은 시간을 나타내는 형용사 **오랜**

Something that is **long** measures a great distance from one end to the other.
한 쪽 끝에서 다른 쪽 끝을 측정했을 때 거리가 먼 경우 **긴**

If you say something is the case **as long as** or so long as something else is the case, you mean that is the only case if the second thing is the case.
두 가지 일이 있을 때 한 가지가 일어난 경우에만 다른 한 가지가 일어난다는 관계를 표현하는 접속사 **as long as ~하는 한**

If you **long** for something, you want it very much.
무언가를 간절히 원하는 모습을 표현하는 동사 ~을 바라다
= desire 바라다, crave 열망하다

Expression **before long** 머지않아
no longer 더 이상 ~않다
so long = good bye (비격식체)

03 short [ʃɔːrt] ⓐ, ⓝ

If something is **short** or lasts for a short time, it does not last very long.
어떤 것이 오래도록 지속되지 않는 경우를 나타내는 형용사 짧은

If you are **short** of something, you do not have enough of it.
무언가를 충분히 가지고 있지 않음을 나타내는 형용사 불충분한, 모자라는

If you are **short** with someone, you speak briefly and rather rudely to them because you are angry.
화가 나서 타인에게 간단하면서도 무례하게 이야기를 하는 경우 퉁명스러운

Shorts are trousers with very short legs.
짧은 바지

A **short** is a small amount of a strong alcohol drink such as whisky, vodka.
위스키나 보드카 같이 독한 술의 적은 양을 가리키는 명사 술 한잔

Voca Family **shortly** adv. 곧, 즉시, 간략하게
shortage n. 부족

Expression **a short temper** 쉽게 화내는 성격
short of ~이 부족한
to be short 간단히 말하면
a short cut 지름길

04 **fire** [faiər] ⓝ, ⓥ

Fire is a hot, bright flames produced by things that are burning.
타고 있는 뜨겁고 밝은 불꽃 **불, 화재**
= flame 불꽃, blaze 화재
형태의 변화 없이 동사로 **~에 불을 붙이다**

You can use **fire** to refer in an approving someone's energy and enthusiasm.
어떤 사람의 에너지와 열정을 나타내기 위해 쓰는 단어 **열정, 활기**
= passion 열정, eagerness 정열

If you **fire** someone with enthusiasm, you make them feel very enthusiastic.
다른 사람이 열정적이 되도록 만드는 행위 **~을 고무하다**
= inspire 고무시키다, animate 격려하다

If someone **fire** a gun, a bullet is sent from the gun.
총에서 총알을 발사시키는 행위 **(총알, 화살 등을) 발사하다**
= shoot 쏘다

If you **fire** questions at someone, you ask a lot of questions very quickly.
많은 질문을 빠르게 계속해서 쏟아내는 행위 **(질문을) ~을 퍼붓다**

If an employer **fires** you, they dismiss you from your job.
고용인이 직원을 일에서 떠나게 하는 행위 **~를 해고하다**

Expression
catch fire 불붙다
have fire in one's belly 열정을 소유하다
on fire 불붙어 있는
set fire to ~에 불을 붙이다

05 **sentence** [séntəns] ⓝ, ⓥ

A **sentence** is a group of words which begin with capital letter and end with a full stop.
대문자로 시작해서 마침표로 끝나는 단어의 조합 **문장**

When a judge **sentences** someone, he or she states in court what their punishment will be.
판사가 피고인의 처벌을 판결하는 행위 **~에게 판결을 내리다**
명사로 **판결**

06 **state** [steit] ⓝ, ⓥ

You refer countries as **states** particularly when you are discussing politics.
정치적인 개념에서 국가를 일컫는 말 **국가, 나라**

When you are talking about the **state** of something or someone, you are referring to the condition they are in.
사람이나 사물이 처한 형편이나 상황 **상태, 형편**

If you **state** something, you say or write it in a formal way.
공식적인 방식으로 어떤 것을 말하는 행위 **~을 진술하다, 말하다**

07 **view** [vjuː] ⓝ, ⓥ

Your **views** on something are your beliefs or opinions that you have about it.
어떤 것에 대하여 가지고 있는 의견이나 믿음 **의견, 견해**

Your **view** of something is the way you understand it.
어떤 것을 이해하는 방식 **태도**
= attitude 태도

The **view** from a window is everything that can be seen from the place.
창가에서 내다봤을 때 보이는 모든 것 **풍경, 경치**
= scenery 풍경, landscape 풍경, outlook 전망

If you **view** something, you look at it for a particular purpose.
특정한 목적을 가지고 사물을 보는 행위 **~을 간주하다, 관찰하다**
= regard 주시하다, consider 고려하다

If you **view** a television program or film, you watch it.
TV 프로그램이나 영화를 보는 행위 **~을 보다, 시청하다**

Expression
in my view = in my opinion (의견을 말할 때) 내 생각에는
in a view of ~을 고려할 때
in view 목표로 하는
on view = on show (전시 등이) 공개중인, 상영중인

08 **tear** [tɛər] ⓝ, ⓥ tear - tore - torn

Tears are drops of salty liquid that come out of your eye when you are crying.
울 때 눈에서 나오는 소금기 있는 액체 **눈물**
형태의 변화 없이 동사로 **눈물을 흘리다**

If you **tear** paper, cloth, or other material, you pull it into two places so that a hole appears in it.
종이나 천 같은 물질을 잡고 다른 방향으로 힘을 주어 구멍이 생기게 하는 행위 **~을 찢다**
= split 쪼개다
형태의 변화 없이 명사로 **찢어진 곳, 쥐어뜯기**

09 **solid** [sάlid] ⓐ

A **solid** substance or object stays the same shape whether it is in a container or not.
어떤 용기에 넣든 상관없이 같은 모양을 유지하는 물체를 나타내는 형용사 **고체의**
형태의 변화 없이 명사로 **고체**

A substance that is **solid** is very hard and firm.
굉장히 단단하고 견고한 물질을 설명할 때 쓰는 형용사 **단단한, 튼튼한, 견고한**
= strong 강한, stable 안정된, sturdy 튼튼한

If you describe someone as **solid**, you mean they are very reliable and respectable.
믿음직스럽고 존경할 만한 사람을 묘사하는 형용사 **충실한, 확실한**
= trusty 믿을 만한, upright 옳은

If you do something for a **solid** period of time, you do it without any pause.
어떤 일을 쉼 없이 하는 경우 그 기간을 묘사하는 형용사 **연속된**

Voca Family
solidly adv. 단단하게, 끊임없이
solidity n. 견고함

10 **suit** [suːt] ⓝ, ⓥ

A man's **suit** consist of a jacket, trousers and sometimes a waistcoat, and a woman's **suit** a jacket and a skirt or trousers, all made from the same fabric.

같은 직물로 만들어진 옷으로, 남자는 자켓, 바지, 조끼, 여자는 자켓에 치마나 바지로 구성된 세트 **양복, 정장**

= outfit 옷차림, costume 복장, dress 옷

In a court of law, a **suit** is a case in which someone tries to get a legal decision against a person or company.

개인이나 회사를 상대로 법적인 결정을 요구하기 위한 재판을 일컫는 명사 **소송**

= lawsuit 소송, 고소, action 소송, case 재판

A **suit** is one of the four types of card in a set of playing card.

카드 게임에서 하트, 다이아몬드, 스페이드, 클럽의 네 가지 모양 중 같은 모양을 가진 카드 한 벌 **짝패**

If something **suits** you, it is convenient for you or is the best thing for you in the circumstance.

어떤 것이 그 상황에서 가장 좋은 선택이거나 가장 편리한 것일 때 쓰는 동사

~에 적합하다, 어울리다

= satisfy 만족시키다, please 기쁘게 하다, match 어울리다

If you **suit** yourself, you do something just because you want to do it without considering other people.

다른 사람을 염려하지 않고 하고 싶은 대로 하는 경우에 쓰는 동사

suit + oneself 제멋대로 하다

주 의

suit n. 정장 v. 어울리다

suite n. 침대와 거실 응접실이 함께 붙어 있는 호텔방의 한 종류 (스위트 룸), 모양이 같은 가구 한 벌

11 party [pάːrti] ⓝ

A **party** is a political organization whose members have similar aims and beliefs.
비슷한 목표와 생각을 가진 사람들이 모여 만든 정치 단체 정당
= faction 당파, league 연맹, clique 파벌

A **party** is a social event at which people enjoy themselves, eating, drinking, or dancing etc.
사람들이 모여서 먹고 마시고 춤추며 즐기는 사교적인 행사 파티
= get-together 모임, festivity 잔치

A **party** of people is a group of people who are doing something together.
어떤 일을 함께 하는 사람들의 집단을 나타낼 때 쓰는 명사 일행
= group 그룹, band 무리

Expression **have a party = give a party = throw a party** 파티를 열다

12 since [sins] ⓟ, ⓒ, ⓐⓓⓥ

You use **since** when you are mentioning a time or event in the past and indicating that a situation has continued from then to now.
과거에 이어난 일이 그때부터 지금까지 계속되고 있다는 것을 나타내는 ~이래로, 그 이후로

ex〉 I've been working here since 2000. 전치사
나는 2000년 이후로 여기에서 일하고 있다.

It's been a long time since we last met in Seoul. 접속사
우리가 서울에서 만난이후로 많은 시간이 지났다.

I have never had a Mexican dish since. 부사
나는 그 이후로 멕시코 음식을 먹지 않았다.

You use **since** to introduce reasons.
이유를 나타내는 접속사 ~때문에
= because

ex〉 Since she didn't feel all right, she didn't go to work. 접속사
그녀는 몸이 좋지 않아서, 일하러 가지 않았다.

주 의

1. 기간을 나타내는 경우 for나 during을 쓴다.
We've been married for three years.
우리는 결혼한지 삼 년 되었다.
2. 언제부터 언제 까지를 나타낼 때는 from ~ to를 쓰지만, since는 to와 함께 쓰지 않는다.
She works from nine to five. (O)
She works since nine to five. (X)

13 one [wʌn] ⓝ, ⓥ

① 숫자 1의 의미 **하나, 하나의**

I have **one** car. 나는 차 한 대가 있다.

② 관사 a / the 대신 쓰인다. 뒤에 나오는 명사를 강조하는 역할

One person I hate is Jack. 내가 싫어하는 한 사람은 Jack이다.

③ 둘 혹은 그 이상을 비교할 때: one, the other

I have two sisters. **One** is taller than the other.
나는 두 명의 여동생이 있다. 하나가 다른 하나보다 키가 크다.

④ 어떤 사람이나 사물이 어떤 종류인지를 확실히 알고 있는 경우에 그 사람이나 사물을 묘사할 때 쓰인다.

Although she was not a rich customer, she acted like **one**.
그녀는 부유한 고객은 아니었지만, 부유한 사람처럼 행동했다.

⑤ 일반적인 사람을 가리킬 때: ones

We are the only **ones** who know the fact.
우리가 그 사실을 알고 있는 유일한 사람들이다.

⑥ one of + 복수명사

Chris is **one of the smartest** students in my class.
Chris는 우리 반에서 가장 똑똑한 학생 중 하나이다.

Expression

one another 서로
the one and only 유일한
one by one 하나씩
one after the other (one after another) 차례로

14 **point** [pɔint] ⓝ, ⓥ

A **point** is a particular place, or position where something happens.
어떤 일이 일어난 장소나 위치를 나타내는 명사 장소
= place 장소, location 위치

The **point** of what you're saying is the most important part that provides a reason.
주장에 대한 이유를 제시하는 가장 중요한 부분 요지
= essence 핵심, gist 요점

If you ask what the **point** of something is or say that there is no **point** in it, you are indicating that a particular action has no purpose.
어떤 특정한 행동의 목적을 가리키는 말 목적, 취지
= intent 의향, goal 목적

The **point** of something such as a pin, or needle is the thin, sharp end of it.
핀이나 바늘 등의 뾰족한 끝 뾰족한 끝
= end 끝, tip 끝

In some sports, a **point** is one of single marks that are added together to give the total score.
운동 경기에서 쓰이는 총 점수를 이루는 한 점 득점, 점수
= unit 한 단위, score 점수

If you **point** to something that has happened, you are using it as a proof that a particular situation exists.
이미 일어난 일을 현재의 일에 대한 근거로 제시하는 행위 가리키다
= indicate 가리키다

If you **point** something at someone, you aim the tip of it towards them.
어떤 것의 뾰족한 끝을 사람에게 향하게 하는 행위 ~을 향하게 하다
= aim 겨냥하다, direct 향하게 하다

Expression
have a point 중요한 요점을 말하다
on the point of ~을 하려는 차에
come to the point 요점으로 가서
midpoint 중간점
melting point 녹는점
standpoint 입장
turning point 전환점
viewpoint 견해

15 **root** [ruːt] ⓝ, ⓥ

The **roots** of a plant are the parts of it that grow under the ground.
땅 아래에서 자라는 식물의 부분 뿌리

The **root** of a hair or tooth is the part of it that is underneath the skin.
피부 아래에 있는 머리카락이나 이빨의 부분 밑뿌리

You can refer to the place or culture that a person or their family comes from as their **roots**.
한 사람이나 그 가족이 자란 지역이나 문화를 가리키는 말 근원, 고향
= origin 근원, birthplace 출생지

The **root** of a word is the part that contains its meaning and to which other parts can be added.
언어학 용어로 단어의 실질적인 의미를 담고 있는 부분 어원

If you **root** through or in something, you search for something by moving other things around.
주변의 것을 옮겨서 어떤 것을 찾는 행위 파헤치다, 휘젓다
= dig 파다

Voca Family **rooted** a. 뿌리 깊은

단어 확인하기

[1~4] 각 주어진 문장에서 고딕체로 된 단어의 뜻을 문맥에 맞게 쓰시오.

1 a) The people's dresses and **suits** blocked my view of the garden.
b) What do I look like? Does this new blue shirt **suit** me well?

2 a) In funerals, we can find some people squeezing their **tears**.
b) On finding the letter, my mother **tore** it into pieces without opening it.

3 a) **Since** this movie was so successful, he was able to start his own animation company.
b) I have had good feelings to you **since** we first met at the class.

4 a) They have a long list of other **points** that support their argument.
b) He is the player who scored many **points** at the last match.

5 고딕체로 된 단어가 보기와 같은 의미로 사용된 경우를 고르시오.

> I am afraid that he would **fire** me because I got the lowest score in the previous group project.

a) Cease **fire**! He is not the suspect.
b) I am really tired because you **fire** so many questions at me.
c) I like someone who can **fire** me with passion.
d) He decided to **fire** Nancy because she was always late at the business meeting.

[6~8] 주어진 보기에서 고딕체로 된 단어와 유사한 의미를 갖는 것을 고르시오.

6 The judge **sentenced** him to a fine taking consideration of his pure intention.
a) convicted b) indicated
c) inspired d) craved

7 The **party** leader should be very competent and careful in public speech.
a) unit b) gist
c) faction d) case

8 Korea is famous for its architecture technique making sophisticated and **solid** buildings.
a) satisfying b) sturdy
c) marching d) handy

Check-up

□ march 행진하다
억지로 걷게 하다
진전
행진곡
3월

□ long 오랜
긴
as long as ~하는 한
바라다

□ short 짧은
불충분한
퉁명스러운
짧은 바지
술 한잔

□ fire 불
열정
고무하다
발사하다
퍼붓다
해고하다

□ sentence 문장
판결을 내리다

□ state 국가
상태
진술하다

□ view 의견
태도
풍경
관찰하다
시청하다

□ tear 눈물, 눈물을 흘리다
찢다, 찢어진 곳

□ solid 고체의
단단한
확실한
연속된

□ suit 정장
소송
어울리다
제멋대로 하다

□ party 정당
파티
일행

□ since ~이래로, 이후로(전치사, 접속사, 부사)
~때문에

□ one 하나의
관사 a / the 대신
one, the other
특정 종류의 사람이나 사물
일반적인 사람
one of + 복수명사

□ point 장소
요점
목적
뾰족한 끝
득점
가리키다
향하게 하다

□ root (식물의) 뿌리
(머리, 이) 밑뿌리
고향
어원
파헤치다

주어진 단어가 각 어구에서 어떤 의미를 나타내는지 생각해보세요.

01 **present**

birthday present
the present French government

02 **objective**

objective evidence
Our objective is a free, open society.

03 **part**

Half of workers took part in the strike.
the first part of the plan
the watch parts
They have never parted from each other.

04 **deed**

his heroic deed
under deed of guardianship

05 **volume**

high-volume sales
turn down the volume
the first volume of his autobiography.

06 **miss**

Miss Tennyson
He misses her terribly.
The missiles missed their target.

07 **branch**

a local branch
the topmost branches of the trees

08 stock

stock market
all the items in stock
working class stock

09 last

last Christmas
the start of the last academic year
It won't last long.

10 mark

She made a mark with a pencil.
50 million marks
pass mark

11 feature

The local paper featured me.
a feature-length film
geographical feature

12 spell

sunny spells
How do you spell your name?
That spells disaster.

13 degree

degree course
25 degrees

14 case

case study
a jewel case
a criminal case

15 right

Turn right.
He knows right from wrong.
I'll be right back.

단어 학습하기

01 **present** [présənt] ⓝ, ⓥ, ⓐ

A **present** is something that you give to someone.
다른 사람에게 주는 어떤 것 **선물**
= gift

If you **present** someone with something such as a prize or document, you officially give it to them.
상이나 문서 등을 어떤 사람에게 공식적으로 주는 행위를 나타내는 동사
~을 제출하다, 주다
= give 주다, exhibit 전시하다, bestow 수여하다

You use **present** to describe a person or thing that exists now.
지금 존재하는 사람이나 물건을 묘사할 때 사용하는 형용사 **현재의**
= current

If someone is **present** at an event, they are there.
어떤 사람이 어딘가에 존재할 때 be 동사와 함께 사용하는 형용사 **출석한**
= here

02 **objective** [əbdʒéktiv] ⓝ, ⓐ

Your **objective** is what you are trying to achieve.
당신이 이루고자 하는 목표 **목적, 목표**
= purpose 목적, aim 목표

Objective information is based on facts.
사실에 입각한 태도를 나타내는 형용사 **객관적인**
= unbiased 편향적이지 않은, detached 편견이 없는

Voca Family
objectively adv. 객관적으로
objectivity n. 객관성

03 **part** [pa:rt] ⓝ, ⓥ

A **part** of something is one of the pieces or sections that consist of it.
어떤 것을 구성하고 있는 조각이나 단편을 나타내는 명사 **부분**
= piece 조각, bit 조각

A **part** for a machine is one of the smaller pieces to make it.
기계나 차를 만들 때 쓰이는 **작은 부품**
= component 성분, 부품

A **part** in a play or film is one of the roles in it.
영화나 연극에서 사용될 때 **역할**
= role 역할, character 인물

Your part in something that happens is your involvement in it.
어떤 일에 당신이 참여하고 있는 경우 **관여, 직분**
= side 측, behalf 측, 편

If you **take part in** an activity, you do it together with other people.
어떤 활동을 다른 사람들과 함께 하는 행위를 나타내는 동사 **take part in ~에 참여하다**
= participate 참여하다

If things that are next to each other **part**, they move in the opposite direction.
서로 맞붙어 있는 것이 서로 다른 방향으로 움직이는 상황을 나타내는 동사 **갈라지다, 분리하다**
= divide 분리하다, break 깨뜨리다

When two people **part**, or one person parts from another, they leave each other.
두 사람이 헤어지거나 갈라서는 경우 **헤어지다, 떠나다**
= separate 갈라서다, depart 벗어나다

Voca Family **impart** v. 전하다, 주다

04 **deed** [di:d] ⓝ

A **deed** is something that is done, especially something that is very good or very bad.
특히 굉장히 잘 이루어지거나 혹은 좋지 않게 진행된 일을 나타내는 명사 행동
= action 행동, achievement 성취

A **deed** is a document containing the terms of agreement concerning ownership of land or building.
땅이나 건물의 소유에 대한 계약 약관을 적어놓은 문서 증서
= contract 계약

indeed adv. 실로, 과연
misdeed n. 악행, 비행

05 **volume** [válju:m] ⓝ

The **volume** of something is the amount of it that there is.
어떤 것의 양을 나타낼 때 쓰는 명사 양
= quantity 양, capacity 용량, amount 양

The **volume** of an object is the amount of space that it contains or occupies.
어떤 것이 포함하거나 차지하고 있는 공간의 크기 부피
= dimension 부피

A **volume** is a book.
책을 나타내는 단어 책
= publication 출판물

The **volume** of a radio or TV is the loudness of the sound that it produces.
라디오나 텔레비전에서 나오는 소리의 크기를 나타내는 말 음량, 볼륨

06 **miss** [mis] ⓥ

You use **Miss** in front of the name of a girl or unmarried woman.
결혼을 하지 않은 여성의 이름을 부를 때 붙여서 쓰는 말 ~씨

If you **miss** something, you fail to hit it
어떤 목표물을 맞히지 못하는 행위를 나타내는 동사 ~을 빗맞히다

If you **miss** a plane or train, you are too late to catch it.
비행기나 기차 등을 너무 늦어서 타지 못한 경우 ~을 놓치다

If you **miss** the meaning of something, you fail to understand it.
어떤 것의 의미를 이해하지 못할 때 ~을 이해하지 못하다

If you **miss** someone who is no longer with you, you feel sad and wish that they are still with you.
함께 있지 못하는 사람을 생각하며 슬퍼하는 행위 ~을 그리워하다

07 **branch** [bræntʃ] ⓝ

Branches of a tree are the parts that grow out from its trunk and have leaves.
줄기에서 뻗어 나와 잎을 달고 있는 나무의 부분 가지

A **branch** of business or other organization is one of the offices, or shop which are located in different places.
한 기업이나 단체의 소속으로 각기 다른 지역에 위치하고 있는 사무실이나 상점을 일컫는 말 지부, 지점

A **branch** of a subject is a part or type of it.
한 과목과 관련된 하위의 과목 분과, 부문

Expression **branch off** 갈라지다
branch out 가지를 내다, 확장하다

08 **stock** [stɑk] ⓝ, ⓥ, ⓐ

A company's **stock** is the amount of money which the company has through selling shares.

회사의 지분을 팔아 생기는 회사 돈의 양 **주식, 채권**

= property 자산, asset 자산

If you are from a particular **stock**, you are descended from a particular group of people.

당신이 어떤 특정한 조상으로부터 내려온 것을 나타내는 명사 **가문**

Stocks are cattle, sheep or other animals which are kept by a farmer.

농부가 기르는 소나, 양과 같은 동물 **가축**

= livestock 가축

In former times, a **stock** was an instrument of punishment.

옛날에 사용하던 죄를 다루는 도구 (죄인의 손과 발을 구멍에 고정시키는 나무로 만든 판)

Stock is a liquid usually made by boiling meat, bones, or vegetables in water.

고기나 야채를 삶은 국물 **국물, 스프**

If a shop **stocks** a particular goods, it keeps supply of them.

가게에서 팔 물건의 공급을 유지하기 위하여 재고를 두는 행위 **~을 비축하다**

= store 저장하다, accumulate 축적하다

형태의 변화 없이 명사로 **재고, 재고량**

Stock answer, expression or way of doing something is one that is commonly used.

일반적으로 자주 사용되는 말이나 표현 등을 나타내는 형용사 **평범한, 보통의**

= standard 표준의, conventional 인습적인

09 **last** [læst] ⓐ, ⓥ, ⓐⓓⓥ, ⓟ

You use expressions such as **last** Friday, **last** week, or last night to refer to the most recent Friday, week, or night.
가장 최근에 지난 때를 가리키는 형용사 **지난**
= recent 최근의, latest 가장 최근의

The **last** thing, person or event is one that happens or comes after all the others.
가장 마지막으로 일어나는 일이나 사람을 수식하는 형용사 (late의 최상급 형태) **마지막의**
= final 마지막의, closing 끝의

Last is used to refer the only thing that remains.
남아 있는 유일한 것을 가리키는 형용사 **최후의**

If something **lasts** for a particular length of time, it continues to be able to use for that time.
어떤 것이 일정 기간 동안 사용되고 유지되는 것을 나타내는 동사 **지속되다**
= persist 지속되다, remain 남다

If something **last** happened on a particular occasion, this was the most recent occasion on which it happened.
어떤 일이 가장 최근에 일어난 경우를 나타낼 때 쓰는 부사 **지난번에**

If you are **the last** to do or know something, everyone else does or knows it before you.
당신이 어떤 사실을 알거나 어떤 일을 하게 되는 마지막 사람인 경우에 쓰는 대명사 **the last 최후, 마지막 사람**

Voca Family
lasting a. 지속되는
lastly adv. 마지막으로 (주로 문장의 맨 앞에 쓰임)

Expression
at last 마침내
in the last place 최후로
to the last man 마지막 한 사람까지, 남김없이

10 **mark** [mɑːrk] ⓝ, ⓥ

A **mark** is a small area of something such as dirt that has accidentally got onto a surface or piece of clothing.
옷이나 표면에 우연히 먼지 같은 것이 묻었을 때 그 부분을 나타내는 명사 흔적
= spot 얼룩

A **mark** is a written or printed symbol, for example a letter of the alphabet.
알파벳 철자와 같은 기호 기호, 부호
= symbol 상징, emblem 표상

A **mark** is a point that is given for a correct answer in an exam.
시험에서 옳은 정답에 주어지는 점수 점수
형태 변화 없이 동사로 ~에 대하여 점수를 매기다
= grade 점수, evaluate 평가하다

The **mark** of something is the characteristic feature that enables you to recognize it.
어떤 것을 알아볼 수 있게 하는 특징 특징, 표시

The **mark** is the unit of money that is used in Germany.
독일에서 사용되는 화폐 마르크

If something **marks** a place, it shows where something else is or where it used to be.
어떤 것이 있었던 자리나 그것이 있는 자리를 표시하는 역할을 할 때 ~을 표시하다, 구분하다

Expression **on the mark** 정확한 ↔ **off the mark** 틀린

11 **feature** [fíːtʃər] ⓝ, ⓥ

A **feature** of something is an interesting or important part of it.
어떤 것이 갖는 중요하고, 흥미로운 부분을 가리키는 명사 **특징**
= characteristic 특징, property 특징

Your **features** are your eyes, nose, mouth or parts of your face.
얼굴에 있는 눈, 코, 입 등을 가리키는 명사 **생김새**

A **feature** is a special article in newspapers or magazines.
신문이나 잡지에서 다루는 특별 기사를 나타내는 명사 **특집 기사**
= article 기사, column 칼럼

A **feature** film or movie is a long-length film about a fictional situation, as opposed to a short film or documentary.
짧은 단편이나 다큐멘터리와 반대되는 긴 장편 영화를 가리키는 명사 **장편**

A geographical **feature** is something noticeable in a particular area of country.
어느 지역의 두드러진 지형을 나타내는 명사 **지세, 지형**

If something such as a film or exhibition **features** a particular person, they are an important part of it.
어떤 인물이 영화나 전시의 중심 주제인 경우를 나타내는 동사 **~를 크게 다루다**
= highlight 강조하다

12 **spell** [spel] ⓥ, ⓝ spell - spelled(spelt) - spelled(spelt)

If you **spell** a word, you write or speak each letter in the word correctly.

단어의 철자를 정확히 쓰거나 말하는 행위 **~의 철자를 쓰다, 철자를 말하다**

If something **spells** a particular result, often an unpleasant one, that will be the result.

주로 좋지 않은 결과가 생기는 경우에 쓰는 동사 **~을 가져오다, ~한 결과가 생기다**

= signal 알리다, indicate 나타내다

Spell of a particular type of weather or activity is a short period of time during which type of weather or activity occurs.

특정 날씨나 활동이 일어나는 짧은 기간을 나타내는 명사 **한동안의 계속, 짧은 기간, 차례**

= period 기간, season 철, 계절

A **spell** of a situation in which events are controlled by a magical power.

어떤 일이 신비한 힘에 의해서 어떤 일이 이루어질 때 그 상황을 가리키는 명사
주문, 마력

= fascination 매력, allure 유혹

13 **degree** [digríː] ⓝ

You use **degree** to indicate the extent to which something happens.
어떤 일이 어느 정도로 일어나는가를 표현하는 단어 **정도**
= grade 정도

A **degree** is a unit of measurement. (angles, longitude, latitude, temperature, etc.)
각도, 경도, 위도, 온도를 측정하는 단위 **도**
= unit 단위

A **degree** at a university or college is a qualification you get after you finished the course.
대학에서 공부하는 코스를 마쳤을 때 받는 자격 **학위**

Expression
to some degree / to a certain degree 어느 정도, 꽤
to what degree 어디 까지
by degree 점차
a degree of 어느 정도의
bachelor's degree 학사학위
master's degree 석사학위

14 case [keis] ⓝ

A **case** is a particular situation, especially one that you are using as an individual example.
개인적인 예시로 사용하는 특정한 상황 **경우, 사례**
= instance 실례, example 사례

A **case** is a person or their problem that a doctor, or other professional is dealing with.
의사 등의 전문가가 다루는 사람이나 그들의 문제를 나타내는 명사 **문제, 환자**
= circumstance 상황, 처지

A **case** is a crime or mystery that police is investigating.
경찰이 조사하고 있는 사건이나 의문 **사건**
= occurrence 사건

In law, a **case** is a trial or other legal inquiry.
법에서 재판이나 법적인 조사를 나타내는 명사 **소송, 판례**
= lawsuit 재판

A **case** is a container that is especially designed to hold something.
무언가를 담아 놓도록 고안된 용기 **상자, 용기**
= box 상자, container 용기

Expression
in case (= just in case) ~에 대비하여, 만약에 대비하여
in case of ~의 경우에는
in that case 그러한 경우에는
a case in point 적절한 사례
case by case 사례 하나 하나

15 **right** [rait] ⓐ, ⓝ, ⓐⓓⓥ

If something is **right**, it is correct and agrees with the facts.
어떤 것이 사실과 맞고 옳은 경우 옳은
= fair 공정한, good 좋은, proper 적절한, correct 옳은, accurate 정확한

The **right** is one of two opposite directions.
반대인 두 방향 중 하나 오른쪽
형용사로 오른쪽의
부사로 오른쪽에

Your **rights** are what you are legally entitled to do.
법적으로 할 수 있도록 정해진 것 권리

You can use **right** to emphasize the precise place or position of something.
어떤 것의 정확한 장소나 위치를 강조하여 말할 때 바로
= exactly 정확하게, precisely 바로

Voca Family
rightly adv. 올바르게
righteous a 올바른, 정당한
rightful a 올바른, 합법의

Expression
copyright 저작권
right-handed 오른손잡이의
right angle 직각
right-minded 정직한
right now 바로 지금
right away 즉시

단어 확인하기

[1–3] 주어진 두 문장에서 고딕체로 된 단어가 어떤 의미를 나타내는지 구분하시오.

1 a) He missed the **last** bus.
b) It has been a long time since we **last** met in L.A.

2 a) I have a high **degree** of satisfaction on my work.
b) He acquired a law **degree** by taking classes at night.

3 a) The **right** for great art has been an essential feature of a free nation.
b) They may walk **right** by a friend without noticing him or her.

[4] 주어진 문장에서 고딕체로 된 단어와 같은 의미로 쓰인 문장을 고르시오.

4 The process starts when the **branches** of a tree are cut off.
a) The company **branched** out into the communication business.
b) The wind was bouncing the **branches**.
c) You can use the voucher in your local **branch**.
d) Psychiatry is one of the **branches** of medicine.

[5-6] 다음 문장의 고딕체로 된 단어와 비슷한 의미를 나타내는 단어를 보기에서 고르시오.

5 Our central **objective** is not primarily to make profits.
a) amount
b) contract
c) article
d) aim

6 If all requirements have been fulfilled, your **mark** has to be five.
a) symbol
b) spot
c) grade
d) instance

[7–8] 다음 고딕체로 된 단어의 의미가 같은지 다른지를 판별하고 다르다면 각각 어떤 의미로 쓰였는지 말하시오.

7 a) In some **cases**, there is a minimum age limit.
b) He picked up the **case** and walked toward the exit.

8 a) The Robin family hold 50% of the **stock**.
b) The shop **stocks** an extensive range of beach wear.

Check-up

□ present 선물
제출하다
출석한, 현재의

□ objective 목적, 목표
객관적인

□ part 부분
부품
역할
직분
참여하다
갈라지다
헤어지다

□ deed 행동
증서

□ volume 양
부피
책
음량

□ miss (여성 호칭) ~씨
빗맞히다
놓치다
이해하지 못하다
그리워하다

□ branch 가지
지점
분과
가지를 내다

□ stock 주식
가문
가축
국물
비축하다
보통의

□ last 지난
마지막의, 최후의
지속되다
지난번에
최후

□ mark 흔적
기호, 부호
점수
~에 대하여 점수를 매기다
특징, 표시
마르크
~을(를) 표시하다, 구분하다

□ feature 특징
생김새
특집기사
장편
지형
~를 크게 다루다

□ spell ~의 철자를 쓰다
~한 결과가 생기다
짧은 기간
주문, 마력

□ degree 정도
도
학위

□ case 사례
문제
사건
소송
상자

□ right 옳은
오른쪽
권리
바로

유 | 사 | 어

유사어는 생김새와 발음이 비슷해서 혼동하기 쉬운 단어입니다. 혼동을 피하기 위한 가장 좋은 방법은 그때 그때 정확한 의미를 익히는 것이지만, 그게 맘처럼 잘 되진 않습니다. 몇 년 전부터 수능에서 학생들을 골치아프게 만드는 주범이 바로 유사어 사이에서 옳은 답을 골라내는 문제입니다.

유사어를 위한 학습 방법

1. 사전을 이용하여 비슷한 모양의 단어를 미리 파악해둔다.
2. 단어의 발음을 정확히 익혀 다른 단어와 혼동되는 것을 미리 방지한다.
3. 발음이 비슷한 단어는 따로 묶어 정리해둔다.
4. 형태가 비슷한 단어는 의미를 확실히 구별시킨다.

아래 단어에서 연상되는 것과 관련 있는 단어를 보기에서 찾아 연결해보자.

01	**altitude** ·	· food
	attitude ·	· height
	aptitude ·	· ability
	appetite ·	· positive
02	**defect** ·	· fail
	default ·	· fault
	detect ·	· find
03	**explode** ·	· bomb
	explore ·	· injustice
	exploit ·	· discover
04	**complaint** ·	· good work
	compliment ·	· cooperate
	complement ·	· criticism
05	**require** ·	· gain
	acquire ·	· want
	inquire ·	· ask
06	**file** ·	· quantity
	pile ·	· document
07	**accident** ·	· event
	incident ·	· car
	coincident ·	· at the same time

08	**ethical** ·	· nation
	ethnical ·	· moral
09	**conceive** ·	· plan
	conceit ·	· pride
10	**board** ·	· game
	abroad ·	· ship
	aboard ·	· foreign country
11	**furnish** ·	· furniture
	flourish ·	· thrive
12	**crush** ·	· accident
	crash ·	· juice
13	**inhabit** ·	· ban
	inherit ·	· live
	inhibit ·	· possession
14	**glow** ·	· light
	grow ·	· size
15	**slap** ·	· board
	slab ·	· palm

단어 학습하기

01 altitude - attitude - aptitude - appetite

altitude [ǽltətjù:d] ⓝ

If something is at a particular **altitude**, it is at that height above sea level.

어떤 것이 어느 높이에 있는가를 나타낸 고도 높이, 고도

주 의 위도 **latitude**
경도 **longitude**

attitude [ǽtitjù:d] ⓝ

Your **attitude** to something is the way you think and feel about it.

어떤 것에 대하여 생각하거나 느끼는 방식 태도

= approach 접근, mood 분위기, opinion 의견

aptitude [ǽptitù:d, -titjù:d] ⓝ

Someone's **aptitude** for a particular activity is their ability to learn it quickly and do it well.

어떤 특정한 일을 빨리 배우고 잘할 수 있는 능력 적성

= gift 재능, talent 재능, ability 능력, capability 역량

Expression **aptitude test** 적성검사

appetite [ǽpitàit] ⓝ

Your **appetite** is desire to eat.

먹고자 하는 바람 식욕

= desire 바램, hunger 배고픔, liking 좋아함

먹는 것을 떠나서 어떤 것에 대한 (예를 들면, 성공) 강한 바람을 나타낼 때도 씁니다.

02 defect - default - detect

defect [difékt] ⓝ, ⓥ

A **defect** is a fault or imperfection in a person or thing.

사람이나 사물이 가진 문제나 불완전함을 나타내는 명사 **결함, 부족**

= fault 잘못, blemish 결점, error 잘못

If you **defect**, you leave your political party or group and join an opposing party or group.

당신이 속한 정당이나 그룹을 떠나 반대 정당이나 그룹으로 가는 행동 **이탈하다, 변절하다**

= abandon 버리다, revolt 배반하다

Voca Family **defection** n. 이반, 탈당, 변절

default [difɔ́:lt] ⓝ, ⓐ

If a person **defaults** on something, they legally agreed to do but failed to it.

어떤 것을 하기로 법적으로 동의하였으나 실행하지 못한 행동 **이행하지 않다**

= fail 실패하다, dodge 교묘하게 피하다, neglect 간과하다

형태의 변화 없이 명사로 **불이행**

A **default** situation is what exists or happens unless someone changes it.

명사를 수식하는 형용사로 쓰일 때 변화를 주지 않은 상태를 묘사하는 말 **애초의**

detect [ditékt] ⓥ

To **detect** something means to find it by using equipment or making an investigation.

기구를 이용하거나 조사를 통하여 어떤 것을 찾아내는 행위 **~을(를) 발견하다, 탐지하다**

= discover 발견하다, notice 알아채다

Voca Family
detection n. 탐지
detective a. 탐정의 n. 탐정
detectable a. 탐지할 수 있는
detector n. 탐지자, 탐지기

03 explode - explore - exploit

explode [ikspló̱ud] ⓥ

If something such as a bomb **explodes**, it bursts loudly with great force.

폭탄 같은 것이 엄청난 힘으로 큰 소리를 내며 터지는 모습 **폭발하다**

= blow up 폭발하다, burst 파열하다, go off 폭발하다

If someone **explodes**, they express their strong feeling suddenly or violently.

사람이 감정을 갑자기 강하게 표현하는 모습 **분격하다**

그 외에 어떤 것의 수나 강도가 갑자기 커지는 경우나, 갑자기 커다란 소리를 내는 경우에 쓰입니다.

explosion n. 폭발
explosive a. 폭발하기 쉬운

explore [ikspl5ːr] ⓥ

If you **explore** a place, you travel around it and find out what it is like.

어느 지역을 여행하고 그 곳이 어떤 곳인지를 파악해내는 행동 **~을(를) 탐험하다**

= travel 여행하다, survey 조사하다

If you **explore** an idea, you think about it to assess it carefully.

어떤 생각을 조심스럽게 판단하기 위하여 그것을 진지하게 고려하는 행동 **~을(를) 탐구하다**

= investigate 조사하다, examine 검사하다, inspect 조사하다

exploration n. 탐험, 조사
explorer n. 탐험가
exploratory a. 탐험의

exploit [éksplɔit, ikspl5it/ikspl5it] ⓥ

If something is **exploiting** you, they are treating you unfairly by using your work.

무언가가 당신을 공정하지 않게 대우할 때 그것의 행동을 표현하는 동사 **~을(를) 착취하다**

= take advantage of 이용하다, abuse 남용하다

If you **exploit** something, you use it well and gain an advantage from it.
당신이 어떤 것을 잘 이용하고 그것으로부터 이득을 취하고 있다면 ~을(를) 활용하다
= make the best use of 잘 활용하다

그 외에 자연자원을 이용하다, 개발하다는 의미의 동사로도 쓰이고, 어떤 사람의 특별한 업적을 나타내는 명사로도 씁니다.

Voca Family **exploitation** n. 착취
exploiter n. 착취자
exploitable a. 개발할 수 있는
exploitative a. 착취의

04 complaint - compliment - complement

complaint [kəmpléint] ⓝ

A **complaint** is a statement in which you express your dissatisfaction for a particular situation.
어떤 상황에 대한 불만족을 표현하는 말 **불평, 불만**
= criticism 비평, grumble 불평, protest 항의

complain v. 불평하다
글의 목적을 찾는 문제의 보기에서 자주 볼 수 있습니다. 고객이 회사의 제품이나 서비스에 불만을 표시하는 편지글의 목적은 **to complain**입니다.

compliment [kάmpləmənt/kɔ́m-] ⓝ

A **compliment** is a polite remark that you say to someone to approve of what they have done.
어떤 사람이 한 일이 훌륭하다고 말하는 것 **칭찬**
형태의 변화 없이 같은 의미의 동사 **칭찬하다**
= praise 칭찬, 칭찬하다

complement [kάmpləmənt/kɔ́m-] ⓥ

If people or things **complement** each other, they are different, which makes them a good combination.
서로 다른 사람이나 사물이 함께 좋은 조화를 이루는 상황에 쓰이는 동사 **보충하다**
형태의 변화 없이 명사로 **보충**

complementary a. 보완적인
complementation n. 상보성 (서로 모자란 부분을 보충하는 관계)

05 require - inquire - acquire

require [rikwáiər] ⓥ

If you **require** something, you need it.
무언가가 필요할 때 ~을 필요로 하다

If a law **require** you to do something, you have to do it.
법이나 규칙은 지켜야 합니다. ~을 요구하다
= need 필요하다, demand 요구하다

Voca Family **requirement** n. 요구, 필요조건

inquire [inkwáiər] ⓥ

If you **inquire** about something, you ask for information about it.
어떤 것에 대한 정보를 요구하는 행위 묻다
주로 of나 about과 함께 쓰인다.
= ask 묻다, query 질문하다
inquire 대신 enquire라고 쓸 수 있습니다.

Voca Family **inquiry / enquiry** n. 문의, 조사

Expression **inquire into** ~을 조사하다

acquire [əkwáiər] ⓥ

If you **acquire** something, you buy or obtain it for yourself.
어떤 것을 사거나 얻게 되는 행위 ~을 획득하다

If you **acquire** something such as a skill or habit, you learn it and develop it.
기술이나 습관 등을 배우고 발전시키는 행위 ~을 익히다
= get 얻다, gain 얻다, obtain 획득하다

Voca Family **acquisition** n. 습득

06 file - pile

file [fail] ⓝ, ⓥ

A **file** is a box or a folded piece of heavy paper in which letter and documents are kept.

편지나 문서를 보관하는 박스나 종이 묶음 **서류꽂이, 서류철**

= folder 폴더, case 상자

A **file** is a collection of information about a particular person or thing.

특정 사람이나 사물에 관한 정보를 모아둔 것 **자료**

= data 자료, information 정보

그 외에 컴퓨터 파일, 줄(연장)의 의미로 씁니다.

If you **file** a document, you put it in a correct file.

문서를 파일에 정리한다는 의미의 동사 **~을(를) 철하다**

= record 기록하다

If you **file** a formal or legal accusation, complaint or request, you make it official.

법적인 비난, 불평, 요청을 공식적으로 만드는 행위 **~을(를) 제출하다, 제소하다, 신청하다**

= register 등록하다

그 외에 줄지어 행렬하다, 줄질하다 등으로 씁니다.

pile [pail] ⓝ, ⓥ

A **pile** of things is a mass of them or a quantity of them that is put neatly.

어떤 것이 많거나 잘 정돈되어 있을 때 쓰는 명사 **더미**

= accumulation 축적, collection 수집

그 외에 말뚝, 솜털, 치질

If you **pile** something, you put them there so that they can form a pile.

쌓아 올리는 행위 **~을(를) 쌓아올리다**

= gather 모으다, amass 축적하다

Expression **a pile of 많은 = a lot of = a great deal of**

07 accident - incident - coincident

accident [ǽksidənt] ⓝ

If someone has an **accident**, something unpleasant happens to them.
달갑지 않은 일을 가리키는 명사 **사고, 재난**
= misfortune 불행, calamity 재난

Voca Family **accidental** a. 우연한
accidentally adv. 우연히

Expression **by accident 우연히 = by chance**

incident [ínsədənt] ⓝ

An **incident** is something that happens, often something that is unpleasant.
일어나는 일을 나타내는 명사 (주로 좋지 않은 일의 경우) **사건**
= event 사건, happening 사건

Voca Family **incidental** a. 일어나기 쉬운, 부가적인
incidentally adv. 우연히, 부수적으로

coincident [kouínsədənt] ⓐ

Coincident events happen at the same time.
어떤 일이 동시에 일어나는 경우를 묘사하는 형용사 **동시에 일어나는**

Coincident opinions are very similar to each other.
의견이나 생각이 비슷한 경우를 묘사하는 형용사 **일치하는**

Voca Family **coincidence** n. 일치, 동시발생
coincidental a. 동시에 일어나는
coincidentally adv. 동시적으로

08 ethical - ethnical

ethical [éθikəl] ⓐ

Ethical means relating to beliefs about right and wrong.
옳고 그름을 판단하는 믿음을 가리키는 형용사 **윤리적인**
= moral 도덕적인, proper 적절한
ex〉 an ethical person 도덕적으로 옳은 사람

Voca Family ethics n. 윤리, 윤리학
ethically adv. 윤리적으로

ethnical [éθnikəl] = **ethnic** ⓐ

Ethnic means connected with different racial or cultural groups of people.

다른 인종이나 문화를 가진 사람들의 집단과 관련된 것을 묘사할 때 **인종의, 민족의**

Voca Family ethnic a. 민족의 n. 소수민족
ethnicity n. 민족성
ethnically adv. 민족적으로

09 conceive - conceit

conceive [kənsíːv] ⓥ

If you cannot **conceive** of something, you cannot imagine it or believe it.

어떤 것을 상상하거나 믿을 수 없는 상태를 설명하는 동사 **그리다, 상상하다, 생각하다**

= believe 믿다, imagine 상상하다

If you **conceive** a plan or idea, you think about it and work out how it can be done.

어떤 계획에 대하여 생각해보고 어떻게 실행할 수 있을지 판단하는 행위 **~을(를) 고안하다**

= create 만들다, design 고안하다

Voca Family conceivable a. 생각할 수 있는

conceit [kənsíːt] ⓥ

Conceit is very great pride in your ability or achievements that other people feel is too great.

다른 사람들이 느끼기에 지나치다 싶은 정도의 능력이나 성과에 대한 자부심을 가리키는 명사 **자만**

= arrogance 거만

10 board - aboard - abroad

board [bɔːrd] ⓝ, ⓥ

A **board** is a flat, thin, rectangular piece of wood or plastic.
편평한 얇은 사각형은 나무나 플라스틱 판자
게임에서 쓰는 게임판, 학교에서 쓰는 칠판, 건물에서 쓰는 게시판 등을 가리키는 말로 쓰인다.

The **board** of a company or organization is the group of people who control it.
회사나 단체를 지휘하는 중요한 사람들 중역, 위원

Board is the food which is provided when you stay in a hotel.
호텔 같은 곳에 머물 때 제공되는 음식 식사

When you **board** a ship, train or aircraft, you get on it.
배나 기차, 비행기를 타는 행위 ~에 오르다, ~을 타다

aboard [əbɔ́ːrd] ⓟ

If you are **aboard** a ship or plane, you are on it.
배나 비행기를 탄 상태를 묘사하는 전치사 ~을 타고
ex〉 You are **aboard** a ship. = You are on **board** a ship.

abroad [əbrɔ́ːd] ⓐⓓⓥ

If you go **abroad**, you go to a foreign country.
다른 나라에 갈 때, 특히 바다를 건너서 가는 경우에 쓰이는 부사 해외로
= overseas

11 furnish - flourish

furnish [fə́ːrniʃ] ⓥ

If you **furnish** a room or building, you put furniture into it.
방이나 건물에 가구를 들여놓는 일을 나타내는 동사 ~에 설비를 공급하다, 가구를 비치하다
= equip 설비하다

Voca Family **furnished** a. 가구가 있는
furnishing n. 비품, 가구

flourish [flə́:riʃ, flʌ́riʃ] ⓥ, ⓝ

If something **flourishes**, it is successful and developing quickly.

어떤 것이 성공적이고 빠르게 발전해 나가는 모습을 묘사하는 동사 번영하다

= prosper 번영하다

If you do something with a **flourish**, you do it in a showy way so that people notice it.

다른 사람들이 다 알아볼 수 있을 만큼 과장된 모습으로 어떤 일을 할 때 과시, 과장

Voca Family **flourishing** a. 번영하는
flourishy a. 화려한

12 crush - crash

crush [krʌʃ] ⓥ, ⓝ

To **crush** something means to press it very hard so that its shape is destroyed.

어떤 것을 강하게 눌러서 형태를 없애는 행위 ~을 뭉개다, 짓밟다

= squash 으깨다

형태의 변화 없이 명사로 으깸, 분쇄

A **crush** is a crowd of people close together, in which it is difficult to move.

움직이기 힘들 만큼 사람들이 많이 몰려 있는 무리를 가리키는 명사 붐빔

= huddle 혼잡

Voca Family **crushing** a. 박살내는
crusher n. 분쇄기

crash [kræʃ] ⓝ, ⓥ

A **crash** is an accident in which a moving vehicle hits something.

움직이는 차가 어떤 것을 들이받은 사고를 나타내는 명사 충돌

형태의 변화 없이 동사로 (자동사, 타동사 모두 가능) 충돌하다, ~을 치다

= smash 세차게 치다

If a business or financial system **crashes**, it falls suddenly, often with serious effects.

사업이나 재정 시스템이 갑작스럽게 무너지면서 심각한 결과를 낳는 경우 붕괴하다, 파산하다

= collapse 붕괴하다

13 inhabit - inherit - inhibit

inhabit [inhǽbit] ⓥ

If a place is **inhabited** by a group of people, those people live there.

사람들이 어느 곳에 사는 것을 표현 살다, 거주하다

형태〉 장소 + be + inhabited + by + 사는 사람, 동물

London is **inhabited** various people.

런던에는 다양한 사람들이 거주한다.

= dwell 거주하다

inhabitancy n. 주소
inhabitant n. 거주자

inherit [inhérit] ⓥ

If you **inherit** money or property, you receive it from someone who has died.

죽은 사람에게서 돈이나 재산을 물려받는 행위 ~을 상속하다, 물려받다

inheritance n. 상속, 유산
inheritor n. 상속인, 후계자
inheritable a. 상속받을 수 있는
disinherit v. ~의 상속권을 박탈하다

inhibit [inhíbit] ⓥ

If something **inhibits** an event, it prevents it.

어떤 일이 일어나지 못하도록 하는 행위 ~을 금하다, 방해하다

= restrain 제지하다

inhibited a 억제된
inhibition n. 금지
inhibitive a. 금지의

14 grow - glow - growl

grow [grou] ⓥ

If people, animals, or plants **grow**, they increase in size or change physically over a period of time.

사람, 동물, 식물이 일정 기간 동안 크기가 커지거나, 물리적인 변화가 생기는 일

자라다, 성장하다

= develop 발전하다

Voca Family　**growth** n. 성장
growing a. 성장하는

glow [glou] ⓝ, ⓥ

A **glow** is a dull, steady light, for example the light produced by a fire with no flame.

활활 타오르지 않는 상태에서 오랫동안 지속되는 불씨　**백열, 적열**
동사로　**타다, 붉어지다**
= gleam 어렴풋한 빛

If something **glows**, it looks bright because it is reflecting light.

빛을 반사시켜서 밝게 비칠 때　**빛나다, 반짝이다**
= glimmer 빛나다

Voca Family　**glowing** a. 백열의, 작열하는

Expression　**afterglow** 저녁놀

growl [graul] ⓥ

When a dog or other animal **growls**, it makes a low noise in its throat.

개나 다른 동물이 목에서 낮은 소리를 내는 행위　**으르렁거리다**
형태 변화 없이 명사로　**으르렁거림**

15 slap - slab

slap [slæp] ⓥ

If you **slap** someone, you hit them with the palm of your hand.

손바닥으로 다른 사람을 치는 행위　**~을 찰싹 때리다**
= smack 철석 때리다

slab [slæb] ⓝ

A **slab** of something is a thick, flat piece of it.

어떤 것의 두껍고 납작한 조각　**평석, 납작한 조각**

[1–10] 다음 괄호 속의 단어 중 문맥에 적절한 것을 고르시오.

1 In Egypt, I am (**aboard / abroad**) a houseboat on the Nile.

2 If you can't get the point exactly, please (**acquire / inquire**) what it means.

3 It seems that people haven't (**inhabited / inhibited**) this place for a long time.

4 As global citizens, we should respect (**ethical / ethnical**) tradition of other people.

5 Physical (**default / defect**) can't stop you achieving your goal.

6 Please arrange the books (**filed / piled**) up with an alphabetical order.

7 It is your strong point to have positive (**aptitude / attitude**) toward everything.

8 Preserving natural resources is as important as (**exploring / exploiting**) them.

9 I feel highly flattered by the (**compliment / complement**) from the bottom of your heart.

10 I visited Mary's new house last week and found that it was well (**flourished / furnished**).

Check-up

□ altitude - attitude - aptitude - appetite
고도 태도 적성 식욕

□ defect - default - detect
결함 불이행 탐지하다

□ explode - explore - exploit
폭발하다 탐험하다 착취하다

□ complaint - compliment - complement
불평 칭찬 보충하다

□ require - inquire - acquire
요구하다 묻다 얻다

□ file - pile
자료 더미

□ accident - incident - coincident
사고 사건 일치하는

□ ethical - ethnical
윤리적인 민족적인

□ conceive - conceit
상상하다 자만

□ board - aboard - abroad
타다 ~을 타고 해외로

□ furnish - flourish
설비하다 번영하다

□ crush - crash
뭉개다 충돌하다

□ inhabit - inherit - inhibit
살다 상속받다 금하다

□ grow - glow - growl
자라다 타다 으르렁거리다

□ slap - slab
찰싹 때리다 평석

아래 단어에서 연상되는 것과 관련 있는 단어를 보기에서 찾아 연결해보자.

01	**bite** ·		· football team
	beat ·		· dog
02	**reduce** ·		· decrease
	deduce ·		· conclusion
03	**fragrant** ·		· break
	fragment ·		· perfume
04	**drop** ·		· tap
	drip ·		· rain
05	**infection** ·		· needle
	injection ·		· virus
06	**blend** ·		· fashion
	brand ·		· mix
	bland ·		· boring
07	**drift** ·		· writing
	draft ·		· stream
08	**approach** ·		· like
	reproach ·		· dislike

09	**evolve** ·	· Moon, Earth
	revolve ·	· include
	involve ·	· Darwin
10	**desperate** ·	· hopeless
	devastate ·	· destroy
11	**shave** ·	· razor
	shove ·	· push
12	**invent** ·	· capital
	invest ·	· creativeness
13	**praise** ·	· compliment
	prose ·	· story
14	**imply** ·	· job seeker
	apply ·	· poetry
15	**convince** ·	· crime
	convict ·	· assure

단어 학습하기

01 bite - beat

bite [bait] ⓥ, ⓝ

bite - bit - bitten

If you **bite** something you use your teeth to cut into it in order to eat or break it.

어떤 것을 먹거나 부수기 위해서 이빨로 자르는 행위 ~을 물다

형태 변화 없이 명사로 묾

= cut 자르다, chew 씹다

A **bite** of something is a small amount of it.

어떤 것의 작은 양을 나타내는 말 한입

= mouthful 한입의 양

Expression **bite the hand that feeds** (예전에 신세진 사람에게) 은혜를 원수로 갚다
bite the tongue (하고 싶은 말이 있지만, 상황에 적절하지 않아) 입을 다물다

beat [biːt] ⓥ, ⓝ

beat - beat -beat

If you **beat** something, you hit them very hard.

무언가를 강하게 치는 행위 ~을 치다, 때리다

형태의 변화 없이 명사로 치기

If you **beat** someone in competition or election, you defeat them.

대화나 선거에서 다른 사람을 제쳤을 때 ~을 이기다, 제치다

To **beat** a time limit means to achieve something before that time.

주어진 시간보다 일찍 일을 성취했을 때 ~을 앞지르다

The **beat** of a piece of music is the main rhythm that it has.

음악에서 중심이 되는 리듬을 가리키는 말 박자, 장단

Expression **without missing a beat** 한순간도 놓치지 않고
on the beat = on duty 근무 중인

02 reduce - deduce

reduce [ridјúːs] ⓥ

If you **reduce** something, you make it smaller in size or amount.

크기나 양을 작게 만드는 행위 ~을 줄이다

= cut down 줄이다, decrease 감소시키다, lessen 감하다

deduce [didјúːs] ⓥ

If you **deduce** something or that something is true, you reach the conclusion because of other things that you know to be true.

사실로 여겨지는 다른 사항 때문에 결론에 도달하는 것 ~을 연역하다, 추론하다

= conclude 결론을 내리다, infer 추론하다

03 fragrant - fragment

fragrant [fréigrənt] ⓐ

Something that is **fragrant** has a pleasant, sweet smell.

유쾌하고 달콤한 향기가 나는 물질을 묘사할 때 쓰는 형용사 향기로운

= perfumed 향기가 나는, aromatic 향기로운

Voca Family **fragrance** n. 향기

fragment [frǽgmənt] ⓝ, ⓥ

A **fragment** of something is a small piece of it.

어떤 물질의 작은 조각을 가리키는 말 파편, 조각

= piece 조각, bit 조각

If something **fragments**, it breaks or separates into small pieces.

어떤 물질이 작은 조각으로 부서지는 모습을 나타내는 동사 파편이 되다, 쪼개지다

= come to pieces 조각나다, crumble 부서지다

Voca Family **fragmentary** a. 파편의, 단편적인

04 drop - drip

drop [drɑp/drɔp] ⓥ, ⓝ

If something such as an amount **drops**, it becomes less.
양이나 수준 등이 작아진 상태를 나타내는 동사 내려가다, 떨어지다
= decline 기울다

If you **drop** something, you accidentally let it fall.
실수로 어떤 것을 떨어뜨리는 행위 ~을 떨어뜨리다

If you **drop** someone somewhere, you take them somewhere and leave them there.
어떤 사람을 어느 장소로 데려다주는 행위 ~를 차로 (어느 장소로) 데려다주다, 남기다

A **drop** of liquid is very small amount of it shaped like a little ball.
작은 공처럼 생긴 액체의 작은 양을 나타내는 말 방울
= droplet 물방울

Expression
drop trousers (장난을 치기 위해) 바지를 내리다
drop one's voice ~의 목소리를 줄이다
drop a hint 힌트를 주다

drip [drip] ⓥ, ⓝ

When liquid **drips** somewhere, it falls in individual small drops.
액체가 작은 물방울로 떨어지는 모습을 나타내는 말 똑똑 떨어지다
형태 변화 없이 명사로 물방울
= dribble 똑똑 떨어지다

05 infection - injection

infection [infékʃən] ⓝ

An **infection** is a disease caused by a virus or bacteria.
바이러스나 박테리아에 의해서 생긴 병을 가리키는 말 전염, 감염, 전염병
= contagion 접촉 전염, contamination 오염

Voca Family
infect v. 감염시키다, 오염시키다
infectious a. 전염하는 (= infective)
infectivity n. 전염성

injection [indʒékʃən] ⓝ

If you have an **injection**, a doctor or nurse put medicine into your body using a syringe.

주사기를 이용하여 몸 안에 약물을 투여하는 행위를 나타내는 명사 **주입, 주사**

= vaccination 예방 주사, inoculation 접종

Injection of money or resources into an organization is providing it with more money or resources.

단체에 더 많은 돈이나 물자를 제공하는 것을 나타내는 명사 **투입**

Voca Family **inject** v. 주사하다, 끼우다

06 blend - brand - bland

blend [blend] ⓥ

If you **blend** substances together, you mix them together so that they become one substance.

여러 가지 물질을 한꺼번에 섞는 행위 (자동사, 타동사 모두 가능) **혼합되다, ~을 섞다**

형태의 변화 없이 명사로 **혼합물**

= mix 섞다, combine 결합하다

brand [brænd] ⓝ, ⓥ

A **brand** of a product is the version of it that is made by a particular manufacturer.

특정한 회사에서 제조된 제품이라는 것을 보여주는 것 **상표**

= logo 로고, label 상표

When you **brand** an animal, you put a permanent mark on its skin in order to show who it belongs to.

동물이 누구 소유인지를 나타내기 위해서 피부에 표시를 하는 행위 **~에 낙인을 찍다**

형태의 변화 없이 명사로 **낙인**

= mark 표시하다, stamp 도장을 찍다

Expression **brand-new** (완전) 새로운

bland [blænd] ⓐ

If you describe someone or something as **bland**, you mean they are rather dull and unexciting.

무디고 흥미롭지 않은 사람이나 사물을 묘사하는 형용사 **재미없는, 지루한**

= flat 단조로운, dull 둔감한

Food that is **bland** has little flavor.

향이 강하지 않은 음식을 나타낼 때 쓰는 형용사 **맛이 순한**

07 drift - draft

drift [drift] ⓥ

If something **drifts** somewhere, it is carried by the movement of the air or water.

어떤 것이 공기나 물의 움직임에 의해서 운반되는 모습을 나타내는 동사 ~을 떠내려 보내다, 날려 보내다

= float 떠다니다

If someone **drifts** around, they travel from a place to place without a plan.

특정한 계획 없이 이곳저곳을 떠돌아다는 사람의 행동을 묘사하는 동사 떠돌다, 헤매다

= wander 헤매다

draft [dræft] ⓝ

A **draft** is an early version of a letter or speech.

편지나 연설을 처음 쓴 초판을 가리키는 말 초안, 초고

형태 변화 없이 동사로 ~의 초고를 작성하다

= outline 개요, abstract 요약

08 approach - reproach

approach [əpróutʃ] ⓥ

When you **approach** something, you get closer to it.

어떤 것에 가까이 가는 행위 (목적어가 바로 오는 타동사임) ~에 접근하다

형태의 변화 없이 명사로 접근

= move towards 움직이다, come close 가까이가다

Voca Family **approachable** a. 가까이 하기 쉬운

reproach [ripróutʃ] ⓥ

If you **reproach** someone, you say that you are angry because they have done something wrong.

어떤 사람이 잘못을 해서 당신이 화가 났다면 당신은 그 사람을…? ~을 비난하다

형태의 변화 없이 명사로 비난, 질책

= blame 비난하다, condemn 나무라다

Voca Family **reproachful** a. 꾸짖는, 비난하는
reproachless a. 비난의 여지가 없는
reproachingly adv. 나무라듯이

09 evolve - revolve - involve

evolve [iválv/ivɔ́lv] ⓥ

When animals or plants **evolve**, they gradually change and develop into different forms.

동물이나 식물이 변화하고, 다른 형태로 발전해나가는 것을 나타내는 동사 **진화하다**

= develop 발전하다

Voca Family
- **evolution** n. 전개, 발전
- **evolutionism** n. 진화론
- **evolutionist** n. 진화론자
- **evolutionary** a. 진화의, 발달의

revolve [riválv/-vɔ́lv] ⓥ

If one thing **revolves** another thing, the second thing is the main focus of the first thing.

어떤 것이 중심을 두고 움직이는 상황을 묘사하는 동사 **~을 축으로 돌다, 회전하다**

= circle 돌다, rotate 회전하다

Voca Family
- **revolving** a. 돌아오는, 회전식의

involve [inválv/-vɔ́lv] ⓥ

If a situation **involves** something, that thing is a necessary part of it.

어떤 상황에 필수적인 부분이 있음을 나타낼 때 쓰이는 동사 **~을 수반하다, 필요로 하다**

If you **involve** someone else in something, you get them to take part in it.

다른 사람이 어떤 일을 하도록 포함시키는 행위 **~을 연관시키다**

= entail 필요로 하다

Voca Family
- **involvement** n. 관련, 포함

10 desperate - devastate

desperate [déspərit] ⓐ

If you are **desperate**, you are in such a bad situation that you are willing to do anything to change it.
매우 좋지 않은 상황에 있어서 그것을 벗어나기 위해 어떤 것이든 가리지 않고 할 수 있는 상태 **자포자기의, 필사적인**
= reckless 분별없는

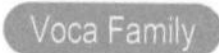

desperately adv. 필사적으로
desperation n. 필사적임, 절망

devastate [dévəstèit] ⓥ

If something **devastates** an area, it damages it very badly or destroys it totally.
어떤 지역을 심각하게 손상시키거나 완전히 파괴하는 경우 **~을 황폐화시키다, 유린하다**

Voca Family

devastating a. 황폐시키는, 형편없는
devastated a. 황폐된, 유린된
devastation n. 황폐, 파멸
devastator n. 약탈자

11 shave - shove

shave [ʃeiv] ⓥ

shave - shaved - shaven

If a man **shaves**, he removes the hair from his face using a razor.
남자가 면도기를 이용하여 얼굴의 털을 제거하는 행위 **면도하다**
= trim 깎다

Voca Family

shaver n. 면도하는 사람
shaving n. 면도질

shove [ʃʌv] ⓥ

If you **shove** someone, you push them with a quick movement.
다른 사람을 빠르게 미는 행위 **~을 밀치다**

주 의

shovel n. 삽 v. 삽으로 푸다
shove v. 떠밀다, 밀어 넣다

12 invent - invest

invent [invént] ⓥ

If you **invent** something such as a machine, you are the first person who thinks of it.

기계 등을 처음으로 생각해내는 일 ~을 발명하다

= create 만들다

Voca Family
invention n. 발명
inventor n. 발명가
inventive a. 발명의

invest [invést] ⓥ

If you **invest** in something, or if you invest money, you use your money in a way that you hope it will increase its value.

돈이 늘어날 것을 기대하면서 돈을 어떤 일에 투자하는 행위 ~을 투자하다

Voca Family
investment n. 투자
investor n. 투자자

13 praise - prose

praise [preiz] ⓥ, ⓝ

If you **praise** someone, you express approval for their achievements or qualities.

어떤 사람이 이룬 성과나 자질에 대하여 좋은 평가를 내리는 행위 ~을 칭찬하다

형태 변화 없이 명사로 칭찬

= compliment 칭찬하다

Voca Family
praiseworthy a. 칭찬할 만한

prose [prouz] ⓝ

Prose is ordinary written language, in contrast to poetry.

시와 반대되는 개념의 글쓰기 산문

14 imply - apply

imply [implái] ⓥ

If you **imply** that something is the case, you say something which indicates that it is the case in an indirect way.
간접적으로 상황을 설명하는 것을 말하는 행위 ~을 함축하다, 의미하다
= suggest 제시하다

Voca Family **implied** a. 함축된 **implicative** a. 내포하는 **implicit** a. 함축적인 **implication** n. 내포, 함축

apply [əplái] ⓥ

If you **apply** for something such as a job, you fill in a form in order to ask formally for it.
일자리를 얻기 위해 이력서를 작성하는 등, 요구되는 사항을 형식에 맞게 작성하는 행위
지원하다

If something such as a rule **applies** to a situation, it is relevant to the situation.
어떤 상황에 어떤 규칙이 적합하다는 것을 나타내는 동사 적용하다
↔ misapply 잘못 적용하다

Voca Family
application n. 적용, 응용, 지원
applicant n. 지원자
applied a. 적용된, 응용된
applicable a. 적용할 수 있는
applicative a. 응용적인

15 convince - convict

convince [kənvíns] ⓥ

If someone **convince** you of something, they make you believe that it is true.

어떤 사람이 당신으로 하여금 어떤 것이 진실이라고 믿게 만들 때 **~를 납득시키다, 확신시키다**

= assure 보장하다, persuade 설득하다

형태〉 convince + 확신시키는 대상 + of + 확신시키는 내용 (명사)
convince + 확신시키는 대상 + 설득하는 내용(to 부정사)

ex〉 My boss **convinced** me **of** my promotion.
= My boss **convinced** me **to** be promoted.
나의 상사는 나의 승진을 확신시켜주었다.

Voca Family convincing a. 설득력 있는
convinced a. 확신 있는

convict [kənvíkt] ⓥ

If someone is **convicted** of a crime, they are found guilty of that crime in a court of law.

법정에서 어떤 죄를 저지른 것에 대하여 유죄를 판결 받았을 때 **~의 유죄를 입증하다**

형태〉 죄인 + be convicted of + 죄의 내용

형태의 변화 없이 명사로 **죄인, 죄수**

Voca Family conviction n. 신념, 유죄판결
convictive a. 확신을 갖게 하는

단어 확인하기

[1–10] 괄호 속의 단어 중 문맥에 적절한 것을 고르시오.

1 I couldn't help taking his request because he looked very (**devastate / desperate**).

2 When I first heard that the earth (**evolves / revolves**), I was really shocked to imagine that I was standing on the moving land.

3 The judge (**convicted / convinced**) the suspect for murder in the end.

4 Every students with an eye trouble should be isolated to prevent (**injection / infection**).

5 Please don't (**bland / blend**) too many colors so that you can use vivid colors.

6 At first he decided to establish the firm with (**invented / invested**) capital.

7 In this class you would be required to submit several (**drafts / drifts**) for each writing assignment.

8 He threw the cup to the wall and it burst into **fragrance / fragments**).

9 His smile (**implied / applied**) complicated feelings combined with despair, agony, and sadness.

10 Bob was determined to (**bite / beat**) Eric without fail in this national competition.

Check-up

- ☐ bite - beat
  물다 치다

- ☐ reduce - deduce
  ~을 줄이다 ~을 연역하다, 추론하다

- ☐ fragrant - fragment
  향기로운 조각

- ☐ drop - drip
  내려가다 (액체가) 똑똑 떨어지다

- ☐ infection - injection
  감염 주입

- ☐ blend - brand - bland
  섞다 상표 지루한

- ☐ drift - draft
  떠내려 보내다 초안

- ☐ approach - reproach
  접근하다 비난하다

- ☐ evolve - revolve - involve
  진화하다 회전하다 포함하다

- ☐ desperate - devastate
  자포자기의 황폐화시키다

- ☐ shave - shove
  면도하다 밀치다

- ☐ invent - invest
  발명하다 투자하다

- ☐ praise - prose
  칭찬 산문

- ☐ imply - apply
  함축하다 적용하다

- ☐ convince - convict
  확신시키다 유죄를 입증하다

아래 단어에서 연상되는 것과 관련 있는 단어를 보기에서 찾아 연결해보자.

01	**sew** ·		· stitch
	sow ·		· seed
02	**through** ·		· conjunction(접속사)
	though ·		· preposition(전치사)
03	**transmit** ·		· transportation
	transit ·		· convey
	transfer ·		
04	**fraction** ·		· piece
	friction ·		· conflict
05	**lesson** ·		· reduce
	lessen ·		· instruction
06	**top** ·		· hint
	tap ·		· peak
	tip ·		· dance
07	**flow** ·		· fault
	flaw ·		· river
08	**lie** ·		· truth
	lay ·		· egg

09	probe	·	· searching deep into things
	prove	·	· evidence
10	leak	·	· water
	lick	·	· tongue
11	instant	·	· nature
	instinct	·	· immediate
12	except	·	· exclude
	exempt	·	· free
13	section	·	· law
	sanction	·	· fragment
14	impressive	·	· touching
	expressive	·	· rich in expression
15	phase	·	· words
	phrase	·	· aspect

유사어

단어 학습하기

01 sew - sow

sew [sou] ⓥ

sew - sewed - sewed(sewn)

When you **sew** something such as clothes, you make or repair them by joining pieces of clothes together by passing thread through them with a needle.

바늘과 실로 천을 연결시켜 옷을 만들거나 수선하는 행위 ~을 바느질하다

Voca Family **sewing** n. 바느질

sow [sou] ⓥ

sow - sowed - sowed(sown)

If you **sow** seeds or **sow** an area of land with seeds, you plant the seed in the ground.

땅에 씨를 심는 행위 ~을 뿌리다, ~에 씨를 뿌리다

= seed 씨를 뿌리다, plant 심다

If someone **sows** an undesirable feeling or situation, they cause it to begin and develop.

바람직하지 못한 감정이나 상황을 야기하는 사람의 행동을 나타내는 동사 ~을 유포하다

02 through - though - throughout

through [θruː] ⓟ

To go **through** something means to travel across it.

어떤 것을 가로질러 움직일 때 쓰는 전치사 **~을 통하여**

= past ~을 지나서

If something happens **through** a period of time, it happens from the beginning until the end.

어떤 일이 일정 시간의 처음부터 끝까지 진행되었음을 나타낼 때 **~내내, 동안**

= during ~동안

Expression
be through 끝나다, 끝내다
get through 통화가 연결되다
go through ~을 겪다, 거치다
read through 처음부터 끝까지 읽다
through and through 완전히, 철저히

though [ðou] ⓒ

You use **though** to introduce a statement in a subordinate clause which contrasts with the statement in the main clause.

한 문장 안에서 상반되는 내용을 보여주는 주절과 종속절을 연결해주는 접속사 **비록 ~일지라도**

= although 비록 ~일지라도

throughout [θrúːáut] ⓟ, ⓐⓓⓥ

If something happens **throughout** a particular period of time, it happens during the whole of that period.

어떤 일이 특정 기간에 걸쳐서 일어나는 경우를 표현하는 전치사 **(시간, 장소) ~에 걸쳐서, ~의 도처에**

부사로 **처음부터 끝가지, 도처에**

03 transmit - transit - transfer

transmit [trænsmít, trænz-] ⓥ

If television programmes or computer data are **transmitted**, they are sent from one place to another.
텔레비전 프로그램이나 컴퓨터 자료 등이 한 장소에서 다른 장소로 옮겨지는 경우
~을 보내다, 발송하다
= convey 운반하다, pass on 지나가다

Voca Family
transmission n. 송달, 전달
transmissive a. 보내는

transit [trǽnsit, -zit] ⓝ

Transit is the carrying of people or goods by vehicle from one place to another.
사람이나 물품을 한 장소에서 다른 장소로 옮기는 것 운송
= carriage 운반
동사로 이동하다, 나르다

Voca Family
transition n. 변천, 과도기
transitional a. 과도기의

Expression
be in transit 이동 중이다
transit system 운송 체계

transfer [trænsfə́ːr] ⓥ

If you **transfer** something from one place to another, they go from the first place to the second.
한 장소에서 다른 장소로 옮기는 행위 (자동사, 타동사 모두 가능) 이동하다, ~을 옮기다
= relocate 재배치하다, move 움직이다

Voca Family
transferable a. 양도할 수 있는
transference n. 이전, 옮김

Expression
technology transfer 기술 이전
A sport player transfers[is transferred] 운동선수가 다른 팀으로 이적하다
Property is transferred 재산이 양도되다

04 fraction - friction

fraction [frǽkʃən] ⓝ

A **fraction** is tiny amount of something.

어떤 것의 아주 작은 양을 나타내는 명사 **파편, 소량**

= piece 조각, portion 일부

A **fraction** is a number that can be expressed as a proportion of two whole numbers.

두 수의 비율로 표현되는 숫자 **분수**

friction [fríkʃən] ⓝ

If there is **friction** between people, there is disagreement and argument between them.

사람들 사이에 의견이 일치하지 않아서 논쟁이 있는 경우를 나타내는 명사 **마찰, 불화**

= conflict 갈등, discord 불화

Friction is the force that makes it difficult for things to move freely when they are touching each other.

두 물질이 서로 맞닿을 때 서로가 움직이기 어렵게 만드는 힘 **마찰력**

= rubbing 마찰, resistance 저항

05 lesson - lessen

lesson [lésn] ⓝ

A **lesson** is a fixed period of time when people are taught about a particular subject.

특정한 주제에 대하여 배우는 일정한 시간 **수업**

= class 수업, instruction 훈련

You use **lesson** to refer to an experience which acts as a warning to you.

당신에게 주의를 주는 경험을 가리키는 말 **교훈**

= message 교훈

lessen [lésn] ⓥ

If something **lessens**, or you lessen it, it becomes smaller in size or amount.

어떤 것의 크기나 양이 작아지는 경우 (자동사, 타동사 모두 가능) **줄어들다, ~을 줄이다**

= reduce 줄이다, diminish 감소시키다

06 top - tap - tip

top [tɑp/tɔp] ⓝ, ⓐ, ⓥ

The **top** of something is the highest point or part.
어떤 것의 가장 높은 부분을 가리키는 말 **정상, 꼭대기**
형용사로 **가장 높은, 최고의**
= peak 절정, head 정상

If you **top** a story or action, you follow it with a better or more impressive one.
기존의 이야기나 행동보다 더 좋고 훌륭한 이야기나 행동을 했을 경우 **~을 능가하다**
= surpass 능가하다

Expression
at the top 정상에
come out on top (경쟁자를 제치고) 가장 높은 자리를 차지하다
from top to bottom 처음부터 끝까지, 완전히
off the top of one's head 생각할 겨를 없이, 준비 없이
get on top of ~을 잘 해내다
feel on top of the world 매우 행복하다

tap [tæp] ⓝ, ⓥ

A **tap** is a device that controls the flow of a liquid from a pipe.
파이프에서 나오는 물을 조절할 수 있는 장치 **수도꼭지**
= valve 밸브, stopcock 꼭지

If you **tap** your fingers or feet, you make a regular pattern of sound by hitting a surface lightly.
손가락이나 발을 이용하여 표면을 가볍게 쳐서 규칙적인 소리를 만들어내는 행동
~을 두드리다
= knock 두드리다, pat 가볍게 치다

If you **tap** a resource or situation, you make use of it by getting from it something that you need.
어떤 자원이나 상황에서 당신이 원하는 것을 얻어내는 행동 **~을 개척하다, 개발하다**

tip [tip] ⓝ, ⓥ

The **tip** of something long and narrow is the end of it.
길고 좁은 물건의 끝을 가리키는 명사 **끝, 첨단**
= summit 극점, end 끝

A **tip** is a useful piece of advice.
유용한 충고를 가리키는 말 **팁, 조언**
= hint 힌트, clue 실마리

If you **tip** something somewhere, you pour it there.
어떤 것을 어느 장소에 붓는 행위 ~을 기울이다, 뒤집어엎다
= incline 기울이다

To **tip** rubbish means to get rid of it.
쓰레기를 치우는 행위 (쓰레기를) ~을 버리다
= empty 비우다, dump 버리다

If you **tip** someone such as a waiter, you give them some money for their service.
웨이터 등에게 서비스에 대하여 대가를 지불하는 행위 ~에게 팁을 주다
= remunerate 보상을 주다

Expression **on tip of one's tongue** 말이 입 끝에서 돈다 (말을 하고 싶으나 하지 않음)
the tip of the iceberg 빙산의 일각

07 flow - flaw

flow [flou] ⓥ, ⓝ

If a liquid or gas **flows** somewhere, it moves there steadily and continuously.
액체나 기체가 한 장소에서 끊임없이 움직이는 모습을 묘사하는 동사 흐르다
형태의 변화 없이 명사로 흐름
= run 움직이다, course 흐름

If a quality or situation **flows** from something, it results naturally from it.
특징이나 상황이 자연적으로 어떤 것의 결과로 나타날 때 샘솟다, 나오다
= arise 일어나다, result 결과가 되다

Voca Family **flowage** n. 유동

flaw [flɔː] ⓝ

A **flaw** in something such as a theory or argument is a mistake in it.
이론이나 주장 안에 있는 실수를 가리키는 말 결점, 결함
= weakness 약점, blemish 흠

Voca Family **flawless** a. 흠이 없는

08 lie - lay

lie [lai] ⓥ, ⓝ

lie - lay - lain

If you are **lying** somewhere, you are in horizontal position and are not standing.

당신이 어느 장소에 서 있지 않고 수평의 자세로 있는 모습을 나타내는 동사 눕다

= recline 눕다

If you say that a place **lies** in a particular position, you mean it is situated there.

어떤 장소가 어느 위치에 있다는 것을 나타내는 동사 있다, 위치하다

= be placed 놓여 있다, be situated 위치하다

A **lie** is something that someone say or write that they know is untrue.

진실이 아니라는 것을 알면서도 한 말이나 글 거짓말

형태 변화 없이 동사로 거짓말하다 (lie - lied - lied)

= falsify 속이다

lay [lei] ⓥ

lay - laid - laid

If you **lay** something somewhere, you put it there in a careful and gentle way.

어떤 것을 조심스럽게 어느 장소에 놓는 행위 ~을 눕히다, 놓다

= put 놓다, set 두다

If a female bird **lays** an egg, it produces an egg by pushing it out of their body.

암컷 새가 자신의 몸에서 알을 생산해내는 행위 (알을) 낳다

= bear 낳다

expression **lay the table = set the table** 식탁을 차리다
lay something on thick ~을 과장하다

09 probe - prove

probe [proub] ⓥ, ⓝ

If you **probe** into something, you try to ask questions to discover facts about it.

어떤 사실을 알아내기 위해 질문을 하는 행위 **면밀히 조사하다**

형태의 변화 없이 명사로 **조사**

= explore 탐험하다, examine 조사하다

If you **probe** a place, you search it in order to find someone or something that you look for.

어떤 사람이나 사물을 찾기 위해서 어느 장소를 조사하는 행위 **(장소) ~을 탐사하다**

= search 찾다, investigate 조사하다

prove [pruːv] ⓥ

If something **proves** to be true, it becomes clear after a period of time that it is true.

일정 시간이 지난 후에 어떤 것이 사실이라고 판명되는 것 **(자동사) 증명되다, 입증되다**

= turn out 판명되다, come out 나타나다

If you **prove** that something is true, you show by means of argument or evidence that it is definitely true.

어떤 것이 사실이라는 것을 주장이나 근거를 들어 보여주는 행위 **(타동사) ~을 증명하다, 입증하다**

= verify 진실임을 증명하다, confirm 확인하다

Voca Family
proof n. 증거, 증명
provable a. 증명할 수 있는

10 leak - lick

leak [liːk] ⓥ, ⓝ

If a container **leaks**, there is a hole in it which let a substance such as liquid escape.

용기에 구멍이 있어서 안에 들어있는 액체 등이 빠져나가는 상태 새다, 새어나오다

형태 변화 없이 명사로 샘

Voca Family **leakage** n. 샘, 누출

leaky a. 새기 쉬운

leakproof a. 새지 않는

lick [lik] ⓥ, ⓝ

When people or animals **lick** something, they move their tongue across its surface.

사람이나 동물이 어떤 것의 표면에서 혀를 움직이는 행위 ~을 핥다

형태 변화 없이 명사로 핥기

11 instant - instinct

instant [ínstənt] ⓝ, ⓐ

An **instant** is an extreme short period of time.

극도로 짧은 시간을 나타냄 순간, 찰나

= second 짧은 시간

You use **instant** to describe something that happens immediately

즉시 일어나는 일을 묘사할 때 사용하는 형용사 즉시의

= immediate 즉시의

Voca Family **instantly** adv. 당장에, 즉시

instinct [ínstiŋkt] ⓝ

Instinct is the nature tendency that a person has to behave in a particular way.

사람이 특정하게 행동해야만 하는 천성적인 경향 본능, 천성

= intuition 직관

Voca Family **instinctive** a. 본능적인, 직감의

12 except - exempt - excerpt

except [iksépt] ⓟ, ⓒ, ⓥ

You use **except** to introduce the only thing that a statement does not apply to.

말하는 진술이 적용되지 않는 유일한 것을 나타내기 위해 쓰는 전치사 **~을 제외하고**

접속사로 뒤에 명사 외에 다른 절이나 구가 올 수 있다. **~외에는**

동사로 **~을 제외시키다**

= apart from ~이외에, besides ~이외에, other than ~말고

= exclude 제외하다

Voca Family **exception** n. 예외
exceptional a. 예외적인
exceptionable a. 이의를 말할 수 있는

exempt [igzémpt] ⓐ, ⓥ

If someone or something is **exempt** from a particular rule, or duty, they do not have to follow it.

어떤 사람이 특정한 규칙이나 의무를 따르지 않아도 되는 경우 **면제된, 면제의**

형태의 변화 없이 동사로 **~을 면제시키다**

= excused 면제된

Voca Family **exemption** n. 면제

excerpt [éksəːrpt] ⓝ

An **excerpt** is a short piece of writing which is taken from a larger piece.

어떤 글에서 따온 일부분 **발췌, 인용**

형태의 변화 없이 동사로 **발췌하다**

Voca Family **excerption** n. 발췌, 초록

13 section - sanction

section [sékʃən] ⓝ, ⓥ

A **section** of something is one of the parts into which it is divided.

어떤 것이 나누어져 있는 한 부분 구역, 구획

= division 구획

If something is **sectioned**, it is divided into sections.

어떤 것을 여러 개의 구역으로 나누는 행위 ~을 분할하다

sectional a. 부분의

sectionalize v. 부분으로 나누다

sanction [sǽŋkʃən] ⓥ

If someone in authority **sanctions** an action, they officially approve of it and allow it to be done.

권한이 있는 사람이 어떤 행동을 인정하고 시행되도록 허락하는 행위 ~을 인가하다

형태의 변화 없이 명사로 인가

= permission 허가

14 impressive - expressive

impressive [imprésiv] ⓐ

Something that is **impressive** impresses you.

당신에게 깊은 인상을 남기는 것을 묘사하는 형용사 인상적인

= moving 감동적인

impressively adv. 인상적으로

impress v. 감동시키다, 인상을 주다

impression n. 인상

impressionism n. 인상주의

impressionist n. 인상파 화가

impressionistic a. 인상주의의

impressible a. 감수성이 예민한

expressive [iksprésiv] ⓐ

If you describe a person as **expressive**, you mean their behavior clearly indicates their feelings.

행동을 통해서 명백하게 감정을 전달하는 사람을 묘사하는 형용사 표현하는, 표정이 풍부한

= vivid 생생한

Voca Family expressively adv. 풍부하게
expressiveness n. 표현이 풍부함
express v. 표현하다
expression n. 표현
expressionism n. 표현주의
expressionless a. 무표정한

15 phase - phrase

phase [feiz] ⓝ, ⓥ

A **phase** is a particular stage in a process.

전체 과정의 일부부인 단계 **단계, 국면**

= stage 단계, chapter 장

If an action is **phased** over a period of time, it is done in stages.

일정 기간을 통하여 일이 진행될 때 단계별로 일이 시행되는 경우 **~을 단계적으로 실행하다**

Voca Family phasic a. 국면의, 형세의
phasis n. 형상, 면

phrase [freiz] ⓝ, ⓥ

A **phrase** is a short group of words that people often use as a way of saying something.

어떤 것을 말하기 위한 수단으로 사람들이 사용하는 몇 개의 단어로 이루어진 말 **구, 관용구**

If you **phrase** something in a particular way, you express it in words in that way.

특정한 방식으로 말을 하는 행위 **(특정한 표현으로) ~을 말하다**

Voca Family phrasal a. 구의

단어 확인하기

[1–4] 고딕체로 된 단어의 쓰임이 옳은지 판단하고, 옳지 않다면 알맞게 고치시오.

1 Group leaders must learn this **lessen** and put it into practice.

2 The information is electronically **transmitted** to each department.

3 She found her dress **laying** across the chair.

4 Children are **exempt** from paying rates.

[5–10] 괄호 속의 단어 중 문맥상 옳은 것을 고르시오.

5 Don't announce "I'm (**through / throughout**)" when others are not finished.

6 The secret does not (**lay / lie**) in finding smart ways to do more.

7 In ancient days, people made needles with animals' bones and (**sowed / sewed**) cloth or leather.

8 His speech was so (**expressive / impressive**) that all the audience stood up and applauded.

9 You have to (**transmit / transfer**) from a train to a bus at the next station.

10 The advertisement focuses on the product's (**instinct / instant**) relief from a headache.

Check-up

- [ ] sew - sow
  바느질하다 씨를 뿌리다
- [ ] through - though - throughout
  통하여 비록 ~일지라도 ~에 걸쳐서
- [ ] transmit - transit - transfer
  ~을 보내다 이동하다 이동하다
- [ ] fraction - friction
  파편 마찰
- [ ] lesson - lessen
  수업 줄이다
- [ ] top - tap - tip
  정상 수도꼭지 끝
- [ ] flow - flaw
  흐르다 결점
- [ ] lie - lay
  눕다 눕히다
- [ ] probe - prove
  조사하다 증명하다
- [ ] leak - lick
  새다 핥다
- [ ] instant - instinct
  순간, 즉시의 본능, 천성
- [ ] except - exempt - excerpt
  ~을 제외하고 면제의 발췌
- [ ] section - sanction
  구역 인가
- [ ] impressive - expressive
  인상적인 표현하는
- [ ] phase - phrase
  단계 구

유의어

어떤 단어든 비슷한 의미를 갖는 단어가 있습니다. 잘 외워지지 않는 단어가 있다면 그것과 비슷한 의미를 가진 쉬운 형태의 단어와 연결시켜 외우면 다음에 다시 그 단어를 보게 될 때 쉬운 단어가 연상되면서 의미가 생각나게 됩니다. 비슷한 의미의 단어를 묶어 학습하는 것은 파생어를 학습하는 것만큼이나 어휘력 향상에 큰 도움이 됩니다.

유의어를 학습하는 방법

1. 유의어 사전을 이용한다.
2. 인터넷 사전이나 전자사전에서 쉽게 유의어를 찾아볼 수 있다.
3. 어휘력이 향상되면, 유의어 사이의 미묘한 차이도 알아야 한다.

단어 파악하기

다음에 주어진 단어 중에서 비슷한 의미를 가진 두 단어를 찾고 그 단어의 의미를 생각해 보세요.

01 **ashamed, embarrassed, amazed**

02 **decide, solve, resolve, treat**

03 **intelligent, tremendous, clever**

04 **tricky, busy, hectic**

05 **tame, argue, quarrel**

06 **totally, entirely, potentially**

07 **link, congest, connect, lay**

08 **make, cost, charge**

09 **supplier, buyer, consumer**

10 **abandon, change, alter, impede**

11 **stunned, annoyed, jammed, upset**

12 **prohibit, forbid, reside**

13 **only, merely, truly, immediately**

14 **trivial, immense, hilarious, enormous**

15 **old-fashioned, state-of-the-art, outdated**

01 ashamed - embarrassed ⓐ

If someone is **ashamed**, they feel embarrassed or guilty because of something they do.
자신이 한 행동에 대하여 창피하거나 죄의식을 느끼는 감정을 표현하는 형용사 부끄러운

A person who is **embarrassed** feels shy, ashamed, or guilty about something.
어떤 것에 대하여 수줍고 부끄럽고 죄의식을 느끼는 경우에 쓰는 형용사 당황한, 난처한

주 의 **ashamed**와 **embarrassed**는 비슷한 의미이지만, 다른 상황에서 사용된다. **ashamed**는 자신이 한 행동이 잘못된 것이라고 판단되어 죄책감을 느끼는 감정이고, **embarrassed**는 어떤 일이 자신을 어리석은 사람처럼 보이게 하는 경우에 창피하게 느끼는 감정을 나타낸다. **ashamed**는 전치사 **of**와 함께 쓰이고, **embarrassed**는 **by, about**과 함께 쓰입니다.

I felt ashamed of my selfishness.
나는 나의 이기심에 부끄러웠다.
He seemed embarrassed by his brother's attitude.
그는 동생의 태도에 창피해 하는 것 같았다.

Voca Family
shame n. 부끄럼, 수치
embarrass v. 당혹하게 하다, 난처하게 하다
embarrassing a. 당황스러운, 곤란한

유의어

02 decide - resolve ⓥ

If you **decide** to do something, you choose to do it after thinking carefully about possibilities.
가능성을 충분히 고려한 후에 어떤 일을 하기로 선택하는 행위 결심하다, 결정하다
= choose 선택하다, 결정하다
= make up one's mind 결심하다

If you **resolve** to do something, you make a firm decision on it.
강한 결정을 내리는 행위 결의하다, 결심하다
resolve는 '~을 풀다(= solve), ~을 용해시키다(= dissolve)' 라는 의미로도 자주 쓰인다.

주 의 **decide**는 여러 가지 선택 중에서 하나를 결정하는 행위를 나타내고, **resolve**는 **decide**보다는 격식이 있는 표현으로 과거의 경험을 바탕으로 앞으로 반드시 할 일을 결정한다는 의미로 좀 더 강한 결심을 나타내는 동사입니다.

Voca Family **decision** n. 결심, 결정 [**make a decision** 결심하다]
resolution n. 결심, 결의
decisive a. 결정적인, 단호한
indecisive a. 결단력이 없는

03 intelligent - clever ⓐ

A person or animal who is **intelligent** has the ability to think, understand things quickly.
빠르게 판단하고 이해할 수 있는 능력을 가진 사람이나 동물을 표현하는 형용사
지적인

Someone who is **clever** is intelligent and able to understand things easily.
지적이고 사물을 쉽게 이해하는 능력을 가진 사람을 나타내는 형용사 똑똑한, 영리한
= brainy 머리가 좋은 (brain '뇌' 가 잘 움직이는 사람)
= bright 머리가 좋은, 민첩한, 영리한
= brilliant 날카로운
= smart 똑똑한

주 의 **intelligent**는 학습하고, 생각하고, 이해하는 등의 두뇌 활동이 뛰어난 사람을 나타냅니다. **clever**는 주로 미국에서 사용되는 말로, 어떤 것을 빨리 습득하고, 문제를 해결하는 재주가 있는 사람을 가리킵니다. **brainy**와 **bright**은 학교에서 공부를 잘 하는 사람을, **brilliant**는 특정 분야에서 뛰어난 업적을 남기는 사람들을 묘사할 때 씁니다.

Voca Family intelligently adv. 지적으로
intellectual a. 지적인, 두뇌를 쓰는 (실용적인 것보다 이론적인 것에 더 흥미를 느끼는 경우)
cleverly adv. 영리하게
cleverness n. 영리함

04 busy - hectic ⓐ

When you are **busy**, you are concentrating on a task so that you are not free to do anything else.
한 가지 일에 몰두하여 다른 일을 할 시간적 여유가 없는 상태를 표현하는 형용사
바쁜

Expression **busy doing sth.** ~을 하느라 바쁜
busy with sth. ~으로 바쁜
cf) **busy - busier - busiest**

A **hectic** situation is the one that is very busy and involves a lot of rushed activities.
많은 급한 일을 포함하고 있어 매우 바쁜 상황을 묘사하는 형용사 흥분한, 매우 바쁜
주로 시간이나 상황을 나타내는 명사 앞에서 수식
= crowded 복잡한, 붐비는
↔ free 한가한, 여유 있는

주 의 **busy**는 사람들이 많은 장소나 시간을 묘사하고, **hectic**은 어떤 사람의 일이나 삶이 바쁜 경우를 묘사합니다. 둘 다 장소나 시간을 나타내는 명사 앞에서 수식하고, **busy**는 **be**동사와 함께 '바쁘다'라는 의미를 만들기도 하지요.

05 argue - quarrel ⓥ

If people **argue**, they speak angrily to each other because they disagree about something.

어떤 사안에 대하여 서로 동의하지 않을 때 목소리를 높여서 다투는 행위 **다투다, 논쟁하다**

'주장하다, 논하다'라는 의미로 일반적으로 의견을 주장하는 행위를 나타내기도 한다.

If two people **quarrel**, they argue angrily and may stop being friends with each other.

두 사람이 더 이상 관계를 지속하지 않을 만큼 화가 나서 다투는 행위 **싸우다, 말다툼하다**

형태의 변화 없이 같은 의미의 명사로 **불화, 말다툼**

= fight v. 싸우다, 겨루다 n. 싸움 (= have a fight)

= dispute v. 논쟁하다, 논하다 n. 논쟁, 토론, 논의

주 의 **argue**는 서로 다른 의견을 가지고 있어 의견에 마찰이 있는 부분에 대하여 언쟁하는 행위이고, **quarrel**은 서로 감정적으로 대립하여 다투고 관계가 나빠질 수도 있는 행위를 나타냅니다.

Voca Family
argument n. 주장, 말다툼
argumentative a. 논쟁적인
quarrelsome a, 싸우기 좋아하는

Expression
argue with ~와 싸우다,
argue about/over ~에 대하여 싸우다

06 totally - entirely ⓐⓓⓥ

total a. 전체의, 합계의, 완전한
totally adv. 전체적으로, 완전히

entire a. 전체의, 완전한
entirely adv. 완전히

complete a. 완전한, 전부의
completely adv. 완전히

absolute a. 절대의, 확실한, 순수한
absolutely adv. 절대적으로, 무조건

whole a. 전부의, 완전한
wholly adv. 전혀, 완전히

Young people want something **totally** different from the old ways.
젊은이들은 옛 방식과는 완전히 다른 무언가를 원한다.

Make sure you defrost it **completely**.
그것을 완전히 해동시켜야 해.

Forgery is an **entirely** different matter.
위조는 완전히 다른 차원의 문제이다.

07 link - connect ⓥ

If someone **links** two things, there is a relationship between them.
다른 두 가지를 관련되도록 하는 행동 **~을 잇다, 관련짓다**
형태의 변화 없이 명사로 **고리, 연결**

If someone **connects** one thing to another, the two things are joined together.
두 가지를 함께 묶이도록 만드는 행위 **~을 연결하다**
= relate 관계시키다
= have something[nothing] to do with ~ ~과 관련이 있다[없다]

주 의 하나의 사실이 다른 사실과 관계가 있는 경우에 **be connected**를 쓰고, 하나의 사실이 다른 사실을 발생시키는 원인이 되는 등 좀 더 직접적인 관련이 있는 경우 **be linked**를 씁니다.

Voca Family
connection n. 연결
unconnected a. 연결되지 않은
relationship n. 관계
relevant a. 관련된

08 cost - charge ⓥ, ⓝ

If something **costs** a particular amount of money, you can buy it for that amount.

얼마만큼의 돈을 주고 살 수 있는가를 보여주는 동사 ~의 비용이 들다

형태의 변화 없이 명사로 비용, 가격

= price

형태〉 cost + 가격

If you **charge** someone an amount of money, you ask them to pay that amount for something you have sold.

판매한 어떤 것에 대하여 다른 사람에게 얼마만큼의 돈을 지불할지 요구하는 행동

(요금을) 과하다

형태의 변화 없이 명사로 요금

형태〉 charge + 사람 + 가격

주 의

rent 자신의 집이 아닌 곳에 살면서 주인에게 지불하는 집세

ex) **raise the rent** 집세를 올리다

fare 버스, 기차, 비행기 등을 이용하는 요금

ex) **taxi fare/bus fare** 택시/버스 요금

fee 의사나, 변호사, 교사 등 전문적인 서비스에 대하여 지불하는 요금

ex) **school fee** 수업비

charge 어떤 것을 이용하거나 서비스에 대하여 지불하는 요금

ex) **delivery charge** 배달비

09 buyer - consumer ⓝ

A **buyer** is a person who is buying something, or who intends to buy.

어떤 물건을 사거나 살 의도를 가진 사람 사는 사람

buy v. 사다

buyer n. 사는 사람

A **consumer** is a person who buys things or uses services.

물건을 사거나 서비스를 이용하는 사람 소비자

= shopper 물건 사는 손님

= purchaser 구매자

= customer 고객

주 의

buy는 일반적으로 돈을 지불하고 물건을 얻는 모든 행위를 포함합니다. **purchase**는 좀 더 격식 있는 표현으로 주로 지출의 범위가 큰 경우에 쓰입니다.

buyer의 반대말은 **seller**로 일반적인 상황에서 구매자, 판매자를 말하고, **consumer**의 반대말은 **producer**이고, 주로 경제학에서 다루어지는 용어로 소비자, 생산자를 말합니다.

Voca Family consume v. 소비하다
consumer n. 소비자
shop v. 물건을 사다, 쇼핑하다
purchase v. 구입하다

10 change - alter ⓥ

If you **change** something, it becomes different.
어떤 것을 다르게 변화시키는 행위 ~을 바꾸다
형태 변화 없이 명사로 변화

If you **alter** something, it gets better or more suitable.
어떤 것이 더 좋아지거나 더 적합하도록 변화시키는 행위 ~을 바꾸다, 개조하다
= reform 개혁하다, 개정하다
(re 다시 + form 형성하다 = reform 다시 형성하다)
= transform 변형시키다, 바꾸다
(trans 변화 + form 형성하다 = 변화시켜 형성하다)
= adapt 적응시키다, 개작하다
= modify 수정하다, 변경하다
= revolutionize 혁명을 일으키다
= convert 전환하다

주 의 일반적으로 무엇이 변하는 경우를 나타낼 때 **change**를 사용하는데, 특히 그 중에서도 사람의 감정이나 행동, 상황이 변화하는 경우에 **alter**를 씁니다.

Voca Family **interchange** v. 교환하다, 주고받다
exchange v. 교환하다, 교역하다
alteration n. 변화
transformation n. 변형, 변화
reformation n. 개혁, 개정
adaptation n. 적응, 개작
modification n. 수정, 변경
revolution n. 혁명
conversion n. 변환, 전환

11 annoyed - upset ⓐ

If you are **annoyed**, you are fairly angry about something.
어떤 것에 대하여 상당히 화가 나 있는 상태를 묘사하는 형용사 화난

If you are **upset**, you are unhappy or disappointed because something unpleasant happened to you.
불쾌한 일이 생겨서 행복하지 않거나 실망한 상태를 묘사하는 형용사 혼란스러운, 당황한
형태 변화 없이 동사 ~을 당황하게 하다, 뒤집어엎다
= angry 화난
= irritated 자극된
= bothered 짜증난
= disturbed 불안한
= agitated 흥분한

주 의 **annoyed**는 **angry**나 **mad** 보다는 약한 의미로 화가 났음을 나타내는 말입니다. **upset** 역시 우리 말로 '화난'의 의미로 볼 수 있지만, 정확히 말하자면 불쾌하거나 실망스러운 일이 발생해서 충격을 받았거나 울고 싶은 기분이 들게 되었을 때 사용하는 말로 **sad**와 **unhappy**에 가깝습니다.

Voca Family
annoy v. 화나게 하다
annoying a. 화나게 하는
upsetting a. 소란을 일으키는, 화나는

12 prohibit - forbid ⓥ

If a law or someone in authority **prohibits** something, they forbid it or make it illegal.
법이나 권좌에 있는 사람이 어떤 것을 금하거나 불법으로 만드는 행위 ~을 금하다
형태〉〈prohibit + 목적어 + from + -ing〉 목적어가 -ing하는 것을 금하다

If you **forbid** someone to do something, you order that it must not be done.
어떤 일이 행해지지 않도록 명령하는 행위 ~을 금하다
= ban 금하다
= disallow 허락하지 않다
= outlaw 불법으로 만들다

주 의 **forbid**와 **prohibit** 모두 격식체로 규칙이나 법에서 금하는 바를 나타내기 위해 사용됩니다. **forbid**는 〈동사 + to 부정사〉가 이어진 형태로 주로 쓰이고, **prohibit**은 **be prohibited**의 수동태로 주로 쓰입니다.

Voca Family
prohibition n. 금지
prohibitive a 금지의
forbidden a 금지된

13 only - merely (adv)

You use **only** to indicate the one thing that is true in a particular situation.
특정한 상황에서 유일하게 사실인 한 가지를 나타내기 위해서 쓰는 부사 **오직, 겨우, 단지**

ex〉
She was the **only** survivor. → 그녀는 유일한 생존자였다.
명사 survivor를 수식하는 형용사 **유일한**

You can **only** choose one of those. → 너는 그것 중에 단지 한 개만 고를 수 있다.
동사 choose를 수식하는 부사 **단지**

You use **merely** to emphasize that something is only what you say.
어떤 것이 당신이 말하는 것 이상의 가치를 지니지 않았음을 강조할 때 쓰는 부사
단지, 그저
= solely 혼자서, 오로지, 단지
= simply 단순히

Voca Family
mere a. 단순한, 전적인
sole a. 오직 하나의, 독점적인
simple a. 단일의, 단순한

14 huge - immense ⓐ

Something or someone that is **huge** is extremely large in size.
사람이나 사물이 굉장히 큰 것을 묘사하는 형용사 거대한, 막대한

If you describe something as **immense**, you mean that it is extremely large or great.
크기나 양이 엄청나게 큰 경우를 나타내는 형용사 막대한, 광대한

= enormous 거대한, 막대한
= gigantic 거대한
= massive 부피가 큰, 육중한

주 의 **huge, immense, enormous, massive**는 모두 어떤 것의 양이나 수, 증감이 놀라울 정도로 큰 경우에, 인상적일 만큼 크다는 점을 강조하기 위해서 쓰입니다.

Voca Family
hugely adv. 거대하게
hugeness n. 거대함
immensity n. 거대함
immensely adv. 무한히, 막대하게
enormously adv. 막대하게
massively adv. 대량으로
giant n. 거인

15 old-fashioned - outdated ⓐ

Something such as a style or method that is **old-fashioned** is no longer used by most people because it has been replaced by something that is more modern.
스타일이나 방법이 다른 새로운 것으로 대체되어서 더 이상 많은 사람들에게 이용되지 않는 상황을 표현하기 위한 형용사 구식의

If you describe something as **outdated**, you think it is old-fashioned and no longer useful.
구식이고 더 이상 유용하지 않다고 생각하는 것을 묘사할 때 쓰는 형용사 구식의, 뒤떨어진

= obsolete 쇠퇴한, 구식의

= outmoded 유행에 뒤떨어진

= out of date 구식의

주 의 **old-fashioned**는 옷이나 스타일 단어 등이 사용되기는 하나 더 이상 현대적이라거나 유행을 따른다고 말하기 어려운 경우에 사용되고, **outdated**는 의견이나 방법, 시스템 등이 현대에 맞지 않아서 변화가 필요한 경우를 나타낼 때 사용됩니다.

단어 확인하기

[1–3] 다음의 고딕체로 된 단어와 바꾸어 쓸 수 있는 단어를 고르시오.

1 They make cheese in the **old-fashioned** way.
a) clever b) immense c) hectic d) outdated

2 The government has **altered** the rules for unemployment benefit.
a) linked b) charged c) changed d) annoyed

3 China has experienced **enormous** economic growth.
a) entire b) huge c) quarrelsome d) indecisive

[4–7] 다음의 고딕체로 된 단어와 의미가 비슷하지 않은 것을 고르시오.

4 Don't be so panic. It's **merely** cultural difference and they will understand you someday.
a) only b) simply c) rarely d) solely

5 The girl upstairs has played the piano for three hours and that makes me **upset**.
a) hectic b) irritated) bothered d) disturbed

6 New York is an unpleasant place for smokers because many places **prohibit** people to smoke inside the building.
a) ban b) disallow c) forbid d) inhabit

7 I am very sorry for missing your party. I **totally** forgot receiving your invitation card because I had some serious trouble with my boss.
a) wholly b) completely
c) wholeheartedly d) entirely

[8–10] 다음 괄호 속의 단어 중 문맥상 적절한 것을 고르시오.

8 His behavior was so (**annoyed / annoying**) that I left him in 30 minutes.

9 Despite his parents' pressure, he (**resolved / dissolved**) to study philosophy.

10 Peter and Jason promised to (**alter / exchange**) each other's notebooks, but Jason didn't give his own notebook to Peter after getting Peter's.

Check-up

□ ashamed - embarrassed
부끄러운 당황한, 난처한

□ decide - resolve
결정하다 결의하다

□ intelligent - clever
지적인 똑똑한

□ busy - hectic
바쁜 흥분한

□ argue - quarrel
다투다 싸우다

□ totally - entirely
전체적으로 완전히

□ link - connect
관련짓다 ~을 연결하다

□ cost - charge
비용 요금

□ buyer - consumer
사는 사람 소비자

□ change - alter
~을 바꾸다 개조하다

□ annoyed - upset
화난 당황한

□ prohibit - forbid
~을 금하다 ~을 금하다

□ only - merely
오직 단지

□ huge - immense
거대한 막대한

□ old-fashioned - outdated
구식의 뒤떨어진

단어 파악하기

다음에 주어진 단어 중에서 비슷한 의미를 가진 두 단어를 찾고 그 단어의 의미를 생각해 보세요.

01 **climate, area, region**

02 **line, station, queue**

03 **merchant, company, firm**

04 **seize, give up, abandon**

05 **wage, salary, employee**

06 **envious, generous, jealous**

07 **mostly, mortally, mainly**

08 **error, fault, edge**

09 **lawyer, doctor, surgeon**

10 **confused, puzzled, certain**

11 **politician, executive, congressman**

12 **stiff, rigid, smooth**

13 **situate, construct, locate**

14 **purpose, aim, role**

15 **resident, restrict, confine, confusion**

01 area - zone - region ⓝ

An **area** is a particular part of a town, a country, or a region.
한 도시나 국가, 어느 지역의 일부분을 나타내는 명사 지역
ex〉 industrial area 공업지대, agricultural area 농업 지대

A **zone** is an area that has particular features or characteristics.
특징을 가진 지역 지대, 지구
ex〉 battle zone 전쟁 지역

A **region** is a large area of land that is different from other areas.
다른 지역과 차별되는 점이 있는 넓은 지역을 일컫는 명사 지방, 지역
ex〉 north-west region 북서지방
= part 일부분, 지역
= section 구분, 구역
= quarter 방면, 지역 (주로 1/4이란 뜻으로 쓰지만, '지역' 이라는 의미도 있답니다.)
= district 지역, 지구 (행정상의 이유로 구분해놓은 지역)
= province 지방, 지역

주 의 일반적으로 '지역'을 나타낼 때 **area**를 씁니다. 그 중 특히 한 나라나 세계의 특정 부분에 위치한 넓은 지역을 나타낼 때 **region**을 쓰고, 다른 지역과 구분되는 특징을 가진 지역을 나타낼 때는 **zone**을 사용합니다. 한 나라를 행정상의 편의를 위해 크게 구분해놓은 경우에는 **province**를, 도시를 공무상의 이유로 구분해놓은 지역을 나타낼 때는 **district**를 사용합니다.

02 line - queue ⓝ

A **line** of people is the number of them arranged one behind the other or side by side.
사람들이 앞뒤로 혹은 나란히 위치하고 있는 모습을 나타내는 명사 선, 줄

A **queue** is a line of people that are waiting for something.
무언가를 기다리는 사람들의 줄을 나타내는 명사 줄, 대기열

주 의 **line**과 **queue**는 모두 사람이나 사물에 모두 쓸 수 있습니다. **queue**는 주로 영국에서 사용합니다.

03 company - firm - corporation ⓝ

A **company** is a business organization that makes money by selling goods or services.
재화나 용역을 판매함으로써 이윤을 추구하는 사업체 회사

A **firm** is an organization which sells or produces something or provides services.
물건을 생산하거나 서비스를 제공하는 단체 상사, 회사

A **corporation** is a large business or company.
규모가 큰 사업체나 회사를 일컫는 단어 법인, 주식회사
= business n. 사업, 상업

Expression **subsidiary** n. 자회사
Ltd. = Limited의 줄임말
Inc. = Incorporated의 줄임말
회사가 법적으로 설립되었고, 부도가 나는 경우 회사 소유자가 제한된 금액만을 책임진다는 의미를 표시

주 의 **firm**은 물건을 제조하는 회사보다는 서비스를 제공하는 회사를 나타내는 단어입니다. **corporation**은 거대한 기업으로 그 밑에 작은 규모의 여러 자회사를 소유하고 있는 기업을 나타내고 **Corp.**이라고 줄여 쓰기도 합니다.

04 give up - abandon ⓥ

If you **give up** something, you stop doing it or having it.
어떤 것을 하거나 소유하는 것을 멈추는 행위 **~을 포기하다**

If you **abandon** a thing, place or person, you leave them permanently for a long time.
사물이나 장소 사람을 오랜 기간 동안 떠나는 행위 (특히 그렇게 하지 않아야 할 때) **~을 버리다**
= stop 멈추다
= quit 그만두다
= leave 떠나다
= desert 버리다

주 의 **abandon**은 주로 **plan, attempt, search, policy** 등과 어울려 쓰는 동사로 무언가를 끝마치기 전에 멈추는 행위로, 그것을 계속 진행시키기에 많은 문제가 있거나 어려움이 있다는 이유가 있는 경우입니다. **give up**은 과거에 주기적으로 했던 행위를 멈추는 경우에 쓰는 동사입니다.

05 wage - salary ⓝ

Someone's **wage** is the amount of money paid regularly to them for work they do.
일을 한 대가로 주기적으로 받는 돈 **임금, 급료**
ex〉 minimum wage 최저임금

Salary is the money that someone is paid each month by their employers.
주로 교사나, 회사원, 의사 등이 매달 정기적으로 받는 수입 **봉급, 급료**
= pay 지불, 지급, 급료
= earning 소득, 벌이

주 의 **salary**는 전문직 종사자가 매달 받는 수입이고, **wage**는 공장이나 상점에서 일하는 사람들이 매주 받는 수입을 나타냅니다.

06 envious - jealous ⓐ

If you are **envious** of someone, you want something that they have.
다른 사람이 소유하고 있는 무언가를 갖고 싶어 하는 마음을 표현하는 형용사 부러워하는

If someone is **jealous**, they feel angry or bitter because they think another person is trying to take their lover, friend or possession away from them.
다른 사람이 애인이나 친구, 혹은 자신이 가진 소유물을 빼앗으려고 할 때 느끼는 감정 질투하는

주 의

envious와 jealous 모두 be + envious [jealous] + of의 형태로 나옵니다.
jealous는 자신의 파트너가 다른 사람을 좋아할 때 느끼는 질투심을 표현하는 형용사이고, envious는 주로 글을 쓸 때 사용하는 단어로 다른 사람이 내가 원하는 특별함을 가지고 있는 경우에 그 사람을 부러워하는 마음을 묘사할 때 씁니다.

Voca Family

envy v. 부러워하다 n. 시기, 질투
enviable a. 부러운, 탐나는
enviously adv. 부러운 듯이

jealously adv. 시샘하여
jealousy n. 질투심

07 mostly - mainly ⓐⓓⓥ

You use **mostly** to indicate that the statement is generally true.
말하고자 하는 바가 대체로 사실과 다르지 않다는 것을 나타낼 때 쓰는 부사 주로, 대개는

You use **mainly** when mentioning the main reason or thing involved in something.
어떤 일과 관련하여 주된 이유를 언급할 때 쓰는 부사 주로, 대체로
= chiefly 주로, 흔히
= on the whole 대체로
= largely 대부분, 광범위하게

Voca Family

most a. 대부분의
main a. 주요한

08 error - fault ⓝ

An **error** is something that you have done which is considered to be incorrect or wrong.
자신이 한 일이 잘못되었거나 틀렸다고 판단되는 경우 **과실, 잘못**

A **fault** is a mistake in what someone is doing or in what they have done.
어떤 사람이 하고 있는 일이나 이미 한 일에 생긴 실수 **과실, 결점**

= mistake 실수
= flaw 결점, 흠
= blunder 큰 실수
= defect 결점

주 의

error는 계산이나 언어사용, 기계에 잘못이 있는 경우에 쓰는 단어로 **mistake**의 의미에 가깝고, **fault**는 기계가 움직이지 않게 하는 특정 부위의 결함을 나타내는 말로 **problem**에 가깝습니다.
defect는 기계나 상품이 잘못 만들어진 경우를 나타내고, **flaw**는 계획이나 생각에 잘못이 있어서 그것이 쓸모 없거나 효율적이지 못한 경우에 사용합니다.

Expression

in error 잘못된
by mistake 실수로

09 doctor - surgeon ⓝ

A **doctor** is a person who is trained to treat people who are ill.
아픈 사람들을 치료하도록 훈련받은 사람 **의사**

A **surgeon** is a doctor who is specially trained to perform surgery.
특별히 외과 수술을 하도록 훈련된 의사 **외과의사**

= physician 의사, 내과의사
= GP(영국에서 사용됨) 담당의사

Expression

psychiatrist 정신과 의사
dentist 치과의사
vet(= veterinarian) 수의사

10 confused - puzzled ⓐ

If you are **confused**, you do not know exactly what is happening.
무슨 일이 일어나고 있는지 정확히 알지 못할 때의 심정 당황한, 혼란스러운

Someone who is **puzzled** is confused because they do not understand something.
어떤 것을 이해하지 못했기 때문에 혼란스러운 경우 당혹스러운, 당황한
= bewildered 어리둥절한
= perplexed 당혹스러운, 혼란한

주 의 **confused**는 걱정스러운 마음에 어떤 일이 일어나고 있는지, 무슨 말을 하는지 잘 이해하지 못하는 상태를 나타내는 단어이고, **puzzled**는 **confused**보다 강한 의미를 갖습니다.

Voca Family
confuse v. 당황하게 하다
confusing a. 혼란스럽게 하는
confusion n. 혼란, 혼동
confusedly ad. 혼란스럽게
puzzle v. 난처하게 하다
puzzling a. 당혹하게 하는
puzzlement n. 당혹

11 politician - congressman ⓝ

A **politician** is a person whose job is in politics, especially a member of parliament or congress.
정치에 관련된 일을 하는 사람, 특히 국회의원 정치인

A man who belongs to a congress, especially a member of the US House of Representatives.
의회를 통하여 정치를 하는 사람, 〈미〉 국회의원, 특히 하원의원 정치인

Expression
legislator n. 입법자
statesman n. 정치가
MP = Member of Parliament

주 의 **congressman/congresswoman**은 미국의 국회의원을 나타내는 말이고, **MP(member of parliament)**는 영국, 인도, 호주, 남아프리카 공화국의 국회의원을 가리키는 말입니다.

12 stiff - rigid ⓐ

Something that is **stiff** is firm or does not bend easily.
단단하여 쉽게 구부러지지 않는 성질을 표현하는 형용사 **뻣뻣한, 굳은, 완강한**

Laws or rules that are **rigid** cannot be changed or varied.
법이나 규칙 등이 잘 변하지 않는 경우를 나타내는 형용사 **굳은, 완고한, 엄격한**

= inelastic 탄력이 없는
= inflexible 강직한, 완고한
= strict 엄격한

Voca Family **stiffness** n. 뻣뻣함, 강도
rigidity n. 강직, 엄격
rigidly adv. 완강하게

13 situate - locate ⓥ

If you **situate** something such as an idea in a particular context, you relate it to that context.
생각이나 사실 등을 특정한 문맥과 연관 지어서 생각하는 행위 **~을 놓다, ~의 위치를 정하다**

If you **locate** something or someone, you find out where they are.
사람이나 사물이 어디에 있는지를 알아내는 행위 **~의 위치를 알아내다, 정하다**

= place 놓다, 두다
= put 놓다
= set 놓다

주 의 **situate**과 **locate**는 둘 다 **be situated, be located**의 수동태 형태로 주로 쓰입니다.

Voca Family **situation** n. 위치, 장소, 형세, 지위
location n. 장소, 위치, 지역

14 purpose - aim ⓝ

The **purpose** of something is the reason for which it is made or done.

어떤 것이 만들어지거나 행해진 이유를 나타내는 명사 목적

The **aim** of something that you do is the result that it is intended to achieve.

어떤 일을 할 때 얻고자 하는 것 겨냥, 목표

형태 변화 없이 동사로 겨냥하다, 목표삼다

= goal 골, 목적

= objective 목표

Expression **on purpose** 고의로 = **intentionally**

aim at ~을 겨냥하다

주 의 **purpose**는 격식적인 의미를 담고 있는 단어로, 일상 대화에서는 **'what was your purpose?'**라는 말을 쓰는 것보다는 **'Why did you do it?'**이라고 하는 것이 자연스럽습니다. **aim**은 어떤 것을 이루고자 희망할 때 그 목표를 나타내는 단어이고, **purpose**는 어떤 일을 하거나 계획을 세울 때 얻고자 하는 바, 목적을 나타내는 단어입니다.

15 restrict - confine ⓥ

If you **restrict** something, you put a limit on it in order to reduce it or prevent it from becoming too great.
어떤 것이 지나치게 커지지 않도록 그것에 제한을 두는 행위 ~을 제한하다

To **confine** something to a particular place means to prevent it from spreading beyond that place.
어떤 것이 정해진 장소 이상을 넘어가지 않도록 방지하는 행위 ~을 제한하다

= limit 제한하다
= restrain 제지하다

주 의 **restrict, confine** 둘 다 〈**restrict/confine** + 제한할 대상 + **to** + 제한할 정도〉의 형태로 쓰입니다.

Voca Family
restricted a. 한정된
restriction n. 제한
confined a. 제한된
confinement n. 제한

단어 확인하기

[1–3] 다음 문장의 빈칸에 문맥상 가장 적절한 단어를 고르시오.

1 I saw her talking and laughing with Tom. She was trying to make me ________.

a) main b) error c) jealous d) leave

2 The hotel is ________ in one of the most peaceful place by the river.

a) confused b) situated c) stopped d) abandoned

3 He was a very ________ person who has strong religious view.

a) easy b) envious c) flexible d) rigid

[4–5] 다음 고딕체로 된 단어와 의미가 비슷하지 않은 것을 고르시오.

4 They have **mostly** invested their money in expensive real estate.

a) mainly b) on the whole c) barely d) chiefly

5 He made many grammatical **errors** in his paper.

a) orders b) flaws c) mistakes d) faults

[6–8] 다음 괄호 속의 단어 중에서 문맥상 적절한 것을 고르시오.

6 The new theory has been introduced and people are now (**confused / conferred**).

7 The main (**purpose / possession**) of her trip is to research into the ecosystem of the Amazonian area.

8 These dangers are not (**refined / confined**) to smokers.

Check-up

- ☐ area - zone - region
  지역 지대 지방
- ☐ error - fault
  과실 결점
- ☐ line - queue
  선 줄
- ☐ doctor - surgeon
  의사 외과의사
- ☐ company - firm - corporation
  회사 상사 주식회사
- ☐ confused - puzzled
  당황한 당혹스러운
- ☐ mostly - mainly
  주로 대체로
- ☐ politician - congressman
  정치인 국회의원
- ☐ give up - abandon
  ~을 포기하다 ~을 버리다
- ☐ stiff - rigid
  뻣뻣한 굳은
- ☐ wage - salary
  임금 급료
- ☐ situate - locate
  ~을 놓다 ~의 위치를 알아내다
- ☐ envious - jealous
  부러워하는 질투하는
- ☐ purpose - aim
  목적 목표
- ☐ mostly - mainly
  주로 대체로
- ☐ restrict - confine
  ~을 제한하다 ~을 제한하다

다음에 주어진 단어 중에서 비슷한 의미를 가진 두 단어를 찾고 그 단어의 의미를 생각해 보세요.

01 **obvious, difficult, tricky**

02 **wrong, false, accurate**

03 **glance, glimpse, glitter**

04 **mix, scatter, combine**

05 **injury, wound, remedy**

06 **fall, increase, rise**

07 **scarcely, usually, seldom**

08 **astonish, admire, respect**

09 **perceive, compromise, comprehend**

10 **respond, report, answer**

11 **gasp, grip, grasp**

12 **invade, intrude, conclude**

13 **often, merely, frequently**

14 **specific, peculiar, tactful**

15 **distrust, debate, dispute, disagree**

01 difficult - tricky ⓐ

Something that is **difficult** is not easy to do.
하기 힘든 일을 표현하는 형용사 어려운, 곤란한

If you describe a problem as **tricky**, you mean that it is difficult to deal with.
해결하기 힘든 문제를 묘사하는 형용사 다루기 힘든, 교묘한
= complicated 복잡한
= demanding 힘든, 벅찬

주 의 **difficult**는 다루기 쉽지 않은 일이나 긴장되게 만드는 상황에 쓰이고, **tricky**는 상황이 잘못될 수 있는 가능성이 많기 때문에 세심하게 주의를 기울여 다루어야 하는 경우에 쓰입니다.

02 wrong - false ⓐ

If you say there is something **wrong**, there is something unsatisfactory about the situation.
어떤 상황에서 만족스럽지 못한 사항이 있는 경우에 쓰는 형용사 그릇된, 잘못된
형태의 변화 없이 명사로 부정, 악
부사로 그릇되게, 나쁘게

If something is **false**, it is incorrect, untrue or mistaken.
부정확하고 진실이 아닌 것을 표현하는 형용사 그릇된, 틀린
= incorrect 부정확한
= inaccurate 잘못된

주 의 **wrong**은 '옳지 않은'의 의미에서 '잘못된, 그릇된'이라는 의미를 나타내고, **false**는 '진짜가 아닌'의 의미에서 '그릇된, 틀린'의 의미를 나타냅니다.

Voca Family **wrongly** adv. 그릇되게
falsely adv. 그릇되게
falsity n. 허위, 불신

03 glance - glimpse ⓥ, ⓝ

If you **glance** at something or someone, you look at them very quickly.
사람이나 사물을 빠르게 쳐다보는 행위 흘끗 보다, 대강 훑어보다
형태의 변화 없이 같은 의미의 명사로도 쓰인다. 흘끗 봄, 일견

If you **glimpse** someone or something, you see them very briefly and not very well.
사람이나 사물을 자세히 보지 않고 대충 훑어보는 경우 흘끗 보다, 얼핏 보다
형태의 변화 없이 같은 의미의 명사로. 흘끗 봄

주 의 '보다' 라는 의미에서 비슷한 단어로 **gaze**와 **stare**가 있는데, 이 두 동사는 오랫동안 사물이나 사람을 응시하는 경우에 쓰입니다.
gaze v. 지켜보다, 응시하다 n. 응시
stare v. 응시하다, 노려보다 n. 응시
glance, gaze, stare 모두 자동사로 전치사 **at**과 함께 쓰고, **glimpse**는 타동사로 전치사 없이 목적어를 가져올 수 있습니다.

04 mix - combine ⓥ

If you **mix** one substance with another, you stir or shake them together, so that they become one substance.
두 가지 물질을 함께 섞고 흔들어서 한 가지 물질로 만드는 행위 ~을 섞다, 혼합하다

If you **combine** two or more things, they join together to make a single thing.
두 가지 이상의 물질을 함께 섞어 하나가 되는 경우 ~을 결합시키다

Voca Family **mixture** n. 혼합, 혼합물
combination n. 결합, 연합

05 injury - wound ⓝ

An **injury** is damage done to a person's or animal's body.
사람이나 동물의 몸에 손상이 생긴 것 상해, 손상

A **wound** is damage to part of your body, especially a cut or a hole in your flesh.
몸에 생긴 상처로 주로 피부가 베이거나 구멍이 생기는 등의 상처 부상, 상처, 타격
= harm 해, 손해
= damage 손해, 손상

06 increase - rise ⓥ, ⓝ

increase

(자동사, 타동사 두 가지로 모두 쓰임) 증가하다, ~을 증가시키다

형태 변화 없이 명사로 증가

ex〉 The price of houses have **increased** by 10% in last five years.

지난 5년 동안 집값이 10% 증가했다.

rise

(목적어가 필요 없는 자동사) 일어서다, 오르다

형태 변화 없이 명사로 상승, 오름

ex〉 In summer, temperatures often **rise** to 35°

여름에는 종종 기온이 35도까지 오른다.

= grow 커지다, 자라다(일정 기간 동안 점차로 증가)

= raise ~을 끌어올리다(목적어를 필요로 하는 타동사)

07 scarcely - seldom ⓐⓓⓥ

You use **scarcely** to emphasize that something is only just true or only just the case.

어떤 것이 겨우 사실에 가까운 경우를 나타낼 때 강조하기 위한 부사

거의 ~아니다, 간신히

If something **seldom** happens, it happens only occasionally.

어떤 것이 가끔씩 일어날 때 쓰는 부사 드물게, 좀처럼 ~않다

문장 안에서 부정어 not이나 no없이 부정의 의미를 나타낼 수 있는 부사이다.

= hardly 조금도 ~아니다

= barely 간신히, 거의 ~아니다

Voca Family

scarce a. 부족한
hard a. 단단한, 어려운
bare a. 벌거벗은, 부족한

08 admire - respect ⓥ

If you **admire** someone or something, you like and respect them very much.
사람이나 사물을 굉장히 좋아하고 존중하는 마음을 표현하는 동사 ~을 칭찬하다, ~에 감탄하다

If you **respect** someone, you have a good opinion of their character or ideas.
한 사람의 인간성이나 그의 생각에 대하여 좋은 평가를 가지고 있는 경우 ~을 존경하다, 존중하다
형태 변화 없이 같은 의미의 명사로 존경, 경의

주 의 **admire**는 어떤 사람이 뛰어난 업적을 남겼거나, 자신이 갖고 싶은 기술이나 자질을 갖추고 있기 때문에 그 사람에 대하여 좋게 평가하는 행위이고, **respect**는 어떤 사람의 인간적인 면이 훌륭하기 때문에 설사 의견이 다르다고 하더라도 그 사람에 대하여 예의를 지키는 행위를 나타냅니다.

Voca Family
admiration n. 감탄, 칭찬
admiring a. 찬미하는, 감탄하는

respectable a. 존경할 만한, 훌륭한
respectability n. 존경할 만함

09 perceive -comprehend ⓥ

If you **perceive** something, you see or realize it, especially when it is not obvious.
분명하지 않은 것을 보고 이해하는 행위 ~을 지각하다, 인식하다

If you cannot **comprehend** something, you cannot understand it.
어떤 것을 이해하는 행위 ~을 이해하다, 깨닫다
= understand 이해하다
= apprehend 이해하다

Voca Family
comprehension n. 이해
perception n. 지각, 인식
perceptive a. 통찰력 있는
perceptible a. 지각할 수 있는

10 answer - respond ⓥ

When you **answer** someone who asked you something, you say something back to them.
질문을 한 사람에게 대답해주는 행위 ~에게 대답하다

When you **respond** to something that is said or done, you react to it by doing or saying something yourself.
주어진 것에 대하여 스스로 무언가를 하거나 말함으로써 반응하는 행위 응답하다, 대답하다
= react 반응하다
= reply 대답하다, 응답하다

주 의 **answer**는 목적어를 필요로 하는 타동사로 전치사 없이 바로 목적어를 취하지만, **respond, react, reply**는 모두 전치사 **to**를 필요로 하는 자동사입니다.

11 grasp - grip - grab ⓥ

If you **grasp** something, you take it in your hand and hold it very firmly.
어떤 것을 손에 넣고 강하게 쥐고 있는 상태를 나타내는 동사 ~을 붙잡다
형태의 변화 없이 명사로 붙잡음

If you **grasp** something that is complicated, you understand it.
복잡한 문제를 이해하는 행위 ~을 납득하다, 이해하다
형태의 변화 없이 명사로 이해

If you **grip** something, you take hold of it with your hand.
손으로 어떤 것을 꽉 잡고 있는 행위 ~을 꽉 쥐다
형태 변화 없이 명사로 꽉 쥠

If you **grab** something, you take it or pick it up suddenly and roughly.
갑작스럽고 거칠게 어떤 것을 쥐거나 들어 올리는 행위 ~을 움켜잡다
형태의 변화 없이 명사로 움켜잡기

Expression
lose one's grip 자신감을 잃다
have a grip on reality 현실을 직시하고 판단하다
in the grip of ~의 영향을 받는

12 invade - intrude ⓥ

To **invade** a country means to enter it by force with an army.
다른 나라에 군대를 이용하여 무력으로 들어가는 것 ~에 침입하다, 침공하다(타동사)

If someone is **intruding** into a particular place, they are not welcome there.
어떤 사람이 어떤 장소에 가는데 환영받지 못하는 경우 침입하다, 간섭하다(자동사)
= break into 침입하다
= interrupt 가로막다, 저지하다

Voca Family
invasion n. 침입, 침략
intrusion n. 강요, 침입
intruder n. 침입자

13 often - frequently ⓐⓓⓥ

If something **often** happens, it happens many times.
어떤 일이 자주 일어나는 경우 자주, 종종
ex〉 I **often** visit my grandparents.
나는 조부모님을 자주 찾아뵌다.

If something happens **frequently**, it happens often.
어떤 일이 자주 일어나는 경우 빈번하게, 때때로
ex〉 Governments **frequently** ignore human right abuses.
정부는 종종 인권 침해를 무시하곤 한다.

Voca Family
frequent a. 빈번한, 상습적인
frequency n. 빈번, 빈도, 진동수
infrequent a. 희귀한, 드문

14 peculiar - unique ⓐ

If you describe someone or something as **peculiar**, you think they are strange or unusual, sometimes in an unpleasant way.
사람이나 사물이 이상하고 일상적이지 않은 경우 독특한, 기묘한

If something **peculiar** to a particular thing or person, it relates only to that thing or person.
어떤 것이 특정한 사람이나 사물에만 관련이 있는 경우 특별한, 특정한

Something that is **unique** is the only one of its kind.
유일하게 하나인 사물을 묘사할 때는 쓰는 형용사 유일한

You use **unique** to describe things that you admire because they are very unusual and special.
일상적이지 않고 특별하기 때문에 좋아하는 사물을 묘사할 때 독특한
= specific 독특한, 특정한
= particular 특별한, 특정한
= special 특별한, 독특한

주 의 **peculiar**는 **strange**의 의미로 약간 불쾌하면서 이상한 것을 묘사할 때 사용됩니다. **unique**는 어떤 것이 매우 특별하고 달라서 비슷한 종류의 다른 것과 두드러지게 구분되어 유일한 가치를 가지고 있는 경우에 쓰입니다.

Voca Family **peculiarly** adv. 특별히, 기묘하게
peculiarity n. 특색, 버릇
uniquely adv. 유일하게, 독특하게
uniqueness n. 독특함, 유일함

Expression **feel peculiar** 몸이 좋지 않다, 기분이 좋지 않다

15 debate - dispute ⓝ, ⓥ

A **debate** is a discussion about a subject on which people have different views.
사람들이 각기 다른 의견을 가지고 있는 주제에 대하여 논의하는 것 토론, 논쟁
형태 변화 없이 동사로 ~에 대하여 토론하다, 논쟁하다

A **dispute** is an argument or disagreement between people or group.
사람이나 그룹 사이의 논쟁이나 의견 불일치 논의, 논박
형태 변화 없이 동사로 ~을 논하다, 논쟁하다
= discussion 토론
= argument 논의
= contention 논쟁, 싸움

주 의 **debate**은 둘 이상의 그룹이 특정한 주제에 대하여 서로 다른 의견을 제시하고 나중에 그것에 대하여 투표하는 방식으로 이루어지는 공식적인 형태의 토론을 가리킵니다. **dispute**는 두 사람이나 두 단체, 혹은 두 나라가 중요 사안에 대하여 공개적으로 서로 다른 의견을 표명하고 논쟁하는 경우에 쓰입니다.

단어 확인하기

[1–2] 다음 중 연결된 단어의 관계가 다른 하나를 고르시오.

1

a) mix - separate
b) injury - wound
c) hardly - scarcely
d) often - frequently

2

a) invade - intrude
b) increase - rise
c) wrong - tricky
d) comprehend - understand

[3–5] 다음 고딕체로 된 단어와 가장 비슷한 의미를 나타내는 단어를 보기에서 고르시오.

3 We hoped that the **debate** would be settled amicably.

a) harm b) increase c) grip d) dispute

4 When a speaker **glances** at his watch, many in the audience do the same thing.

a) demanding b) glimpses c) damages d) grows

5 Jim thought it tasted **peculiar**.

a) bare b) unique c) perceptive d) false

[6–8] 다음 문장에서 문맥상 적절하게 사용된 단어를 고르시오.

6 (**Combine / Compose**) the flour with three teaspoons water to make a paste.

7 She (**respired / responded**) positively by nodding to me.

8 He is a (**frequent / consequent**) visitor to the museum.

☐ difficult - tricky
어려운 다루기 힘든

☐ wrong - false
그릇된 틀린

☐ glance - glimpse
흘끗 보다 얼핏 보다

☐ mix - combine
~을 섞다 ~을 결합시키다

☐ injury - wound
상해 부상

☐ increase - rise
증가하다 오르다

☐ scarcely - seldom
간신히 드물게

☐ admire - respect
~을 칭찬하다 ~을 존경하다

☐ perceive - comprehend
~을 지각하다 ~을 이해하다

☐ answer - respond
~에게 대답하다 응답하다

☐ grasp - grip - grab
~을 붙잡다 ~을 꽉 쥐다 ~을 움켜잡다

☐ invade - intrude
침공하다 침입하다

☐ often - frequently
자주 종종

☐ peculiar - unique
특별한 유일한

☐ debate - dispute
논쟁 논의

반 | 의 | 어

반의어는 의미상으로 반대 관계에 있는 단어나, 접두사 · 접미사를 사용하여 형태를 조금 달리하여 완전히 반대의 의미를 나타내는 단어입니다. 접두사 · 접미사는 사전에서 바로바로 확인 가능하지 않기 때문에 나올 때 마다 잘 확인해두어야 합니다.

반의어를 학습하는 방법

1. 자신이 원래 알고 있던 단어와 연관시켜 이해한다.
2. 접두사와 접미사의 쓰임을 잘 알아둔다.

Day 28

단어 파악하기

보기에 있는 부분을 덧붙여 주어진 단어와 반대의 의미를 갖는 단어를 완성하시오.

보기 | dis-, il-, im-, in-, ir-, -less, mis-, un-

01 **equality** ______ equality ______

02 **complete** ______ complete ______

03 **valid** ______ valid ______

04 **sincere** ______ sincere ______

05 **finite** ______ finite ______

06 **polite** ______ polite ______

07 **possible** ______ possible ______

08 **legal** ______ legal ______

09 **lead** ______ lead ______

10 **place** ______ place ______

다음의 주어진 단어와 반대되는 의미를 가진 단어를 찾아 연결하시오.

11	**supply**	•	• inferior
12	**superior**	•	• dim
13	**brave**	•	• loose
14	**bright**	•	• demand
15	**tight**	•	• cowardly

반의어

단어 학습하기

01 equality - inequality ⓝ

equality [i(:)kwάləti]

Equality is the same status, right, or responsibilities for all the members of a society.

사회 구성원 모두에게 같은 지위와 권리, 책임이 부여되는 것 평등, 동등, 대등

= fairness 공정함, egalitarianism 인류 평등주의

inequality [ìnikwάləti] (= in + equality)

Inequality is difference in social status, wealth, or opportunities between people.

사람들 사이에 사회적 지위나 부, 기회의 차이가 있는 것 불평등, 불공평

주 의

equity n. 공평, 공정, 정당
inequity n. 불공평, 불공정

02 complete - incomplete ⓐ

complete [kəmplí:t]

You use **complete** to emphasize that something is as great in extent, or degree as it possibly can be.

어떤 것의 범위나 정도가 가능한 가장 큰 상태 완전한, 완성된

= absolute 절대적인, perfect 완전한, accomplished 성취된

형태 변화 없이 동사로 ~을(를) 완성하다, ~을 채우다

= finish 끝내다, close 닫다

incomplete [ìnkəmplí:t] (= in + complete)

Something that is **incomplete** is not yet finished or does not have all parts that it needs.

아직 끝나지 않거나 필요한 부분이 다 갖추어지지 않은 것을 묘사하는 형용사 불완전한

Voca Family

completely adv. 완전히
completion n. 완성
completeness n. 완전함

03 valid - invalid ⓐ

valid [vǽlid]

A **valid** argument or idea is based on sensible reasoning.
합리적인 추론을 바탕으로 한 주장이나 생각을 묘사하는 형용사 **타당한, 정당한, 유효한**
= well-grounded 근거 있는

invalid [ínvəlid] (= in + valid)

If an action or document is **invalid**, it cannot be accepted because it breaks the law.
행동이나 문서가 법적으로 그릇되어 받아들여지지 않는 경우 **근거 없는, 무효의**
실효성이 없는, 병약한
명사로 **병자**

Voca Family
validity n. 정당성, 타당성
invalidity n. 무효

04 sincere - insincere ⓐ

sincere [sinsíər]

If you say someone is **sincere**, you approve of them because they really mean the things they say.
항상 진심으로 말을 하는 사람을 묘사하는 형용사 **성실한, 진심의**
= earnest 성실한, candid 정직한

ex〉 He is the **sincerest** person I've ever met.
그는 내가 만난 가장 진심어린 사람이야.

insincere [ìnsinsíər] (= in + sincere)

If you say someone is **insincere**, you are being critical of them because they say things that they do not really mean.
말이 진심어리지 않은 사람을 비판할 때 쓰는 형용사 **불성실한, 위선적인**

ex〉 He sounds **insincere**.
그의 말은 위선적으로 들려.

Expression
편지의 마지막에는 **Yours sincerely(Sincerely yours)** 혹은 **Yours faithfully(Faithfully yours)**라고 씁니다. 전자는 내가 상대방의 이름을 알고 그것을 언급했을 때 쓰고, 후자는 받는 사람이 누군지 특정하지 않을 때 씁니다. 영국식 편지 예절이므로 알아두는 것이 좋습니다.

Voca Family
sincerely adv. 성실하게, 진심으로
sincerity n. 성실, 진심
insincerity n. 불성실, 위선

05 finite - infinite ⓐ

읽을 때 조심하세요. finite의 첫 번째 i는 [ai]로 발음하고, infinite의 두 번째 i는 [i]로 발음합니다.

finite [fáinait]

Something that is **finite** has a definite fixed size or extent.
뚜렷하게 고정된 크기나 넓이를 갖고 있는 것을 묘사할 때 한정되어 있는, 유한의
= limited 제한된

infinite [ínfənit] (= in + finite)

If you describe something as **infinite**, you are emphasizing that it is extremely great in amount or degree.
양이나 정도가 엄청나게 크다는 것을 강조할 때 무한한, 막대한
ex〉 the infinite 무한대

Voca Family **infinitely** adv. 무한하게

06 polite - impolite ⓐ

polite [pəláit]

Someone who is **polite** has good manners that is socially correct and not rude to others.
사회적으로 옳고 다른 사람에게 무례하지 않은 예의를 갖춘 사람을 묘사할 때 공손한
= mannerly 예의바른, courteous 정중한

impolite [ìmpəláit] (= im + polite)

If someone is **impolite**, they are rather rude and do not have good manners.
다소 무례하고 좋은 예의를 갖추지 못한 사람을 묘사할 때 무례한
= rude 무례한, uncivil 버릇없는

Voca Family **politeness** n. 공손함
politely adv. 공손하게

07 possible - impossible ⓐ

possible [pάsəbəl]

If it is **possible** to do something, it can be done.

어떤 일이 행해질 수 있는 가능성이 있는 경우 가능한, 있음직한

ex〉 the possible 가능한 일

= conceivable 생각할 수 있는, imaginable 상상할 수 있는

impossible [pάsəbəl] (= im + possible)

Something that is **impossible** cannot be done or cannot happen.

행해지기 어려운 일을 나타내는 형용사 불가능한, 믿기 힘든

ex〉 the impossible 불가능한 일

Expression
as soon as possible 가능한 빨리
(줄임말은 **ASAP**로 인터넷 채팅 등에서 쓰임)
if possible 가능하다면
Could you possibly send it to me?
저에게 그것을 보내주실 수 있으십니까?

Voca Family
possibility n. 가능함
impossibility n. 불가능함
possibly adv. 아마도(공손한 요청 시에도 쓰임)
impossibly adv. 불가능하게

08 legal - illegal ⓐ

legal [líːgəl]

Legal is used to describe things that relate to the law.

법과 관련된 것들을 나타내는 말 법의, 합법한

= legitimate 합법의, authorized 공인된

illegal [ilíːgəl] (= il + legal)

If something is **illegal**, the law says that it is not allowed.

법에서 허락되지 않는 것을 나타내는 말 불법의

= unlawful 불법적, illicit 불법의

ex〉 illegal immigrant 불법 이민자 = illegals

Voca Family
legally adv. 합법적으로
illegally adv. 불법적으로
illegality n. 불법, 위법

09 lead - mislead ⓥ

lead [li:d]

If you **lead** a group of people or an organization, you are in control or in charge of them.
그룹이나 단체를 통제하고 책임지는 역할 ~을(를) 이끌다, 인솔하다
= guide 안내하다, escort 통솔하다, direct 지도하다

If you are **leading** at a particular point in a race or competition, you are winning at that point.
시합이나 경기에서 이기고 있다는 것을 표현할 때 (경기에서) 앞서다, 리드하다
= outstrip 능가하다

If something **leads** to a situation, it begins a process which causes the situation to happen.
어떤 것이 특정한 상황이 일어나도록 원인을 제공하는 경우 이끌다, 원인이 되다
= result in 원인이 되다

cf) lead[led] n. 납

mislead [mislí:d] (= mis + lead)

If someone has **misled** you, they made you believe something that is not true.
잘못된 것을 믿게 하는 행위 ~을(를) 잘못 인도하다, 판단을 그르치게 하다
= misinform 오해하게 하다

10 place - misplace ⓝ, ⓥ

place [pleis]

A **place** is any point, building, area, town, or country.
건물, 지점, 지역, 도시, 나라 등을 나타내는 장소

A **place** is a seat or position that is available for someone to occupy.
어떤 사람이 차지하고 있는 자리나 지위 지위, 좌석

Your **place** in a race or competition is your position in relation to other competitiors.
경기나 대회에서 다른 사람들과 관련된 위치 등수

Your **place** is the house or flat where you live.
당신이 살고 있는 집 집

If you **place** something somewhere, you put it in a particular position, especially in a careful way.
어떤 것을 특정 장소에 조심스럽게 놓는 행위 ~을 놓다, 두다

If a competitor is **placed** first, second or last, that is their position at the end of a race or competition.
경기나 대회가 끝난 후 등수를 정하는 일 (주로 수동태로) (등수) ~위에 놓다

주 의 displace v. ~을 쫓아내고 대신 들어가다
replace v. ~을 대체하다

Expression take place 일어나다
in the first place 처음에
place emphasis 강조하다
place blame on ~를 비난하다
place an order 주문하다
place a bet 내기하다

misplace [mispléis] (= mis + place)
If you **misplace** something, you lose, usually only temporarily.
어떤 물건을 일시적으로 잃어버리는 경우 ~을 잘못 두다

11 supply - demand ⓥ

supply [səplái]
If you **supply** someone with something that they want, you give them a quantity of it.
다른 사람이 원하는 것을 어느 정도 제공해주는 행위 ~에게 공급하다
명사로 공급
= provide 공급하다, yield 산출하다

형태〉 supply + 사람 + with + 공급하는 것
supply + 공급하는 것 + to + 사람
ex〉 I can **supply** you **with** food and drink.
= I can **supply** food and drink **to** you.
나는 너에게 먹을 것과 마실 것을 제공할 수 있다.

demand [dimǽnd, -mɑ́:nd]
If you **demand** something such as information or action, you ask for it in a very forceful way.
정보나 행동을 필요로 할 때 그것을 힘을 들여 요구하는 행위 ~을(를) 요구하다, ~을(를) 묻다
명사로 수요

Voca Family supplement n. 보충, 추가
demanding a. 힘든, 벅찬

12 superior - inferior ⓐ

superior [səpíəriər]

If you are **superior** to another, the first is better than the second.

어떤 것이 다른 것보다 더 나은 경우 높은, 우월한

= surpassing 뛰어난

inferior [infíəriər]

Something that is **inferior** is not as good as something else.

어떤 것이 다른 것보다 더 좋지 못한 경우 아래의, 열등한

= lower 더 낮은

Expression
superior to ~보다 우월한
inferior to ~보다 열등한

Voca Family
superiority n. 우월
inferiority n. 열등

13 brave - cowardly ⓐ

brave [breiv]

If someone is **brave**, he is willing to do things which are dangerous.

위험한 일을 기꺼이 하고자 하는 사람을 묘사하는 말 용감한

= courageous 용감한, fearless 대담한

cowardly [káuərdli]

If you describe someone as **cowardly**, you disapprove them because they are easily frightened.

쉽게 겁먹는 사람을 비판하는 경우에 쓰는 말 겁 많은, 소심한

= timid 겁 많은

Voca Family
bravery n. 용기, 용맹
bravely adv. 용감하게
coward n. 겁쟁이, 비겁한 자

Expression
put a brave face (힘들지만) 힘들지 않은 척하다

14 bright - dim ⓐ

bright [brait]

A **bright** color is strong, noticeable and not dark.
강하고 눈에 띄고 어둡지 않은 색을 나타낼 때 밝은

A **bright** idea is very clever and original.
똑똑하고 독창적인 생각을 묘사할 때 빛나는, 머리가 좋은
= luminous 밝은, shining 빛나는

dim [dim]

Dim light is not bright.
밝지 않은 빛을 묘사할 때 어둑한

A **dim** figure or object is not very easy to see.
보기 힘든 사물을 묘사할 때 흐린, 희박한
동사로 흐려지다
= poor lit 어두운, unclear 불분명한

Voca Family
brightly adv. 밝게, 분명히
brightness n. 밝기
dimly adv. 희미하게
dimless n. 어둠, 흐림

Expression
look on the bright side 낙관적으로 생각하다

15 tight - loose ⓐ

tight [tait]

Tight clothes or shoes are rather small and fit closely to your body.
옷이나 신발이 다소 작고, 몸에 꼭 맞는 경우 단단한, 꼭 끼는
부사로 단단하게

loose [luːs]

Something that is **loose** is not firmly held or fixed in place.
단단하게 고정되어 있지 않은 경우 흐트러진, 헐거운
부사로 느슨하게

단어 확인하기

[1–4] 다음 괄호 속의 단어 중 문맥상 적절한 것을 고르시오.

1 I am (**complicated / complete**) beginner to skating.

2 He is very positive person looking on the (**dim / bright**) side.

3 Jennifer was the best in every field and certainly she was (**inferior / superior**) to me.

4 You had better not trust her because many people think that she is (**insignificant / insincere**).

[5–6] 다음 연결된 단어 중 관계가 다른 하나를 고르시오.

5

a) sincere - insincere
b) finite - infinite
c) valid - invalid
d) born - inborn

6

a) superior - inferior
b) valuable - invaluable
c) complete - incomplete
d) place- misplace

[7–10] 다음 빈칸에 적절한 단어를 써 넣으시오.

7 Supply and d________ on the currency market has balanced.

8 This shirt is too tight and that is too l________. Let's find middle size.

9 Contrary to his cowardly brother, he was famous for being b________.

10 Criminals don't follow the law. Their behavior is i________.

Check-up

□ equality - inequality
평등 불평등

□ complete - incomplete
완전한 불완전한

□ valid - invalid
타당한 실효성이 없는

□ sincere - insincere
성실한 불성실한

□ finite - infinite
유한의 무한한

□ polite - impolite
공손한 무례한

□ possible - impossible
가능한 불가능한

□ legal - illegal
합법한 불법의

□ lead - mislead
~을(를) 이끌다 ~을(를) 잘못 인도하다

□ place - misplace
두다 ~을 잘못 두다

□ supply - demand
공급 수요

□ superior - inferior
우월한 열등한

□ brave - cowardly
용감한 소심한

□ bright - dim
빛나는 흐린

□ tight - loose
단단한 헐거운

단어 파악하기

보기에 있는 부분을 덧붙여 주어진 단어의 반대의 의미를 갖는 단어를 완성하시오.

보기 | dis-, il-, im-, in-, ir-, -less, mis-, un-

01 **predictable** ______ predictable ______

02 **fashionable** ______ fashionable ______

03 **expected** ______ expected ______

04 **fair** ______ fair ______

05 **fasten** ______ fasten ______

06 **fortunate** ______ fortunate ______

07 **available** ______ available ______

08 **suitable** ______ suitable ______

09 **necessary** ______ necessary______

10 **healthy** ______ healthy______

다음의 주어진 단어와 반대되는 의미를 가진 단어를 찾아 연결하시오.

11	**fertile**	succeed
12	**include**	exclude
13	**fail**	pessimistic
14	**offend**	barren
15	**optimistic**	defend

단어 학습하기

01 predictable - unpredictable ⓐ

predictable [pridíktəbəl]

If you say an event is **predictable**, you mean that it is obvious in advance that it will happen.

어떤 일이 발생할 것이라는 것을 미리 확신할 수 있을 때 쓰는 형용사 예측할 수 있는

predict(예측하다) + able(할 수 있는) = predictable

unpredictable [ʌ̀npridíktəbəl] (= un + predictable)

If you describe someone or something as **unpredictable**, you mean you cannot tell what they are going to do.

사람이나 사물이 앞으로 어떻게 행동할지, 무슨 일이 일어날지 예측할 수 없는 경우 예측할 수 없는

Voca Family

predictably adv. 예측 가능하게
predictability n. 예측 가능함
unpredictably adv. 예측불가능하게
unpredictability n. 예측 불가능함

02 fashionable - unfashionable ⓐ

fashionable [fǽʃənəbəl]

Something or someone that is **fashionable** is popular or approved of at a particular time.

특정 시대에 인기 있는 사람이나 사물을 묘사하는 형용사 유행의

= popular 유행하는, up-to-date 최신의

unfashionable [ʌ̀nfǽʃənəbəl] (= un + fashionable)

If something is **unfashionable**, it is not approved of by many people.

어떤 것이 많은 사람들에게 인정받지 못할 때 유행에 뒤떨어진

Voca Family

fashion n. 유행, 패션, 양식
fashionably adv. 유행에 따라
unfashionably adv. 유행에 맞지 않게

03 expected - unexpected ⓐ

expected [ikspéktid] (= expect(기대하다) + ed)

예정된

= foreseen 예측된, anticipated 예기된

unexpected [ʌ̀nikspéktid] (= un + expected)

If an event or someone's behavior is **unexpected**, it surprises you because you did not think that it was not likely to happen.

일이나 사람의 행동이 기대한 대로 진행되지 않아서 놀라는 경우를 묘사 **예기치 않은**

= sudden 갑작스러운, unanticipated 예기치 못한

Expression 영화 윈헨을 보면 주인공이 다른 팀원들에게 아내의 임신 사실을 이야기하면서 이렇게 말합니다.

My wife is expecting.

내 아내는 임신 중이야.

04 fair - unfair ⓐ

fair [fɛər]

Something or someone that is **fair** is reasonable, right and just.

합리적이고 옳고 공정한 사람이나 사물을 묘사하는 형용사 **공평한**

= impartial 편견 없는, unbiased 편견 없는

A **fair** amount, degree, or size is quite a large amount, degree, or size.

양, 정도, 크기가 상당히 많거나 큰 것을 나타낼 때 쓰는 형용사 **많은**

unfair [ʌ̀nfέər] (= un + fair)

An **unfair** action or situation is not right or just.

행동이나 상황이 옳지 못한 경우 **공정하지 못한, 부당한**

= unjust 부당한, prejudiced 편파적인

Voca Family **fairly** adv. 공평하게, 꽤

unfairly adv. 공평하지 못하게

주 의 유명한 뮤지컬이자, 오드리 햅번이 주인공으로 나왔던 뮤지컬 영화 **"My fair lady"**에서 **fair**는 '아름다운'이란 의미입니다. 그러니까 제목은 '나의 아름다운 여인'이 되겠지요.

05 fasten - unfasten ⓥ

fasten [fǽsn, fɑ́:sn]

When you **fasten** something, you close it by means of button or strap, or some other device.

버튼이나 끈을 이용하여 어떤 것을 닫는 행위 ~을(를) 묶다, 고정시키다

If you **fasten** one thing to another, you attach the first thing to the second.

어떤 물건을 다른 물건에 붙이는 행위 ~에 죄다, 고정하다

= fix 고정시키다, attach 붙이다

unfasten [ʌnfǽsn, -fɑ́:sn] (= un + fasten)

If you **unfasten** something that is closed or tied, you remove the thing holding it.

어떤 것이 닫혀있거나 묶여있 는 경우 그것을 잡고 있는 것을 없애는 행위 ~을 벗기다, 풀다

= undo 원상태로 돌리다

Expression **fasten on** ~에게 귀찮게 굴다

06 fortunate - unfortunate ⓐ

fortunate [fɔ́:rtʃənit] (= fortune(행운) + -ate)

If someone or something is **fortunate**, they are lucky.

사람이나 사물이 운이 좋은 경우 운이 좋은

= lucky 행운의, favored 혜택 받은

unfortunate [ʌnfɔ́:rtʃənit] (= un + fortunate)

If someone or something is **unfortunate**, they are unlucky.

사람이나 사물이 운이 나쁜 경우 불운한

an unfortunate 불운한 사람

= unlucky 불운한, regrettable 유감스러운

Voca Family **fortunately** adv. 다행스럽게도
unfortunately adv. 불행하게도

07 available - unavailable ⓐ

available [əvéiləbəl] (= avail(쓸모가 있다) + able)

If something you want and need is **available**, you can find it or obtain it.

원하거나 필요로 하는 어떤 것을 구할 수 있는 상황　이용할 수 있는, 유효한

= accessible 접근할 수 있는, obtainable 얻을 수 있는

사람이 여유 시간이 있거나 없는 경우에도 쓴다.

ex〉 He is not **available** for the moment.
그는 지금 없습니다.

unavailable [ʌ̀nəvéiləbəl] (= un + available)

If things or people are **unavailable**, you cannot obtain them.

어떤 사물이나 사람을 얻을 수 없는 경우　이용할 수 없는

Voca Family　**availability** n. 유효성

08 suitable - unsuitable ⓐ

suitable [súːtəbəl] (= suit(적합하다) + able)

Someone or something that is **suitable** for a particular purpose is right or acceptable for it.

특정한 목적에 적합하거나 받아들여질 만한 사람이나 사물을 묘사할 때　적당한, 어울리는

= appropriate 적합한, fit 적당한

unsuitable [ʌ̀nsúːtəbəl] (= un + suitable)

Someone or something that is **unsuitable** for a particular purpose does not have right qualities for it.

어떤 사람이나 사물이 특정한 목적에 적합한 자질을 갖추지 못한 경우　부적당한, 어울리지 않는

= improper 부적당한 (proper '적당한' 의 반대말)

Expression　**suitable for** ~에게 적합한

Voca Family　**suitability** n. 적합성

09 necessary - unnecessary ⓐ

necessary [nésəsèri, -sisəri]

Something that is **necessary** is needed in order for something else to happen.

다른 일이 일어나기 위해서 필요한 것을 나타내는 형용사 필요한, 필수의

= required 필수적, essential 필수적인, indispensible 필수불가결한

unnecessary [ʌ̀nnésəsèri / -səri] (= un + necessary)

If something is **unnecessary**, it is not needed.

필요하지 않은 것을 묘사할 때 불필요한

= needless 필요 없는

Voca Family
necessity n. 필요
necessarily adv. 반드시

Expression
if necessary 필요하다면
necessities = necessaries 필수품

10 healthy - unhealthy ⓐ

healthy [hélθi] (= health(건강) + y)

Someone who is **healthy** is well and is not suffering from any illness.

건강하고 병으로 고통 받지 않는 사람의 상태 건강한

= fit 튼튼한, sound 건전한

unhealthy [ʌ̀nhélθi] (= un + healthy)

Something that is **unhealthy** is likely to cause illness.

병을 일으킬 수 있는 어떤 것을 묘사하는 형용사 건강하지 못한, 병든

= ailing 병든, sick 아픈

11 fertile - barren ⓐ

fertile [fə́ːrtl / -tail]

Land or soil that is **fertile** is able to support the growth of a large number of healthy plants.

건강한 많은 수의 식물을 기를 수 있는 땅이나 토양을 묘사하는 형용사 비옥한, 다산의

= fruitful 열매가 많이 열리는, productive 생산적인

↔ infertile = in+ fertile 비옥하지 않은

barren [bǽrən]

A **barren** landscape is dry and bare, and has very few plants and no trees.
건조하고 황폐하여 식물이나 나무가 거의 자라지 못하는 땅을 묘사하는 형용사 **불모의**

A **barren** woman or female animal is unable to have babies.
여자나 암컷 동물이 새끼를 갖지 못하는 상황 **아기를 못 낳는**
= desert 사막의, childless 아이가 없는

Voca Family **fertility** n. 비옥, 다산
barrenness n. 불모

12 include - exclude ⓥ

include [inklú:d]

If one thing **includes** another thing, it has the other thing as one of its part.
한 가지가 다른 것을 부분으로 가지고 있는 경우 **~을 포함하다**

exclude [iksklú:d]

If you **exclude** someone from a place, you prevent them from entering it.
어떤 사람이 어느 장소에 들어가는 것을 막는 행위 **~을(를) 배척하다**

If you **exclude** something that has some connection to what you are doing, you deliberately do not use it.
지금 하고 있는 일과 관련 있는 무언가를 일부러 사용하지 않는 행위 **~을(를) 무시하다**

Voca Family **inclusion** n. 포함, 포괄
inclusive a. ~을 포함한
inclusively adv. 포함하여

exclusion n. 제외, 배척
exclusive a. 배타적인, 독점적인
exclusively adv. 배타적으로, 독점적으로

13 fail - succeed ⓥ

fail [feil]

If you **fail** to do something that you were trying to do, you are unable to do it, or do not succeed in doing it.
시도하던 일을 할 수 없거나, 성공하지 못한 경우에 쓰는 동사 실패하다
= misfire 불발하다, disappoint 실망시키다

If something **fails**, it stops working properly, or does not do what it is supposed to do.
어떤 것이 정상적으로 잘 움직이지 않거나, 해야 할 일을 하지 못하는 경우 못하다

succeed [səksíːd]

If you **succeed** in doing something, you manage to do it.
어떤 일을 잘 해낸 경우 성공하다
= achieve 성취하다, prosper 번영하다

If you **succeed** another person, you are the next person to have their job or the position.
다른 사람을 이어서 일을 하거나 지위에 오르는 경우 ~을 잇다

expression **without fail** 틀림없이

Voca Family
failure n. 실패
success n. 성공
successful a. 성공적인
successive a. 잇따른, 연속하는
successor n. 상속자, 후계자

14 offend - defend ⓥ

offend [əfénd]

If you **offend** someone, you say or do something rude which upsets them.
상대방이 기분 나쁘게 할 만한 무례한 말이나 행동을 하는 경우 ~을(를) 성나게 하다

To **offend** against law or rules means to break it.
법이나 규칙을 어기는 행위 ~을(를) 위반하다

defend [difénd]

If you **defend** someone or something, you take action in order to protect them.
사람이나 사물을 보호하기 위해 행동을 취하는 것　~을(를) 막다, 지키다, ~을(를) 변호하다

Voca Family　**offense(offence)** n. 위반, 공격
offensive a. 불쾌한, 무례한
offender n. 위반자

defense(defence) n. 방어, 항변
defensive a. 방어의, 수비의
defendant n. (법률상) 피고 (↔ **plaintiff** 원고)

15 optimistic - pessimistic ⓐ

optimistic [àptəmístik]

Someone who is **optimistic** is hopeful about the future or the success of something in particular.
미래나 성공에 대하여 희망적으로 생각하는 사람을 묘사하는 형용사　낙관적인, 낙천적인

pessimistic [pésəmístik]

Someone who is **pessimistic** thinks that bad things are going to happen.
앞으로 나쁜 일이 일어날 것이라고 믿는 사람을 묘사하는 형용사　비관적인, 염세적인

Voca Family　**optimistically** adv. 낙관적으로
optimism n. 낙관주의

pessimistically adv. 비관적으로
pessimism n. 비관

[1–4] 다음 괄호 속의 단어 중 문맥상 적절한 것을 고르시오.

1 The country is suffering from (**successful / successive**) disasters.

2 I was really surprised and impressed at the (**expected / unexpected**) present.

3 The special summer camp is offering all the materials for language courses (**included / including**) text books and writing tools.

4 Dad, it's (**fair / unfair**) that I have to come home until 7 p.m. Tommy is hanging around until midnight.

5 반대의 의미를 갖는 단어의 연결이 잘못된 하나는?
a) available - inavailable
b) fail - succeed
c) include - exclude
d) fortunate - unfortunate

[6–7] 다음 밑줄 친 단어와 의미가 다른 하나를 고르시오.

6 Many things **essential** for women are usually needless to men.
a) needed b) required c) unnecessary d) indispensible

7 A bunch of fresh flowers is the most **suitable** gift for bored patients.
a) fit b) appropriate c) right d) improper

[8–10] 다음 빈칸에 적절한 단어를 써 넣으시오.

8 When somebody tries to offend you, you naturally come to d________ yourself.

9 They did a miracle to change the barren desert to a f_______ farm.

10 Contrary to his pessimistic attitude, she always tries to be o_______.

- ☐ predictable - unpredictable
  예측할 수 있는 예측할 수 없는
- ☐ fashionable - unfashionable
  유행의 유행에 뒤떨어진
- ☐ expected - unexpected
  예정된 예기치 않은
- ☐ fair - unfair
  공평한 부당한
- ☐ fasten - unfasten
  ~을(를) 묶다 ~을(를) 벗기다
- ☐ fortunate - unfortunate
  운이 좋은 불운한
- ☐ available - unavailable
  이용할 수 있는 이용할 수 없는
- ☐ suitable - unsuitable
  적당한 부적당한
- ☐ necessary - unnecessary
  필요한 불필요한
- ☐ healthy - unhealthy
  건강한 건강하지 못한
- ☐ fertile - barren
  비옥한 불모의
- ☐ include - exclude
  ~을 포함하다 ~을(를) 배척하다
- ☐ fail - succeed
  실패하다 성공하다
- ☐ offend - defend
  ~을(를) 위반하다 지키다
- ☐ optimistic - pessimistic
  낙관적인 비관적인

Day 30

단어 파악하기

보기에 있는 부분을 덧붙여 주어진 단어의 반대의 의미를 갖는 단어를 완성하시오.

보기 | dis-, il-, im-, in-, ir-, -less, mis-, un-

01 **qualify** ______ qualify ______

02 **satisfied** ______ satisfied ______

03 **prove** ______ prove ______

04 **advantage** ______ advantage ______

05 **obey** ______ obey ______

06 **clear** ______ clear ______

07 **lock** ______ lock ______

08 **helpful** ______ help ______

09 **useful** ______ use ______

10 **careful** ______ care ______

다음의 주어진 단어와 반대되는 의미를 가진 단어를 찾아 연결하시오.

11	**natural**	outcome
12	**income**	minimum
13	**maximum**	minority
14	**increase**	artificial
15	**majority**	decrease

01 qualify - disqualify ⓥ

qualify [kwáləfài / kwɔ́l-]

When someone **qualifies**, they pass the examination that they need to work in a particular profession.
특정한 직업을 수행하기 위해서 필요한 시험에 통과했다는 의미 적격이 되다
= certify 증명하다, equip 갖추다

disqualify [diskwáləfài / -kwɔ́l-] (= dis + qualify)

When someone is **disqualified**, they are officially stopped from taking part in a particular event.
공식적으로 어떤 일에 참여할 기회를 잃는 경우 ~의 자격을 박탈하다

Voca Family
qualified a. 자격 있는, 적임의
disqualified a. 실격된

02 satisfied - dissatisfied ⓐ

satisfied [sǽtisfàid]

If you are **satisfied** with something, you are happy because you have got what you wanted.
원하는 것을 얻어서 행복한 경우 만족한
ex〉 be satisfied with ~ ~에 만족하다

dissatisfied [dissǽtisfàid] (= dis + satisfied)

If you are **dissatisfied** with something, you are not contented or pleased with it.
어떤 것에 만족스럽지 못하고 즐겁지 못한 경우 불만스런
ex〉 be dissatisfied with~ ~에 불만족하다

Voca Family
satisfy v. 만족시키다
satisfaction n. 만족
satisfactory a. 만족스러운
dissatisfy v. 불만을 느끼게 하다
dissatisfaction n. 불만족
dissatisfactory a. 만족스럽지 못한

03 prove - disprove ⓥ

approve [əprúːv]

If you **approve** an action or event, you like it or are please about it.

어떤 행동이나 일에 대하여 좋은 감정을 갖는 경우 **~을 승인하다, 찬성하다**

= favor 찬성하다

disapprove [dìsəprúːv] (= dis + approve)

You **disapprove** of something or someone, you feel or show that you do not like them.

사물이나 사람을 좋아하지 않음을 느끼거나 보이는 행위 **~을 비난하다**

= condemn 비난하다

Voca Family

approval n. 승인, 찬성

disapproval n. 반대, 비난

04 advantage - disadvantage ⓝ

advantage [ədvǽntidʒ, -váːns-, əd-]

An **advantage** is something that puts you in a better position than other people.

다른 사람들보다 당신을 더 좋은 자리에 놓아주는 것 **유리, 우세, 이점**

= benefit 이익, dominance 우세

disadvantage [dìsədvǽntidʒ, -váːn-] (= dis + advantage)

A **disadvantage** is a factor that makes someone less useful or successful than other people.

어떤 사람을 다른 사람에 비하여 덜 유용하거나 덜 성공적인 사람으로 만드는 요인 **불리, 손해**

= drawback 결점, downside 단점

Voca Family

advantageous a. 유리한

disadvantageous a. 불리한

05 obey - disobey ⓥ

obey [oubéi]

If you **obey** a person or command, you do what you are told to do.

다른 사람의 말이나 명령을 듣고 그대로 행동하는 행위 ~에 복종하다, 따르다

= follow 따르다, conform to 순응하다

disobey [dìsəbéi] (= dis + obey)

When someone **disobey** a person or order, they deliberately do not do what they have been told to.

다른 사람이 시킨 일이나 명령을 일부러 따르지 않는 경우에 쓰는 동사 ~을 따르지 않다, 복종하지 않다

= disregard 무시하다, ignore 무시하다

06 clear - unclear ⓐ, ⓥ

clear [kliər]

Something that is **clear** is easy to understand, see or hear.

보거나 듣거나 이해하기 쉬운 것을 묘사하는 형용사 맑은, 분명한, 명백한

To **clear** your mind is to free it from confused thoughts.

혼란스런 생각들로부터 마음을 자유롭게 하는 행위 ~을 깨끗이 하다, 해제하다

형태 변화 없이 부사로 분명히

= bright 밝은, obvious 분명한, transparent 투명한

unclear [ʌ̀nklíər] (= un + clear)

If something is **unclear**, it is not known or not certain.

잘 알려져 있지 않거나 확실하지 않은 것을 묘사하는 형용사 불분명한

= blurred 희미한, faint 희미한

clearly adv. 명백히

Expression

clear up 해명하다, 제거하다

clear off = **clear out** 비우다

07 lock - unlock ⓥ

lock [lɑk / lɔk]

When you **lock** something such as a door, you fasten it usually with a key, so that other people cannot open it.

문과 같은 것을 열쇠로 고정시켜서 다른 사람들이 열지 못하게 하는 행위 ~을 잠그다

= seal 봉하다, bolt 빗장 치다

형태 변화 없이 명사로 자물쇠

unlock [ʌ̀nlɑ́k / -lɔ́k] (= un + lock)

If you **unlock** something, such as a door, you open it using a key.

열쇠를 이용하여 잠겨 있는 것을 푸는 행위 (잠긴 것을) 열다

Voca Family
forelock n. 앞머리
interlock v. 맞물려 연결되다

08 helpful - helpless ⓐ

helpful [hélpfəl] (= help(도움) + ful)

If you describe someone **helpful**, you mean that they help you in some way.

도움을 주는 사람을 묘사하는 형용사 도움이 되는

= useful 유용한, beneficial 유익한

↔ unhelpful

helpless [hélplis] (= help(도움) + less(-이 없는))

If you are **helpless**, you do not have strength to do anything useful.

유용한 일을 할 힘이 없는 상태를 묘사하는 형용사 무력한

= impotent 무기력한, incapable 무능한

Voca Family
helpfully adv. 유용하게
helpfulness n. 도움이 됨

helplessly adv. 어찌할 도리 없이
helplessness n. 힘이 없음

09 useful - useless ⓐ

useful [jú:sfəl] (= use + ful)

If something is **useful**, you can use it to do something or to help yourself in some way.

어떤 것을 하기 위해서나 도움을 얻기 위해서 사용하는 것을 묘사하는 말 **유용한**

= helpful 도움이 되는

useless [jú:slis] (= use + less)

If something is **useless**, you cannot use it.

사용할 수 없는 것을 나타내는 형용사 **쓸모 없는**

= vain 헛된

Voca Family

usefully adv. 유용하게
usefulness n. 유용함

uselessly adv. 쓸데 없이
uselessness n. 무익

10 careful - careless ⓐ

careful [kέərfəl] (= care + ful)

If you are **careful**, you give serious attention to what you are doing, in order to avoid mistake.

실수를 피하기 위해서 자신이 하고 있는 일에 주의를 기울이는 모습 **주의 깊은**

=cautious 주의 깊은

careless [kέərlis] (=care + less)

If you are **careless**, you do not pay enough attention to what you are doing.

자신이 하고 있는 일에 충분한 주의를 기울이지 않는 모습 **부주의한, 무관심한**

= reckless 분별 없는

Voca Family

carefully adv. 신중하게
carefulness n. 신중함

carelessly adv. 부주의하게
carelessness n. 부주의함

11 **natural - artificial** ⓐ

natural [nǽtʃərəl]

If it is **natural** for someone to act in a particular way, it is reasonable in the circumstances.

특정한 방식으로 행동하는 것이 그 상황에서 합리적인 경우에 쓰는 형용사 **자연의, 타고난, 자연스러운**

= innate 타고난 ↔ unnatural 부자연스러운

artificial [àːrtəfíʃəl]

Artificial objects, or materials do not occur naturally and are created by human beings.

자연스럽게 발생하지 않고 인간에 의해 만들어진 사물을 가리키는 말 **인위적인**

= manmade 인공의

ex〉 Haley Joel Osment가 주인공으로 나온 영화 "AI"는 Artificial Intelligence(인공지능)로 인간과 같은 감정을 가진 로봇을 만들 수 있는 기술을 말합니다.

Voca Family

nature n. 자연
naturalness n. 자연스러움
naturally ad. 자연스럽게
supernatural a 초자연의, 불가사의한
artificially adv. 인위적으로
artificiality n. 인위적임

12 **income - outcome** ⓝ

income [ínkʌm] (= in(안) + come(들어오다))

A person's or organization's **income** is the money they earn or receive.

개인이나 단체가 버는 돈을 나타내는 말 **수입, 소득**

= earning 소득, profit 수입

outcome [áutkʌ̀m] (= out(밖) + come(오다))

The **outcome** of activity or process is the situation that exists at the end of it.

어떤 일의 마지막에 존재하는 상황을 나타내는 말 **결과, 과정**

= result 결과, conclusion 결론

13 maximum - minimum ⓝ

maximum [mǽksəməm]

You use **maximum** to describe an amount which is the largest that is possible.
가능한 가장 큰 양을 나타내는 말 최대

minimum [mínəməm]

You use **minimum** to describe an amount which is the smallest that is possible.
가능한 가장 작은 양을 나타내는 말 최소
ex〉minimum wage 최저 임금

Voca Family
maximize v. 극대화하다
minimize v. 최소화하다

Expression
at a minimum 적어도
to the minimum 최소한
to the maximum 최대한

14 increase - decrease ⓥ

increase [inkríːs]

If something **increases** or you increase it, it becomes greater in number, level, or amount.
수나 수준, 양이 증가하는 경우 (자동사, 타동사 모두 가능) 증가하다, ~을 증가시키다
형태 변화 없이 명사로 증가
= grow 자라다, advance 발전하다, enlarge 커지다

decrease [díːkriːs, dikríːs]

When something **decreases**, or you **decrease** it, it becomes less in quantity, size or intensity.
양, 크기, 강도가 작아지거나 약해지는 경우 (자동사, 타동사 모두 가능) 감소하다, ~을 감소시키다
형태의 변화 없이 명사로 감소
= drop 떨어지다, decline 기울다, diminish 줄이다

15 majority - minority ⓐ

majority [mədʒɔ́(:)rəti, -dʒɑ́r-]

The **majority** of people or things in a group is more than half of them.

한 집단에서 반 이상의 사람을 나타내는 말　**대부분, 대다수**

minority [minɔ́:riti, -nɑ́r-, mai]

If you talk about a **minority** of people or things in a larger group, you are referring to a number of them that forms less than half of the larger group, usually much less than half.

큰 집단 안에서 반이 되지 않는 수의 사람들을 가리키는 말로, 주로 반보다 훨씬 적은 수를 나타낼 때 쓰는 말　**소수**

대다수의 사람들의 문화와 다른 배경을 가진 사람들　**소수민족**

Voca Family　**major** a. 주요한
minor a. 소수의, 중요하지 않은

Expression　**in a majority** 과반수의
in a minority 반수 이하의

단어 확인하기

[1–5] 다음 괄호 속의 단어 중 문맥상 적절한 것을 고르시오.

1 The population has (**increased / decreased**) despite the loss of their homes.

2 Because of global warming, the (**maxim / maximum**) temperature of the year is getting higher and higher.

3 These days plastic surgery becomes popular in Korea and people seem to be generous to (**artificial / natural**) beauty.

4 I feel (**helpful / helpless**) when I realized that there's nothing I can do for you.

5 If you don't conform to the rules, you might be (**qualified / disqualified**) from taking part in this competition.

6 다음 연결된 단어 중 관계가 다른 하나는?

a) income - outcome
b) grow - outgrow
c) prove - disprove
d) clear - unclear

[7–8] 다음 밑줄 친 단어와 의미가 다른 하나를 고르시오.

7 I usually read detective stories very fast because I am so curious about the **<u>conclusion</u>**.

a) outcome b) result c) end d) income

8 It is **<u>clear</u>** that language and society have influence on each other.

a) obvious b) blurred c) transparent d) evident

□ qualify - disqualify
적격이 되다 ~의 자격을 박탈하다

□ satisfied - dissatisfied
만족한 불만스런

□ prove - disprove
~을 승인하다 ~을 비난하다

□ advantage - disadvantage
유리 불리

□ obey - disobey
따르다 ~을 따르지 않다

□ clear - unclear
분명한 불분명한

□ lock - unlock
~을 잠그다 (잠긴 것을) 열다

□ helpful - helpless
도움이 되는 무력한

□ useful - useless
유용한 쓸모없는

□ careful - careless
주의 깊은 부주의한

□ natural - artificial
자연의 인위적인

□ income - outcome
수입 결과

□ maximum - minimum
최대 최소

□ increase - decrease
증가하다 감소하다

□ majority - minority
대다수 소수

정답 및 해설

정답 및 해설

중 | 요 | 단 | 어

Day 1

단어 파악하기

01. 내가 어려 보인다는 사실은 오랫동안 나를 괴롭혔다.
02. 나를 매료시킨 사람은 내가 초등학생 같다고 말을 했다.
03. 우리는 상대적으로 과거에 정보가 어떻게 공유되었는지에 대하여 거의 알지 못한다.
04. 각각 다른 사람들이 노래 부르는 것을 들을 때마다 새로운 해석을 듣게 된다.
05. 현대 작가들의 책만을 읽는 사람은 나에게 근시안적인 사람으로 보인다.
06. 위의 차트는 다섯 국가의 1999과 2003년 전기 소비를 보여준다.
07. 국제 시장은 빠르게 팽창하고 있다.
08. 수학이 분명히 르네상스 예술에 영향을 미쳤다.
09. 당신은 이 회사에서 가치 있고 존중받는 사원입니다.
10. 그는 목의 진화가 배우자를 얻으려는 경쟁에 기인하고 있다고 확신하게 되었다.
11. 가끔 그들은 질질 끄는 부분을 발견하기도 한다.
12. 우리가 운동을 하다보면 가끔은 갈등에 휩쓸리기도 할 것이다.
13. 가장 단순한 형태로 본다면, 행동은 유기체의 행위이다.
14. 지원서를 제출하려고 합니다.
15. 그의 노력이 전국적으로 인식되었다.
16. 당신의 문제와 난관이 갑자기 중요하지 않게 보인다.
17. 과학자들은 물리 실험에 그것을 사용한다.
18. 사람들은 어젯밤 개가 짖는 것을 들었다.
19. 내가 열심히 일해 왔기 때문에 나의 가족은 편안한 생활을 즐길 수 있다.
20. 사람들은 일반적으로 자신이 잘 하는 것을 좋아한다.

단어 확인하기

1. **C**

해석 어린 소년은 그의 코 때문에 자신이 매력적이지 않다고 생각할지도 모른다.

해설 unattractive ↔ attractive

2. **B**

해석 나는 그 문제를 빈칸으로 남긴 채, 답안지를 제출했다.

해설 hand in = <submit, leave + 목적어 + 목적보어(형용사)> '목적어를 목적보어하게 두다' blank 텅 빈

3. **B**

해석 그들이 우리의 가치를 인정하지 않으면, 우리는 화가 난다.

해설 accept 받아들이다 annoyed 화난

4. **D**

해석 정부는 공연 예술의 중요성을 완전히 인지하지 못했다.

해설 fully 완전히 performing arts 공연 예술

5. **D**

해석 그 목격자는 경찰에 귀중한 정보를 제공했다.

해설 witness 목격자 provide 제공하다 information 정보 police 경찰

6. **A**

해석 이 책은 현대 런던의 모습을 묘사하고 있다.

해설 contemporary, current, recent, modern 최근의, 현대의 relative 상대적인

7. **convincing**

해석 어떤 사람들은 신이 존재하는 확실한 증거가 없다고 말한다.

해설 evidence 증거 existence 존재

8. **experiment**

해석 실험실에서 그들은 새로운 약에 대한

실험을 했다.

해설 conduct 수행하다 drug 약

9. **involves**

해석 당신의 일이 많은 양의 연구를 포함한다면, 가족과 함께 보낼 시간이 부족해질 것입니다.

해설 involve 포함하다, evolve 진화하다

10. **discovered**

해석 19세기에 금이 California에서 발견되었다.

해설 〈be + 과거분사〉의 형태, discover 발견하다, recover 되찾다

Day 2

단어 파악하기

01. 그는 길을 따라 빠른 속도로 걸었다.
02. 그가 낮게 공을 서브해서 공이 네트를 건드렸다.
03. 전문적인 훈련을 통하여 나는 논리적으로 생각하는 방법을 배웠다.
04. 내가 추천한 책은 지금 가격이 5달러이다.
05. 그녀는 테니스를 뛰어나게 잘한다.
06. 그녀는 원래 맨체스터 출신이다.
07. 그들은 옛 시스템을 현대화하자고 제안했다.
08. 그는 형사법 분야의 전문가이다.
09. 나는 그녀가 왼손잡이임을 눈치챘다.
10. 궁금함이 있는 경우, 조언자와 상담하세요.
11. Shell(회사이름)은 Archangel 근처 지역에서 석유와 가스 매장지 개발에 관한 계약을 맺었다.
12. 그녀는 발이 아파서 신발을 벗었다.
13. Tony는 신경쇠약 증세가 있다.
14. 그들은 바르게 행동해야 한다.
15. Sam은 내게 정보를 주기를 거절하였다.
16. 마침내 그의 어머니는 그에게 결혼을 해도 좋다는 허락을 내리셨다.
17. 수업 동안에 목이 마르면 물을 마셔도 됩니다.
18. 그는 스페인어에 대한 기본 지식이 있다.
19. 그는 '봄'이라는 소설을 쓴 작가이다.
20. 그 회사는 한국 매니저에게 회장직을 임명했다.

단어 확인하기

1. **C**

해석 영화 '프라이멀 피어'에서 에드워드 노튼은 무죄인 척 하는 범죄자를 연기했다.

해설 criminal = convict = offender 범죄자

2. **A**

해석 나는 그 프로젝트가 중단되거나 수정되어야 한다고 권고하였지만 아무도 내 말을 듣지 않았다.

해설 recommend = suggest

3. **B**

해석 위대한 비디오 아티스트였던 고(故) 백남준 씨는 독창적인 정신을 가졌다.

해설 original = creative

4. **D**

해석 리더십과 능력을 모두 갖춘 사람이 리더에 임명되어야 한다.

해설 appoint = assign ~를 임명하다

5. **C**

해석 나의 상사는 경쟁업체 중 한 곳에서 제안한 기술 제휴를 거절하였다.

해설 refuse = turn down = 거절하다 technical cooperation 기술제휴

6. **A**

해석 당신이 기숙사로 돌아갈 때마다 게시판에 있는 공고를 체크하십시오.

해설 announcement = notice

7. **B**

해석 현대 사회의 빠른 변화는 사람들로 하여금 이 새로운 트렌드에 적응하기를 요구한다.

해설 rapid = quick = speedy = brisk exceptional 예외적인

8. **D**

해석 군인이 조국에 봉사하는 것은 의무이다.

a) 그 식당은 손님들을 너무나 잘 접대해서 매우 유명해졌다. serve (손님을) 접대하다

b) 우리 오빠는 올해 군대에 복무할 것이다. serve 복무하다, 근무하다

c) 그 회사는 2002년 이후로 전체 도시에 가스를 공급해왔다. serve 공급하다

d) 많은 자원봉사자들이 아프고 가난한 노인들에게 봉사했다. serve 봉사하다

9. **Knowledge**

해석 실행력이 없는 지식은 어떤 경우에도 소용이 없을 것이다.

해설 knowledge는 셀 수 없는 명사로서 항상 단수로 취급한다.

10. **permission**

해석 당신이 회사에서 무언가를 하고 싶다면, 먼저 당신의 상사로부터 허락을 받아야 한다.

해설 commission 수수료
permission 허락

Day 3

단어 파악하기

01. 그 필체는 Sarah의 것이다.
02. 그들은 그를 대화에 끌어들이기 위해 노력했다.
03. 그는 그의 성과를 자랑스럽게 여겼다.
04. 그녀는 자신의 관점에 확신을 가진 자신감 있는 사람이다.
05. 새로운 과학적 증거가 그의 가설이 사실이 아님을 보여준다.
06. 어떤 사람과 의견이 맞지 않을 때도 그 사람과 소통을 하려고 노력해야 한다.
07. 그녀는 거울에 비친 자신의 영상을 응시했다.
08. 이 보고서는 자유가 무엇인지를 설명해주지는 않는다.
09. 그 연극은 1950년대에 처음 공연되었다.
10. 그는 두 언어를 쓰는 두 사람의 기술자를 고용했다.
11. 회사는 올해부터 모든 사무실에서의 흡연을 금할 예정이다.
12. 시험에 떨어져서 그는 굉장히 실망했다.
13. 일본은 해외로 군을 파견하는 법을 확실히 하려고 노력했다.
14. Susan은 맞은편 방구석에 앉아있었다.
15. 과체중인 사람은 일반적인 몸무게를 가진 사람에 비하여 암에 걸릴 위험이 더 높다.
16. 나는 반드시 당신과 연락을 할 것이다.
17. 이 음악은 친숙하다
18. 나는 하던 일을 그만두게 되었고, 그것은 세상이 무너지는 기분이었다.
19. 그는 종종 자선단체에 얼마정도의 돈을 기부한다.
20. 전세계적인 관광산업은 어마어마하다.

단어 확인하기

1. **C**

해석 나는 그를 3년이나 알고 지냈음에도 불구하고 그가 익숙하지 않다.

해설 unfamiliar ↔ familiar,
familiar = accustomed

2. **A**

해석 그는 그 대학으로부터 입학허가를 받기 위해 노력했고 마침내 해냈다.

해설 attempt = endeavor, admission 입학, 입장, 허락

3. **D**

해석 근면함이 철강 산업에서의 그의 믿기 힘든 성공을 설명해준다.

해설 account for = explain, account 설명, 계좌, 평가, 계산서(복수형)

4. **C**

해석 그는 반정부 집단에 참여했다는 이유로 고소당하였다.

해설 engage = participate, accuse A of B A를 B라는 이유(죄목)으로 비

난하다, 고소하다.

5. **B**
   해석 대중 연설에서 모호한 표현을 사용하지 마십시오. (연설을) 명확히 하십시오.
   해설 evident = clear = obvious = apparent, reverse 반대의

6. **D**
   해석 도심의 한 차고에서 콘크리트 지붕이 붕괴되어 다친 건설 노동자가 병원에서 회복하고 있는 중이다.
   해설 건설 노동자가 다쳐 병원에서 치료를 받는 내용으로 보아 concrete ceiling이 붕괴되었다는 내용이 가장 적합하다.

7. **reflection**
   해석 악몽은 그 사람의 내재된 공포심의 반영이다.
   해설 reflection 반영 infection 굴절

8. **performed**
   해석 나는 그가 무대에서 실수를 하지 않을까 걱정했지만 그는 매우 잘 연기하였다.
   해설 conform 순응하다
   perform 연기하다

9. **industrious**
   해석 성실함이 성공적인 삶에서 가장 중요한 요인 중 하나라는 사실을 잊지 말라.
   해설 industrious 근면한, 성실한
   industrial 산업의

10. **opposite**
   해석 이정표를 보니 우리가 길을 잘못 택했어. 반대 방향으로 가야해.
   해설 opposite 정반대의
   oppressive 압박하는

Day 4

단어 파악하기

01. 우리는 그것이 공평하게 분배되기를 원한다.
02. 왕은 새로운 헌법을 채택하도록 강요당했다.
03. 토끼는 살금살금 달아나서 구멍 속에 숨어버린다.
04. 모든 가족이 축하해야 할 일이다.
05. 올해 말에 당신은 연구 보고서를 맡게 될 것이다.
06. 이 일을 하는 첫 번째 여성이라는 점에서 압박감을 느꼈다.
07. 의사는 환자와 더 많은 시간을 보낼 수 있을 것이다.
08. Julie는 그의 연설준비를 돕고 있었다.
09. 그는 대머리를 감추기 위해 모자를 썼다.
10. 그 여인은 영화감독의 부인이다.
11. 나의 개인적인 생활보다 나의 일이 먼저다.
12. 그녀는 금요일 오후에 약속을 잡았다.
13. 나는 편집장으로 승진되었다.
14. 그녀는 밤에 글쓰기 수업을 듣는다.
15. 이 보고서는 한국을 30개 선진국 중 19번째로 순위매겼다.
16. 대학을 졸업한 후 그녀는 GL 회사에 들어갔다.
17. 마지막 선거 결과는 목요일에 발표될 예정이다.
18. 그녀는 삽으로 토대를 파냈다.
19. 자연에 대하여 놀라운 것은 그 무한한 다양성이다.
20. 차가 더 강력할수록 다루기가 더 어렵다.

단어 확인하기

1. **B**
   해석 나의 상사는 나에게 지루하고 시간이 걸리는 일을 할당해주었다.
   해설 assign = allocate, appoint 인데, 이 문맥에서는 '할당하다'인 allocate의 의미로 쓰였다. time-consuming 시간이 많이 걸리는

2. **A**
   해석 이 문제를 논의하기 위한 간부 회의를 계획하십시오.

해설 arrange = plan, organize

3. D

해석 우리는 3일 만에 도쿄의 유명한 관광 명소 5곳을 여행하였다.

해설 cover 여행 시 ~ 거리를 가다(망라하다)

4. A

해석 그는 극장 앞에서 관객들에게 카탈로그를 나눠주었다.

해설 distribute = hand out(나눠주다), circulate(돌리다)

5. C

해석 환자들을 돌 볼 때는 인내심을 가지세요.

해설 patient 인내하는, 환자
이 문맥에서는 be 동사 뒤에서 '인내하는' 이라는 뜻으로 쓰였다.

6. B

해석 (회사) 중역이 다른 직원들과 비교해서 일을 적게 한다는 것은 사실이 아니다.

해설 director 감독, 중역, 행정관 cf) directory 주소 성명록, 전화번호부

7. B

해석 보기:당신은 부사장으로 승진될 만하다.
a) 토마스 박사는 소화를 촉진시킬 특별한 물질을 개발했다.
b) 밥은 샘을 실장으로 승진시킨 인사 담당자의 결정에 화가 났다.
c) 우리는 우리의 새 상품을 홍보할 아이디어를 짜내느라 하룻밤을 보냈다.
d) 그는 그 법안이 의회에서 통과되도록 노력한다.

해설 promote = raise, upgrade ~를 승진시키다 promote A B: A를 B로 승진시키다.
promote = boost, encourage
promote = advertise
promote (법안의) 통과에 노력하다.

8. D

해석 나의 영어 선생님은 내게 하루에 단어를 50개씩 외우도록 강요한다.

해설 force = pressure, push, compel 강요하다
cf) stress 강조하다

9. **assistant**

해석 나의 교수님은 자신의 업무량이 늘어나서 자신의 연구를 도와줄 조수가 필요하다고 불평하신다.

해설 assistance 도움 assistant 조수

10. **assignment**

해석 나는 아직 과제를 끝마치지 못했고, 수업이 시작하기 까지 2시간 밖에 남지 않았다.

해설 assignment 과제
assignation 할당

Day 5

단어 파악하기

01. 무슨 일이 일어나고 있는지 몰랐다는 사실이 그를 창피하게 했다.
02. 그는 긴급 수술을 다섯 시간동안 받았다.
03. 물은 귀중한 자원이 되어가고 있다.
04. 불꽃을 이루는 열은 너무나 강렬하여 도로가 녹았다.
05. 그들은 이 책을 독일어로 번역했다.
06. 우리는 응급치료상자가 있다.
07. 그녀는 모든 문학에 열정이 있다.
08. 사랑을 찾으려 하는 것은 더 많은 외로움을 야기시킨다.
09. 80 데시벨 이상의 소리에 계속적으로 노출되는 것은 위험하다.
10. 그는 그 범죄를 덮으려는 음모가 있다고 의심한다.
11. 나는 그녀의 향수를 알아내려고 했다.
12. 나는 치명적인 실수를 저질렀다.
13. 그는 팀의 성적에 대하여 공식적인 사과를 했다.
14. 그 책은 그녀의 삶의 구체적인 부분을 묘사한다.
15. 그가 유죄인지 무죄인지는 법정에서 판단할 일이다.

16. 당신은 급한 결정을 내리지 않도록 조심해야 한다.
17. 이 도로에서 속도 제한은 30 mph이다.
18. 그녀는 편안한 의자에 앉아있었다.
19. 승무원이 잘못된 엔진을 닫았을 때 추락했다.
20. 많은 사람들이 그 축구경기의 결과에 기뻐했다.

단어 확인하기

1. **D**
   해석 그 작가가 신비한 꿈에서 깨어난 뒤, 굉장한 아이디어가 그에게 떠올랐고, 그는 그것들을 바로 쓰기 시작했다.
   해설 come to mind = occur 생각나다, 떠오르다

2. **A**
   해석 나는 그가 치명적인 부상을 입지 않았고 수술도 성공적이었다는 말을 듣고 안도하였다.
   해설 fatal = deadly 치명적인, 죽음의

3. **B**
   해석 나는 어제 수잔을 만났는데, 그녀가 살이 많이 빠져서 처음에는 알아볼 수 없었다.
   해설 identify = recognize 알아보자, 인지하다, 확인하다

4. **C**
   해석 비록 그는 그럴 의도가 아니었다고 하지만, 그의 불같은 성미는 간접적으로 나의 언행을 제한했다.
   해설 limit = restrict 제한하다

5. **B**
   해석 맨체스터 유나이티드의 스트라이커 Wayne Rooney가 6월에 두 번째 CT 촬영을 받는다.
   해설 병원에서 이루어지는 검사나, 수술 등에는 동사 undergo를 쓴다.

6. **B**
   해석 복서들은 상대방의 공격을 피하기 위해서 빠른 몸동작을 가질 필요가 있다.
   해설 hasty = quick = prompt = speedy 빠른, 재빠른
   cf) unmasking 폭로

7. **A**
   해석 나는 프로젝트 준비를 위해 3시간 동안 인터넷에서 박지성 선수의 사진을 조사했는데, 이 프로젝트는 한국의 위대한 운동선수들을 소개하기 위한 것이다.
   해설 search = examine = investigate = explore조사하다, 찾다
   cf) sub-scribe 신청하다

8. **description**
   해석 경찰관은 용의자의 묘사(인상착의)와 일치하는 남자를 데려왔다.
   해설 prescription 처방
   description 묘사, 인상착의

9. **frame**
   해석 그녀는 은빛 테가 둘러진 새 안경을 쓰고 있었다.
   해설 frame 틀, 골격, flame 불길, 정열

10. **embarrassing**
   해석 운전면허 시험을 다시 보는 건 너무 창피하다고 생각하지 않니?
   해설 이 문장에서 it은 "to take a driver's license test again"을 받는 가주어이다. embarrassed는 '난처한'이라는 의미이고, embarrassing은 "난처하게 하는" 이라는 의미인데, 문맥상 운전면허 시험을 다시 보는 것은 자신을 난처하게 하는 상황이므로 embarrassing이 적합하다.
   embarrassed는 주로 주어가 사람일 때 사용된다.

Day 6

단어 파악하기

01. 다양한 문제가 토론된다.
02. 그들은 이번 시즌의 첫 경기에서 승리할 수

있는 듯 보인다.
03. 전통은 과거에 굳게 뿌리박고 있다.
04. 아이들이 정체성을 갖도록 하는 것은 어렵다.
05. 감정적인 스트레스는 혈압의 높일 수 있다.
06. 이 물은 맑고 많은 물고기가 보인다.
07. 이 도시의 교통체계는 매우 효율적이다.
08. 그녀는 정상 체중이지만, 다이어트를 하고 싶어 한다.
09. 비행기가 한 시간 지연되었다.
10. 모유 수유에는 많은 이점이 있다.
11. 정확한 수치를 말하는 것은 어렵다.
12. 경찰은 폭발 테러리스트의 소행으로 비난하였다.
13. 나는 강한 동기를 가진 사람들과 일하고 있다.
14. 연구 협회는 주로 특정 산업과 연계되어 있다.
15. 정부 관료는 비난을 받아 마땅하다.
16. 모든 과정이 다시 시작되었다.
17. 그녀는 자신이 일으킨 모든 문제에 대하여 유감스럽게 생각한다.
18. 그 그림은 벽에 걸려 있다.
19. 이 지역에서 주요 작물은 밀이다.
20. 죽음은 나를 두렵게 한다.

단어 확인하기

1. **C**
만약 당신이 그 장치를 수리하지 않았더라면, 당신은 끔찍한 재앙을 자초했을 것이다.
fix = repair 수리하다
cf) fix = implant 불어넣다

2. **B**
제이미 폭스는 위대한 가수인 레이 찰스를 영화화 한 '레이'로 아카데미 남우주연상을 수상할 만하다.
deserve = be worth ~ing ~할 만하다, ~할 만한 가치가 있다.

3. **D**
그 교수는 정치학, 역사학, 심리학, 경제학 등을 포함하여 학문의 광범위한 영역을 다룬다.
range = bounds 범위
cf) bounds의 원형은 bound 이지만, '범위' 라는 의미로 쓰일 때는 복수형을 취한다.

4. **D**
학생들이 공부를 열심히 하도록 동기를 부여하려면, 교사들은 학생들의 흥미와 요구를 고려해야 한다.
inspire = motivate

5. **A**
그녀가 일에 책임을 맡고 있을 때는 그녀의 상사가 휴가를 가도 될 정도로 그녀는 충분히 유능하다.
efficient = competent 유능한
cf) enough + 명사 : I have enough money to buy the doll.
형용사, 부사 + enough : I am pretty enough to be popular.

6. **C**
그들은 매우 무책임하기 때문에 나는 정말 그들과는 연관되고 싶지 않다.
associate = connect

7. **B**
그는 그 사건에 대해 자기 자신 외에는 비난할 사람이 없다.
blame = accuse 비난하다.

8. **B**
학생들의 쓰기 샘플에 많은 오류가 있어서 우리 선생님께서는 우리에게 많은 숙제를 내시기로 결심하셨다.
plenty of = a number of = a lot of = a large amount of
cf) a number of 많은 , the number of ~의 수의

9. **frightening**
그 영화가 너무나 놀라워서(무서워서), 나는 화장실에서 살해된 주인공을 생각하면서 그 날 밤 혼자 샤워도 하지 못했다.
영화는 '놀라게 하는' 것이지, '놀란' 것이 아니므로 이 문맥에서는 frightening이 맞다. 만약 주어가 사람이어서 내가 놀랐다면 frightened를 써야 한다.

10. **developing**
 인도, 대만, 중국과 같은 많은 개발 도상국가들은 이미 높은 진보를 이루었지만 현재 상태에서 혁신을 멈추지 않는다.
 developing country 개발도상국(현재 발전 중이므로)
 developed country 선진국(이미 발전을 이루었으므로)

Day 7

단어 파악하기

01. 나는 한국의 전통 악기인 장구를 연주하는 법을 배웠다.
02. 여성이 정치적인 과정에 영향을 끼칠 가능성이 증가하고 있다.
03. 이 편지는 내가 가장 소중하게 여기는 소유물 중의 하나이다.
04. 공부하는 여러 가지 방법이 장려된다.
05. 공해 없는 차가 있다면 큰 이익을 볼 수 있을 것이다.
06. 나는 서랍을 열었다.
07. 적은 그를 파멸시키기로 결심했다.
08. 이것은 나에게 지난해의 크리스마스 파티를 연상시킨다.
09. 옷을 고르는 그의 취향은 굉장히 뛰어나다.
10. 인구 증가율이 매년 1.5% 떨어지고 있다.
11. 삼각형에 있는 모든 각의 합은 180도이다.
12. 비공식적으로 이야기해도 될까요?
13. 그는 위조에 대하여 유죄판결을 받았다.
14. 불은 1,000 제곱 킬로미터의 숲을 파괴했다.
15. 나의 일은 데이터를 분석하는 것이다.
16. 라틴 아메리카는 숙련된 노동자가 부족하다.
17. 그는 생존하기 위해 그 만큼의 돈이 필요하다.
18. 가라앉은 보물을 찾아 잠수해라
19. 그녀는 낯선 환경에서도 길을 찾는 데에 능숙하다.
20. Jane은 기저귀를 접어서 버렸다.

단어 확인하기

1. **B**
 해석 아이들이 단 것을 좋아할지라도 요리에 많은 양의 설탕을 사용하는 것은 건강에 좋지 않다.
 해설 amount = quantity

2. **A**
 해석 우리는 다음 경기에서 우리의 상대를 패배시키기 위해 최선을 다했다.
 해설 beat ~을 치다, 뛰다, 이기다
 beat = defeat

3. **D**
 해석 허리를 구부리고, 너의 손이 발가락에 닿을 때까지 팔을 쭉 펴라.
 해설 fold = bend 구부리다

4. **A**
 해석 각 학생은 전체 캠프 기간 동안 자신들의 소지품을 안전하게 보관해야 한다.
 해설 possession = belonging 소유물, 소지품

5. **B**
 해석 내 친구 중 한 명은 노력도 안 하면서 항상 삶에서 모든 이익을 누리려 한다.
 해설 benefit = advantage 이익, 이득

6. **D**
 해석 당신은 너무나 능력이 많아서 무엇을 하더라도 매우 성공할 수 있다.
 해설 potential = ability, capability 능력

7. **C**
 해석 DNA 증거가 마침내 30년의 복역생활 끝에 그녀가 무죄라는 것을 입증하였다.
 해설 innocent 순수한, 무죄의
 ↔ guilty 유죄의

8. **of**
 해석 옆집의 청년이 내 아들을 생각나게 해서 나는 그를 볼 마다 마음이 아팠다.

해설 remind A of B A에게 B가 생각나게 하다.
remind A to B A가 B 하도록 일깨우다, 되새겨 주다.

9. **analyzing**

해석 그룹 리더가 토론의 주요 주제를 설정하고, 각 멤버들이 자신들의 의견을 가질 수 있도록 하고, 다양한 의견을 모아 그것들을 분석하여 멤버들이 가능한 한 만족할 수 있는 결론을 이끌어 낼 수 있도록 준비하는 것은 매우 중요하다.

해설 문제의 analyzing은 "prepare for" 다음에 이어지는 내용들에 속하므로, "prepare for/setting/having/gathering/drawing"의 병렬구조에 속하게 된다. 그러므로 다른 형식들과 마찬가지로 전치사의 목적어인 분사형태(~ing)를 취하는 것이 옳다.

10. **has**

해석 많은 개발 도상국가들의 교육받은 인구가 빠르게 증가했는데, 이는 그러한 국가들의 지도자들이 훌륭한 인력이야말로 혁신의 중요한 요소라고 판단했기 때문이다.

해설 보기의 문장에서 주어는 "the population"으로서 이는 '인구'를 나타내는 3인칭 단수명사이다. 그러므로 동사는 have가 아닌 has가 옳다.

Day 8

단어 파악하기

01. 경영 대학에 가면 사람들을 다루는 방법을 배울 것이라는 생각은 큰 실수이다.
02. 이제 교양에 컴퓨터를 다루는 기술이 포함된다.
03. 이론과 실제는 때때로 다르다.
04. 당신은 2년 후에 면허증을 다시 갱신해야 합니다.
05. 나는 Jassie에게 약간의 돈을 빌렸다.
06. 많은 아이들이 컴퓨터 게임에 중독된 것처럼 보인다.
07. 엄마들이 자신의 아이를 돌보기를 원하는 것은 지극히 정상적이다.
08. 나는 그 잡지를 정기적으로 보는 독자이다.
09. 햇빛은 다른 파장을 가진 방사로 구성되어 있다.
10. 그는 여전히 지금의 정부를 지지한다.
11. 사람들은 도덕적인 가치를 회복하기 위해 분투한다.
12. 나는 나의 심장이 뛰는 것을 들을 수 있다.
13. 여성 노동자에 대한 널리 퍼진 편견이 있다.
14. 그의 양말에는 줄무늬가 있다.
15. 그는 걱정의 증세를 보였다.
16. 배경 음악이 아름답다.
17. 그의 책은 그 질문에 대한 답을 제공하지 않는다.
18. 이것은 두 팀간의 팽팽한 경기였다.
19. 선생님으로서의 나의 직업이 시작될 즈음이었다.
20. 권력의 남용은 다른 사람들을 해친다.

단어 확인하기

1. **B**

해석 나는 기아에 허덕이는 아이들에게 음식과 옷을 주기 위해 아프리카에 자원봉사 지원을 했다.

해설 provide = supply 제공하다

2. **D**

해석 인종적 문제에 대한 편견 없이 그 사건을 조사해주십시오.

해설 prejudice = bias 편견
cf) prejudice는 주로 안 좋은 편견을 말하고, bias는 좋은 경우와 안 좋은 경우 둘 다 포함한다.

3. **A**

해석 콘서트는 폭우로 인해 취소되었고, 모든 관객은 환불을 받았다.

해설 owing to = because of ~ 때문에
in order to ~하기 위해서,
regardless of ~와 관계없이
contrary to ~와는 반대로

4. **D**
   해석 큐레이터(미술관 관장)는 이번 봄에 표현주의 걸작들을 전시하기로 결정하였다.
   해설 exhibit = display 전시하다
   cf) exhibit = demonstrate, express 드러내다, 표현하다

5. **C**
   해석 그가 미국으로 유학가기로 결심했다는 것은 확실히 사실이다.
   해설 certainly = absolutely = assuredly = definitely 확실히, 틀림없이

6. **B**
   해석 모든 사람들이 다 성격에 결점이 있으므로 우리는 타인의 결점을 이해하고 동시에 좋은 점을 찾으려고 노력해야 한다.
   해설 fault = flaw = imperfection = weakness 결점, 잘못

7. **B**
   해석 당신이 누군가를 '단골손님'이라고 부르면, 그것은 그나 또는 그녀가 당신의 가게를 (일상적으로, 규칙적으로) 방문한다는 뜻이다.
   해설 regular = usual 규칙적인, 일상의

8. **compete**
   해석 은행은 다른 주요 신용카드 회사와 경쟁한다.
   해설 compete ~와 경쟁하다, complete ~을 완성하다

9. **consist of**
   해석 그 패키지는 네 가지의 다른 아이템으로 구성되어 있다고 들었는데, 나는 한 가지가 빠져 있는 것을 발견했다.
   해설 consist of 는 그 자체로 '~로 구성되어 있다'는 의미이므로, 수동태로 표현해서는 안 된다.

10. **struggling**
   해석 그는 자신의 꿈을 실현시키기 위해 노력하는 매우 야심 있고 성실한 사람이다.
   해설 "struggling to make his dream com true"가 앞의 person을 꾸며주고 있다. 그러므로 원래 "who is"가 생략되어 있는 구문인데, 주격 관계 대명사는 혼자 생략될 수가 없으므로 "struggles"가 오려면 앞에 "who"를 넣어주어야 문법에 맞는 문장이 된다. 주격관계대명사는 be 동사와 함께 생략되므로 "struggling"은 문맥에 맞는 표현이 된다.

Day 9

단어 파악하기

01. 그 상담자는 그녀를 다른 치료사에게 보냈다.
02. 우리는 여성의 법적 지위 개선을 위한 캠페인을 해오고 있다.
03. Natalie는 그녀의 연구를 위해 아기들의 행동을 관찰한다.
04. 당신의 지식을 바탕으로 문제를 평가할 수 있다.
05. Pamela는 세안하는 적절한 방법을 보여주었다.
06. 손짓의 역할은 연설 시에 강조를 해야 할 부분을 표시하는 것이다.
07. 당신은 일에 집중해야 한다.
08. 기침이 계속되면, 의사에게 연락해라.
09. 그녀는 정치적인 일에 넓은 경험을 가지고 있다.
10. 그는 말하려고 했지만, 그녀가 끼어들었다.
11. 두 메세지의 차이는 두드러진다.
12. 수천 명의 시위자들이 구호를 외치면서 거리로 몰려들었다.
13. 나는 Jennifer가 그 나이에 그렇게 자신감이 있다는 점을 훌륭하게 생각한다.
14. 그는 부패 문제를 해결하기 위한 새로운 전략을 소개했다.
15. 이 주장을 지지하는 충분한 연구 증거가 존재한다.
16. 나는 학교의 테니스 클럽에 참가했다.
17. 내가 집에 도착했을 때는 어두웠다.
18. 그녀는 그의 뛰어난 영어실력을 칭찬하였다.

19. 내가 노크를 하지 않고 방에 들어가서 그녀는 화가 났다.
20. 그의 움직임은 온화하고 신중했다.

단어 확인하기

1. **A**
   해석 자신들의 일에서 성공하지 못하는 사람들은 집중력이 부족한 사람들이다.
   해설 concentrate = focus 집중하다
   cf) observation 관찰
   competition 경쟁
   movement 운동, 캠페인

2. **C**
   해석 에리카는 항상 자신의 의견을 고집하기 때문에 함께 일하기가 정말 어렵다.
   해설 persist = insist 고집하다, 주장하다

3. **B**
   해석 위에서 언급한 대로, 사이버공간에서 인신공격에 대한 강력한 규제가 부과되어야 한다.
   해설 remark = comment 언급하다, 말하다

4. **C**
   해석 여러분의 영어 단어실력이 향상되면 될수록, 여러분은 더욱 더 영어로 된 글을 읽는 것에 깊은 흥미를 갖게 될 것입니다.
   해설 progress = improve 향상되다, 진보하다, 발전하다

5. **B**
   해석 훌륭한 교사는 각 학생들의 학습 스타일을 알고 그들이 적절한 학습 전략을 개발할 수 있도록 도와준다.
   해설 strategy = plan = scheme
   계획, 책략, 전략

6. **C**
   해석 우리 부모님은 항상 피상적인 결과보다는 과정 자체에 강조점을 두셨다.
   해설 emphasis = significance = weight = importance 강조, 중요성 cf) admiration 찬미, 감탄

7. **D**
   해석 학생들의 노력(공부)을 평가할 때, 교사들은 특정한 평가기준을 가지고 그것을 모든 학생들에게 가능한 한 공정하게 적용해야 한다.
   해설 evaluate = access = estimate = judge 평가하다
   cf) adjoin 접하다, 인접하다

8. **reach**
   해석 네가 런던에 도착하면, 나한테 전화를 해. 그러면 내가 너를 데리러 공항으로 마중 나갈게.
   해설 arrive at = reach = get to ~에 도착하다
   arrive 와 reach는 모두 "~에 도착하다"라는 의미를 갖고 있습니다. 하지만 arrive 는 뒤에 "at"과 같은 전치사가 필요한 자동사이고, reach는 그 자체로 타동사이기 때문에 전치사 없이 바로 장소가 뒤에 따라올 수 있습니다. 본 문제에서는 장소인 London 앞에 전치사가 없으므로, 이 자리에 올 수 있는 단어는 reach입니다.

9. **refer**
   해석 제가 당신께 부탁하기 전까지는 다시는 그 문제에 대해 언급하지 않아주시기를 바랍니다.
   해설 refer (to) 언급하다 infer (+목적어 + from) 추론하다

10. **exit**
   해석 비상시에는, 2층 남자화장실 근처의 출구를 통해 이 건물에서 빠져나가실 수 있습니다.
   해설 exist 존재하다
   exit 출구, 퇴장하다

Day 10

단어 파악하기

01. 나는 그 소리가 어디서 오는지 궁금하다.

02. 이 도시는 적군에게 포위되었다.
03. 충분한 햇빛이 과일을 익게 한다.
04. 그는 노력에 대한 보상을 받았다.
05. 당신은 컴퓨터에 그 프로그램을 설치해야 합니다.
06. Susan과 나는 겉보기가 굉장히 다르다.
07. 그녀는 심장 발작의 위험이 크다.
08. 이 파티를 나는 소중하게 기억할 것이다.
09. 노력이 없으면 얻는 것도 없다.
10. 많은 학생들이 코스를 듣기 위해 등록하였다.
11. 여유 방은 이층에 있다.
12. Jack은 내가 우는 것을 보고 나를 달래주려고 했다.
13. Mr. Baker에게 온 한 뭉치의 편지가 있다.
14. 지시사항을 유의해서 따르시오.
15. 그는 그 도전에 자극되었다.
16. 평화 회의는 다음 달에 서울에서 개최될 예정이다.
17. 모자가 그녀의 머리를 가렸다.
18. 그들은 살인에 대하여 유죄로 판명되었다.
19. UN은 내국의 문제에 간섭할 수 없다.
20. 이 주장을 지지하기 위하여 충분한 증거가 제공되었다.

단어 확인하기

1. **B**

해석 피그말리온 효과에 따르면, 교사들은 단지 학습자들이 훌륭한 학습자가 될 것이라고 기대함으로서 그들이 더 공부를 열심히 하도록 자극할 수 있다.

해설 stimulate = encourage
자극하다, 격려하다, 고무하다
pygmalion effect 피그말리온 효과 (선입관에 의한 기대가 학습자에게 주는 효과)

2. **A**

해석 이번 주말에 주문하신 에어컨을 설치하러 댁에 방문하겠습니다.

해설 set up = install 설치하다
cf) install = induct 취임시키다

3. **D**

해석 당신은 그 사건에 대해 아는 것을 숨기지 않겠다고 서약하셔야 합니다.

해설 conceal = hide 숨기다, 비밀로 하다
vow 서약하다

4. **B**

해석 만약 당신이 무언가를 하기 위해 (등록을 한다면), 당신은 서비스를 받기 위해 공식적인 리스트에 당신의 이름을 올리게 되는 것입니다.

해설 comfort 위로하다 spare 시간을 할애하다 reward 보상하다

5. **D**

해석 식물은 충분한 물, 햇빛, 그리고 비옥한 토양이 있는 곳에서 잘 자란다.

해설 sufficient = enough 충분한

6. **C**

해석 제발 내 프로젝트를 방해하지 마십시오. 제가 바로 이 프로젝트를 전적으로 책임지고 있는 사람입니다.

해설 interfere = interrupt = intervene = meddle 방해하다, 간섭하다
cf) interact 상호작용하다

7. **stroke**

해석 뇌졸중은 갑작스러운 죽음을 유발할 수도 있으므로, 노인들에게 있어서 뇌졸중에 걸리는 것은 매우 위험하다.

해설 stuck “strike(치다)”의 과거형
stroke 뇌졸중, 발작

8. **cherish**

해석 결혼식에서 신부와 신랑은 그들의 남은 일생동안 서로를 소중히 여기겠다고 서약한다.

해설 cherish 소중히 하다, 품다
perish 죽다, 멸망하다

9. **instruction**

해석 우리의 20일 어학 코스는 보스턴의 전문적인 원어민 교사와 정규 학생들과 함께하는 일일 5시간의 지도가 포함된다.

해설 construction 구조, 구성
instruction 훈련, 교수, 지도

10. **hostility**

해석 유명한 소설인 '프랑켄슈타인'의 원작에서는 프랑켄슈타인이 그의 창조주에게 강한 적개심을 보여주는데, 이는 창조주 자신이 프랑켄슈타인을 돌보지 않고 그를 비참하게 버려두었기 때문이다.

해설 hospitality 환대
hostility 적의, 적개심 (hostile 적대적인)

Day 11

단어 파악하기

01. 가파른 언덕을 오르는 일은 쉽지 않다.
02. 햇빛이 부족하면 사람들로 하여금 우울함을 느끼게 할 수 있다.
03. 그 여행은 그의 인생에서 가장 흥미로운 모험이었다.
04. 정부는 입법을 위한 몇 가지 제안을 할 것이다.
05. 미래는 민주주의에 달려 있다.
06. 노동조합은 임금인상을 요구했다.
07. 프론트는 1층에 있습니다.
08. 내 동생은 귀찮은 존재이다.
09. 외교부, 재정경제부…
10. 그녀는 인권과 시민 자유를 위해 일하고 있다.
11. 구두연습이 특별히 강조된다.
12. 어림잡아 7백만의 사람들이 굶어죽을 위기에 처해있다.
13. 일을 더 진행시키기 전에 요구를 점검해볼 필요가 있다.
14. 그는 옷에 물을 엎질렀다.
15. 이 지역에서는 여성이 법에 의해 차별받는다.
16. 그녀는 갑자기 눈물을 쏟아냈고, 방 밖으로 뛰어나갔다.
17. 지금 진행되고 있는 프로젝트에 실질적인 개선이 있었다.
18. 나는 나의 고객에게 도덕적인 의무를 갖는다.
19. 일찍 지원하는 사람에게 우선권이 주어진다.
20. 그가 나가자마자, 그의 전화가 울렸다.

단어 확인하기

1. **C**

해석 외교통상부는 미국에 대한 새로운 정책을 수립했다고 발표했다.

해설 ministry = department 내각, 부

2. **D**

해석 갑자기 폭탄이 폭발했고 모두가 공황상태에 빠졌다.

해설 burst = explode 폭발하다, 터지다.

3. **A**

해석 나는 당신이 다른 배경을 가진 사람들을 차별하지 않기를 바랍니다.

해설 discriminate = show prejudice 차별하다, 편견을 보이다

4. **B**

해석 한국에서는 20세 이상의 모든 남성은 군대에서 복역할 의무가 있다.

해설 obligation = duty 의무

5. **B**

해석 우리의 요청에 대한 그의 즉각적인 응답은, 그렇지 않았더라면 우리가 들였어야 할 노력과 비용을 절약해주었다.

해설 immediate = quick = prompt = instant 즉각적인
cf. receptive 잘 받아들이는

6. **D**

해석 요즘 내용적으로 풍부하지 못한 책들을 편찬하는 일이 흔하다.

해설 substantial = significant = considerable = rich

7. **impressed**

해석 내가 자원봉사자들이 아프리카에서 그 불쌍한 아이들을 돕는 것을 보았을 때, 나는 그들의 희생정신에 깊은 감명을 받았다.

해설 depress 슬프게 하다
impress 깊은 인상을 주다, 감동시키다

8. **precede**

해석 신사숙녀 여러분, 토론회에 앞서 서언 (소개말, 머리말)이 있겠으니, 서언에 집중해주시기 바랍니다.

해설 proceed 착수하다, 계속하다, 나아가다 precede ~에 앞서다

9. **teasing**

해석 모든 학생들이 밥을 괴롭히는 것을 멈추지 않았기 때문에 밥은 다른 학교로 옮기겠다는 결정을 할 수 밖에 없었다.

해설 cease 멈추다 tease 놀리다, 괴롭히다

10. **depressing**

해석 우리는 이번 주 내내 실험실에서 열심히 했지만, 연구 결과가 우울할 것 같다.

해설 depressed 눌린, 우울한
depressing 우울하게 하는
cf) depressed는 주로 사람이 주어일 때 '우울하게 되었다' 의미로 쓰이고, 무생물이 주어일 때는 그 대상 자체가 (사람을) '우울하게 만들다'의 의미로 depressing을 사용한다.

Day 12

단어 파악하기

01. 그녀는 자신이 좋아하는 영화배우의 사진으로 방을 장식했다.
02. 모기가 신선한 여름 밤을 망쳤다.
03. 우리는 한반도의 정치적인 상황을 고려할 필요가 있습니다.
04. Smith씨의 이름으로 싱글 룸이 예약되어 있습니다.
05. 심판은 페널티를 주기 위해 호각을 불었다.
06. 그 지붕은 짚과 다른 재료로 덮여 있었다.
07. 그녀는 200명이 넘는 승무원을 훈련시키고 감독했다.
08. 그들은 그때 이미 정교한 관개 시설을 가지고 있었습니다.
09. 사소한 문제로 성내지 마세요.
10. 이것은 이 세상에서 가장 진보한 형태의 망원경입니다.
11. 이것은 대부분의 공장일처럼 단조로운 일이다.
12. 허벅지의 상처는 그녀의 움직임을 방해했다.
13. 아직은 지나치게 늦지 않았지만, 조속한 행동이 요구됩니다.
14. 그는 총기 소지 증명서가 없었다.
15. 이 지역에서 투자를 유발하는 일은 가능하다.
16. 문제를 해결하는 그의 능력은 놀랍다.
17. 그녀는 애정을 가지고 그를 생각했다.
18. 이 조리법에서는 소금을 빠뜨려서는 안 됩니다.
19. 중고차를 사는 것은 위험하다.
20. 나는 우리 팀이 패배해서 실망이 크다.

단어 확인하기

1. **C**

해석 위층에서 피아노를 치는 소녀는 항상 내가 밤에 공부하는 것을 방해한다.

해설 hinder = obstruct 방해하다

2. **A**

해석 내일 회의에 참석하는 발표자들을 위해서 호텔 객실이 이미 예약되어 있다.

해설 reserve = book 예약하다

3. **C**

해석 일반적으로 말해서, 매니저는 특정 집단이나 부서의 모든 사람들을 관리할 책임이 있는 사람들이다.

해설 supervise = control 관리하다, 감독하다, 통제하다

4. **B**

해석 그녀가 항상 내가 더 좋은 사람이 되도록 자극하는 바로 그 사람이다.

해설 prompt = provoke ~를 자극하다, ~를 불러일으키다

5. **C**

해석 그 임무는 너무나 위험해서 아무도 선뜻 그것을 떠맡으려 하지 않았다.

해설 risky = dangerous = hazardous = unsafe 위험한, irrigative 관개의

6. **B**

해석 항상 말조심 하라. 비록 당신의 말이 하찮은 것처럼 보여도, 사람들은 그 말에 상처받을 수 있다.

해설 trivial = unimportant = trifling = insignificant

7. **affection**

해석 나는 그를 만날 때마다 그가 너무나 많은 애정을 가지고 나를 대한다는 것을 느낄 수 있다.

해설 affectation 가장, 허식, ~체함
affection 애정

8. **monotonous**

해석 그 강의는 내가 예상했던 것보다 훨씬 더 지루해서 나는 결국 잠이 들어버렸다.

해설 momentous 중대한 중요한,
monotonous 지루한
cf) momentary 순식간의

9. **spoilt**

해석 어제 비가 우리 소풍을 완전히 망쳤다.

해설 spoilt - spoil의 과거
spilt- spill(엎지르다)의 과거

10. **emitting**

해석 나는 공장들이 공기 중으로 많은 유해 가스를 방출하는 것을 보기 전까지는 공기오염의 심각성에 대해 깨닫지 못했다.

해설 emit 방출하다, 내뿜다
omit 생략하다

Day 13

단어 파악하기

01. 나는 항상 휴대용 컴퓨터를 가지고 다닌다.
02. 사람들은 지루함을 달래기 위해 TV를 켠다.
03. 이 티셔츠는 진흙으로 얼룩이 생겼다.
04. 그녀는 세 명의 전세자와 함께 살고 있다.
05. 그의 일은 사람들을 계몽하는 것이다.
06. 그는 웃긴 연설을 하였다.
07. 그는 리모콘에 있는 on 버튼을 눌렀다.
08. 이 박물관은 훌륭한 예술 작품을 전시한다.
09. 그는 사업 사기죄로 감옥에 보내졌다.
10. 당신의 당신의 팀에 헌신하기 마련이다.
11. 당신은 하루 동안의 오리엔테이션 수업을 받을 겁니다.
12. 조합은 이번 주에 파업을 중지하였다.
13. 그녀는 뒷 자석에서 뛰어나와 나를 껴안았다.
14. 이 상품은 카테고리 B로 구분된다.
15. 그 조사에 따르면 전체적인 세계무역이 감소되었다.
16. 출발하기 전에 숙소를 잡아야 한다.
17. 독자는 다음에 무슨 일이 일어날지를 생각할 수 있다.
18. 신체와 감정의 병이 서로 상호작용한다.
19. 몇 명의 지역 주민이 학생 시위에 동참했다.
20. 사립학교의 수업료는 공립학교보다 훨씬 높다.

단어 확인하기

1. **C**

해석 나는 그를 어제 처음 만났지만, 그가 너무나 재밌어서 정말 즐거운 시간을 보냈다.

해설 hilarious = comical = funny 재밌는, 명랑한

2. **A**

해석 만약 당신이 모든 파일들을 알파벳 순서대로 분류해 놓았더라면, 당신은 훨씬 쉽게 원하는 파일을 찾을 수 있었을 것이다.

해설 classify = categorize 분류하다

3. **D**

해석 여러분의 미래에 대한 결정을 내리기 전에 여러분은 여러분 자신의 인생의 진정한 의미와 목표에 대해 숙고해야 한다.

해설 speculate = consider = suppose 숙고하다, 생각하다, 고려하다

4. **B**

해석 그녀의 말은 매우 재치 있었지만, 우리

의 주제에는 좀 관계가 멀었다.

해설 remote = irrelevant 관계가 먼, 부적절한

5. **D**

해석 요즘 거의 모든 휴대폰들이 휴대용이라서, 사람들은 어디든 휴대폰들을 가지고 갈 수 있다.

해설 portable = compact 휴대용의, 아담한

6. **D**

해석 날씨 사정으로 우리는 일시적으로 페리 운항을 중지하기로 결정했습니다.

해설 suspend = cease = postpone = discontinue 중지하다, 연기하다
cf) hang 걸다

7. **D**

해석 (사기)는 속임수로 돈이나 금전적인 이득을 얻는 범죄이다.

해설 magic 마술, bribery 뇌물을 주는 행위, forgery 위조, fraud 사기

8. **devote**

해석 나는 요즘 너무나 바빠서 내 가족들에게 전념할 시간이 없다.

해설 devote 헌신하다
devote oneself to sth. ~에 전념하다
debate 토론하다 논쟁하다

9. **residential**

해석 여러분은 집을 살 때, 주거지 환경을 고려해야 한다.

해설 resident 거주자
residential 주거의

10. **boring**

해석 내가 오랫동안 너무 보고 싶어해왔던 영화가 실제로는 매우 지루한 것으로 판명됐다.

해설 bored 지루함을 느끼는,
boring 지루한
문장의 주어인 the movie는 '지루한' 것이지 '지루함을 느끼는' 것이 아니므로, boring이 문맥상 적절하다. 실제로 '지루함을 느끼는' 것은 바로 I이다.

Day 14

단어 파악하기

01. 그녀는 운전면허를 따기까지 반 정도 왔다.
02. 사람은 그들의 리더에 대항하여 반란을 일으켰다.
03. 그 회사는 심각한 재정적인 손실을 견뎌냈다.
04. 국내 시장에서 판매가 증가하였다.
05. 자연 서식지의 파괴로 야생 식물이 불확실한 미래를 맞고 있다.
06. 그들은 사투리로 말하기 시작했다.
07. 그들은 국경 통제를 폐지하기로 합의하였다.
08. 달은 일년을 나누는 인습적인 구분 단위이다.
09. UN 관료는 콜레라의 발병을 경고하고 있다.
10. 많이 걸어서 다리가 마비되는 것 같았다.
11. 그녀는 남자처럼 변장했다.
12. 그 군대는 무방비의 사람들을 학살했다.
13. 나는 그냥 둘러보는 겁니다.
14. 내일 회의의 안건은 경제 회복입니다.
15. 우리는 그를 돕기 위한 계획을 고안했다.
16. 신문 칼럼은 명예롭지 못한 이야기로 가득 차 있다.
17. 그녀는 벽에 기대었다.
18. 그는 스키광이다.
19. 그는 그 살인에 대한 증거를 모으고 있다.
20. 그녀는 한국어와 프랑스어 두 언어를 쓴다.

단어 확인하기

1. **D**

해석 이번 국제 페스티벌을 위해서, 우리는 영어를 유창하게 구사하는 많은 자원봉사자들을 모아야만 한다.

해설 gather = assemble 모으다, 소집하다

2. **B**

해석 당신이 당신의 목표를 달성하기를 원한다면, 당신은 성공하기 전에 너무나 많은 힘든 시간을 견뎌야 할 것이다.

해설 attain = achieve = accomplish 성취하다, 이루다, 달성하다

3. **A**

해석 연장자들은 매우 전통적 이므로 이러한 새로운 유행을 이해하는데 어려움을 겪는다.

해설 traditional = conventional 전통적인

4. **D**

해석 우리는 가능한 한 빨리 우리의 최신 노트북 컴퓨터 판매량을 늘릴 수 있는 방법을 궁리해야 한다.

해설 devise = design 고안하다, 궁리하다, means 수단

5. **C**

해석 그는 미국에서 거의 15년을 살았지만, 한국어도 잘한다. 그래서 그는 한국어와 영어를 완벽하게 구사할 수 있다. 그는 소위 'bilinagual'이다.

해설 bilingual 두 언어를 사용하는 사람

6. **D**

해석 그 두 나라 간의 갈등은 이 지역에 전쟁을 일으킬 수 있다.

해설 전쟁이 발발한다는 의미로 함께 쓰는 단어는 outbreak

7. **B**

해석 학살은 폭력적인 방법으로 동시에 많은 사람들을 죽이는 것이다.

해설 massacre = slaughter
= holocaust 대량학살
cf) epidemic 유행병

8. **domestic**

해설 TV와 휴대폰을 포함한 많은 국산품들이 세계 시장에서 높은 품질로 유명하다.

해석 domain 영토, 영역
domestic 국내의, 자국의
domestic product 국산품

9. **endured**

해석 일본 사람들은 10년간의 경제 침체를 견뎌냈다.

해설 endure 견디다
endeavor 노력하다

10. **disguised**

해석 제이크는 가장 무도회에서 너무나 완벽하게 자신을 거지로 변장해서 나는 실제로 그에게 1페니를 주었다.

해설 distinguish 구별하다
disguise 변장하다

Day 15

단어 파악하기

01. 이 개혁은 차별적인 법을 폐지할 것이다.
02. 그 보고서는 환경주의자들을 기쁘게 했다.
03. 스위스는 아름다운 풍광으로 유명하다.
04. 그는 역사적으로 악명 높은 독재자였다.
05. 나는 일본 정치에 대하여 아는 바가 거의 없다.
06. 그 후보자는 70%의 표를 얻었다.
07. 청년 실업 문제를 해결하기 위해 고안된 조치는 젊은이들을 더 불안정한 상황으로 몰 것이다.
08. 그 나라는 가장 억압적인 전제 정권 체제이다.
09. 우리는 모두 피곤하고 사기가 낮다.
10. 치료를 통하여 그녀는 Peter에 대한 집착을 버렸다.
11. 어떤 남자들은 젊은 여성의 시선에 으쓱한다.
12. 많은 여성들이 결혼한 후에 남편의 성을 받아들인다.
13. Brad는 그의 손을 주머니에 쑤셔넣었다.
14. 벌레 때문에 식물이 감시된다.
15. 몇 년 후에는 더이상 왕족이 존재하지 않을지도 모른다.
16. Estonia는 구소련의 멤버였다.
17. 두 명의 편집자가 출판을 위한 기사를 교정한다.
18. 꿀벌은 곤충 중에서 가장 정교한 의사소통 체계를 사용한다.
19. 그의 두려움은 비합리적인 공황상태로 바뀌었다.
20. 약은 아픔을 진정시킬 수 있다.

단어 확인하기

1. **C**

해석 요즘 많은 학생들이 자신들의 공부를 소홀히 하면서 컴퓨터 게임에 강박관념을 갖고 있다.

해설 obsession = preoccupation 강박관념, 몰두

2. **B**

해석 그 후보자는 전직 대통령의 유명한 연설에서 한 줄을 인용했다.

해설 former = previous 전의, 이전의, quote 인용하다, passage 한 줄

3. **A**

해설 많은 사람들이 여전히 강력범에 대한 사형선고의 폐지 문제에 대해 논쟁 한다.

해석 abolish = eradicate 폐지하다, 근절하다

4. **C**

해석 (아는 사람)이란 당신이 만난 적이 있어서 조금은 알지만 잘 알지는 못하는 사람을 말한다.

해설 relative 친척, descendant 자손, acquaintance 아는 사람, pedestrian 보행자

5. **B**

해석 (후보자)는 어떤 위치(직위)에 고려되고 있는 사람인데, 예를 들어 선거에 입후보하거나 일자리에 지원하는 사람이다.

해설 applicant = contender = candidate 후보자, 경쟁자, 지원자
cf) monarch 군주

6. **C**

해석 그 교수님은 매 수업시간에 어려운 과제를 내주시기로 악명 높다.

해설 notorious = disreputable = infamous = dishonorable 악명 높은
frightful 무서운

7. **A**

해석 탐정 소설에서는, 탐정들이 항상 범죄현장을 주의 깊게 조사하고 마침내 결정적인 증거를 찾아낸다.

해설 check = examine = inspect = survey 조사하다
cf) suspect 의심하다

8. **morale**

해석 훌륭한 코치는 선수들의 사기를 북돋아서 승리를 얻을 수 있다.

해설 moral 도덕적인, morale 사기

9. **delighted**

해석 나는 너희 모두가 우등으로 고등학교를 졸업하고 좋은 대학에서 입학을 허가 받았다는 소식을 들으니 너무 기쁘다.

해설 enlightened 계몽된, 개화의
delighted 기쁜
cf) with honors 우등으로

10. **flatter**

해석 그녀가 우리 학교에서 제일 예쁘다고 아첨하느니 차라리 난 조용히 있겠다.

해설 flatter 아첨하다 splatter (물, 흙탕 등을) 튀기다

Day 16

단어 파악하기

01. 날씨는 우리 생활의 모든 측면에 영향을 준다.
02. 오염된 물과 좋지 않은 위생상태는 매우 위험하다.
03. 그는 인류의 존엄성을 믿는 인도주의자이다.
04. 그녀는 그 영화로 상을 받았다.
05. 다음 몇 해 동안 인구가 증가했다.
06. 대학 자금은 과학자들에게 치우쳤다.
07. 영국은 1880년까지 의무 기초 교육을 하지 않았다.
08. 그는 감금된 다음날 풀려났다.
09. 그는 전화를 받으면서 동시에 문을 열어주고, 저녁 요리를 확인했다.

10. 당신은 의도적으로 다른 방향으로 갔다.
11. 조명 한줄기가 어둠을 뚫고 있었다.
12. 그들은 마감기한을 이틀 안으로 연장했다.
13. 그들의 문제는 오로지 타협으로만 해결될 수 있다.
14. 그 상처는 잘 아물고 있고, 환자는 건강하다.
15. 궁극적인 결과를 예측하는 것을 가능하지 않다.
16. 이 지역의 돌고래 수는 증가하였다.
17. 그는 경영에 학위를 얻었다.
18. 우리의 외교 특파원 Laura Stephen이 보고합니다.
19. 프랑스 의회는 담배 광고를 금하는 법을 채택하였다.
20. Jazz와 Pop을 섞은 음악이 크게 성공하였다.

단어 확인하기

1. **A**
   해석 우리는 최근의 재앙적인 기후 변화를 고려하여 환경오염을 방지하는 법률을 제정해야 한다.
   해설 contaminate = pollute 오염시키다

2. **C**
   해석 토니는 예외적으로 전 시간에 예의바르게 행동했지만, 다음 시간에 다시 진짜 자기 모습으로 돌아왔다.
   해설 subsequent = following 뒤의, 차후의

3. **B**
   해석 나는 혼혈아 문제에 대한 사람들의 편견을 가진 태도에 매우 실망했다.
   해설 biased = prejudiced 편견을 가진

4. **A**
   해석 여러분이 대학 입학과 같은 여러분의 진로를 결정할 때, 꼭 인생의 궁극적 목표를 고려해야 합니다.
   해설 ultimate = supreme 궁극적인

5. **C**
   해석 요즘, 우리는 영어를 배우는 어린이들을 너무나 많이 찾아볼 수 있어서, 영어를 배우는 것이 한국 어린이들에게 의무적인 것 같다.
   해설 compulsory = obligatory = mandatory = binding 의무적인, 강제적인
   cf) parliamentary 의회의

6. **C**
   해석 그는 다른 사람들의 비난을 피하기 위해 고의적으로 화가 난 척 하는 것 같다.
   해설 deliberately = knowingly = calculatingly = intentionally 고의적으로
   cf) extensively 널리, 광범위하게

7. **C**
   해석 국가의 (국회)는 법률을 제정 하고 국가가 어떤 정책을 따라야 할 것인지 결정하는 집단이다.
   해설 administration 관리
   correspon-dent 통신자, 특파원,
   parliament 국회
   certificate 증명서

8. **proportion**
   해석 우리는 상사와 연간 급여를 협상할 때, 우리의 업무 비율을 고려해야 한다.
   해설 proposition 제안, 건의
   proportion 비율

9. **compromise**
   해석 3시간의 회의 후에, 우리 그룹 멤버들은 마침내 타협에 이르렀고 프로젝트를 시작했다.
   해설 comprise 포함하다, 구성되다
   compromise 타협, 타협하다

10. **aspect**
    해석 물론 나는 나만의 선호도를 갖고 있지만, 특정 문제를 모든 국면에서 고찰하려고 노력한다.
    해설 inspect 조사하다, 시찰하다
    aspect 국면, 양상

Day 17

단어 파악하기

01. 그가 쓴 모든 글은 그의 지적 능력을 보여준다.
02. 우리는 외국에 제조품을 수출한다.
03. 그는 도박으로 이미 빚을 지고 있었다.
04. 파란 차가 추월을 시작하고 있었다.
05. 그는 매우 엄격하기로 평판이 나 있다.
06. 차가운 물로 하는 샤워는 혈액 순환을 촉진시킨다.
07. 누군가 나에게 꽃 한 다발을 보내왔다.
08. 다른 과학자들의 그의 발견에 회의적인 입장이다.
09. 그는 이 새로운 정보 시대를 반긴다.
10. 놀라운 불꽃놀이의 풍경은 하늘을 반짝였다.
11. 나는 사과가 익기를 기다리고 있다.
12. 당신은 재치로 문제를 수습할 수 있다.
13. 정부는 사고의 희생자에게 보상해야 한다.
14. 점은 미신이다.
15. 당신은 경험이 많은 여행자가 아니기 때문에, 패키지여행이 필수적이다.
16. 비타민은 소장에서 흡수된다.
17. 많은 국가들이 평화를 가져오기 위한 노력을 함께 하기로 동의하였다.
18. 피자는 30분 후에 배달될 것입니다.
19. 그녀는 그의 눈에서 광기를 보았다.
20. 전화가 울렸고, 그 큰 소리에 그는 놀랐다.

단어 확인하기

1. **C**
   해석 항상 자신의 미래를 준비하는 사람들은 결국 성공해서 다른 사람들을 놀라게 할 것이다.
   해설 startle = surprise 놀라게 하다

2. **A**
   해석 물과 공기와 같은 필수 불가결의 자원들이 너무나 오염되어서 우리는 우리 주변에서 몇몇 심각한 문제들을 발견할 수 있다.
   해설 indispensible = essential 필수 불가결의, 필수적인

3. **D**
   해석 그 아이는 해리포터를 읽는데 너무나 정신을 빼앗겨 있어서 그의 엄마가 그를 부르는 소리도 듣지 못했다.
   해설 absorb = preoccupy ~을 끌다, 빼앗다

4. **C**
   해석 기업들은 그들 자신의 이윤과 고객들을 위해 더 싸고 더 좋은 상품을 생산할 수 있는 혁신적인 방법들을 찾기 위해 노력해야 한다.
   해설 manufacture = produce 생산하다, 만들다

5. **C**
   해석 토니는 제니가 전에도 몇 번 거짓말 한 적이 있었기 때문에 그녀의 변명에 의심을 품었다.
   해설 skeptical = uncertain = dubious = doubtful 의심 많은, cf) superstitious 미신적인

6. **A**
   해석 그 감독은 그녀가 자신의 영화를 통해 표현하려 했던 것들을 설명하면서 미디어의 심한 혹평을 수용하려고 노력했다.
   해설 embrace = adopt = accept = welcome 받아들이다, 수용하다

7. **B**
   해석 뉴튼은 중력의 법칙을 증명하고 그 원리를 바탕으로 운동에 대해 설명을 하였다.
   해설 demonstrate = prove = testify = manifest 증명하다

8. **compensatory**
   해석 당신이 다른 사람에게 신체적으로나 정신적으로 손해를 끼치면, 당신은 그들에게 보상금을 지불할 것을 요구받을 수도 있다.
   해설 compulsory 강제적인
   compensatory 보상의, 배상의

9. **ripe**

해석 우리는 제철과일을 골라야 하는데, 그 이유는 그런 과일들이 잘 익어서 맛있기 때문이다.

해설 ripen 익다, ripe 익은 / 문맥에서 be동사 다음에 형용사가 와야 하므로, ripe이 적절하다.

10. **befell**

해석 그가 열두 살 때, 불행이 그에게 닥쳤다; 그의 어머니가 교통사고로 갑자기 돌아가신 것이다.

해설 behold(과거형: beheld) 보다
befall(과거형: befell) (좋지 않은 일이) 일어나다, 닥치다

Day 18

단어 파악하기

01. 풀을 사용하여 그것을 붙여라.
02. 그녀는 충격으로 완전히 마비되었다.
03. 당신은 건설적인 비판을 환영해야 합니다.
04. 그는 능숙한 기타 플레이어이다.
05. 조깅은 비싼 수업료를 포함하지 않는다.
06. 두 명의 노인은 아마도 60대로 보인다.
07. 평행선은 서로 만나지 않는다.
08. 반란군은 정부에 대항한 전쟁에 휴전을 선언하였다.
09. 사람들이 종교적인 믿음이 있든 없든, 사랑의 힘을 믿을 수 있다.
10. 개인으로 하여금 창조적으로 생각하도록 격려하는 집단은 성공할 것이다.
11. 교육부는 모든 학교가 새로운 규율을 따르도록 지시하였다.
12. Anita는 사회 복지에 관심을 갖게 되었다.
13. 사람들은 한국에서 자라는 야생식물을 보존하려고 노력해 왔다.
14. 더 이상 우거진 숲 지역은 없다.
15. 이것은 사람들이 어려움을 겪으면서 더욱 현명해지고 훈련되는 것과 비슷하다.
16. 당신 편지의 목적은 사랑과 감사를 표현하는 것이다.
17. 우리는 대부분 빠른 삶의 속도에 우리의 태도와 행동을 조절시킨다.
18. 오해 때문에 우리 관계는 몇 달 동안 긴장상태였다.
19. 자연 재앙이 정부의 경제 계획을 망쳤다.
20. 나는 그렇지 않은데도 일이 잘 되어가는 것처럼 행동했다.

단어 확인하기

1. **D**

해석 3주간의 힘든 훈련 뒤에, 우리는 서로에게 너무나 익숙해져서 쉽게 다른 사람의 느낌이나 의도를 파악할 수 있었다.

해설 train = discipline 훈련

2. **A**

해석 좀 더 주의하도록 노력하세요. 그렇지 않으면 당신의 경솔함이 언젠가 큰 실수를 일으킬 것입니다.

해설 bring about = entail 수반하다, 일으키다, poke 찌르다

3. **B**

해석 많은 10대들이 교복이나 두발에 관한 학교의 규칙에 순응하는 것을 좋아하지 않는다.

해설 comply = obey 동의하다, 순응하다

4. **D**

해석 많은 비정부 기관들은 세계의 중요한 문화재를 보존하기 위해 애쓰고 있다.

해설 conserve = protect = preserve 보존하다, 보호하다

5. **C**

해석 나는 스포츠 마케팅 사업이 가까운 미래에 전 세계적으로 번영할 것이라고 확신한다.

해설 prosper = succeed = flourish = thrive 번영하다, 성공하다
parallel ~에 평행시키다

6. **D**

해석 적자생존의 법칙은 자신을 환경에 가장 잘 적응시키는 생물이 결국 살아남을

수 있다는 의미이다.

해설 adjust = adapt = conform = accustom 적응하다, 순응하다
cf) paralyze 마비시키다

7. **C**

해석 (반역자)는 정치 체계를 바꾸기 위해 조국의 군대에 맞서 싸우는 사람이다.

해설 rebel 반역자
disrupture 중단, 분열
compliance 순응
expert 전문가

8. **B**

해석 만약 당신이 어떤 일이 사실인 (체 한다면), 당신은 그것이 사실이라고 사람들이 믿도록 만들 의도로 행동을 하는 것이다.

해설 pretend ~한 체하다.
cf) case 사실, 사건

9. **adept**

해석 나는 다른 사람들에게 친한 척 하면서 그들을 이용하는 데 능숙한 사람들을 싫어한다.

해설 adapt 적응하다, 순응하다
adept 능숙한, 숙련된

10. **dense**

해석 서울의 공기오염은 서울의 밀집한 인구 때문에 다른 교외 지역보다 훨씬 심각하다.

해설 tense 팽팽한, 긴장된
dense 밀집한

다 | 의 | 어

Day 19

단어 파악하기

01. ① 많은 돈
② 고객을 다루다
③ 거래를 하다

02. ① 대문자
② 극형, 사형
③ 수도

03. ① 막대그래프
② 와인바
③ 많은 직업이 그들에게 금지된다.

04. ① 정부 채권
② 안전 요원

05. ① 주문을 하다
② 순서대로

06. ① 도와주실 수 있나요?
② 지지받는 후보자

07. ① 역사적인 변화
② 나는 속초에서 버스를 갈아탔다.

08. ① 평평한 표면
② 온화한 기질의
③ 이것은 더욱 심각하다

09. ① 나이 제한
② 황금기

10. ① 강한 바람
② 나는 시계를 돌렸다.

11. ① 그녀는 아름다운 얼굴을 가지고 있다.
② 나의 집은 남향이다.

12. ① 그녀의 아름다운 머리
② 그녀는 500달러의 벌금을 물었다.

13. ① 신용카드
② 그는 졸업을 위해 단지 3학점이 필요하다.

14. ① 푸른빛으로 색칠 된 아파트 건물
② 차는 거리를 막고 있었다.

15. ① 이 운동의 목적
② 우리는 그것에 강하게 반대했다.

단어 확인하기

1. **A** 직면하다(= confront) **B** 체면
해석 a) 우리가 직면한 주요 문제 중의 하나는 단순한 사고이다.
b) 제발 예의바르게 행동해서 내가 더 이상 체면 잃게 하지 마라.
해설 lose face 체면을 잃다

2. **A** 거스름돈 **B** 바꾸다, 갈아입다
해석 a) 물건을 사고 나서 거스름돈을 확인하는 것을 잊지 마라.
b) 잠깐만 나를 기다려줄 수 있나요? 옷을 좀 갈아입어야 해서요.
해설 change
1. 변화 2. 거스름돈 3. 잔돈 4. 교환하다 5. 바꾸다

3. **A** 자본 **B** 대문자
해석 a) 유동자본이 증가하면서 경기회복의 조짐이 보인다.
b) 중요한 표현들은 대문자로 쓰는 편이 좋겠다.
해설 capital
1. 자본 2. 자재 3. 수도
4. 대문자 5. 중대한

4. **A** 예민한, 섬세한 **B** 벌금
해석 a) 그는 귀가 밝아서 나는 항상 그가 혹시 나를 엿들을까 걱정된다.
b) 어젯밤 나는 속도위반으로 벌금을 물었다.
해설 fine 1. 좋은, 훌륭한
2. 섬세한 3. 벌금

5. **B**
해석 보기- 그 질문은 너무나 쉬워서 심지어 어린아이조차도 대답할 수 있었다.
a) 그의 연기는 그녀의 연기보다 훨씬 낫다.
b) 지금이라도 가는 편이 좋겠다. 그렇게 늦지 않았어.
c) 우리는 배드민턴을 치기 위해 평평한 곳을 찾아야 한다.
d) 나는 짝수인 날에만 내 차를 운전할 수 있다.
해설 보기의 even은 '심지어 ~조차도, ~일지라도'의 뜻으로 쓰였다. a)는 비교급을 강조하여 '더 ~한'의 뜻으로 사용된 경우이고, c)는 '평평한' 이란 뜻으로 쓰였으며, d)는 '짝수의'라는 뜻으로 사용된 경우이다.

6. **C**
해석 비록 우리가 매우 친하긴 하지만, 나는 우리의 프로젝트를 위해서 그의 의견에 반대할 수밖에 없다.
해설 object = protest 반대하다, 항의하다

7. **D**
해석 내 상사는 갑자기 마음을 바꿔서 나에게 내일 아침까지 그 일을 끝내라고 지시했다.
해설 order = command 명령하다, 지시하다
order 1. 명령하다 2. 주문하다
3. 순서 4. 정돈 5. 성직

8. **C**
해석 캠프의 규칙은 우리가 늦게까지 깨어서 기숙사 안에서 밤에 돌아다니는 것을 금지한다.
해설 bar = ban 막다, 금지하다
bar 1. 술집 2. 창살
3. 막대기 4. 전열선 5. 장벽
6. 마디 7. 막다

Day 20

단어 파악하기

01. ① 3월에
② 승리 행진

02. ① 장기 투숙
② 나는 겨울이 끝나기를 기다린다.
③ -하는 한

03. ① 단편 소설
② 돈이 부족한
③ 그녀는 짧은 바지를 입고 있다.

04. ① 그는 화살을 쏘았다.
② 석탄 동력
③ 캠프 화이어

05. ① 그는 이 년의 수감을 선고받았다.
② 이 문장은 틀렸다.

06. ① 복지 국가
② 그는 여전히 충격을 받은 상태이다.

07. ① 이 호텔은 전망이 좋다.
② 삶에 대한 긍정적인 사고방식

08. ① 눈물
② 바지에 있는 뜯긴 자국

09. ① 연속된 2년
② 콘크리트는 바위만큼 단단하게 유지될 것이다.
③ 고체, 액체 연료

10. ① 그 옷은 당신에게 정말 잘 어울리네요.
② 우주복

11. ① 주요 반대 정당
② 크리스마스 파티

12. ① 1976년 이래로
② 그의 아버지가 돌아가신 이래로

13. ① 편도
② 아무도 나타나지 않을 것이다.

14. ① 볼펜
② 이 문제에 대하여 논쟁하는 것이 무슨 소용인가?
③ 나는 그가 논점을 가지고 있다고 생각한다.

15. ① 깊게 뿌리내린 문제
② 어원

단어 확인하기

1. **A** 정장 **B** 어울리다
해석 a) 사람들의 드레스와 정장이 정원을 향한 나의 시선을 가로막았다.
b) 나 어때? 이 새 푸른 셔츠가 나에게 잘 어울리니?
해설 suit 1. 정장
2. 소송
3. 어울리다
4. 제멋대로 하다

2. **A** 눈물 **B** 찢다
해석 a) 장례식장에서, 우리는 눈물을 짜내는 몇몇 사람들을 찾아볼 수 있다.
b) 그 편지를 발견하자마자, 엄마는 열어보지도 않고 편지를 갈가리 찢어버리셨다.
해설 tear 1. 눈물, 눈물을 흘리다
2. 찢다, 찢어진 곳

3. **A** ~ 때문에 **B** ~이래로, 이후로 (접속사)
해석 a) 이 영화가 너무나 성공적이어서 그는 자신의 애니메이션 회사를 차릴 수 있었다.
b) 우리가 처음 수업시간에 만났던 이후로 계속 너에게 호감을 갖고 있었어.
해설 since 1. ~이래로, 이후로
2. ~때문에

4. **A** 요점, 핵심 **B** 득점, 점수
해석 a) 그들은 그들의 주장을 뒷받침할 수 있는 다른 많은 요점 사항을 갖고 있다.
b) 그가 바로 지난번 경기에서 많은 득점을 한 선수다.

해설 point 1. 장소
2. 요지
3. 목적, 취지
4. 득점, 점수
5. 뾰족한 끝
6. 가리키다
7. 향하게 하다

5. **D**

해석 보기 - 내가 지난번 그룹 프로젝트에서 최하점을 받았기 때문에, 그가 나를 해고할까봐 두렵다.

a) 사격중지! 그는 용의자가 아니다.

b) 네가 너무나 많은 질문들을 나에게 퍼부어서 정말 피곤해.

c) 나는 나의 열정을 고무시켜줄 수 있는 사람을 좋아한다.

d) 그는 Nancy가 항상 사업 미팅에 늦었기 때문에 그녀를 해고하기로 결심했다.

해설 보기에서 fire은 '해고하다'의 의미로 쓰였다. a)에서 fire는 '발사하다', b)에서는 '퍼붓다', c)에서는 '고무하다', d)에서는 '해고하다'의 의미로 쓰였으므로 답은 d)가 된다.

fire 1. 불 2. 열정
3. 고무하다 4. 발사하다
5. 퍼붓다 6. 해고하다

6. **A**

해석 판사는 그의 순수한 의도를 참작하여 그에게 벌금형을 선고하였다.

해설 sentence = convict ~에게 판결을 내리다. 선고하다

7. **C**

해석 정당의 지도자는 대중 연설에 매우 능해야 하고 신중해야 한다.

해설 party 1. 정당
2. 파티
3. 일행

8. **B**

해석 한국은 정교하고 튼튼한 건물을 세우는 건축 기술로 유명하다

해설 solid = sturdy = strong = stable 튼튼한, 견고한, 강한

Day 21

단어 파악하기

01. ① 생일 선물
② 현 프랑스 정부

02. ① 객관적인 증거
② 우리의 목표는 자유로운 열린사회이다.

03. ① 노동자의 반이 파업에 참여하였다.
② 계획의 첫 번째 부분
③ 시계 부품
④ 그들은 서로에게서 떨어진 적이 없다.

04. ① 그의 영웅적인 행동
② 보호 증서에 의하여

05. ① 높은 판매량
② 소리를 줄이다
③ 그의 자서전의 첫 번째 권

06. ① Tennyson 양
② 그는 그녀를 미치도록 그리워한다.
③ 그 미사일은 목표물을 놓쳤다.

07. ① 지역 분점
② 나무의 가장 높은 가지

08. ① 주식 시장
② 창고에 있는 모든 품목
③ 노동자 계층

09. ① 지난 크리스마스
② 마지막 학년의 시작
③ 오래가지 않을 것이다.

10. ① 그녀는 연필로 사선을 그었다.
② 5천만 마르크
③ 통과 점수

11. ① 지역 신문은 나를 실었다.
② 장편 길이의 영화
③ 지역적인 특징

12. ① 맑은 시기
② 당신의 이름은 어떻게 씁니까?
③ 그것은 재앙을 일으킨다.

13. ① 학위 코스
② 25도

14. ① 사례 연구
② 보석함
③ 범죄사건

15. ① 오른쪽으로 도시오.
② 그는 시비를 안다.
③ 금방 다시 돌아올 것이다.

단어 확인하기

1. **A** 마지막의 (형용사)
B 지난번에 (부사)
해석 a. 나는 막차를 놓쳤다.
b. 우리가 지난번에 L.A.에서 만난 이래로 오랜 시간이 지났다.

2. **A** 정도 (명사)
B 학위 (명사)
해석 a) 나는 내 일에 대하여 큰 만족을 느낀다.
b) 그는 야간에 수업을 들어서 법학학위를 받았다.

3. **A** 권리 (명사)
B 바로 (부사)
해석 a) 위대한 예술을 즐길 권리는 자유로운 나라의 중요한 특징이다.
b) 그들은 친구를 알아보지 못하고 그 바로 옆을 걸을지도 모른다.

4. **B**
해석 보기–나무 가지가 잘려질 때 과정이 시작된다.
a) 그 회사는 통신 분야로 사업을 확장시켰다.
b) 바람이 가지를 흔들고 있다.
c) 쿠폰을 당신의 지역에 있는 지점에서 사용할 수 있습니다.
d) 정신의학은 의학의 한 분야이다.
해설 보기에서 branch는 '가지' 의 의미이다.
a) 확장시키다
b) 가지
c) 지점
d) 분야

5. **D**
해석 우리의 중심 목표는 일차적으로 이익을 얻는 것이 아니다.
해설 primarily 첫째로, 본래는

6. **C**
해석 모든 필요사항을 채웠다면 5점이다.
해설 이 문장에서 mark는 '점수' 이다.

7. **(X)**
해석 a) 어떤 <u>경우</u>에는 최소 나이 제한이 있다.
b) 그는 <u>상자(케이스)</u>를 들고 출구 쪽으로 걸었다.

8. **(X)**
해석 a) Robin 가족이 <u>주식</u>의 50%를 소유하고 있다.
b) 그 가게는 다양한 해변 의상을 <u>갖추고 있다</u>.

Day 22

단어 파악하기

01. attitude - height
appetite - positive
aptitude - ability
altitude - food

02. default - fault
defect - fail
detect - find

03. explode - bomb
exploit - discover
explore - injustice

04. complement - criticism
complaint - good work
compliment - cooperate

05. acquire - want
require - gain
inquire - ask

06. pile - document
file - quantity

07. incident - car
accident - event
coincident - at the same time

08. ethnical - moral
ethical - nation

09. conceive - plan
conceit - pride

10. board - game
aboard - foreign country
abroad - ship

11. flourish - thrive
furnish - furniture

12. crash - juice
crush - accident

13. inherit - live
inhibit - possession
inhabit - ban

14. glow - light
grow - size

15. slab - palm
slap - board

단어 확인하기

1. **aboard**
해석 이집트 나일 강에서 나는 (숙박설비가 된) 보트를 탄다.
해설 aboard ~을 타고 abroad 해외로

2. **inquire**
해석 만약 정확하게 뜻을 파악하기 못한다면, 그것이 무슨 의미인지 물어보세요.
해설 acquire 획득하다, 익히다
inquire 묻다

3. **inhabited**
해석 사람들이 오랫동안 이 곳에서 살지 않은 것 같다.
해설 inhabit ~에 살다(타동사이므로 전치사 없이 바로 장소가 나온다.)
inhibit 금지하다

4. **ethnical**
해석 세계 시민으로서, 우리는 다른 사람들의 민족적 전통을 존중해야 한다.
해설 ethical 윤리적인 ethnical 민족의

5. **defect** .
해석 신체적 결함은 여러분이 여러분의 목표를 달성하는 것을 멈추지 못합니다.
해설 default 불이행
defect 결점, 결함

6. **piled**
해석 쌓여있는 신분증들을 알파벳 순서대로 정리해주십시오.
해설 file 서류, 서류로 철하다
pile 더미, 쌓아올리다

7. **attitude**
해석 모든 일에 긍정적인 태도를 갖는 것이 너의 장점이다.
해설 aptitude 적성, 흥미
attitude 태도

8. **exploiting**
해석 천연자원을 보존하는 것은 그것들을 개발하는 것만큼 중요하다.
해설 explore 탐험하다
exploit 이용하다, 개발하다

9. **compliment**
해석 당신의 진심어린 칭찬이 매우 기쁘게 느껴집니다.

해설 compliment 칭찬
complement 보충

10. **furnished**
해석 나는 지난주에 메리의 새 집에 다녀왔는데 집에 가구가 잘 설비되어 있었다.
해설 flourish 번영하다
furnish (가구를) 설비하다

Day 23

단어 파악하기

01. bite - dog
beat - football team

02. reduce - decrease
deduce - conclusion

03. fragrant - perfume
fragment - break

04. drop - rain
drip - tap

05. infection - virus
injection - needle

06. blend -mix
brand - fashion
bland - boring

07. drift - stream
draft - writing

08. approach - like
reproach - dislike

09. evolve - Darwin
revolve - Moon, Earth
involve - include

10. desperate - hopeless
devastate - destroy

11. shave - razor
shove - push

12. invent - creativeness
invest - capital

13. praise - compliment
prose - story

14. imply - poetry
apply - job seeker

15. convince - assure
convict - crime

단어 확인하기

1. **desperate**
해석 그가 너무나 필사적으로 보였기 때문에 나는 그의 요구를 받아들일 수밖에 없었다.
해설 devastate 황폐화시키다
desperate 자포자기의, 필사적인

2. **revolves**
해석 내가 처음으로 지구가 회전한다는 이야기를 들었을 때, 나는 내가 움직이는 땅위에 서 있다는 것을 상상하고 너무나 충격을 받았다.
해설 evolve 진화하다
revolve 회전하다

3. **convicted**
해석 판사는 결국 그 용의자에게 살인죄를 선고하였다.
해설 convict 유죄를 입증하다
convince 확신시키다

4. **infection**
해석 눈병이 걸린 모든 학생들은 전염을 예방하기 위해 격리되어야 한다.
해설 injection 주사, 투입
infection 전염, 감염

5. **blend**
해석 당신이 선명한 색상을 사용할 수 있도

록, 너무 많은 색상을 섞지 마십시오.
해설 bland 지루한
blend 섞다

6. **invested**
해석 처음에 그는 그 회사를 투자받은 자본으로 설립하기로 결정했다.
해설 invent 발명하다
invest 투자하다

7. **drafts**
해석 이 수업에서 여러분은 각 쓰기 과제 당 3~4개의 초안들을 제출해야 할 것입니다.
해설 draft 초안 drift 떠내려 보내다

8. **fragments**
해석 그는 컵을 벽에 던졌고, 그것은 산산조각으로 부서졌다.
해설 fragrance 향기, 향기로운
fragment 조각, 파편

9. **implied**
해석 그의 웃음은 절망, 고통, 그리고 슬픔이 섞인 복잡한 느낌을 함축하고 있었다.
해설 imply 의미하다, 함축하다
apply 적용하다

10. **beat**
해석 밥은 이번 전국 경기에서는 반드시 Eric을 이기겠다고 결심했다.
해설 bite 물다
beat 치다, 이기다, 앞지르다

Day 24

단어 파악하기

01. sew - stitch
sow - seed

02. through - preposition
though - conjunction

03. transmit - convey
transit, transfer - transportation

04. fraction - piece
friction - conflict

05. lesson - instruction
lessen - reduce

06. top - peak
tap - dance
tip - hint

07. flow - river
flaw - fault

08. lie - truth
lay - egg

09. probe - searching deep into things
prove - evidence

10. leak - water
lick - tongue

11. instant - immediate
instinct - nature

12. except - exclude
exempt - free

13. section - fragment
sanction - law

14. impressive - touching
expressive - rich in expression

15. phase - aspect
phrase - words

단어 확인하기

1. **(X) lessen → lesson**
해석 그룹 리더는 이 교훈을 배워서 실행에 옮겨야 한다.

2. **(O)**
   해석 정보는 온라인상으로 각 부서에 보내진다.
   해설 information, data, television 등이 전달되는 것은 transmit으로 표현합니다.

3. **(X) laying → lying**
   해석 그녀는 드레스가 의자에 걸쳐 있는 것을 보았다.
   해설 '있다'는 의미로 자동사인 lie가 와야 하므로 형태는 lying입니다.

4. **(O)**
   해석 아이들은 요금을 내지 않아도 됩니다.
   해설 exempt '면제된' 형용사로 be 동사 뒤에 올 수 있습니다.

5. **through**
   해석 다른 사람이 끝나기 전에 '다 했다'라고 말하지 마세요.
   해설 through ~을 통하여
   cf) be through 끝나다
   throughout ~에 걸쳐서

6. **lie**
   해석 비밀은 더 많은 것을 하기 위한 좋은 방법을 찾는 데에 있지 않다.
   해설 lay 눕히다, 놓다, 낳다
   lie 눕다, 있다

7. **sewed**
   해석 고대에는 사람들이 동물의 뼈로 바늘을 만들어서 옷감이나 가죽을 꿰맸다.
   해설 sow 씨를 뿌리다
   sew 바느질하다, 꿰매다

8. **impressive**
   해석 그의 연설은 너무나 인상 깊어서 모든 청중들이 일어나서 박수를 보냈다.
   해설 expressive 표현하는, 표정이 풍부한
   impressive 인상 깊은

9. **transfer**
   해석 당신은 다음 역에서 기차에서 버스로 갈아타야 합니다.
   해설 transit 이동하다, 나르다
   transfer 옮기다, 갈아타다

10. **instant**
   해석 그 광고는 제품의 즉각적인 두통 해소에 초점을 둔다.
   해설 instinct 본능 instant 즉시의

유 | 의 | 어

Day 25

단어 파악하기

01. ashamed, embarrased
02. solve, resolve
03. intelligent, clever
04. busy, hectic
05. argue, quarrel
06. totally, entirely
07. link, connect
08. cost, charge
09. buyer, consumer
10. change, alter
11. annoyed, upset
12. prohibit, forbid
13. only, merely
14. immense, enormous
15. old-fashioned, outdated

단어 확인하기

1. **D**
   해석 그들은 치즈를 옛 방식으로 만든다.
   해설 old-fashioned = outdated 구식의

2. **C**
   해석 정부는 실업 보조금 관련 규정을 바꿨다.
   해설 alter = change 바꾸다

3. **B**
해석 중국은 거대한 경제 성장을 경험했다.
해설 enormous = huge 거대한

4. **C**
해석 너무 당황하지 마. 그건 단지 문화적 차이일 뿐이고 언젠가 그들이 너를 이해할거야.
해설 merely = only = simply = solely 단지, 오직
cf) rarely 드물게, 좀처럼 ~하지 않는

5. **A**
해석 위 층 소녀가 세 시간동안 피아노를 치고 있고 그것이 나를 짜증나게 만든다.
해설 upset = irritated = bothered = disturbed 화난, 짜증난
cf) hectic 바쁜

6. **D**
해석 뉴욕은 흡연자들에게는 불쾌한 장소이다. 왜냐하면 많은 장소가 건물 안에서 사람들이 담배 피는 것을 금하고 있기 때문이다.
해설 prohibit = ban = disallow = forbid 금하다
cf) inhabit 거주하다, 살다
inhibit 금지하다

7. **C**
해석 너의 파티에 참석하지 못해서 정말 미안해. 내가 상사와 좀 심각한 문제가 있어서 네 초대장을 받았던 것을 완전히 잊고 있었어.
해설 totally = wholly = completely = entirely 완전히
cf) wholeheartedly 진심으로

8. **annoying**
해석 그의 행동이 너무나 짜증나서 나는 30분 만에 그를 떠났다
해설 annoyed 는 '화가 난, 짜증이 난'이란 뜻이고, annoying은 '짜증나는, 화가 나는'이라는 뜻입니다. 주어진 문장의 주어는 'his behavior'로서, 그의 행동 자체가 '짜증나는' 행위였으므로 annoying이 적절합니다. 만약 'I'가 주어였다면 나는 그의 행동 때문에 '화가 나게 된 것'이므로 수동 형태인 annoyed가 적절했을 것입니다.

9. **resolved**
해석 그의 부모님의 압력에도 불구하고, 그는 철학을 공부하기로 결심했다.
해설 resolve 결심하다, 분해하다, 용해하다 dissolve 용해하다, 해산하다
resolve와 dissolve 모두 '용해하다'라는 의미를 갖고 있다는 점에서 유사어이지만, 문맥에 적합한 '결심하다'라는 의미는 resolve에만 있으므로, 정답은 resolve가 됩니다.

10. **exchange**
해석 Peter와 Jason은 서로의 공책을 교환하기로 약속했지만, Jason은 Peter의 공책을 얻은 뒤 자신의 공책은 피터에게 주지 않았다.
해설 alter 바꾸다 exchange 교환하다
문맥상 Peter와 Jason은 공책을 단순히 바꾸는 것이 아니라 '교환'하기로 약속했으므로 exchange가 적절합니다.

Day 26

단어 파악하기

01. area, region
02. line, queue
03. company, firm
04. give up, abandon
05. wage, salary
06. enviious, jealous
07. mostly, mainly
08. error, fault
09. doctor, surgeon
10. confused, puzzled
11. politician, congressman
12. stiff, rigid
13. situate, locate

14. purpose, aim
15. restrict, confine

단어 확인하기

1. **C**
   해석 나는 그녀가 Tom과 함께 이야기하고 웃는 것을 보았다. 그녀는 내가 질투를 느끼게 하려고 했다.
   해설 동사 make 목적어 me 다음에 나오는 목적보어로 의미상으로 봤을 때 형용사 jealous가 옵니다.

2. **B**
   해석 호텔은 강 옆에 가장 평화로운 지역에 위치해 있다.
   해설 위치를 나타내는 동사 situate가 수동태이기 때문에 be situated의 형태로 나옵니다.

3. **D**
   해석 그는 강한 종교적인 견해를 가진 완고한 사람이었다.
   해설 강한 종교적 견해를 가졌다는 말에서 생각이 유연하지 않은 사람이라는 것을 알 수 있다. person을 수식하는 형용사 rigid가 가장 자연스럽지요.

4. **C**
   해석 그들은 돈을 대부분(거의) 비싼 부동산에 투자했다.
   해설 barely는 겨우, 거의 -없다는 의미를 가진 부사로 부정의 의미를 나타내는 경우에 쓰입니다.

5. **A**
   해석 그는 숙제에 많은 문법적인 실수(오류)를 저질렀다.

6. **confused**
   해석 새로운 이론이 소개되었고, 사람들은 지금 혼란스럽다.
   해설 confuse 혼란스럽게 하다,
   confer 수여하다

7. **purpose**
   해석 그녀가 여행하는 목적은 아마존 유역의 생태계를 조사하기 위해서이다.
   해설 purpose 목적, possession 소유

8. **confined**
   해석 이 위험은 흡연자에게만 국한되는 것은 아니다.
   해설 refine 정련하다, 세련하다,
   confine 제한하다

Day 27

단어 파악하기

01. difficult, tricky
02. wrong, false
03. glance, glimpse
04. mix, combine
05. injury, wound
06. increase, rise
07. scarcely, seldom
08. admire, respect
09. perceive, comprehend
10. respond, reply
11. grip, grasp
12. invade, intrude
13. often, frequently
14. specific, peculiar
15. debate, dispute

단어 확인하기

1. **A**
   해설 mix 섞다, separate 분리하다
   b), c), d)는 모두 유의어 관계

2. **C**
   해설 wrong 잘못된, tricky 어려운
   a), b), d)는 모두 유의어 관계

3. **D**
   해석 우리는 그 논쟁이 우호적으로 정리되기를 바랐다.

해설 amicably 우호적으로

4. **B**
   해석 연설자가 시계를 흘끗 보면 많은 청중들도 똑같은 행동을 한다.

5. **B**
   해석 Jim은 그것의 맛이 독특하다고 생각했다.

6. **combine**
   해석 반죽을 만들기 위해서 밀가루를 3티스푼의 물과 함께 섞어라.
   해설 flour 밀가루
   compose 조립하다, 만들다

7. **responded**
   해석 그녀는 고개를 끄덕여서 긍정적으로 대답했다.
   해설 respire 호흡하다
   nod 고개를 끄덕이다

8. **frequent**
   해석 그는 박물관에 자주 방문한다.
   해설 consequent 결과로서 일어나는

반 | 의 | 어

Day 28

단어 파악하기

01. inequality
02. incomplete
03. invalid
04. insincere
05. infinite
06. impolite
07. impossible
08. illegal
09. mislead
10. misplace
11. supply - demand
12. superior - inferior
13. brave - cowardly
15. tight - loose
14. bright - dim

단어 확인하기

1. **complete**
   해석 나는 스케이트에는 완전 초보야.
   해설 complicated 복잡한
   complete 완전한
   complete beginner 완전 초보

2. **bright**
   해석 그는 낙관적인 면을 보는 매우 긍정적인 사람이다.
   해설 dim 흐린, 희미한 bright 밝은
   문맥상 긍정적인 성격을 나타낼 수 있는 단어는 bright가 적절하다.

3. **superior**
   해석 Jennifer는 모든 면에서 최고였고, 당연히 그녀는 나보다 우월했다.
   해설 inferior 열등한 superior 우월한

4. **insincere**
   해석 많은 사람들이 그녀가 위선적이라고 생각하고 있으니 그녀를 믿지 않는 것이 좋겠습니다.
   해설 insignificant 중요하지 않은
   insincere 위선적인, 불성실한

5. **D**
   해설 a), b), c)는 반대의 의미를 지닌 단어의 결합이다.
   born (bear의 과거분사형) 태어난, 타고난 inborn 타고난

6. **B**
   해설 a), c), d)는 반대의 의미를 가진 단어들의 결합이다.
   valuable 값진
   invaluable 매우 귀중한

7. **demand**
해석 화폐 시장의 수요와 공급이 균형을 이루었다.
해설 시장에는 supply(공급)이 있고, 그 반대인 demand(수요)도 있다.
currency 화폐
balance 균형을 맞추다

8. **loose**
해석 이 셔츠는 너에게 너무 꼭 끼는 것 같다. 헐렁한 것을 찾아보자.
해설 셔츠가 작아서 몸에 너무 꼭 끼는 상황이므로, 반대인 다소 헐렁한 것을 찾자는 내용이 문맥에 적합하므로, tight의 반의어 loose가 적절하다.

9. **brave**
해석 겁 많은 그의 형과는 반대로 그는 용감하기로 유명했다.
해설 겁 많고 소심한 성격과 반대되는 성격은 용감한 것이므로, cowardly의 반의어 중 "b"로 시작하는 brave가 문맥에 적합하다

10. **illegal**
해석 범죄자들은 법을 따르지 않는다. 그들의 행동은 불법적이다.
해설 illegal 불법의

Day 29

단어 파악하기

01. unpredictable
02. unfashionable
03. unexpected
04. unfair
05. unfasten
06. unfortunate
07. unavailable
08. unsuitable
09. unnecessary
10. unhealthy
11. fertile - barren
12. include - exclude
13. fail - succeed
14. offend - defend
15. optimistic - pessimistic

단어 확인하기

1. **successive**
해석 그 나라는 잇따른 재앙에 시달리고 있다.
해설 successful 성공적인
successive 연속적인, 잇따른

2. **unexpected**
해석 나는 예상치 못했던 선물에 정말 놀라고 깊은 인상을 받았다.
해설 expected 예정된
↔ unexpected 예상치 못한

3. **including**
해석 특별 여름 캠프는 교과서와 필기도구를 포함한 랭귀지 코스에 필요한 모든 자료들을 제공합니다.
해설 including ~을 포함하여(전치사)
included ~가 포함된(과거분사, 형용사)
included 는 주로 수동태에 쓰이고, 본 문맥처럼 "~을 포함하여"라는 의미의 전치사가 필요할 때는 including을 사용합니다.

4. **unfair**
해석 아빠, 제가 저녁 7시까지 집에 들어와야 하는 건 불공평해요. Tommy는 12시까지 돌아다니잖아요.
해설 fair 공평한 unfair 공정하지 못한

5. **A**
해설 b), c), d) 는 반의어의 관계인 단어들입니다. a)의 available 의 반의어는 unavailable입니다.
inavailable이라는 단어는 없습니다.

6. **C**
해석 여성들에게는 필요한 많은 것들이 보통 남자들에게는 불필요하다.
해설 necessary = needed
= essential = required

= indispensible 필요한, 필수의
↔ unnecessary
= needless 불필요한

7. D
해석 싱싱한 꽃다발은 지루한 환자들에게 가장 적절한 선물이다.
해설 suitable = fit = appropriate
= right 적절한, 알맞은
↔ unsuitable
= improper 부적당한

8. **defend**
해석 누군가가 당신을 성나게 하면, 당신은 자연스럽게 자신을 변호하게 된다.
해설 offend 어기다, 화나게 하다
↔ defend 막다, 지키다, 변호하다

9. **fertile**
해석 그들은 불모의 사막을 비옥한 농장으로 바꾸는 기적을 이루어냈다.
해설 barren 불모의 ↔ fertile 비옥한

10. **optimistic**
해석 그의 비관적인 태도와는 반대로, 그녀는 항상 긍정적이 되려고 노력한다.
해설 pessimistic 비관적인, 염세적인
↔ optimistic 긍정적인, 낙천적인

Day 30

단어 파악하기

01. disqualify
02. dissatisfied
03. disprove
04. disadvantage
05. disobey
06. unclear
07. unlock
08. helpless
09. useless
10. careless
11. natural - artificial
12. income - outcome
13. maximum - minimum
14. increase - decrease
15. majority - minority

단어 확인하기

1. **increased**
해석 주거지 감소에도 불구하고 그들의 인구는 증가해 왔다.
해설 increase 증가하다
decrease 감소하다

2. **maximum**
해석 지구 온난화 때문에 연 최고 기온이 계속해서 올라가고 있다.
해설 maxim 격언 maximum 최대

3. **artificial**
해석 요즘 성형수술이 한국에서 인기가 많아지고 사람들도 인위적인 아름다움에 대해 관대한 것 같다.
해설 artificial 인위적인
natural 자연스러운, 자연의

4. **helpless**
해석 내가 너를 위해 할 수 있는 일이 아무것도 없다고 느낄 때 나는 무력해진다.
해설 helpful 도움이 되는
helpless 무력한

5. **disqualified**
해석 당신이 규칙에 순응하지 않으면, 경기에 참가할 자격을 박탈당할 수도 있습니다.
해설 qualified 자격 있는
disqualified 실격된

6. **B**
해설 a), c), d)는 모두 반의어의 관계이다.
b) grow 자라다
outgrow ~보다 더 커지다, 벗어나다

7. **D**
해석 나는 보통 탐정소설을 매우 빠르게 읽는데, 그 이유는 (스토리의) 결론에 대해 너무나 궁금하기 때문이다.

해설 outcome = conclusion = result
= end 결론, 결과
cf) income 소득, 수입

8. **B**

해석 언어와 사회가 서로에게 영향을 미친다
는 것은 명백하다.

해설 clear = obvious = transparent
= evident 명백한, 확실한
cf) blurred 흐릿한 = unclear

수능 완성 • 내신 UP

영어의 달인이 되는 단어장

Work Book

한선이

사람in 커뮤니케이션

영어의 달인이 되는 단어장

Work Book

사람in 커뮤니케이션

▶ Exercise 1

우리말을 참고하여 박스에서 적절한 단어를 골라 문장을 완성하시오.

generally	interpretation	convenient	contemporary
recognize	consumption	expands	relatives
discover	value		

1. Your __________are the members of your family.
   나와 관계가 깊은 사람들

2. A performer's __________of a piece of music is the particular way it is performed.
   음악 등의 예술작품에서는 연주자의 표현

3. Someone's __________means a person who is or was alive at the same time as them.
   나와 같은 시대를 살아가고 있는 사람들을 일컫는 말

4. If you __________ something that you did not know about before, you become aware of it or learn of it.
   예전에 몰랐던 사실을 알게 되는 행위

5. If something __________, it becomes larger.
   크기, 수, 양이 커지는 현상

6. If you __________ something, you think it is important.
   어떤 것을 중요하다고 생각하는 행위

7. If you __________ someone, you know who the person is.
   어떤 사람이 누구인지를 알아보거나, 어떤 상황이 사실이라는 것을 인정하는 행위

8. You use __________ to give a summary of a situation without referring to the particular detail of it.
   구체적인 사항에 대하여 언급하지 않으면서 상황을 요약할 때 사용

9. The __________ of natural resources is the amount of them that is used.
   연료, 자원, 음식 등과 함께 나와 그것을 사용한다는 의미의 명사

10. If a way of doing something is __________, it is easy or very useful for a particular purpose.
    무언가를 할 때 그 방법이 쉽고 목표를 달성하는데 아주 유용하다는 것을 표현

▶ Exercise 2

박스에서 다음 단어와 관련있는 단어를 고르시오.

yap	stretch out	charm	hand in
handy	explanation	use	assure
importance	affect	notice	find out
unimportant	present	test	usually
relevant	annoy	behave	take part in

1. irritate ______________
2. attract ______________
3. relative ______________
4. interpretation ______________
5. contemporary ______________
6. consumption ______________
7. expand ______________
8. convince ______________
9. value ______________
10. influence ______________
11. recognize ______________
12. involve ______________
13. conduct ______________
14. submit ______________
15. discover ______________
16. insignificant ______________
17. experience ______________
18. generally ______________
19. convenient ______________
20. bark ______________

▶ Exercise 1

우리말을 참고하여 박스에서 적절한 단어를 골라 문장을 완성하시오.

original	refuse	outstanding	author	behave
notice	rapid	thirsty	serves	criminal

1. A __________ change is the one that happens very quickly.
   굉장히 빠르게 일어나는 일을 묘사할 때

2. If something __________ people or an area, it provides them with what they need.
   사람이나 장소 등에 필요한 것을 공급하는 역할을 나타내는 타동사

3. If you describe something as __________, they are very remarkable and impressive.
   굉장히 눈에 띄고 인상적인 것을 묘사할 때 쓰는 형용사

4. An __________ document or work of art is not a copy.
   예술작품이나 문서가 다른 것을 모방한 작품이 아니라는 점을 나타내는 형용사

5. A __________ is a written announcement in a place where everyone can read it.
   모든 사람들이 그것을 볼 수 있는 장소에 붙어 있는 알림

6. A __________ is a person who regularly commits a crime.
   범죄를 저지르는 사람을 가리키는 명사

7. The way you __________ is the way that you do and say things.
   말을 하고 행동하는 모든 것을 포함하는 말

8. If you __________ to do something, you deliberately do not do it.
   어떤 일을 일부러 하지 않을 때

9. If you are __________ for something, you have a strong desire for it.
   어떤 것에 대하여 강한 바람을 가지고 있는 경우

10. The __________ of a piece of writing is the person who wrote it.
    글을 쓴 사람을 가리키는 말

▶ Exercise 2

박스에서 다음 단어와 관련있는 단어를 고르시오.

primary	symbol	provide	update
commend	suspicion	quick	assign
convict	expert	turn down	allowance
eager	writer	excellent	announcement

1. rapid ____________
2. serve ____________
3. professional ____________
4. recommend ____________
5. outstanding ____________
6. original ____________
7. modernize ____________
8. doubt ____________
9. notice ____________
10. criminal ____________
11. sign ____________
12. refuse ____________
13. permission ____________
14. thirsty ____________
15. author ____________
16. appoint ____________

▶ Exercise 1

우리말을 참고하여 박스에서 적절한 단어를 골라 문장을 완성하시오.

disappoint	definitely	explain	collapses	ban
overweight	familiar	recruit	engages	perform

1. If something __________ you or your attention, it keeps you interested in it.
어떤 것이 끊임없이 당신을 흥미롭게 할 때

2. If you __________ a task or action, you do it.
임무나 활동을 한다는 의미의 동사

3. If you __________ something, you give details about it.
어떤 것에 대하여 구체적인 내용을 알려주는 행위

4. A __________ is a person who has recently joined an organization or an army.
한 단체에 최근에 참여하기 시작한 사람

5. To __________ something means to state officially that it must not be done.
그것이 이루어져서 안 된다고 공식적으로 말하는 행위

6. If people or things __________ you, they are not as good as you had hoped.
어떤 일이 당신이 원하는 만큼 좋은 결과를 내지 못했을 경우

7. Someone who is __________ weighs more than is considered healthy.
건강하다고 여겨지는 것보다 몸무게가 많이 나가는 사람을 묘사하는 형용사

8. If someone or something is __________ to you, you know them well.
당신이 어떤 사람이나 사물을 잘 알고 있는 상태를 묘사하는 형용사

9. If a building __________ it fall down very suddenly.
빌딩이 갑작스럽게 무너져 내리는 모습을 나타내는 동사

10. You use __________ to emphasize the strength of your opinion.
당신의 의견이 옳다는 것을 강하게 나타내기 위하여 사용하는 부사

▶ Exercise 2

박스에서 다음 단어와 관련 있는 단어를 고르시오.

certainly	accustomed	manufacturing	recruitment
prohibit	convey	account for	accomplishment
let down	try	reverse	self-assured
fat	proof	carry out	catch
downfall			

1. engage ______________
2. perform ______________
3. confident ______________
4. evidence ______________
5. communicate ______________
6. explain ______________
7. achievement ______________
8. recruit ______________
9. ban ______________
10. disappoint ______________
11. attempt ______________
12. opposite ______________
13. overweight ______________
14. industry ______________
15. familiar ______________
16. collapse ______________
17. definitely ______________

▶ Exercise 1

우리말을 참고하여 박스에서 적절한 단어를 골라 문장을 완성하시오.

patient	handle	promoted	occasion	dig
rank	pressure	arrange	final	force

1. __________ is the power or strength which something has.
어떤 것이 가진 능력이나 힘을 가리키는 명사

2. An __________ for doing something is an opportunity for doing it.
어떤 것을 할 기회를 나타내는 명사

3. __________ is the force that you produce when you press hard on something.
어떤 것을 강하게 누를 때 생기는 힘

4. A __________ is a person who is receiving medical treatment from a doctor.
의사에게 치료를 받는 사람을 가리키는 명사

5. If you __________ an event or meeting, you make plans for it to happen.
행사나 미팅을 하기 위해 계획을 짜고 준비하는 것

6. If someone is __________, they are given a more important job or rank in the organization.
어떤 사람이 더 중요하거나 높은 일이나 직급을 받았을 때

7. Someone's __________ is the position that they have in an organization.
단체 안에서 한 사람이 갖는 위치

8. __________ means happening at the end of an event.
어떤 일의 맨 마지막에 일어나는 일을 나타낼 때 쓰는 형용사

9. To __________ means to make a hole in the ground.
땅에 구멍을 내는 행위

10. A __________ is a small round object that is attached to a door.
문에 달린 작고 둥근 물체

▶ Exercise 2

박스에서 다음 단어와 관련있는 단어를 고르시오.

deal with	power	hand out	compulsion
conceal	chance	astonishing	executive
align	help	private	allocate
encourage	plan	take care of	conclusive

1. attend ______________
2. amazing ______________
3. force ______________
4. promote ______________
5. occasion ______________
6. director ______________
7. assist ______________
8. hide ______________
9. final ______________
10. pressure ______________
11. personal ______________
12. distribute ______________
13. arrange ______________
14. assign ______________
15. rank ______________
16. handle ______________

▶ Exercise 1

우리말을 참고하여 박스에서 적절한 단어를 골라 문장을 완성하시오.

innocent	fatal	please	suspect	settle
previous	occurs	exposure	hasty	passionate

1. A __________ event or thing is one that happened or came before the one that you are talking about.
지금 말하고 있는 일보다 더 먼저 일어난 일을 나타낼 때 쓰는 형용사

2. If you __________ an argument or problem, you solve it.
논쟁이나 문제를 해결하는 행위

3. The __________ of a well-known person is revealing of the fact they are bad in some way.
유명한 사람에게 좋지 않은 면이 있다는 사실이 드러나는 것

4. You use __________ when you are stating something that you believe is probably true.
어떤 일이 진실일 가능성이 있지만 확실하지 않은 경우

5. A __________ accident or illness causes someone's death.
사람을 죽음에 이르게 할 만한 사고나 병을 묘사하는 형용사

6. If someone is __________, they did not commit a crime which they have been accused of.
어떤 사람이 범죄를 저질렀다고 고소당했지만 실제로 죄를 짓지 않았을 때

7. A __________ movement or action is sudden, and often done in reaction to something.
어떤 행동에 대한 반응으로 갑작스럽게 일어나는 움직이나 행동을 묘사할 때

8. When something __________, it happens.
어떤 일이 일어나다

9. If someone or something __________ you, they make you feel happy and satisfied.
어떤 것이 당신을 행복하고 만족스럽게 만들어줄 때

10. A __________ person has very strong feelings about something.
어떤 것에 대하여 굉장히 강한 느낌을 갖는 사람을 묘사하는 형용사

▶ Exercise 2

박스에서 다음 단어와 관련있는 단어를 고르시오.

examine	solve	blaze	harmless
assistance	common	doubtful	enthusiastic
lethal	delight	depict	feel for
impulsive	unmasking	interpret	restrict
earlier shame	come to mind		

1. embarrass ______________
2. previous ______________
3. flame ______________
4. translate ______________
5. aid ______________
6. settle ______________
7. exposure ______________
8. suspect ______________
9. identify ______________
10. fatal ______________
11. public ______________
12. describe ______________
13. innocent ______________
14. hasty ______________
15. occur ______________
16. limit ______________
17. please ______________
18. passionate ______________
19. search ______________

▶ Exercise 1

우리말을 참고하여 박스에서 적절한 단어를 골라 문장을 완성하시오.

delay	develops	association	normal	troubles
exact	motivated	tradition	feed	win

1. If you __________ something such as competition, you defeat those people you are competing against.
경기(싸움) 등에서 상대방을 이겼을 때

2. A __________ is a custom or belief that has existed for a long time.
오랜 시간 동안 존재해 온 관습이나 믿음을 나타내는 명사

3. When something __________, it becomes more advanced or severe over a period of time
어떤 것이 일정 기간을 거치면서 더욱 발전하거나 더욱 심해지는 상황을 나타내는 동사

4. If you __________ a person or animal, you give them food to eat.
사람이나 동물에게 먹을 것을 주는 행위(실제로 떠먹이는 행위를 포함)

5. Something that is __________ is usual and ordinary and is what people expect.
일상적이고 사람들이 흔히 기대할 수 있을 만한 것을 묘사하는 형용사

6. If you __________ doing something, you do not do it immediately or at the planned time.
계획된 시간에 즉시 어떤 일을 하지 못하는 행위

7. __________ means correct in every detail.
모든 사항에서 정확하다는 것을 표현하는 형용사

8. If you are __________ by something, it causes you to behave in a particular way.
어떤 것이 당신으로 하여금 특정한 방식으로 행동하도록 할 때

9. An __________ is an official group of people who have the same job, aim, or interest.
같은 직업이나 목표, 관심사를 가진 사람들의 공식적인 모임

10. Your __________ are the things that you are worried about.
걱정하는 것

▶ Exercise 2

박스에서 다음 단어와 관련있는 단어를 고르시오.

intimidate	abundance	convention	repair
unemotional	connection	distress	put off
limit	extort	advance	be worthy of
arouse	triumph	supply	chief
accuse	common	competent	

1. range ______________
2. win ______________
3. tradition ______________
4. develop ______________
5. emotional ______________
6. plenty ______________
7. feed ______________
8. normal ______________
9. delay ______________
10. efficient ______________
11. exact ______________
12. blame ______________
13. motivate ______________
14. association ______________
15. deserve ______________
16. trouble ______________
17. fix ______________
18. main ______________
19. frighten ______________

▶ Exercise 1

우리말을 참고하여 박스에서 적절한 단어를 골라 문장을 완성하시오.

expert	potential	enemy	instrument	taste
guilty	labor	possession	encourage	remind

1. An __________ is a tool or device that is used to do a particular task.
특정한 일을 수행하기 위해 사용되는 도구

2. If you say that someone has __________, you mean that they have the necessary abilities or qualities to become successful.
어떤 사람(사물)이 성공하는데 필요한 능력이나 자질을 갖추었을 때 그것을 일컫는 말

3. If you are in __________ of something, you have it because it belongs to you.
당신에게 속해 있는 것들을 가지고 있는 상태

4. If someone is your __________, they hate you or want to harm you.
당신을 싫어하고 해치고 싶어 하는 사람은 당신의 enemy 이다

5. If someone __________ you of a fact that you already know about, they say something which makes you think about it.
어떤 것이 당신이 이미 알고 있는 사실을 다시 떠올리게 할 때

6. If you have a __________ for something, you have a liking or preference for it.
특정한 것을 좋아하고 선호하는 것을 나타내는 말

7. If you feel __________, you feel unhappy because you think that you have done something wrong.
잘못된 일을 했을 때 느끼는 불안함

8. __________ is used to refer to the workers of a country or industry.
한 국가나 한 산업에 종사하는 사람들을 가리키는 말

9. If you __________ someone, you give them confidence.
다른 사람에게 자신감을 주는 행위

10. An __________ is a person who is very skilled at doing something.
어떤 일을 하는데 굉장히 능숙한 사람

▶ Exercise 2

박스에서 다음 단어와 관련있는 단어를 고르시오.

inspire	go bankrupt	document	advantage
strain	foe	ability	cherish
appetite	ashamed	ruin	property
quantity	adept	tool	

1. instrument ______________
2. potential ______________
3. possession ______________
4. treasure ______________
5. benefit ______________
6. pull ______________
7. enemy ______________
8. fold ______________
9. taste ______________
10. record ______________
11. guilty ______________
12. destroy ______________
13. amount ______________
14. encourage ______________
15. expert ______________

▶ Exercise 1

우리말을 참고하여 박스에서 적절한 단어를 골라 문장을 완성하시오.

beat	career	competitive	struggle	certainly
renew	elementary	prejudice	provide	owe

1. Something that is __________ is very simple and basic.
단순하고 기초적인 것을 표현하는 형용사

2. If you __________ an activity, you begin it again.
어떤 것을 다시 시작할 때

3. If you say that you __________ someone gratitude, or respect, you mean they deserve it from you.
감사와 존경을 받아 마땅한 사람이 있을 때

4. You use __________ to emphasize what you are saying when you are making a statement.
자신이 하는 말을 강조하고자 할 때 쓰는 부사

5. If you __________ to do something, you try hard to do it.
힘든 일을 이루기 위해 애쓰는 모습을 나타내는 동사

6. If you __________ someone in a competition or election, you defeat them.
경기나 선거에서 다른 사람을 누르고 승리하는 일

7. __________ is an unreasonable dislike of a particular group of people or things.
어떤 사람이나 사물을 특별한 이유 없이 비합리적으로 싫어하는 감정

8. __________ is used to describe a situation where people compete with each other.
두 사람이 서로 경쟁하고 있는 상황을 묘사하는 형용사

9. If you __________ something that someone needs or wants, you give it to them.
타인이 필요로 하는 것을 주는 행위

10. A __________ is the job or profession that someone does for a long period of their life.
한 사람이 오랜 기간 동안 하는 일이나 직업

▶ Exercise 2

박스에서 다음 단어와 관련있는 단어를 고르시오.

reopen	abuser	occupation	demonstrate
customary	hypothesis	supply	be made up of
flaw	injure	discriminate	easy
history	definitely	be in debt	aggressive
defeat			

1. fault ______________

2. elementary ______________

3. theory ______________

4. renew ______________

5. owe ______________

6. addict ______________

7. certainly ______________

8. regular ______________

9. consist ______________

10. beat ______________

11. prejudice ______________

12. exhibit ______________

13. background ______________

14. provide ______________

15. competitive ______________

16. harm ______________

17. career ______________

▶ Exercise 1

우리말을 참고하여 박스에서 적절한 단어를 골라 문장을 완성하시오.

admire	persist	improve	strategy	observe
interrupts	proper	contrast	refer	reach

1. If you __________ to a particular subject or person, you talk about them or mention them.
특정한 주제나 사람에 대하여 이야기할 때 전치사 to와 함께

2. If you __________ something such as a law or custom, you obey it or follow it.
법이나 관습에 복종하고 따르는 행위

3. If you say a way of behaving is __________, you mean it is considered socially acceptable.
사회적으로 잘 받아들여 질만한 행동을 묘사할 때

4. If you __________ after an illness, your health gets better or you get stronger.
아픈 후에 건강이 좋아지거나 몸이 더 강해졌을 경우

5. If you __________ in doing something, you continue to do it even though it is difficult.
어떤 일이 굉장히 힘들어도 계속해서 해 나가는 경우에 쓰는 동사

6. If someone __________ a process, they stop it for a period of time.
어떤 일이 진행되는 것을 일정 시간 동안 막는 행위

7. A __________ is a great difference between two or more things when you compare them.
당신이 두 가지 이상을 비교할 때 서로 갖는 차이점

8. If you try to __________ someone, you try to contact them.
누군가와 연락한다는 의미

9. A __________ is a set of plans intended to achieve something especially over a long period.
장기간에 걸쳐 어떤 것을 성취해 내기 위하여 만들어진 계획

10. If you __________ someone or something, you like and respect them very much.
사람이나 사물을 굉장히 좋아하고 존중하는 마음

▶ Exercise 2

박스에서 다음 단어와 관련있는 단어를 고르시오.

plan	assess	mention	polite
esteem	get in touch with	activity	comment
difference	hold up	congregate	stress
enhance	be present	motion	focus
insist			

1. refer ______________
2. concentrate ______________
3. evaluate ______________
4. proper ______________
5. emphasis ______________
6. improve ______________
7. persist ______________
8. affair ______________
9. interrupt ______________
10. contrast ______________
11. crowd ______________
12. reach ______________
13. strategy ______________
14. exist ______________
15. remark ______________
16. admire ______________
17. movement ______________

▶ Exercise 1

우리말을 참고하여 박스에서 적절한 단어를 골라 문장을 완성하시오.

install	sufficient	reward	conceal	outlook
stimulate	abundance	comfort	cherish	wonder

1. If you __________ at something, you are very surprised about it.
어떤 것에 대하여 대단히 놀란 경우

2. An __________ of something is a large quantity of it.
어떤 것의 양이 많음을 나타낼 때

3. A __________ is something that you are given, for example, because you have worked hard.
일을 열심히 한 것에 대한 대가로 받는 어떤 것

4. The __________ for something is what people think will happen in relation to it.
어떤 것과 관련하여 미래에 무슨 일이 일어날지를 예측하는 것

5. If you __________ someone or something, you take good care of them because you loved them.
사랑하는 사람을 정성껏 돌보는 일

6. If you __________ a piece of equipment, you put it somewhere so that it is ready to be used.
어떤 설비가 사용될 수 있도록 어느 장소에 놓는 행위

7. If you are doing something in __________, you are physically relaxed and contented.
신체적으로 느긋하고 편안한 상태임을 나타낼 때 쓰는 명사

8. To __________ something means to encourage it to develop further.
어떤 것이 더 멀리 발전할 수 있도록 격려하는 행위

9. If you __________ something, you hide it carefully.
어떤 것을 조심스럽게 숨기는 행위

10. If something is __________ for a particular purpose, there is enough of it for the purpose.
특정한 목적을 위해서 그 양이 충분한 경우를 묘사하는 형용사

▶ Exercise 2

박스에서 다음 단어와 관련있는 단어를 고르시오.

coziness	caress	opposed	bounty
adequate	prospect	additional	obtain
killing	set up	order	colloquium
arouse	hide	affluence	bunch
intervene			

1. hostile ____________
2. abundance ____________
3. reward ____________
4. spare ____________
5. outlook ____________
6. stroke ____________
7. gain ____________
8. conference ____________
9. install ____________
10. comfort ____________
11. bundle ____________
12. instruction ____________
13. stimulate ____________
14. conceal ____________
15. murder ____________
16. interfere ____________
17. sufficient ____________

▶ Exercise 1

우리말을 참고하여 박스에서 적절한 단어를 골라 문장을 완성하시오.

particular	priority	reception	democracy	obligation
tease	ministry	proceed	depresses	discriminate

1. If someone or something __________ you, they make you feel sad or disappointed.
사람이나 사물이 당신을 실망시키거나 슬프게 한 경우

2. __________ is a system of government in which people choose their rulers by voting for them in elections.
사람들이 선거를 통하여 자신들의 대표를 선출하는 방식의 정부 형태를 나타내는 말

3. A __________ is a formal party to welcome someone or to celebrate a special event.
누군가를 환영하기 위해서 혹은 특별한 행사를 축하하기 위해서 진행하는 공식 파티

4. To __________ someone means to make joke about them in order to embarrass or annoy them.
어떤 사람을 당황하게 하거나 화나게 하기 위한 목적으로 놀리는 행위

5. If you say someone is __________, you mean they choose thing very carefully.
선택을 굉장히 조심스럽게 하는 사람을 나타내는 형용사

6. A __________ is a government department which deals with a particular area of activity.
특정 활동 분야를 다루는 정부 기관

7. If you __________ with a course, you continue with it.
어떤 것을 계속 진행하는 행위

8. To __________ against a group of people means to treat them unfairly.
어떤 집단을 불공평하게 대우할 때 쓰는 동사

9. If you have an __________ to do something, it is your duty to do that thing.
어떤 일을 해야만 하는 의무

10. If something is a __________, it is the most important thing you have to do.
당신이 해야 하는 일 중에서 가장 중요한 것을 나타내는 명사

▶ Exercise 2

박스에서 다음 단어와 관련있는 단어를 고르시오.

pour	favor	precedence	journey
sadden	charge	republic	pull someone's leg
lawmaking	go on	choosy	at once
autonomy	alliance	department	blow up
considerable	calculate roughly		

1. immediately ______________
2. depress ______________
3. democracy ______________
4. legislation ______________
5. voyage ______________
6. union ______________
7. tease ______________
8. particular ______________
9. priority ______________
10. liberty ______________
11. ministry ______________
12. estimate ______________
13. burst ______________
14. spill ______________
15. proceed ______________
16. discriminate ______________
17. substantial ______________
18. obligation ______________

▶ Exercise 1

우리말을 참고하여 박스에서 적절한 단어를 골라 문장을 완성하시오.

advanced	astonishes	supervise	reserve	disappoints
monotonous	risky	spoil	peninsula	prompt

1. If you __________ children, you give them everything they want, which have bad effects on a child's character.
부모가 아이가 원하는 것을 모두 해 주어서 아이의 성격에 나쁜 영향을 미칠 때

2. If you __________ something such as a ticket or table, you arrange for it to be kept specially for you.
특별히 당신만을 위해서 티켓이나 자리가 마련되도록 하는 행위

3. A __________ is a long, narrow piece of land which is almost surrounded by water.
길고 가늘게 튀어나온 땅으로 거의 바다로 둘러싸인 곳

4. If you __________ an activity, you are sure that the activity is done correctly.
어떤 활동이 제대로 이루어지는 지를 지켜보는 행위

5. An __________ system, or method is modern and has been developed from the earlier version.
예전의 것보다 현대적이고 발전한 형태를 임을 묘사하는 형용사

6. Something that is __________ is very boring because it has a repeated pattern.
반복하는 형태를 가지고 있어서 지루한 것을 묘사할 때 쓰는 형용사

7. A __________ action is done without any delay.
어떤 지체도 없이 일이 이루어질 때 쓰는 형용사

8. If something or someone __________ you, they surprise you very much.
사람이나 사물이 당신을 굉장히 놀라게 하는 경우

9. If an activity is __________, it is dangerous or likely to fail.
어떤 일이 위험하거나 실패하기 쉬운 경우에 쓰는 형용사

10. If someone or something __________ you, they are not as good as you had hoped.
사람이나 사물이 당신의 기대보다 못 미치는 경우에 쓰는 동사

▶ Exercise 2

박스에서 다음 단어와 관련있는 단어를 고르시오.

astound	possible	hamper	document
fondness	indulge	leave out	book
foremost	fine	trifling	hazardous
adorn	tedious	let down	physical
control	quick		

1. decorate ____________
2. spoil ____________
3. reserve ____________
4. disappoint ____________
5. penalty ____________
6. material ____________
7. supervise ____________
8. advanced ____________
9. trivial ____________
10. risky ____________
11. monotonous ____________
12. hinder ____________
13. prompt ____________
14. certificate ____________
15. feasible ____________
16. astonish ____________
17. affection ____________
18. omit ____________

▶ Exercise 1

우리말을 참고하여 박스에서 적절한 단어를 골라 문장을 완성하시오.

tenants	resident	suspend	remote	classify
interact	enlighten	hilarious	portable	speculate

1. A __________ device is designed to be easily carried.
쉽게 가지고 다닐 수 있도록 고안된 물건을 묘사하는 형용사

2. __________ areas are far away and difficult to get to.
멀어서 닿기 힘든 지역을 나타내는 형용사

3. To __________ someone is to give them more knowledge about something.
어떤 것에 대하여 더 많은 지식을 전달하는 일을 나타내는 동사

4. If something is __________, it is extremely funny and makes you laugh a lot.
굉장히 재미있고 많이 웃게 만드는 것을 묘사하는 형용사

5. A __________ is someone who pays rent for the place they live in.
자신이 사는 곳을 빌리는 값을 지불하는 사람

6. If you __________ something, you delay it from happening for a while until a decision is made.
어떠한 결정이 나오기 전에 잠시 동안 일을 중지하는 행위

7. To __________ things means to divide them into groups so that similar characteristics are in the same group.
비슷한 특징을 가진 것들을 한 그룹에 묶는 방식으로 사물을 나누는 행위

8. When people __________ each other, they communicate as they work together.
두 사람이 함께 일하면서 소통을 하는 행위를 나타내는 동사

9. If you __________ about something, you make guesses about its nature, or what might happen.
어떤 것의 성질이나 어떤 일이 일어날지를 추측하는 행위

10. The __________ of a house is the people who live there.
집에 살고 있는 사람들을 가리키는 말

▶ Exercise 2

박스에서 다음 단어와 관련있는 단어를 고르시오.

blemish	inhabitant	suppose	compact
housing	tedium	categorize	majestic
dedicate	meeting	distant	cease
funny	leaseholder	deceit	educate

1. portable ______________
2. boredom ______________
3. stain ______________
4. remote ______________
5. enlighten ______________
6. hilarious ______________
7. tenant ______________
8. magnificent ______________
9. suspend ______________
10. devote ______________
11. session ______________
12. fraud ______________
13. resident ______________
14. classify ______________
15. speculate ______________
16. accommodation ______________

▶ Exercise 1

우리말을 참고하여 박스에서 적절한 단어를 골라 문장을 완성하시오.

conventional	attain	lean	enthusiastic	endure
border	assemble	numb	massacre	browse

1. If you __________ something, you gain it or achieve it, often after a lot of effort.
   많은 노력 후에 어떤 것을 얻는 행위

2. If you __________ a painful or difficult situation, you experience it and do not give up because you cannot.
   고통스럽고 힘든 상황을 겪으면서도 포기할 수 없기 때문에 포기하지 않는 상태

3. The __________ between two countries or areas is the dividing line between them.
   두 국가나 지역을 구분하는 경계선

4. Someone who is __________ has behaviors or opinions that are ordinary and normal.
   보통의, 일반적인 행동과 의견을 가진 사람을 묘사하는 말

5. If a part of your body is __________, you cannot feel anything there.
   몸의 일부에서 아무것도 느낄 수 없는 상태를 나타내는 형용사

6. If you __________ in a shop, you look at things in a fairly casual way.
   가게에서 편하게 물건을 둘러보는 행위

7. A __________ is the killing of a large number of people at the same time in a violent way.
   폭력적인 방법으로 많은 사람을 한꺼번에 죽이는 것

8. If you __________ in a particular direction, you bend your body in that direction.
   어떤 방향 쪽으로 몸을 구부리고 있는 모습을 나타내는 동사

9. If you are __________ about something, you show how much you like or enjoy it by the way you behave and talk.
   어떤 일을 당신이 얼마나 좋아하는지가 행동이나 말에서 풍겨 나오는 경우

10. When people __________, they come together in a group for a particular purpose such as a meeting.
    회의와 같은 특정한 목적 때문에 사람들이 집단으로 모이는 행위

▶ Exercise 2

박스에서 다음 단어와 관련있는 단어를 고르시오.

holocaust	recline	achieve	pillar
insurgency	bear	customary	international
insensitive	eruption	gather	passionate
frontier	look around	contrive	

1. attain ________________
2. revolt ________________
3. domestic ________________
4. endure ________________
5. assemble ________________
6. enthusiastic ________________
7. border ________________
8. conventional ________________
9. devise ________________
10. numb ________________
11. outbreak ________________
12. browse ________________
13. massacre ________________
14. column ________________
15. lean ________________

▶ Exercise 1

우리말을 참고하여 박스에서 적절한 단어를 골라 문장을 완성하시오.

oppressive	obsession	inspect	delight
adopt	acquaintance	revise	
sophisticated	landscape	panic	

1. A __________ is a feeling of very great pleasure.
큰 즐거움을 나타내는 단어

2. The __________ is everything you can see when you look across an area.
어떤 지역을 둘러볼 때 보이는 모든 것

3. An __________ is someone who you have met and know slightly but not well.
한 번 만난 적이 있어서 조금 알고 지내는 사람

4. If someone has an __________ with a thing, they are spending too much time thinking about it.
어떤 것에 대하여 지나치게 많은 시간을 쓰고 신경 쓰는 행위를 나타내는 명사

5. If you describe a society as __________, you think they treat people cruelly and unfairly.
사회가 사람들을 잔인하고 불공정하게 대할 때 그런 상황을 묘사하는 형용사

6. If you __________ a new way of behaving, you begin to have it.
새로운 방식을 받아들이는 행위

7. If you __________ something, you look at every part of it carefully.
어떤 것의 모든 측면을 세심하게 살펴보는 행위

8. If you __________ the way you think about something, you adjust your thoughts usually in order to make them better.
어떤 사물에 대하여 생각하는 방식에 변화를 주어서 더 좋게 만드는 행위

9. A __________ person is intelligent and knows a lot so that they are able to understand complicated situation.
지적이고 아는 것이 많아서 복잡한 상황을 이해할 수 있는 능력을 가진 사람을 묘사할 때

10. __________ is a very strong feeling of anxiety which makes you act without thinking carefully.
조심스럽게 생각하지 않고 행동하게 만들만큼 강한 불안의 상태

▶ Exercise 2

박스에서 다음 단어와 관련있는 단어를 고르시오.

previous	cultured	amend	fear
annul	scenery	preoccupation	accept
pleasure	congest	kingdom	infamous
associate	contender	examine	anxious
tyrannical	butter up	spirit	

1. abolish ________________
2. delight ________________
3. landscape ________________
4. notorious ________________
5. acquaintance ________________
6. candidate ________________
7. insecure ________________
8. flatter ________________
9. morale ________________
10. obsession ________________
11. oppressive ________________
12. adopt ________________
13. jam ________________
14. inspect ________________
15. monarchy ________________
16. former ________________
17. revise ________________
18. sophisticated ________________
19. panic ________________

▶ Exercise 1

우리말을 참고하여 박스에서 적절한 단어를 골라 문장을 완성하시오.

simultaneous	correspondent	deliberately	contaminated
extend	aspect	compulsory	subsequent
ultimate	parliament		

1. An __________ of something is one of the parts of its character or nature.
어떤 것의 특성이나 성질의 일부분을 가리키는 단어

2. If something is __________ by dirt, chemicals or radiation, they make it dirty or harmful.
먼지나 화학물질, 방사능에 오염되어 더러워지거나 해롭게 만드는 행위

3. You use __________ to describe something that happened after the time that has just been referred to.
방금 전에 이야기한 시간 바로 후에 일어난 일을 나타내는 형용사

4. If something is __________, you must do it because it is the law.
규칙으로 정해져 있어서 반드시 해야 하는 일을 나타내는 형용사

5. Things which are __________ happen at the same time.
동시에 일어나는 일을 묘사할 때

6. If you do something __________, you planned or decided to do it beforehand.
미리 계획하고 결정한 일을 하는 경우에 쓰는 부사

7. If you say that something __________ for a particular distance, you are indicating its size or position.
어떤 것이 크기가 커지거나 위치가 바뀌는 것을 나타내는 동사

8. You use __________ to describe the most important and powerful thing of a particular kind.
가장 중요하고 강력한 것을 나타낼 때 쓰는 형용사

9. A __________ is a newspaper or television journalist, especially the one who specializes in a particular news.
특정한 뉴스에 전문적인 신문이나 방송 기자를 가리키는 말

10. The __________ of a country is a group of people who make laws and decide what policy the country should follow.
한 국가의 법을 만들고 국가정책을 결정하는 사람들이 모여 있는 곳 (영국)

▶ Exercise 2

박스에서 다음 단어와 관련있는 단어를 고르시오.

coinciding	honor	meet halfway	pollute
cure	reporter	supreme	obligatory
ratio	charge	intentionally	spread out
penetrate	management	congress	feature
bestow	partial	following	

1. aspect ________________
2. contaminate ________________
3. biased ________________
4. award ________________
5. subsequent ________________
6. dignity ________________
7. compulsory ________________
8. custody ________________
9. simultaneous ________________
10. deliberately ________________
11. pierce ________________
12. extend ________________
13. compromise ________________
14. heal ________________
15. ultimate ________________
16. proportion ________________
17. administration ________________
18. correspondent ________________
19. parliament ________________

▶ Exercise 1

우리말을 참고하여 박스에서 적절한 단어를 골라 문장을 완성하시오.

absorbs	skeptical	unite	demonstrate	behold
circulation	startles	bunch	compensate	manufacture

1. To __________ a fact means to make it clear to people.
사람들에게 사실을 명확하게 밝히는 행위

2. To __________ something means to make it in a factory, usually in large quantities.
공장에서 대량으로 물건을 만들어내는 일

3. You __________ is the movement of blood through your body.
몸을 흐르는 피의 움직임

4. A __________ of people is a group of people who share one or more characteristics.
비슷한 특성을 공유하는 사람들의 집단을 나타낼 때 쓰는 명사

5. If you are __________ about something, you have doubts about it.
어떤 것에 대하여 의심을 품고 있는 상황에 쓰는 형용사

6. If you __________ for something you have done wrong, you do something to make the situation better.
당신이 잘못한 일에 대하여 상황을 호전시키기 위해서 무언가를 하는 행위

7. If something __________ something valuable such as money or time, it uses up a great deal of it.
돈이나 시간과 같이 가치가 있는 것을 많이 소비하는 행위

8. If something sudden or unexpected __________ you, it surprises you slightly.
갑작스럽게 기대하지 않은 일이 당신을 놀라게 하는 경우

9. If a group of people __________, or if something __________s them, they join together and act as a group.
많은 사람들이 하나의 집단으로 모여서 함께 행동하는 것

10. If you __________ someone or something, you see them.
사람이나 사물을 보는 행위

▶ Exercise 2

박스에서 다음 단어와 관련있는 단어를 고르시오.

counterbalance	look at	combine	dispensable
carry	surprise	bloodstream	consume
doubtful	manifest	prove	mature
hug	discretion	produce	cluster
catch up			

1. demonstrate ____________
2. manufacture ____________
3. behold ____________
4. overtake ____________
5. deliver ____________
6. circulation ____________
7. bunch ____________
8. skeptical ____________
9. embrace ____________
10. display ____________
11. ripen ____________
12. tact ____________
13. compensate ____________
14. unite ____________
15. absorb ____________
16. indispensable ____________
17. startle ____________

▶ Exercise 1

우리말을 참고하여 박스에서 적절한 단어를 골라 문장을 완성하시오.

prosper	dense	adept	adjust	probably
disrupt	pretend	comply	welfare	entails

1. If someone __________ with an order or set of rules, they are in accordance with what is required.
   어떤 사람이 주어진 명령이나 규칙을 잘 지키는 경우

2. Someone who is __________ at something can do it skillfully.
   어떤 일을 능숙하게 잘 하는 능력이 있는 사람을 나타내는 형용사

3. If one thing __________ another, it involves it or causes it.
   어떤 일이 다른 일을 포함하거나 그것의 원인이 되는 경우

4. If you say something __________ the case, you think it is likely to be the case, although you are not sure.
   확신하지 못하는 상태에서 어떤 상황을 언급하고자 할 때

5. If people or businesses __________ , they are successful and do well.
   사람이 성공적이거나, 사업이 잘 이루어지는 경우

6. The __________ of a person or group is their health, comfort and happiness.
   사람이나 그룹의 건강, 편안함, 행복 등을 나타내는 말

7. Something that is __________ contains a lot of things or people in a small area.
   좁은 지역에 많은 사물이나 사람이 있는 상태를 묘사하는 형용사

8. When you __________ to a new situation, you get used to it by changing your behaviors or ideas.
   행동이나 생각을 변화시켜서 새로운 상황에 적응하는 행위

9. If someone or something __________s an event, or process, they cause difficulties that prevent it from operating in a normal way.
   어떤 일이나 진행과정이 정상적으로 작동되지 못하도록 문제를 일으키는 행위

10. If you __________ that something is the case, you act in a way that it is intended to make people believe that it is the case.
    사람들이 어떤 것을 믿도록 하기 위해서 특정한 방식으로 행동하는 것

▶ Exercise 2

박스에서 다음 단어와 관련있는 단어를 고르시오.

stressful	accustom	disturb	flourish
poke	compact	revolt	training
obey	useful	skillful	possibly
bring about	wellbeing	protect	

1. comply ____________
2. disrupt ____________
3. constructive ____________
4. adept ____________
5. entail ____________
6. tense ____________
7. probably ____________
8. rebel ____________
9. adjust ____________
10. prosper ____________
11. stick ____________
12. welfare ____________
13. conserve ____________
14. dense ____________
15. discipline ____________

▶ Exercise 1

우리말을 참고하여 박스에서 적절한 단어를 골라 문장을 완성하시오.

deal	capital	bar	security	orders
winds	faces	fine	object	even

1. If you make a __________, you complete an arrangement with someone, especially business.
사업에서 다른 사람과 거래를 하는 경우에 쓰는 명사

2. You can use __________ to refer to buildings or machinery which are necessary to produce goods.
상품을 생산하기 위하여 필요한 건물이나 기계류를 일컫는 명사

3. If you __________ someone's way, you prevent them from going somewhere or entering a place.
다른 사람이 어떤 장소에 가지 못하도록 막는 행위

4. A feeling of __________ is a feeling of being safe and free from worry.
근심이 없고 안전하다고 느끼는 상태를 표현할 때

5. If a person in authority __________ someone to do something, they tell them to do it.
권위를 가진 사람이 아랫사람에게 무엇을 하라고 시키는 행위

6. If a road, or river __________ in a particular direction, it goes in that direction with a lot of bends.
길이나 강이 구불구불 가는 모양을 나타내는 동사

7. If someone __________ a particular thing, person, or direction, they are positioned opposite them.
어떤 사물이나 사람, 방향이 앞에 놓인 상황을 표현하는 동사

8. If you cannot __________ something, you cannot believe it is true.
사실이라고 믿는 행위

9. The __________ of what someone is doing is their aim or purpose.
어떤 일을 하는 목표나 목적을 나타내는 명사

10. An __________ measurement stays at the same level.
어떤 것을 측정했을 때 그 수준이 일정하게 유지되는 경우에 쓰는 형용사

▶ Exercise 2

박스에서 다음 단어와 관련있는 단어를 고르시오.

discredit	favored	secure	alteration
front	bend	happy	resource
era	obstruct	target	bargain
constant	ban	command	

1. deal ______________
2. capital ______________
3. bar ______________
4. security ______________
5. order ______________
6. favor ______________
7. change ______________
8. even ______________
9. wind ______________
10. face ______________
11. fine ______________
12. credit ______________
13. block ______________
14. age ______________
15. object ______________

▶ Exercise 1

우리말을 참고하여 박스에서 적절한 단어를 골라 문장을 완성하시오.

solid	long	suits	roots	march
fire	party	view	point	short

1. When soldiers __________ somewhere, they walk there with regular steps.
   군인들이 일정한 형태로 걷는 모습을 나타내는 동사

2. If you __________ for something, you want it very much.
   무언가를 간절히 원하는 모습을 표현하는 동사

3. If you are __________ of something, you do not have enough of it.
   무언가를 충분히 가지고 있지 않음을 나타내는 형용사

4. If you __________ someone with enthusiasm, you make them feel very enthusiastic.
   다른 사람이 열정적이 되도록 만드는 행위

5. Your __________ of something is the way you understand it.
   어떤 것을 이해하는 방식

6. If you describe someone as __________, you mean they are very reliable and respectable.
   믿음직스럽고 존경할 만한 사람을 묘사하는 형용사

7. If something __________ you, it is convenient for you or is the best thing for you in the circumstance.
   어떤 것이 그 상황에서 가장 좋은 선택이거나 가장 편리한 것일 때 쓰는 동사

8. A __________ of people is a group of people who are doing something together.
   어떤 일을 함께 하는 사람들의 집단을 나타낼 때 쓰는 명사

9. You can refer to the place or culture that a person or their family comes from as their __________.
   한 사람이나 그 가족이 자란 지역이나 문화를 가리키는 말

10. If you __________ something at someone, you aim the tip of it towards them.
    어떤 것의 뾰족한 끝을 사람에게 향하게 하는 행위

▶ Exercise 2

박스에서 다음 단어와 관련있는 단어를 고르시오.

attitude	split	trusty	match
band	because	marcher	desire
shortage	inspire	birthplace	aim

1. march ____________
2. long ____________
3. short ____________
4. fire ____________
5. root ____________
6. point ____________
7. view ____________
8. tear ____________
9. solid ____________
10. suit ____________
11. party ____________
12. since ____________

▶ Exercise 1

우리말을 참고하여 박스에서 적절한 단어를 골라 문장을 완성하시오.

feature	volume	stocks	present	part
degree	lasts	deed	objective	case

1. You use __________ to describe a person or thing that exists now.
   지금 존재하는 사람이나 물건을 묘사할 때 사용하는 형용사

2. Your __________ is what you are trying to achieve.
   당신이 이루고자 하는 목표

3. A __________ in a play or film is one of the roles in it.
   영화나 연극에서 사용될 때

4. A __________ is a book.
   책을 나타내는 단어

5. If something __________ for a particular length of time, it continue to be able to use for that time.
   어떤 것이 일정 기간 동안 사용되고 유지되는 것을 나타내는 동사

6. A __________ of something is an interesting or important part of it.
   어떤 것이 갖는 중요하고, 흥미로운 부분을 가리키는 명사

7. __________s are cattle, sheep or other animals which are kept by a farmer.
   농부가 기르는 소나, 양과 같은 동물

8. A __________ is something that is done, especially something that is very good or very bad.
   굉장히 좋거나 나쁜 일을 가리키는 말

9. You use __________ to indicate the extent to which something happens.
   어떤 일이 어느 정도로 일어나는 가를 표현하는 단어

10. A __________ is a crime or mystery that police is investigating.
   경찰이 조사하고 있는 사건이나 의문

▶ Exercise 2

박스에서 다음 단어와 관련있는 단어를 고르시오.

livestock	persist	fair	action
purpose	grade	occurrence	current
characteristic	signal	role	publication

1. present ____________
2. spell ____________
3. objective ____________
4. part ____________
5. volume ____________
6. last ____________
7. feature ____________
8. right ____________
9. stock ____________
10. deed ____________
11. mark ____________
12. case ____________

▶ Exercise 1

우리말을 참고하여 문장에 알맞은 단어를 고르시오.

1. **altitude - attitude - aptitude - appetite**
   Your __________ is desire to eat.
   먹고자 하는 바람

2. **explode - explore - exploit**
   If you __________ an idea, you think about it to assess it carefully.
   어떤 생각을 조심스럽게 판단하기 위하여 그것을 진지하게 고려하는 행동

3. **defect - default - detect**
   A __________ is a fault or imperfection in a person or thing.
   사람이나 사물이 가진 문제나 불완전함을 나타내는 명사

4. **require - inquire - acquire**
   If a law __________ you to do something, you have to do it.
   법이나 규칙은 지켜야 합니다.

5. **conceive - conceit**
   If you cannot __________ of something, you cannot imagine it or believe it.
   어떤 것을 상상하거나 믿을 수 없는 상태를 설명하는 동사

6. **board - aboard - abroad**
   If you go __________, you go to a foreign country.
   다른 나라에 갈 때, 특히 바다를 건너서 가는 경우에 쓰이는 부사

7. **inhabit - inherit - inhibit**
   London is __________ed b various people.
   런던에는 다양한 사람들이 거주한다.

▶ Exercise 2

두 단어 중 다음 단어와 의미가 같은 것은?

1. (opinion • hunger) **appetite**
2. (complaint • compliment) **grumble**
3. (blow up • investigate) **explore**
4. (fault • discover) **defect**
5. (need • obtain) **require**
6. (record • gather) **file**
7. (calamity • event) **accident**
8. (ethical • ethnical) **moral**
9. (believe • arrogance) **conceive**
10. (aboard • abroad) **overseas**
11. (equip • prosper) **furnish**
12. (squash • smash) **crush**
13. (dwell • restrain) **inhabit**
14. (develop • gleam) **grow**

▶ Exercise 1

우리말을 참고하여 문장에 알맞은 단어를 고르시오.

1. **reduce - deduce**

   If you __________ something, you make it smaller in size or amount.

   크기나 양을 작게 만드는 행위

2. **fragrant - fragment**

   A __________ of something is a small piece of it.

   어떤 물질의 작은 조각을 가리키는 말

3. **infection - injection**

   If you have an __________, a doctor or nurse put medicine into your body using a syringe.

   주사기를 이용하여 몸 안에 약물을 투여하는 행위를 나타내는 명사

4. **drift - draft**

   If something __________s somewhere, it is carried by the movement of the air or water.

   어떤 것이 공기나 물의 움직임에 의해서 운반되는 모습을 나타내는 동사

5. **evolve - revolve - involve**

   When animals or plants __________, they gradually change and develop into different forms.

   동물이나 식물이 변화하고, 다른 형태로 발전해나가는 것을 나타내는 동사

6. **convince - convict**

   If someone __________ you of something, they make you believe that it is true.

   어떤 사람이 당신으로 하여금 어떤 것이 진실이라고 믿게 만들 때

7. **invent - invest**

   If you __________ something such as a machine, you are the first person who thinks of it.

   기계 등을 처음으로 생각해 내는 일

▶ Exercise 2

두 단어 중 다음 단어와 의미가 같은 것은?

1. (bite • beat) **cut**
2. (decrease • conclude) **reduce**
3. (piece • perfumed) **fragment**
4. (fall • dribble) **drop**
5. (contamination • vaccination) **injection**
6. (mix • flat) **blend**
7. (float • outline) **drift**
8. (move towards • blame) **approach**
9. (develop • circle) **evolve**
10. (imply • apply) **suggest**
11. (convince • convict) **assure**
12. (praise • prose) **compliment**
13. (desperate • devastate) **reckless**
14. (shave • shove) **trim**
15. (invent • invest) **create**

▶ Exercise 1

우리말을 참고하여 문장에 알맞은 단어를 고르시오.

1. **lesson - lessen**

   A __________ is a fixed period of time when people are taught about a particular subject.

   특정한 주제에 대하여 배우는 일정한 시간

2. **transmit - transit - transfer**

   If you __________ something from one place to another, they go from the first place to the second.

   한 장소에서 다른 장소로 옮기는 행위 (자동사, 타동사 모두 가능)

3. **sew - sow**

   If you __________ seeds or sow an area of land with seeds, you plant the seed in the ground.

   땅에 씨를 심는 행위

4. **except - exempt - excerpt**

   If someone or something is __________ from a particular rule, or duty, they do not have to follow it.

   어떤 사람이 특정한 규칙이나 의무를 따르지 않아도 되는 경우

5. **instant - instinct**

   An __________ is an extreme short period of time.

   극도로 짧은 시간을 나타냄

6. **impressive - expressive**

   Something that is __________ impresses you.

   당신에게 깊은 인상을 남기는 것을 묘사하는 형용사

7. **phase - phrase**

   A __________ is a particular stage in a process.

   전체 과정의 일부부인 단계

▶ Exercise 2

두 단어 중 다음 단어와 의미가 같은 것은?

1. (class • reduce) **lesson**
2. (during • although) **through**
3. (convey • move) **transfer**
4. (conflict • rubbing) **friction**
5. (sew • sow) **seed**
6. (head • hint) **top**
7. (course • weakness) **flow**
8. (recline • put) **lie**
9. (examine • verify) **probe**
10. (exclude • excused) **exempt**
11. (instant • instinct) **second**
12. (division • permission) **section**
13. (moving • vivid) **impressive**
14. (phase • phrase) **stage**

▶ Exercise 1

우리말을 참고하여 문장에 알맞은 단어를 고르시오.

1. ashamed - embarrassed

A person who is __________ feels shy, ashamed, or guilty about something.

- 어떤 것에 대하여 수줍고 부끄럽고 죄의식을 느끼는 경우에 쓰는 형용사
- 자신을 어리석은 사람처럼 보이게 하는 경우에 창피하게 느끼는 감정

2. decide - resolve

If you __________ to do something, you make a firm decision on it.

- 단호한 결정을 내리는 행위
- 좀더 강한 결심

3. intelligent - clever

Someone who is __________ is intelligent and able to understand things easily.

- 지적이고 사물을 쉽게 이해하는 능력을 가진 사람을 나타내는 형용사
- 미국에서 주로 사용

4. busy - hectic

A __________ situation is the one that is very busy and involves a lot of rushed activities.

- 많은 급한 일을 포함하고 있어 매우 바쁜 상황을 묘사하는 형용사
- 주로 시간이나 상황을 나타내는 명사 앞에서 수식

5. argue - quarrel

If two people __________, they argue angrily and may stop being friends with each other.

- 두 사람이 더 이상 관계를 지속하지 않을 만큼 화가 나서 다투는 행위
- 감정적 대립

6. totally - entirely

Forgery is an __________ different matter.

- 위조는 완전히 다른 차원의 문제이다.

7. link - connect

If someone __________s two things, there is a relationship between them.

- 다른 두 가지를 관련되도록 하는 행동
- 더 직접적인 원인

8. cost - charge

If something __________s a particular amount of money, you can buy it for that amount.

- 얼마만큼의 돈을 주고 살 수 있는가를 보여주는 동사
- 형태「~+가격」

9. buyer - consumer

A __________ is a person who buys things or uses services.

- 물건을 사거나 서비스를 이용하는 사람
- producer의 반대말

10. change - alter

If you __________ something, it becomes different.

- 어떤 것을 다르게 변화시키는 행위
- 일반적인 변화

11. annoyed - upset

If you are __________, you are fairly angry about something.

- 어떤 것에 대하여 상당히 화가 나 있는 상태를 묘사하는 형용사
- angry, mad보다 약한 의미로 화가 남

12. prohibit - forbid

If you __________ someone to do something, you order that it must not be done.

- 어떤 일이 행해지지 않도록 명령하는 행위
- 형태「동사+to 부정사」

13. only - merely

You use __________ to emphasize that something is only what you say.

- 어떤 것이 당신이 말하는 것 이상의 가치를 지니지 않았음을 강조할 때 쓰는 부사

14. huge - immense

Something or someone that is __________ is extremely large in size.

- 사람이나 사물이 굉장히 큰 것을 묘사하는 형용사

15. old - fashioned - outdated

If you describe something as __________, you think it is old-fashioned and no longer useful.

- 구식이고 더 이상 유용하지 않다고 생각하는 것을 묘사할 때 쓰는 형용사
- 의견, 방법, 시스템 등이 낡음

▶ Exercise 1

우리말을 참고하여 문장에 알맞은 단어를 고르시오.

1. **area - zone - region**

   A __________ is a large area of land that is different from other areas.
   - 다른 지역과 차별되는 점이 있는 넓은 지역을 일컫는 명사
   - 한 나라나 세계의 특정 부위에 위치한 넓은 지역

2. **line - queue**

   A __________ of people is the number of them arranged one behind the other or side by side.
   - 사람들이 앞뒤로 혹은 나란히 위치하고 있는 모습을 나타내는 명사

3. **mostly - mainly**

   You use __________ to indicate that the statement is generally true.
   - 말하고자 하는 바가 대체로 사실과 다르지 않다는 것을 나타낼 때 쓰는 부사

4. **give up - abandon**

   If you __________ a thing, place or person, you leave them permanently for a long time.
   - 사물이나 장소 사람을 오랜 기간 동안 떠나는 행위 (특히 그렇게 하지 않아야 할 때)
   - 무언가를 끝마치기 전에 멈추는 행위로 그것을 계속 진행시키기에 많은 문제가 있거나 어려움이 있을 때 사용.

5. **wage - salary**

   Someone's __________ is the amount of money paid regularly to them for work they do.
   - 일을 한 대가로 주기적으로 받는 돈
   - 공장이나 상점에서 일하는 사람들이 받는 수입

6. **envious - jealous**

   If you are __________ of someone, you want something that they have.
   - 다른 사람이 소유하고 있는 무언가를 갖고 싶어 하는 마음을 표현하는 형용사
   - 주로 글을 쓸 때 사용

7. **company - firm - corporation**

   A __________ is a large business or company.
   - 규모가 큰 사업체나 회사를 일컫는 단어
   - 거대한 기업.

8. **error - fault**

A __________ is a mistake in what someone is doing or in what they have done.

- 어떤 사람이 하고 있는 일이나 이미 한 일에 생긴 실수
- 기계가 움직이지 않는 특정 부위 결함

9. **doctor - surgeon**

A __________ is a doctor who is specially trained to perform surgery.

- 특별히 외과 수술을 하도록 훈련된 의사

10. **confused - puzzled**

Someone who is __________ is confused because they do not understand something.

- 어떤 것을 이해하지 못했기 때문에 혼란스러운 경우

11. **politician - congressman**

A __________ is a person whose job is in politics, especially a member of parliament or congress.

- 정치에 관련된 일을 하는 사람, 특히 국회의원

12. **stiff - rigid**

Something that is __________ is firm or does not bend easily.

- 단단하여 쉽게 구부러지지 않는 성질을 표현하는 형용사

13. **situate - locate**

If you __________ something such as an idea in a particular context, you relate it to that context.

- 생각이나 사실 등을 특정한 문맥과 연관 지어서 생각하는 행위

14. **purpose - aim**

The __________ of something is the reason for which it is made or done.

- 어떤 것이 만들어지거나 행해진 이유를 나타내는 명사
- 격식을 차릴 때 주로 쓰임

15. **restrict - confine**

To __________ something to a particular place means to prevent it from spreading beyond that place.

- 어떤 것이 정해진 장소 이상을 넘어가지 않도록 방지하는 행위

▶ Exercise 1

우리말을 참고하여 문장에 알맞은 단어를 고르시오.

1. **difficult - tricky**

   Something that is __________ is not easy to do.
   - 하기 힘든 일을 표현하는 형용사
   - 다루기 쉽지 않은 일이나 상황으로 긴장하게 되는 경우

2. **wrong - false**

   If something is __________, it is incorrect, untrue or mistaken.
   - 부정확하고 진실이 아닌 것을 표현하는 형용사
   - '진짜가 아닌' 의미에서 '그릇된, 틀린'의 의미

3. **glance - glimpse**

   If you __________ at something or someone, you look at them very quickly.
   - 사람이나 사물을 빠르게 쳐다보는 행위
   - 자동사로 전치사 at과 같이 쓰인다.

4. **mix - combine**

   If you __________ two or more things, they join together to make a single thing.
   - 두 가지 이상의 물질을 함께 섞어 하나가 되는 경우

5. **injury - wound**

   A __________ is damage to part of your body, especially a cut or a hole in your flesh.
   - 몸에 생긴 상처로 주로 피부가 베이거나 구멍이 생기는 등의 상처

6. **increase - rise**

   In summer, temperatures often __________ to 35°
   - 여름에는 종종 기온이 35도까지 오른다.
   - 목적어가 필요 없는 자동사

7. **scarcely - seldom**

   If something __________ happens, it happens only occasionally.
   - 어떤 것이 가끔씩 일어날 때 쓰는 부사

8. **admire - respect**

   If you __________ someone or something, you like and respect them very much .
   - 사람이나 사물을 굉장히 좋아하고 존중하는 마음을 표현하는 동사
   - 어떤 사람의 뛰어난 업적에 대한 흠모

9. **often - frequently**

Governments __________ ignore human right abuses.

- 정부는 종종 인권 침해를 무시하곤 한다.

10. **answer - respond - reply**

When you __________ someone who asked you something, you say something back to them.

- 당신에게 질문을 한 사람에게 답을 돌려주는 행위
- 목적어가 필요한 타동사

11. **grasp - grip - grab**

If you __________ something, you take it or pick it up suddenly and roughly.

- 갑작스럽고 거칠게 어떤 것을 쥐거나 들어 올리는 행위

12. **invade - intrude**

To __________ a country means to enter it by force with an army.

- 다른 나라에 군대를 이용하여 무력으로 들어가는 것

13. **perceive -comprehend**

If you cannot __________ something, you cannot understand it.

- 어떤 것을 이해하는 행위

14. **peculiar - unique**

If something __________ to a particular thing or person, it relates only to that thing or person.

- 어떤 것이 특정한 사람이나 사물에만 관련이 있는 경우.
- 약간 불쾌하면서 이상한 것을 묘사할 때 사용.

15. **debate - dispute**

A __________ is a discussion about a subject on which people have different views.

- 사람들이 각기 다른 의견을 가지고 있는 주제에 대하여 논의하는 것
- 둘 이상의 그룹이 특정한 주제에 대하여 서로 다른 의견을 토론하는 공식적인 형태의 토론

▶ Exercise 1

우리말을 참고하여 문장에 알맞은 단어를 고르시오.

1. **Equality - Inequality**

   __________ is difference in social status, wealth, or opportunities between people.

   • 사람들 사이에 사회적 지위나 부, 기회의 차이가 있는 것

2. **complete - incomplete**

   You use __________ to emphasize that something is as great in extent, or degree as it possibly can be.

   • 어떤 것의 범위나 정도가 가능한 가장 큰 상태
   • absolute의 동의어

3. **valid - invalid**

   A __________argument or idea is based on sensible reasoning.

   • 합리적인 추론을 바탕으로 한 주장이나 생각을 묘사하는 형용사
   • well-grounded의 동의어

4. **sincere - insincere**

   If you say someone is __________, you approve of them because they really mean the things they say.

   • 항상 진심으로 말을 하는 사람을 묘사하는 형용사
   • earnest의 동의어

5. **finite - infinite**

   Something that is __________ has a definite fixed size or extent.

   • 뚜렷하게 고정된 크기나 넓이를 갖고 있는 것을 묘사할 때
   • limited의 동의어

6. **possible - impossible**

   Something that is __________ cannot be done or cannot happen.

   • 행해지기 어려운 일을 나타내는 형용사

7. **polite - impolite**

   If someone is __________, they are rather rude and do not have good manners.

   • 다소 무례하고 좋은 예의를 갖추지 못한 사람을 묘사할 때
   • rude의 동의어

8 legal - illegal

If something is __________, the law says that it is not allowed.

- 법에서 허락되지 않는 것을 나타내는 말
- ~ immigrant 불법 이민자

9. lead - mislead

If something __________s to a situation, it begins a process which causes the situation to happen.

- 어떤 것이 특정한 상황이 일어나도록 원인을 제공하는 경우
- result in의 동의어

10. place - misplace

If you __________ something, you lose, usually only temporarily.

- 어떤 물건을 일시적으로 잃어버리는 경우

11. supply - demand

If you __________ someone with something that they want, you give them a quantity of it.

- 다른 사람이 원하는 것을 어느 정도 제공해 주는 행위
- provide의 동의어

12. superior - inferior

Something that is __________ is not as good as something else.

- 어떤 것이 다른 것보다 더 좋지 못한 경우
- lower이 동의어

13. tight - loose

Something that is __________ is not firmly held or fixed in place.

- 단단하게 고정되어 있지 않은 경우

14. bright - dim

A __________ color is strong, noticeable and not dark.

- 강하고 눈에 띄고 어둡지 않은 색을 나타낼 때
- luminous의 동의어

15. brave - cowardly

If you describe someone as __________, you disapprove them because they are easily frightened.

- 쉽게 겁먹는 사람을 비판하는 경우에 쓰는 말
- timid의 동의어

▶ Exercise 1

우리말을 참고하여 문장에 알맞은 단어를 고르시오.

1. predictable - unpredictable

If you say an event is __________, you mean that it is obvious in advance that it will happen.

- 어떤 일이 발생할 것이라는 것을 미리 확신할 수 있을 때 쓰는 형용사

2. fashionable - unfashionable

Something or someone that is __________ is popular or approved of at a particular time.

- 특정 시대에 인기 있는 사람이나 사물을 묘사하는 형용사
- popular와 동의어

4. fair - unfair

Something or someone that is __________ is reasonable, right and just.

- 합리적이고 옳고 공정한 사람이나 사물을 묘사하는 형용사
- impartial의 동의어

3. healthy - unhealthy

Someone who is __________ is well and is not suffering from any illness.

- 건강하고 병으로 고통 받지 않는 사람의 상태
- fit의 동의어

5. fasten - unfasten

If you __________ one thing to another, you attach the first thing to the second.

- 어떤 물건을 다른 물건에 붙이는 행위
- fix의 동의어

6. fortunate - unfortunate

If someone or something is __________, they are lucky.

- 사람이나 사물이 운이 좋은 경우
- lucky의 동의어

7. available - unavailable

If something you want and need is __________, you can find it or obtain it.

- 당신이 원하거나 필요로 하는 어떤 것을 구할 수 있는 상황
- accessible의 동의어

8. **suitable - unsuitable**

Someone or something that is __________ for a particular purpose is right or acceptable for it.

- 특정한 목적에 옳거나 받아들여질 만한 사람이나 사물을 묘사할 때
- appropriate의 동의어

9. **necessary - unnecessary**

Something that is __________ is needed in order for something else to happen.

- 다른 일이 일어나기 위해서 필요한 것을 나타내는 형용사
- required의 동의어

10. **include - exclude**

If one thing __________s another thing, it has the other thing as one of its part.

- 한 가지가 다른 것을 부분으로 가지고 있는 경우

11. **fertile - barren**

A __________ landscape is dry and bare, and has very few plants and no trees.

- 건조하고 황폐한 땅으로 식물이나 나무가 거의 자라지 못하는 땅을 묘사하는 형용사

12. **fail - succeed**

If you __________ in doing something, you manage to do it.

- 어떤 일을 잘 해낸 경우
- achieve의 동의어

13. **offend - defend**

If you __________ someone, you say or do something rude which upsets them.

- 상대방이 기분 나쁘게 할 만한 무례한 말이나 행동을 하는 경우

14. **optimistic - pessimistic**

Someone who is __________ thinks that bad things are going to happen.

- 앞으로 나쁜 일이 일어날 것이라고 믿는 사람을 묘사하는 형용사

▶ Exercise 1

우리말을 참고하여 문장에 알맞은 단어를 고르시오.

1. **qualify - disqualify**

   When someone __________es, they pass the examination that they need to work in a particular profession.

   • 특정한 직업을 수행하기 위해서 필요한 시험에 통과했다는 의미
   • equip의 동의어

2. **satisfied - dissatisfied**

   If you are __________ with something, you are happy because you have got what you wanted.

   • 원하는 것을 얻어서 행복한 경우
   • be ~ with ~ ~에 만족하다

3. **prove - disapprove**

   You __________ of something or someone, you feel or show that you do not like them.

   • 사물이나 사람을 좋아하지 않음을 느끼거나 보이는 행위
   • condemn의 동의어

4. **advantage - disadvantage**

   An __________ is something that puts you in a better position than other people.

   • 다른 사람들보다 당신을 더 좋은 자리에 놓아주는 것
   • benefit의 동의어

5. **obey - disobey**

   When someone __________ a person or order, they deliberately do not do what they have been told to.

   • 다른 사람이 시킨 일이나 명령을 일부러 따르지 않는 경우에 쓰는 동사
   • disregard의 동의어

6. **clear - unclear**

   Something that is __________ is easy to understand, see or hear.

   • 보거나 듣거나 이해하기 쉬운 것을 묘사하는 형용사

7. **lock - unlock**

   If you __________ something, such as a door, you open it using a key.

   • 열쇠를 이용하여 잠겨있는 것을 푸는 행위

8. **helpful - helpless**

If you are __________, you do not have strength to do anything useful.

- 유용한 일을 할 힘이 없는 상태를 묘사하는 형용사
- impotent의 동의어

9. **useful - useless**

If something is __________, you can use it to do something or to help yourself in some way.

- 어떤 것을 하기 위해서나 도움을 얻기 위해서 사용하는 것을 묘사하는 말
- helpful의 동의어

10. **careful - careless**

If you are __________, you do not pay enough attention to what you are doing.

- 자신이 하고 있는 일에 충분한 주의를 기울이지 않는 모습
- reckless의 동의어

11. **Natural - Artificial**

__________ objects, or materials do not occur naturally and are created by human beings.

- 자연스럽게 발생하지 않고 인간에 의해 만들어진 사물을 가리키는 말
- manmade의 동의어

12. **majority - minority**

The __________ of people or things in a group is more than half of them.

- 한 집단에서 반 이상의 사람을 나타내는 말

13. **maximum - minimum**

You use __________ to describe an amount which is the smallest that is possible.

- 가능한 가장 작은 양을 나타내는 말
- ~ wage 최저임금

14. **increase - decrease**

If something __________s or you __________ it, it becomes greater in number, level, or amount.

- 어떤 것이 수나 수준, 양이 증가하는 경우 (자동사, 타동사 모두 가능)
- grow의 동의어

15. **income - outcome**

A person's or organization's __________ is the money they earn or receive.

- 개인이나 단체가 버는 돈을 나타내는 말
- earning의 동의어

정 답

Day 1

▶ Exercise 1

1. **relatives** 친척
2. **interpretation** 연주
3. **contemporary** 동시대 사람
4. **discover** 발견하다
5. **expands** 팽창하다
6. **value** 소중히 여기다
7. **recognize** ~를 알아보다
8. **generally** 대체로
9. **consumption** 사용
10. **convenient** 편리한

▶ Exercise 2

1. **annoy** 화나게 하다
2. **charm** ~를 매혹하다
3. **relevant** ~과 관계있는
4. **explanation** 설명
5. **present** 동시대의
6. **use** 사용
7. **stretch out** 팽창하다
8. **assure** ~을(를) 확신시키다
9. **importance** 소중히 여기다
10. **affect** ~에 영향을 주다
11. **notice** ~를 알아보다
12. **take part in** ~을 포함하다
13. **behave** 집행하다
14. **hand in** ~을 제출하다
15. **find out** 발견하다
16. **unimportant** 중요하지 않은
17. **test** ~을 가지고 (~에 대하여) 실험하다
18. **usually** 보통, 대체로
19. **handy** 편리한
20. **yap** 짖다

Day 2

▶ Exercise 1

1. **rapid** 빠른
2. **serves** ~에게 공급하다
3. **outstanding** 눈에 띄는
4. **original** 원본의
5. **notice** 공고
6. **criminal** 범죄자
7. **behave** 행동하다
8. **refuse** ~을 거절하다
9. **thirsty** 갈망하는
10. **author** 작가

▶ Exercise 2

1. **quick** 빠른
2. **provide** ~에게 공급하다
3. **expert** 전문가
4. **commend** 추천하다
5. **excellent** 훌륭한
6. **primary** 최초의
7. **update** ~을 현대화하다
8. **suspicion** 의심
9. **announcement** 공고
10. **convict** 죄인
11. **symbol** 기호
12. **turn down** 사절하다
13. **allowance** 허가
14. **eager** 갈망하는
15. **writer** 작가
16. **assign** ~을 임명하다

Day 3

▶ Exercise 1

1. **engages** ~을 끌다
2. **perform** ~을 실행하다
3. **explain** ~을 설명하다
4. **recruit** 새 회원
5. **ban** ~을 금지하다
6. **disappoint** ~을 실망시키다
7. **overweight** 과체중의
8. **familiar** 낯익은
9. **collapses** 무너지다
10. **definitely** 반드시

▶ Exercise 2

1. **catch** 잡다
2. **carry out** 실행하다
3. **self-assured** 확신하는
4. **proof** 증거
5. **convey** 전달하다
6. **account for** 설명하다
7. **accomplishment** 성취
8. **recruitment** 신규모집

9. **prohibit** 금지하다
10. **let down** 실망시키다
11. **try** 시도하다
12. **reverse** 반대의
13. **fat** 뚱뚱한
14. **manufacturing** 제조
15. **accustomed** 익숙한
16. **downfall** 붕괴
17. **certainly** 확실히

Day 4

▶ Exercise 1
1. **Force** 힘, 영향력
2. **occasion** 기회
3. **Pressure** 압력
4. **patient** 환자
5. **arrange** ~을 조정하다
6. **promoted** ~을 승진시키다
7. **rank** 계급, 지위
8. **Final** 마지막의
9. **dig** 파다
10. **handle** 손잡이

▶ Exercise 2
1. **take care of** 돌보다
2. **astonishing** 놀라운
3. **power** 힘
4. **encourage** 격려하다
5. **chance** 기회
6. **executive** 중역
7. **help** 돕다
8. **conceal** 숨기다
9. **conclusive** 결정적인
10. **compulsion** 강제
11. **private** 사적인
12. **hand out** 나눠주다
13. **plan** 계획하다
14. **allocate** 할당하다
15. **align** 한 줄로 세우다
16. **deal with** ~을 다루다

Day 5

▶ Exercise 1
1. **previous** 이전의
2. **settle** 해결하다, ~을 정리하다
3. **exposure** 탄로, 폭로
4. **suspect** ~라고 의심하다
5. **fatal** 치명적인
6. **innocent** 무죄의
7. **hasty** 급한
8. **occurs** 일어나다
9. **pleases** ~을 기쁘게 하다
10. **passionate** 열정적인

▶ Exercise 2
1. **shame** 창피를 주다
2. **earlier** 이전의
3. **blaze** 불길
4. **interpret** ~을 해석하다
5. **assistance** 원조
6. **solve** 해결하다
7. **unmasking** 폭로
8. **doubtful** 의심스러운
9. **feel for** 동정하다
10. **lethal** 치명적인
11. **common** 공통의
12. **depict** 묘사하다
13. **harmless** 악의 없는
14. **impulsive** 충동적인
15. **come to mind** 생각나다
16. **restrict** 제한하다
17. **delight** 기쁘게 하다
18. **enthusiastic** 열정적인
19. **examine** 조사하다

Day 6

▶ Exercise 1
1. **win** ~에서 이기다
2. **tradition** 전통
3. **develops** 발전하다
4. **feed** ~를 먹이다
5. **normal** 정상의, 표준의
6. **delay** ~을 미루다
7. **Exact** 정확한
8. **motivated** ~에게 동기를 주다

9. **association** 협회
10. **troubles** 걱정, 근심

▶ **Exercise 2**

1. **limit** 한계
2. **triumph** 승리
3. **convention** 인습
4. **advance** 전진하다
5. **unemotional** 감정에 움직이지 않는
6. **abundance** 풍부
7. **supply** 공급하다
8. **common** 보통의
9. **put off** 연기하다
10. **competent** 유능한
11. **extort** 억지로 빼앗다
12. **accuse** 비난하다
13. **arouse** 자극하다
14. **connection** 연결
15. **be worthy of** ~하기에 충분하다
16. **distress** 걱정
17. **repair** 수리하다
18. **chief** 주요한
19. **intimidate** 위협하다

Day 7

▶ **Exercise 1**

1. **instrument** 기계, 기구, 도구
2. **potential** 잠재력
3. **possession** 소유
4. **enemy** 적
5. **remind** ~에게 생각나게 하다
6. **taste** 취향, 기호
7. **guilty** 떳떳하지 못한, 죄의식을 느끼는
8. **Labor** 노동자
9. **encourage** ~(을)를 격려하다
10. **expert** 전문가

▶ **Exercise 2**

1. **tool** 도구
2. **ability** 능력
3. **property** 재산
4. **cherish** 소중히 하다
5. **advantage** 이득
6. **strain** 잡아당기다
7. **foe** 적
8. **go bankrupt** 파산하다
9. **appetite** 기호
10. **document** 문서
11. **ashamed** 부끄러운
12. **ruin** 파멸시키다
13. **quantity** 양
14. **inspire** 고무하다
15. **adept** 능숙한

Day 8

▶ **Exercise 1**

1. **elementary** 기초의, 초보의
2. **renew** ~을(를) 새롭게 하다
3. **owe** ~에게 ~을 표현해야 한다
4. **certainly** 확실히, 틀림없이
5. **struggle** 노력하다, 분투하다
6. **beat** ~에 이기다
7. **Prejudice** 편견
8. **Competitive** 경쟁적인
9. **provide** 주다, 공급하다
10. **career** 경력, 이력

▶ **Exercise 2**

1. **flaw** 결점
2. **easy** 쉬운
3. **hypothesis** 가설
4. **reopen** 다시 열다
5. **be in debt** 빚지다
6. **abuser** 남용자
7. **definitely** 당연히
8. **customary** 습관적인
9. **be made up of** ~으로 구성되다
10. **defeat** 패배시키다
11. **discriminate** 차별대우하다
12. **demonstrate** 드러내다
13. **history** 경력
14. **supply** 공급하다
15. **aggressive** 호전적인
16. **injure** 상처를 입히다
17. **occupation** 직업

Day 9

▶ Exercise 1

1. **refer** 언급하다
2. **observe** ~을 지키다, 준수하다
3. **proper** 예의바른
4. **improve** 호전되다
5. **persist** ~을 고집하다
6. **interrupts** ~을 차단하다
7. **contrast** 대조, 차이
8. **reach** ~와 연락이 되다
9. **strategy** 전략, 책략
10. **admire** ~에 감탄하다, ~을 좋아하다

▶ Exercise 2

1. **mention** 언급하다
2. **focus** 집중하다
3. **assess** 평가하다
4. **polite** 공손한
5. **stress** 강조
6. **enhance** 향상하다
7. **insist** 고집하다
8. **activity** 활동
9. **hold up** 가로막다
10. **difference** 차이
11. **congregate** 모이다
12. **get in touch with** 연락을 하다
13. **plan** 계획
14. **be present** 존재하다
15. **comment** 의견을 말하다
16. **esteem** 존경하다
17. **motion** 움직임

Day 10

▶ Exercise 1

1. **wonder** 놀라다
2. **abundance** 풍부
3. **reward** 보수
4. **outlook** 전망
5. **cherish** 소중히 대하다
6. **install** ~을 설치하다
7. **comfort** 편안함
8. **stimulate** ~을 자극하다
9. **conceal** ~을 숨기다
10. **sufficient** 충분한

▶ Exercise 2

1. **opposed** 적대하는
2. **affluence** 풍부함
3. **bounty** 보상금
4. **additional** 추가의
5. **prospect** 예상
6. **caress** 달래다
7. **obtain** 얻다
8. **colloquium** 전문가 회의
9. **set up** 설치하다
10. **coziness** 안락함
11. **bunch** 다발
12. **order** 명령
13. **arouse** 자극하다
14. **hide** 숨기다
15. **killing** 살인
16. **intervene** 방해하다
17. **adequate** 적합한

Day 11

▶ Exercise 1

1. **depresses** 우울하게 하다
2. **Democracy** 민주주의
3. **reception** 환영회
4. **tease** ~를 괴롭히다
5. **particular** 꼼꼼한
6. **ministry** 내각, 부
7. **proceed** 계속하다
8. **discriminate** 차별하다
9. **obligation** 의무
10. **priority** 우선권

▶ Exercise 2

1. **at once** 즉시
2. **sadden** 슬프게 하다
3. **republic** 공화국
4. **lawmaking** 법률제정
5. **journey** 여정
6. **alliance** 동맹
7. **pull someon's leg** (누구를) 놀리다
8. **choosy** 까다로운

9. **precedence** 선행
10. **autonomy** 자율
11. **department** 부
12. **calculate roughly** 대략 계산하다
13. **blow up** 터지다
14. **pour** 쏟다
15. **go on** 계속하다
16. **favor** 편애하다
17. **considerable** 상당한
18. **charge** 책임

Day 12

▶ Exercise 1

1. **spoil** (아이를)~을 버릇없이 기르다
2. **reserve** ~을 예약하다
3. **peninsula** 반도
4. **supervise** ~을 관리하다
5. **advanced** 진보한, 앞선
6. **monotonous** 단조로운
7. **prompt** 신속한
8. **astonishes** ~을 놀라게 하다
9. **risky** 위험한
10. **disappoints** ~을 실망시키다

▶ Exercise 2

1. **adorn** 꾸미다
2. **indulge** 버릇을 잘못 들이다
3. **book** 예약하다
4. **let down** 실망시키다
5. **fine** 벌금
6. **physical** 물질적인
7. **control** 통제하다
8. **foremost** 선두의
9. **trifling** 하찮은
10. **hazardous** 위험한
11. **tedious** 지루한
12. **hamper** 방해하다
13. **quick** 빠른
14. **document** 문서
15. **possible** 가능한
16. **astound** 놀라게 하다
17. **fondness** 좋아함
18. **leave out** 빼다

Day 13

▶ Exercise 1

1. **portable** 휴대용의
2. **Remote** 먼
3. **enlighten** ~을 가르치다
4. **hilarious** 웃음을 자아내는
5. **tenant** 임대인
6. **suspend** ~을 일시정지하다
7. **classify** ~을 분류하다
8. **interact** 상호작용하다
9. **speculate** 추측하다
10. **residents** 거주자

▶ Exercise 2

1. **compact** 아담한
2. **tedium** 지루함
3. **blemish** 결점
4. **distant** 먼
5. **educate** 교육하다
6. **funny** 웃긴
7. **leaseholder** 임대인
8. **majestic** 장엄한
9. **cease** 멈추다
10. **dedicate** 바치다
11. **meeting** 모임
12. **deceit** 사기
13. **inhabitant** 거주자
14. **categorize** 분류하다
15. **suppose** 추측하다
16. **housing** 주택

Day 14

▶ Exercise 1

1. **attain** ~에 이르다
2. **endure** ~을 견디다
3. **border** 경계
4. **conventional** 형식적인
5. **numb** 마비된
6. **browse** 이것저것 구경하다
7. **massacre** 대량학살
8. **lean** 기대다
9. **enthusiastic** 열광적인
10. **assemble** 모이다

▶ **Exercise 2**

1. **achieve** 성취하다
2. **insurgency** 폭동
3. (반의어) **international** 국제의
4. **bear** 견디다
5. **gather** 모으다
6. **passionate** 열정적인
7. **frontier**국경
8. **customary** 습관적인
9. **contrive** 고안하다
10. **insensitive** 무감각한
11. **eruption** 폭발
12. **look around** 둘러보다
13. **holocaust** 대학살
14. **pillar** 기둥
15. **recline** 기대다

Day 15

▶ **Exercise 1**

1. **delight** 기쁨, 즐거움
2. **landscape** 풍경, 경치
3. **acquaintance** 아는 사람
4. **obsession** 강박관념
5. **oppressive** 압제적인
6. **adopt** 수용하다
7. **inspect** ~을 조사하다, 검사하다
8. **revise** ~을 개정하다, 교정하다
9. **sophisticated** 지적인
10. **Panic** 공황, 공포

▶ **Exercise 2**

1. **annul** 폐지하다
2. **pleasure** 즐거움
3. **scenery** 풍경
4. **infamous** 악명 높은
5. **associate** 동료
6. **contender** 경쟁자
7. **anxious** 근심이 있는
8. **butter up** 아첨하다
9. **spirit** 기운
10. **preoccupation** 몰두
11. **tyrannical** 압제적인
12. **accept** 수용하다
13. **congest** 막히게 하다
14. **examine** 조사하다
15. **kingdom** 왕국
16. **previous** 이전의
17. **amend** 개정하다
18. **cultured** 교양 있는
19. **fear** 두려움

Day 16

▶ **Exercise 1**

1. **aspect** 양상
2. **contaminated** ~을 오염시키다
3. **subsequent** 뒤의
4. **compulsory** 강제적인
5. **simultaneous** 동시의
6. **deliberately** 신중히
7. **extend** 확장하다
8. **ultimate** 궁극적인
9. **correspondent** 통신원, 특파원
10. **parliament** 의회

▶ **Exercise 2**

1. **feature** 특징
2. **pollute** 오염시키다
3. **partial** 불공평한
4. **bestow** 수여하다
5. **following** 뒤따라오는
6. **honor** 명예
7. **obligatory** 의무적인
8. **charge** 책임
9. **coinciding** 동시에 일어나는
10. **intentionally** 고의로
11. **penetrate** 꿰뚫다
12. **spread out** 퍼지다
13. **meet halfway** 중간 지점에서 만나다
14. **cure** 고치다
15. **supreme** 최고의
16. **ratio** 비율
17. **management** 관리
18. **reporter** 보도 기자
19. **congress** 의회(미국)

정 답

Day 17

▶ **Exercise 1**

1. **demonstrate** ~을 증명하다
2. **manufacture** ~을 제조하다
3. **circulation** 순환
4. **bunch** 떼
5. **skeptical** 의심 많은
6. **compensate** 보충하다
7. **absorbs** ~을 써버리다
8. **startles** ~을 놀라게 하다
9. **unite** ~을 합치다
10. **behold** 보다

▶ **Exercise 2**

1. **prove** 증명하다
2. **produce** 생산하다
3. **look at** 보다
4. **catch up** 따라잡다
5. **carry** 옮기다
6. **bloodstream** 순환
7. **cluster** 집단
8. **doubtful** 의심스러운
9. **hug** 포옹하다
10. **manifest** 드러내다,
11. **mature** 원숙하게 하다
12. **discretion** 분별
13. **counterbalance** 균형을 맞추다
14. **combine** 결합시키다
15. **consume** 소비하다
16. (반의어) **dispensable** 없어도 되는
17. **surprise** 놀라게 하다

Day 18

▶ **Exercise 1**

1. **comply** 동의하다
2. **adept** 숙련된
3. **entails** ~을 수반하다
4. **probably** 아마도
5. **prosper** 번영하다
6. **welfare** 복지
7. **dense** 밀집한
8. **adjust** 순응하다
9. **disrupt** 혼란케하다
10. **pretend** ~인 체하다

▶ **Exercise 2**

1. **obey** 복종하다
2. **disturb** 방해하다
3. **useful** 유용한
4. **skillful** 능숙한
5. **bring about** 일으키다
6. **stressful** 긴장이 많은
7. **possibly** 어쩌면
8. **revolt** 반란
9. **accustom** 익숙케 하다
10. **flourish** 번영하다
11. **poke** 찌르다
12. **wellbeing** 복지
13. **protect** 보호하다
14. **compact** 밀집한
15. **training** 훈련

Day 19

▶ **Exercise 1**

1. **deal** 거래, 관계
2. **capital** 자재
3. **bar** 막다
4. **security** 안심
5. **order** 명령하다
6. **wind** 굽이치다
7. **faces** 향하다
8. **fine** ~을(를) 신뢰하다
9. **object** 목적
10. **even** 일정한

▶ **Exercise 2**

1. **bargain** 거래
2. **resource** 자원
3. **ban** 금하다
4. **secure** 안심한
5. **command** 명령하다
6. **favored** 혜택을 받은
7. **alteration** 변경
8. **constant** 일정한
9. **bend** 구부러지다
10. **front** 면하다
11. **happy** 행복한

12. **discredit** 불신
13. **obstruct** 막다
14. **era** 시대
15. **target** 목표

Day 20

▶ Exercise 1

1. **march** 행진하다
2. **long** ~을 바라다
3. **short** 부족한
4. **fire** ~을 고무하다
5. **view** 태도
6. **solid** 확실한
7. **suits** ~에 적합하다
8. **party** 일행
9. **roots** 고향
10. **point** ~을 향하게 하다

▶ Exercise 2

1. (명사형) **marcher** 행진하는 사람
2. **desire** 바라다
3. (명사형) **shortage** 부족
4. **inspire** 고무시키다
5. **birthplace** 출생지
6. **aim** 겨냥하다
7. **attitude** 태도
8. **split** 쪼개다
9. **trusty** 믿을 만한
10. **match** 어울리다
11. **band** 무리
12. **because** ~때문에

Day 21

▶ Exercise 1

1. **present** 현재의
2. **objective** 목적, 목표
3. **part** 역할
4. **volume** 책
5. **lasts** 지속되다
6. **feature** 특징
7. **stocks** 가축
8. **deed** 행동
9. **degree** 정도
10. **case** 사건

▶ Exercise 2

1. **current** 현재의
2. **signal** 알리다
3. **purpose** 목적
4. **role** 역할
5. **publication** 출판물
6. **persist** 지속되다
7. **characteristic** 특징
8. **fair** 공정한
9. **livestock** 가축
10. **action** 행동
11. **grade** 점수
12. **occurrence** 사건

Day 22

▶ Exercise 1

1. **appetite** 식욕
2. **explore** ~을(를) 탐구하다
3. **defect** 결함, 부족
4. **require** ~을 요구하다
5. **conceive** 상상하다
6. **abroad** 해외로
7. **inhabit** 거주

▶ Exercise 2

1. **hunger** 배고픔
2. **complaint** 불평
3. **investigate** 조사하다
4. **fault** 잘못
5. **need** 필요하다
6. **record** 기록하다
7. **calamity** 재난
8. **ethical** 도덕적인
9. **believe** 믿다
10. **abroad** 해외로
11. **equip** 설비하다
12. **squash** 으깨다
13. **dwell** 거주하다
14. **develop** 발전하다

정답

Day 23

▶ **Exercise 1**

1. reduce ~을 줄이다
2. fragment 파편, 조각
3. injection 주입, 주사
4. drift ~을 떠내려 보내다, 날려 보내다
5. evolve 진화하다
6. convince 확신시키다
7. invent ~을 발명하다

▶ **Exercise 2**

1. bite 자르다
2. decrease 감소시키다
3. piece 조각
4. fall 떨어뜨리다
5. vaccination 예방 주사
6. mix 섞다
7. float 떠다니다
8. move towards 움직이다
9. develop 발전하다
10. imply 제시하다
11. convince 보장하다
12. praise 칭찬하다
13. desperate분별없는
14. shave 깎다
15. invent 만들다

Day 24

▶ **Exercise 1**

1. lesson 수업
2. transfer ~을 옮기다
3. sow ~에 씨를 뿌리다
4. exempt 면제된
5. instant 순간
6. impressive 인상적인
7. phase 단계

▶ **Exercise 2**

1. class 수업
2. during ~동안
3. move 움직이다
4. conflict 갈등
5. sow 씨를 뿌리다
6. head 정상
7. course 흐름
8. recline 눕다
9. examine 조사하다
10. excused 면제된
11. instant 짧은 시간
12. division 구획
13. moving 감동적인
14. phase 단계

Day 25

▶ **Exercise 1**

1. embarrassed 당황한
2. resolve 결심하다
3. clever 똑똑한
4. hectic 매우 바쁜
5. quarrel 말다툼하다
6. entirely 완전히
7. link ~을 잇다,
8. cost ~의 비용이 들다
9. consumer 소비자
10. change ~을 바꾸다
11. annoyed 화난
12. forbid ~을 금하다
13. merely 단지
14. huge 거대한
15. outdated 뒤떨어진

Day 26

▶ **Exercise 1**

1. region 지역
2. line 줄
3. mostly 주로
4. abandon ~을 버리다
5. wage 임금
6. envious 부러워하는
7. corporation 법인
8. fault 과실
9. surgeon 외과의사
10. puzzled 당혹스러운
11. politician 정치인
12. stiff 뻣뻣한
13. situate ~의 위치를 정하다

14. **purpose** 목적
15. **confine** ~을 제한하다

Day 27

▶ Exercise 1

1. **difficult** 어려운
2. **false** 틀린
3. **glance** 흘끗 보다
4. **combine** ~을 결합시키다
5. **wound** 부상
6. **rise** 오르다
7. **seldom** 드물게
8. **admire** ~을 칭찬하다
9. **frequently** 종종
10. **answer** ~에게 대답하다
11. **grab** ~을 움켜잡다
12. **invade** ~에 침입하다
13. **comprehend** ~을 이해하다
14. **peculiar** 특별한
15. **debate** 토론

Day 28

▶ Exercise 1

1. **inequality** 불평등한
2. **complete** 완전한
3. **valid** 타당한
4. **sincere** 성실한
5. **finite** 한정되어 있는
6. **impossible** 불가능한
7. **impolite** 무례한
8. **illegal** 불법의
9. **lead** 이끌다
10. **misplace** ~을 잘못 두다
11. **supply** ~에게 공급하다
12. **inferior** 열등한
13. **loose** 헐거운
14. **bright** 밝은
15. **cowardly** 소심한

Day 29

▶ Exercise 1

1. **predictable** 예측할 수 있는
2. **fashionable** 유행의
3. **fair** 공평한
4. **healthy** 건강한
5. **fasten** 고정하다
6. **fortunate** 운이 좋은
7. **available** 이용할 수 있는
8. **suitable** 적당한
9. **necessary** 필요한
10. **include** ~을 포함하다
11. **barren** 불모의
12. **succeed** 성공하다
13. **offend** ~을(를) 성나게 하다
14. **pessimistic** 비판적인

Day 30

▶ Exercise 1

1. **qualify** 적격이 되다
2. **satisfied** 만족한
3. **disapprove** ~을 비난하다
4. **advantage** 유리
5. **disobey** ~을 따르지 않다
6. **clear** 분명한
7. **unlock** ~을 열다
8. **helpless** 무력한
9. **useful** 유용한
10. **careless** 부주의한
11. **artificial** 인위적인
12. **majority** 대부분
13. **minimum** 최소
14. **increase** 증가하다
15. **income** 수입

모양이 비슷한 단어 모음

단 어	품사	의 미	단 어	품사	의 미
aborad	a	해외로	aboard	adv	배에 타고
activated	a	활성화된	cultivated	a	경작된
admit	v	인정하다	limit	v	제한하다
adopt	v	받아들이다	adapt	v	적응시키다
affect	v	영향을 주다	effect	n	영향
apply	v	지원하다	reply	v	대답하다
assist	v	보조하다	resist	v	저항하다
assume	v	가정하다	consume	v	소비하다
attach	v	붙이다	detach	v	떨어지게 하다
average	n	평균	coverage	n	적용 범위
career	n	경력	carrier	n	운반 설비
command	v	명령하다	comment	v	논평하다
concentrate	v	집중하다	contaminate	v	오염시키다
concept	n	개념	connection	n	연결
confidence	n	자신감	conference	n	회의
considerable	a	상당한	considerate	a	사려깊은
contact	v	접촉하다	connect	v	연결하다
contain	v	포함하다	obtain	v	얻다
contrast	n	대조	contract	n	계약
convention	n	관례	invention	n	발명
course	n	진로, 진행	cause	n	이유
damage	n	손해	advantage	n	이점
defective	a	결함이 있는	defectively	adv	불완전하게
deliver	v	인도하다	delay	v	지연하다
describe	v	묘사하다	subscribe	v	신청하다
deserted	a	버려진	deserved	a	당연한
destruction	n	파괴	separation	n	분리
detect	v	탐지하다	protect	v	보호하다
during	pre	~동안	while	conj	~하는 동안
economic	a	경제의	economics	n	경제학
economics	n	(학문)경제학	economical	a	경제적인
economy	n	경제, 절약	economics	n	경제학
effective	a	효과적인	defective	a	결함이 있는

단 어	품사	의 미	단 어	품사	의 미
emergence	n	출현	emergency	n	비상사태
enclose	v	동봉하다	enhance	v	증진시키다
evolve	v	진화하다	involve	v	포함하다
exclude	v	배제하다	include	v	포함하다
explode	v	폭파하다	explore	v	탐험하다
exploration	n	탐험	explosion	n	폭파
expression	n	표현	impression	n	인상
file	n	문서, 파일	pile	n	더미
find	v	찾다	found	v	설립하다
flash	n	섬광	fresh	a	신선한
flow	v	흐르다	plow	v	갈다
global	a	세계의	globe	n	지구
glow	v	빛을 내다	grow	v	자라다
good	a	좋은	well	adv	잘
imaginable	a	상상할 수 있는	imaginative	a	상사의
imagine	v	상상하다	imitate	v	흉내내다
improve	v	개선하다	approve	v	승인하다
induce	v	야기하다	reduce	v	줄이다
industrial	a	공업의	industrious	a	부지런한
late	a	늦은	lately	adv	최근에
lessen	v	줄이다	lesson	n	교훈
lie	v	눕다	lay	v	눕히다
life	n	생명, 삶	living	n	생활
like	pre	~처럼	likely	a	~할것 같은
likewise	adv	마찬가지로	otherwise	adv	그렇지 않으면
major	a	주요한	majority	n	대다수
momentary	a	순간의	momentous	a	중대한
most	a	대개의	almost	adv	거의
objective	n	목표	objection	n	반대
observe	v	관찰하다	deserve	v	~할만하다
part	v	갈라지다	apart	adv	떨어져서
particle	n	미립자	principle	n	원리
perspective	n	전망	prospective	a	장래의

단 어	품사	의 미	단 어	품사	의 미
pill	n	알약	peel	n	껍질
portion	n	부분	position	n	위치
pose	v	자세를 취하다	post	v	편지를 부치다
prefer	v	선호하다	prepare	v	준비하다
pretend	v	~인체하다	prevent	v	예방하다
protect	v	보호하다	prevent	v	예방하다
raise	v	증가시키다	rise	v	오르다
regarding	pre	~에 관하여	rewarding	a	~할 보람이 있는
release	v	풀어주다	receive	v	받다
replace	v	대신하다	misplace	v	잘못두다
require	v	요구하다	inquire	v	묻다
resist	v	저항하다	assist	v	보조하다
reverse	v	거꾸로 하다	diverse	a	다양한
rise	v	오르다	raise	v	증가시키다
root	n	뿌리	route	n	도로
rub	v	문지르다	rib	n	늑골
scientist	n	과학자	socialist	n	사회주의자
sensible	a	분별있는	sensory	a	감각의
sensory	a	감각의	sensitive	a	민감한
short	a	짧은	shortly	adv	곧
sign	v	서명하다	signal	v	신호하다
signal	v	신호하다	signature	n	서명
sit	v	앉다	seat	n	좌석
site	n	위치, 장소	cite	v	인용하다
soar	v	높이날다	sore	a	아픈
solve	v	풀다	save	v	절약하다
sow	v	씨를 뿌리다	sew	v	꿰매다
thirsty	a	목마른	thrifty	a	검소한
vacant	a	비어 있는	valuable	a	귀중한
vocation	n	직업	vacation	n	방학
wait	v	기다리다(자동사)	await	v	기다리다(타동사)

의미가 반대인 단어모음

단 어	품사	의 미	단 어	품사	의 미
accept	v	받아들이다	refuse	v	거절하다
beaten	v	패배시키다	won	v	이기다
continue	v	계속하다	discontinue	v	중지하다
cool	a	시원한	warm	a	따뜻한
decrease(=drop)	v	감소하다	increase	v	증가하다
elaborate	a	정교한	simplified	a	단순화
encourage	v	격려하다	discourage	v	단념시키다
former	n	전자	latter	n	후자
hope	v	희망하다	warn	v	경고하다
hopeful	a	희망적인	desperate	a	절망적인
ignore	v	무시하다	recognize	v	인식하다
include	v	포함하다	exclude	v	배제하다
innocent	a	무죄의	guilty	a	유죄의
little	a	거의 ~없는	alittle	a	약간의
major	a	주요한	minor	a	소수의
object	n	목적어	subject	n	주어
private	a	사적인	public	a	공적인
problem	n	문제	solution	n	해결책
rise	v	오르다	fall	v	떨어지다
sane	a	제정신의	insane	a	미친
similar	a	비슷한	different	a	다른
slight	a	약간의	huge	a	거대한
supply	n	공급	demand	n	수요